Die Geltung von Rechtsnormen

Rupert Schreiber

Springer-Verlag Berlin Heidelberg New York 1966

ISBN-13: 978-3-540-03656-2 e-ISBN-13: 978-3-642-92922-9
DOI: 10.1007/978-3-642-92922-9

Library of Congress Catalog Card Number 66—25393

Titel-Nr. 1377

Vorwort

Die Probleme, die in dieser Arbeit entwickelt werden und deren Lösung versucht wird, haben den Autor sowohl durch sein juristisches Studium als auch seine praktische Ausbildung begleitet. Sie sind in ihrer Aktualität so beharrlich, weil sie gleichwohl bei der juristischen Alltagsarbeit auftauchen wie auch den Höhenflug juristischer Theorienbildung begleiten. Ich hoffe, daß die Arbeit beiden Unternehmungen dienlich ist.

Dank schulde ich Herrn Prof. Dr. ULRICH KLUG, der in angenehmster Weise durch wertvolle Anregungen sowohl vor Irrtümern zu bewahren als auch zur Fortführung der Arbeit zu ermuntern wußte. Herrn Prof. Dr. GERHARD KEGEL verdanke ich die Gelegenheit, meine Konzeption an rechtsvergleichendem Material prüfen zu können. Und nicht zuletzt verdanke ich meine Zuversicht allen Wissenschaftlern, die ihre Freude in dem gleichen Wagstück fanden, der Wahrheit zu dienen.

Wer der Wahrheit dient, dient dem Recht. Und nur wer der Wahrheit dient, kann dem Recht dienen.

Köln, Juni 1966 RUPERT SCHREIBER

Inhaltsverzeichnis

Einleitung

1. Problemstellung

Das Problem der Rechtsgeltung bedarf einer Einleitung insoweit nicht, als man fragt, wann und in welcher Weise das Problem der Rechtsgeltung erheblich wird. Das Problem steht bei allen Rechtsfragen am Anfang der Untersuchung, unabhängig davon, ob die Frage gelöst oder übergangen wird.

Die Frage der Rechtsgeltung wird erheblich für den, der Rechtsnormen schafft und für den, der Rechtsnormen anwendet. Die Frage wird bedeutsam für den, der Rechtsnormen gehorcht oder der gegen Rechtsnormen verstößt. Das Problem der Rechtsgeltung eröffnet und verschließt den Zugang zur Lösung von Rechtsfragen gleichermaßen dem Theoretiker wie dem Praktiker.

Bei dieser Bedeutung der Frage der Rechtsgeltung ist es verwunderlich, wie selten der Begriff der Rechtsgeltung in rechtswissenschaftlichen Untersuchungen vorkommt. Der Grund mag nicht zuletzt darin liegen, daß die Verwendung dieses Begriffes teils zu Widersprüchen führte, teils die Rechtswirklichkeit nicht adäquat abbildete.

War somit die Verwendung des Begriffes der Rechtsgeltung auch erschwert, so war mit der Vermeidung dieses Begriffes das Problem der Rechtsgeltung nicht gelöst. Und wie stets, wenn Probleme hinwegdefiniert werden, die Vereinfachung der Problematik wird mit einer Einbuße der Brauchbarkeit des ganzen Systems erkauft.

So scheint es an der Zeit, das Problem der Rechtsgeltung einmal in die Mitte einer Untersuchung zu stellen und einen oder erforderlichenfalls mehrere geeignete Begriffe der Rechtsgeltung in die Rechtssprache einzuführen.

Mit der Verwendung geeigneter Geltungsbegriffe verknüpft sich die Erwartung, daß zunächst einmal Phänomene der Formulierung und damit der Lösung zugeführt werden, die ohne Zuhilfenahme der Begriffe der Rechtsgeltung verstellt waren.

Sodann läßt sich erwarten, daß mit der Einführung geeigneter Begriffe der Rechtsgeltung Zusammenhänge zwischen Einzelproblemen des Rechts sichtbar gemacht werden können, die für ihre Lösung entscheidend sind.

Weiterhin besteht die Vermutung, daß mit geeigneten Begriffen der Rechtsgeltung zu einem Problem auch rechtstheoretisch der Zugang eröffnet wird, das seit langem — nicht nur wegen der heftigen Angriffe von Seiten der Ideologiekritik — rechtswissenschaftliche Arbeiten in Theorie und Praxis belastet, das Verhältnis von Jurist und herrschender Macht. Die Erfahrungen haben gezeigt, daß guter Wille ohne das geeignete rechtstheoretische Rüstzeug kärgliche Resultate zeitigen kann.

Damit ist der Wert einer Untersuchung des Problems der Rechtsgeltung nicht erschöpft und damit auch das Ausmaß der Schwierigkeiten — da solche, die mitformuliert auch mitgelöst werden müssen — nicht abgesteckt. Aber es wird ausreichen, die Inangriffnahme der vorliegenden Untersuchungen zu rechtfertigen.

2. Anordnung der Untersuchung

Die Untersuchung beginnt mit der Diskussion der Darstellung der Rechtsnormen. Um das Problem der Rechtsgeltung bis zur Praktikabilität zu Ende denken zu können, ist es erforderlich, die Fragestellung gerade von der Ausgangsbasis her streng auf das Erforderliche zu begrenzen. Dies gilt sowohl von dem Gegenstand der Rechtsgeltung als auch von der Struktur der Begriffe der Rechtsgeltung selbst.

Es folgt die Erklärung der Geltungsbegriffe, die der Untersuchung zugrunde gelegt werden sollen. Sodann werden die für die Untersuchung wichtigsten Geltungsbegriffe der Literatur daraufhin untersucht, ob sie sich auf die eingeführten Geltungsbegriffe abbilden lassen. Dabei wird gleichzeitig gezeigt, daß mit den eingeführten Begriffen keine mit dem Begriff der Rechtsgeltung verknüpften Probleme ausgespart werden.

Eine Untersuchung von Fragen der Rechtsgeltung kann nicht an dem Problem der Verbindlichkeit von Rechtsnormen vorbeigehen. Nicht nur, daß die bisherigen Arbeiten und rechtstheoretischen Richtungen diese Fragestellung einschlossen, auch zeigt sich hieran, daß die Frage der Verbindlichkeit als Problem gesehen wird. In diesem Abschnitt der Untersuchung können zugleich die wichtigsten Richtungen der Rechtstheorie analysiert werden.

Es folgen einige Fragen zu der Relativität der Geltungsbegriffe. Es müssen die Grenzen wissenschaftlicher Aussagen zu dem Problem der Werte dargelegt werden. Auch die Rolle apriorischer Geltungsbegriffe und der Einfluß des Irrationalen auf die Stabilität von Rechtsordnungen werden hier erörtert. Es schließen sich Ausführungen über die Bedeutung rationaler Rechtstheorie an.

Es folgt eine Darlegung über die Anwendungsmöglichkeiten der Geltungsbegriffe. Es werden untersucht: Rechtsnormen als Prognose für die Rechtsgenossen, als Anweisung an die Staatsgewalt und als Empfehlung zur Lösung von Interessenkonflikten.

Damit ist der allgemeinere Teil der Untersuchung abgeschlossen und es folgen die besonderen Probleme der Rechtsgeltung.

Zunächst wird die Lehre der Auslegung auf der Grundlage der Lehre von der Rechtsgeltung entwickelt. Es werden die unterschiedlichen Auslegungsgesichtspunkte bei den Rechtsnormen faktischer, verfassungsmäßiger und ideeller Geltung dargelegt. Es folgen dann Einzelfragen der wichtigsten Auslegungslehre, der der verfassungsmäßigen Geltung.

Es erweist sich als erforderlich, den Komplex der Rechtsanwendung in Auslegung, Präzisierung und Rechtsschöpfung streng zu trennen. Entsprechend werden die Lehre der Auslegung, der Präzisierung und der Rechtsschöpfung getrennt dargestellt.

Es folgt eine Darstellung der Grundfragen der Ausgestaltung der verfassungsmäßigen Geltung. Daran schließt sich die Feststellung der Ausgestaltung, die die verfassungsmäßige Geltung im Grundgesetz erhalten hat.

Die Untersuchung schließt ab mit der Skizzierung der soziologischen Beziehungen zwischen den Arten der Geltung. Dabei wird gezeigt werden, daß die eingeführten Begriffe der Rechtsgeltung auch geeignet sind, die Triebkräfte des Rechtslebens einer genauen Analyse zuzuführen.

I. Die Darstellung der Rechtsnormen

1. Das Recht als System von Rechtsnormen

Hat die vorliegende Untersuchung Aussagen über die Geltung von Rechtsnormen zum Gegenstand, so ist anzustreben, möglichst solche Erkenntnisse aufzuzeigen, die für alle Rechtsnormen gleichermaßen gelten. Da wir aber nicht an allen Rechtsnormen zugleich — praktisch nicht einmal im Nacheinander — die Untersuchung anstellen können, ist zu prüfen, wie der Gesamtkomplex der Rechtsprobleme dieser Arbeit zerlegt werden kann, so daß man die Untersuchung an den Einzelfragen durchführen kann, ohne durch störende Interdependenzen zwischen diesen Einzelproblemen behindert zu werden.

Als Aufteilung des Gegenstandes der Untersuchung bietet sich die Aufteilung in einzelne Rechtsnormen an[1]. Kann die Rechtsordnung als Inbegriff von einzelnen Rechtsnormen aufgefaßt werden, so kann man die Analyse auf die einzelne Rechtsnorm beschränken. Wenn dann für alle Rechtsnormen die Untersuchungsergebnisse als gültig erwiesen sind, können diese auf die Gesamtheit der Rechtsnormen, d. h. auf die gesamte Rechtsordnung, als gleichermaßen gültige Erkenntnis übertragen werden.

[1] Nawiasky, Hans: Allgemeine Rechtslehre als System der rechtlichen Grundbegriffe, 2. Aufl., Einsiedeln-Zürich-Köln 1948, S. 8.

Die Frage, ob eine solche Zerlegung der Untersuchung zulässig ist, kann nicht endgültig durch eine kürzere oder längere Ableitung beantwortet werden. Sie findet ihre endgültige Antwort in dem Gelingen oder Mißlingen der ganzen Untersuchung. Doch soll damit nicht gesagt sein, die Frage, ob eine solche Anlage der Arbeit gewählt werden soll, sei verfrüht. Denn wenn das Gelingen der Untersuchung mit dieser Anlage der Arbeit verknüpft ist, ist es vorteilhaft, die Erfolgschancen so früh wie möglich abzuschätzen[2].

Ein gewichtiger Grund für die Annahme, daß die Rechtsordnung aus der Summe ihrer Rechtsnormen besteht, liegt in der Entstehung der Rechtsnormen selbst. Das Recht ist nicht aus einem Guß entstanden. Viele Gesellschaftsordnungen, viele Rechtsgelehrte ganz unterschiedlicher Neigung und Interessen haben an dem heutigen Rechtssystem gearbeitet.

Die Vermutung, die Rechtsordnung sei durch die Summe von Rechtsnormen darzustellen, könnte jedoch widerlegt werden, wenn man ein Phänomen beobachten könnte, das von einer Rechtsordnung nicht getrennt werden könnte, das sich aber dieser Darstellung entziehen würde.

Ein solches Phänomen kann nicht in den Entwicklungstendenzen der Bildung des Rechts gesehen werden. Man mag Entwicklungstendenzen bei seiner Entstehung feststellen. Diese Tendenzen werden aber selbst an den entstandenen Normen abgelesen, so daß das Primäre die geschichtliche Mannigfaltigkeit und auch Zufälligkeit, die Entwicklungslinien die hieraus abgeleitete Erkenntnis ist. Die vielen Rechtsnormen aus ganz unterschiedlichen Wurzeln, die oft erst spät zu einer Rechtsordnung zusammenwachsen, zeigen, daß es einzelne Rechtsnormen gab, ehe jene mehr oder weniger geschlossen wirkende Rechtsordnung entstand, wie sie sich in den modernen Kulturstaaten darstellt.

Die Verschmelzung von Rechtsnormen aus unterschiedlichen Quellen und die Möglichkeit der Auswahl und Anpassung dieser rechtlichen Regelungen zeigen, daß die einzelnen Rechtsnormen das Recht ausmachen.

Diese Einsicht wird auch nicht dadurch beeinträchtigt, daß verschiedene Rechtssätze in bestimmten Beziehungen zueinander stehen. Man wird etwa an das Verhältnis von anspruchsbegründenden Normen, Hilfsnormen und Definitionen oder an andere Einteilungen denken. Diese sind für sich allein genommen unvollständige Rechtsnormen und werden erst zusammengefaßt zu vollständigen Normen[3].

---

[2] Etwas zu optimistisch dürfte die Meinung JELLINEKS sein: „Kein Streit herrscht darüber, daß das Recht aus einer Summe von Regeln für menschliches Handeln besteht."

JELLINEK, GEORG: Allgemeine Staatslehre, 3. Aufl., Bad Homburg 1960, S. 332.

[3] ENNECCERUS, LUDWIG und HANS CARL NIPPERDEY: Lehrbuch des Bürgerlichen Rechts, I. Band, Allgemeiner Teil des Bürgerlichen Rechts, 15. Aufl., Tübingen 1959, S. 197.

Eine solche Erscheinung ist eine Frage der Formulierung. Man könnte unter Außerachtlassung von Stilregeln der Sprache — wie etwa der Bevorzugung kurzer Sätze und bestimmter Satzkonstruktionen — die Rechtsnormen auch jeweils in einem einzigen Satz wiedergeben. Man würde dann allerdings auch umfangreiche Wiederholungen in Kauf nehmen müssen.

Die Möglichkeit, die Rechtsordnung in einzelne Rechtsnormen aufzulösen, könnte jedoch dann in Frage gestellt werden, wenn die einzelnen Normen noch mit einer Rechtsidee in Verbindung stünden und von ihr ihren Sinn bezögen. Hier wird die Vermutung nahegelegt, daß die Rechtsnormen für sich allein genommen noch keinen vollgültigen Sinn haben sollen, sondern nur im Zusammenhang mit der Rechtsidee oder aus der Rechtsidee heraus erkannt werden können[4].

Auch die Auffassung von LARENZ läßt sich in dieser Richtung interpretieren. LARENZ spricht davon, daß die Verpflichtung gegenüber der Idee des Rechts zu methodischer Rechtsfortbildung durch die Richter führt. Sie sei als Idee des Rechts nur Leitidee, nicht jedoch schon Bestandteil des Rechts, die für den Sinngehalt der einzelnen Rechtsnormen jeweils hinzugenommen werden müsse[5].

Betrachtet man jedoch die Überlegungen, die im Zusammenhang mit dem Begriff der Rechtsidee angestellt werden, genauer, so ist zu ersehen, daß sich hieraus kein Einwand gegen die Darstellung der Rechtsordnung in Rechtsnormen herleiten läßt. Solange man unter der Idee des Rechts ein Rechtsprinzip oder eine Anzahl solcher Prinzipien versteht, die die bestehenden Rechtsnormen nach bestimmten Vorstellungen — etwa Gerechtigkeitsvorstellungen — modifizieren oder im Falle eines empfundenen Mangels von Rechtsnormen eine Grundlage für die Entscheidung des Interessenkonflikts abgeben, ist das Bestehen einer solchen Rechtsidee kein Hindernis zur Darstellung der Rechtsordnung in Rechtsnormen. Denn solange die Idee des Rechts nur ein Maßstab des Rechts ist, den man sich außerhalb der Rechtsordnung bestehend vorzustellen hat — denn nur in diesem Falle kann die Idee des Rechts Maßstab des Rechts sein —, ist diese Rechtsidee

[4] Eine solche Auffassung vertritt LARENZ:

„Wo sich die Richter dagegen, wie heute in der Bundesrepublik, nicht nur der Legalordnung, sondern darüber hinaus der Idee des Rechts verpflichtet fühlen und hierfür auf Verständnis rechnen können, da nehmen sie die Befugnis zu methodischer Rechtsfortbildung auch ohne ausdrückliche gesetzliche Ermächtigung offen in Anspruch.

Ihre ‚Bindung an das Gesetz‘ fassen sie dann mit Recht nur als bedingte auf, die hinter die Bindung an das ‚Recht‘ — als ein Sinn-Ganzes und als Ausdruck der Rechtsidee — zurückzutreten hat.“

LARENZ, KARL: Methodenlehre der Rechtswissenschaft, Berlin-Göttingen-Heidelberg 1960, S. 277.

[5] Dies geht auch aus der Anmerkung 2 auf S. 145 in LARENZ: Methodenlehre, a. a. O., hervor.

nicht Bestandteil der Rechtsordnung und bedarf deswegen auch nicht der Formulierung, wenn wie hier nur die Rechtsordnung selbst dargestellt werden soll.

LARENZ hat jedoch offenbar nicht nur an diese Interpretation gedacht. Denn er spricht weiter davon, daß die Bindung an das Gesetz hinter die Bindung an das Recht als ein Sinnganzes und als Ausdruck der Rechtsidee zurückzutreten habe[6].

Wenn hier also die Idee des Rechts nicht als Kontrolle daraufhin eingesetzt wird, ob die aus den Rechtsnormen entnommene Entscheidung auch eine adäquate Lösung des Interessenkonflikts bedeutet, sondern wenn das Gesetz gewissermaßen subsidiär nur dann anzuwenden ist, wenn das Sinnganze als Ausdruck der Rechtsidee nicht bereits eine Lösung vorschreibt, dann stehen sich Rechtsidee und Rechtsnormen gegenüber, und dann kann der Inbegriff der Rechtsnormen die gesamte Rechtsordnung nicht mehr darstellen.

Der Irrtum einer solchen Vorstellung tritt nur deshalb nicht so offen in Erscheinung, weil die Rechtsidee selbst nicht in die Lage versetzt, mittels einer bestimmten Methode zu der Lösung von Interessenkonflikten zu gelangen[7]. Da die Rechtsidee keine Lösungen enthält, kann man durch sie auch nicht das in Rechtsnormen formulierte Recht ersetzen.

Die Anwendungsmöglichkeiten der Rechtsidee werden auf Null reduziert, wenn man verlangt, daß die Rechtsprinzipien und allgemeinen Rechtsgedanken, überhaupt das ganze überpositive Recht, in Rechtsnormen zu formulieren sind. Hier zeigt sich, daß ein noch weiteres Zurückgreifen auf eine Rechtsidee deshalb ins Leere geht, weil keine konkreten Vorstellungen mehr greifbar sind, aus denen eine rechtliche Regelung gewonnen werden könnte.

Auch wenn LARENZ das Problem in den Begriff der Dignität verlagert, wird die Argumentation nicht überzeugender[8]. Wenn die Rechtsordnung höhere Dignität haben soll als die einzelnen Rechtsnormen und der Begriff

---

[6] Für die Bedeutung, die LARENZ dem innewohnenden Sinn zuschreibt, auch LARENZ: Methodenlehre, a. a. O., S. 353:

„Die Beschreibung und Vergleichung von rechtlichen Typen, mag es sich dabei um Vertragstypen, Gesellschaftstypen, Typen von Rechten oder Rechtsverhältnissen handeln, reicht, so wertvoll sie für die Erkenntnis rechtlicher Zusammenhänge ist, für sich allein doch nicht aus, um die Rechtsordnung in der Einheit des ihr innewohnenden Sinnes zu erfassen."

[7] „Dagegen ist sie weder selbst eine oberste Norm, noch lassen sich Normen mittels Schlußfolgerungen aus ihr ableiten."

LARENZ: Methodenlehre, a. a. O., S. 145 Anm. 2.

[8] „Es ist daher zu unterscheiden zwischen der Geltung eines einzelnen Rechtssatzes — oder auch eines einzelnen Gesetzes — und der eines positiven Rechtes als eines Ganzen. Nur die Rechtsordnung als Ganzes ist unmittelbar eine Verwirklichung der Idee und ihre Geltung daher von höherer Dignität als die der einzelnen Normen."

LARENZ, KARL: Das Problem der Rechtsgeltung, Berlin 1929, S. 33.

der Dignität in bezug auf Rechtsnormen nicht erklärt ist, so lassen sich hieraus keine Schlüsse ziehen.

Ebenso läßt sich schlecht vorstellen, welche praktische Auswirkungen der Satz von LARENZ haben soll, die Geltung der Rechtsordnung gehe der Geltung der einzelnen Normen vor[9]. Weder kann man sich sinnvollerweise einen Konflikt zwischen einer Rechtsordnung und der einzelnen ihr zugehörigen Norm vorstellen[10], noch kann man sich vorstellen, wie die Gesamtheit einer Rechtsordnung den einzelnen Rechtsnormen zu bestimmten Interessenkonflikten bei der Rechtsanwendung vorgezogen werden soll[11]. So ist der Begriff der Dignität ohne erklärte oder denkbare Bedeutung.

Soweit gegen eine Darstellung des Rechts in Rechtsnormen eingewandt wird, sie müsse an der Notwendigkeit einer Berücksichtigung der Rechtsidee scheitern, hat sich diese Vorstellung der Rechtsidee demnach als inhaltsleer erwiesen.

Zur Frage, ob sich das Recht als System von Rechtssätzen darstellen läßt, gehört sodann auch der Einwand, das Recht sei alogisch, die Fülle des Lebens lasse sich nicht in Formeln fassen. Mag dieser Einwand auch mehr aus einem allgemeinen Gefühl als aus detaillierter Begründung entspringen, so soll er doch hier näher erörtert werden. Denn hinter ihm verbirgt sich ein gewisses Mißbehagen, mindestens jedoch starke Skepsis gegenüber einer Präzisierung der Rechtssprache durch eine weiter entwickelte Formalisierung.

Der Einwand, die Fülle des Rechtslebens lasse sich nicht in Formeln fassen, würde die vorliegende Untersuchung dann nicht treffen, wenn er nur die Verwendung der Symbolsprache beträfe. Denn alle Ausdrücke, die in Symbolen angeschrieben werden, können auch in der Verbalsprache ausgedrückt werden. Die Übersetzung wird in den einzelnen Beispielen, in denen die Symbolsprache verwendet wird, auch meist angegeben.

---

[9] „Die Geltung der Rechtsordnung im ganzen ist nicht die Summe der Geltung ihrer einzelnen Normen, sondern geht der Geltung der einzelnen Norm vor."

LARENZ: Das Problem der Rechtsgeltung, a. a. O., S. 33.

[10] Rechtsnormen, die aufgrund gültiger allgemeiner Grundsätze einer Rechtsordnung als ungültig anzusehen sind, gehören nicht zu dieser Rechtsordnung. Bei einem anderen Sprachgebrauch wäre eine Abgrenzung bestimmter Rechtsordnungen nicht mehr möglich.

[11] Man kommt bereits zu einem inneren Widerspruch, wenn man die einzelnen Rechtsnormen als Bestandteil der gesamten Rechtsordnung auffaßt, so daß sich die einzelnen Rechtsnormen über die Gesamtheit der Rechtsordnung selbst vorgehen.

Die Formalisierung einer Sprache bleibt aber auch dann eine Formalisierung, wenn zwar auf Symbole[12] verzichtet wird, wenn aber für die Verbalausdrücke Formvorschriften festgelegt werden. Diese Art der Formalisierung ist schon deshalb gerade für die Rechtssprache von Bedeutung, weil die Rechtssprache den beteiligten Rechtsgenossen verständlich bleiben und deshalb sich von der lebendigen Sprache nicht allzuweit entfernen soll.

Der angeführte Einwand geht nicht gegen die Rechtssprache schlechthin, sie könne die Fülle des Lebens nicht fassen, sondern gegen deren Formalisierung. Zumindest ist der Einwand nur so verstanden speziell für die vorliegende Untersuchung von Bedeutung. Um ihn zu widerlegen, genügt es demnach zu zeigen, daß die Formalisierung keine Verarmung im Ausdrucksbereich der Rechtssprache zur Folge hat.

Der Ausdrucksbereich der Rechtssprache in bezug auf die Erfassung von Lebenstatbeständen aller Art wird durch den Umfang der Protokollsätze bestimmt. Dies sind diejenigen Sätze, die nur der Beschreibung der Phänomene dienen, ohne Anforderungen in bezug auf Rechtssätze zu stellen. Wenn bei der Aufstellung und Formulierung der Protokollsätze auch schon Gesichtspunkte für deren Verwertung berücksichtigt wurden, so sind dies doch Zweckgesichtspunkte, keine Anforderungen. In welcher Weise etwa eine Zeugenaussage oder eine Inaugenscheinnahme protokolliert wird, muß sich in der Art der Formulierung nicht nach der späteren rechtlichen Beurteilung richten, sondern danach, wie der Sachverhalt am adäquatesten beschrieben wird[13].

Die Formalisierung läßt nun aber die Protokollsätze unberührt. Im Gegenteil, die Formalisierung steigert gerade die Aussagefähigkeit in bezug auf die Erfahrung aller Erscheinungen des Lebens. Die Verwendung von Zahlausdrücken etwa hat in allen Wissenschaftszweigen die Darstellung unserer Erfahrung vereinfacht und in unvergleichlichem Ausmaß präzisiert. Aber gerade die umfangreiche Verwendung dieser Zahlausdrücke hat die Formalisierung der gesamten Sprache ausgelöst. Selbst wenn die Formalisierung der Rechtssprache im übrigen keinen Vorteil brächte, so wäre gerade die Erfassung der Lebenstatbestände erleichtert und erweitert. Die Erfassung der Fülle des Lebens wird demnach nicht beeinträchtigt.

Der Einwand, mit dem wir uns hier auseinandersetzen, enthält jedoch auch einen Gedanken, der auf einen tatsächlich bestehenden Zusammenhang

---

[12] Unter Symbolen werden im allgemeinen Buchstaben, Zahlen usw. verstanden, zumindest wenn von Symbolsprache im Gegensatz zur Verbalsprache gesprochen wird. Bezeichnet man ganz allgemein Sprachzeichen als Symbole, so sind auch die Ausdrücke der Verbalsprachen Symbole. Aus dem Kontext geht jedoch dieser Sinnunterschied hinreichend hervor, so daß es keiner ausdrücklichen Differenzierung bedarf.

[13] Wenn bei der Beweisaufnahme erheblich ist, in bezug auf welche Anspruchsgrundlagen sie erfolgt, betrifft dies nur die Frage, welche Tatsachen aufzuzeichnen, nicht jedoch die Art und Weise, in der sie zu formulieren sind.

hinweist. Ist es nicht die Erfassung der Fülle des Lebens, so ist es doch die Beurteilung der Fülle des Lebens, die durch die Formalisierung der Rechtssprache beschränkt wird.

Aber die Beschränkung der Beurteilung ist nicht eine unerwünschte Folge der Formalisierung, sondern die Einschränkung der Beurteilung — in ganz bestimmter Weise als Beschränkung der Willkür der Beurteilung — ist gerade der Vorzug einer Formalisierung der Rechtssprache.

Was wir hier zeigen wollten, ist, daß der Einwand, man könne die Fülle des Lebens nicht in Formeln fassen, falsch ist, soweit er nicht sagen will, daß die Aussagefähigkeit der Sprache überhaupt unzureichend ist[14]. Das besagt insofern nicht viel, als die Bewertung „unzureichend" nicht näher angegeben ist. Worauf es hier ankommt, ist, daß dieser Einwand gerade gegen die vorliegende Untersuchung und ihre Untersuchungsmethoden nicht erhoben werden kann[15].

Als Ergebnis ist demnach festzuhalten, daß sich das Recht in Rechtsnormen darstellen läßt, und demnach die Untersuchungen, die für die Rechtsnormen gültig sind, auch für die gesamte Rechtsordnung gelten.

2. Die Implikation als Form der Rechtsnormen

Für eine Analyse der Rechtssprache und für die Lösung einer großen Anzahl rechtstheoretischer Probleme ist es von Vorteil, angeben zu können, ob die allgemeinen Rechtssätze eine einheitliche Struktur haben und wie diese Struktur beschaffen ist.

Wenn hier der Versuch gemacht werden soll, eine solche Struktur anzugeben und sie als zur Darstellung der Rechtssätze alleine ausreichend nachzuweisen, so soll es in der Weise geschehen, daß am Anfang eine bestimmte

[14] Dies hätte dann allerdings auch für diese Behauptung — denn auch sie ist eine sprachliche Aussage — zu gelten.

[15] Zu dem Problem, inwieweit sich die Bestrebungen in der Formalisierung der Rechtssprache der Bedeutung einerseits, der Grenzen andererseits bewußt sind, sei Klug zitiert:

„Das hier obwaltende Verhältnis läßt sich unter Verwendung der Implikationsrelation in ihren unterschiedlichen Arten durch die These charakterisieren, daß die Einhaltung der Regeln der Logik zwar nicht hinreichende, wohl aber notwendige Bedingung ist für die dem Wissenschaftsideal entsprechende Durchführung der beiden Rechtswissenschaft und Rechtsphilosophie genannten Unternehmungen. Damit ist Negatives und Positives zum Ausdruck gebracht. Negativ besagt die These, daß jeglicher Logizismus, worunter eine philosophische Richtung mit übermäßiger Betonung des logischen Aspekts verstanden werde, abzulehnen ist. Positiv folgt aus der These, daß die Bildung wissenschaftlicher Theorien nur mit Hilfe der Logik möglich ist. Sie ist unentbehrliches Werkzeug des Erkenntnisfortschrittes und der Theorienentwicklung."

Klug, Ulrich: Juristische Logik, 2. Aufl., Berlin-Göttingen-Heidelberg 1958, S. 147 f.

solche Struktur erklärt wird und dann nachgewiesen wird, daß sich alle allgemeinen Rechtssätze in Sätze dieser Struktur übersetzen lassen.

Es gehört zum festen Bestand rechtlicher Methodenlehre, in einem allgemeinen Rechtssatz zwischen Tatbestand und Rechtsfolge zu unterscheiden.

Ehe untersucht wird, welche Eigenheiten die Darstellung von Tatbestand und Rechtsfolge besitzt, soll die Verknüpfung, die den Tatbestand und die Rechtsfolge im Rechts-„Satz" zusammenfassen, erklärt werden.

Um den Zusammenhang, in dem diese Verknüpfung steht, und die Möglichkeiten, aus denen wir die passende Verknüpfung auswählen, zu kennen, sollen diejenigen Satzverknüpfungen kurz dargestellt werden, die heute allgemein zur Bildung logischer Basen[16] herangezogen werden. Dies sind folgende:

a) Die Disjunktion. Sie wird dargestellt in den Symbolen:

$$S_1 \vee S_2.$$

Diese Verknüpfung entspricht dem Ausdruck „oder" der Verbalsprache, jedoch nicht in dem Sinne „entweder — oder", sondern entsprechend dem lateinischen Ausdruck vel[17].

b) Die Konjunktion. In Symbolen geschrieben:

$$S_1 \wedge S_2.$$

Sie entspricht dem Ausdruck „und" der Verbalsprache[18].

c) Die extensive Implikation. Sie ist formuliert in den Symbolen:

$$S_1 \rightarrow S_2.$$

In Worten ausgedrückt: Stets wenn S_1, dann S_2[19].

d) Die intensive Implikation. Dargestellt in den Symbolen:

$$S_1 \Rightarrow S_2.$$

[16] Die logische Basis einer Sprache besteht aus Begriffsnetz und Deduktionsgerüst.

[17] Klug: Juristische Logik, a. a. O., S. 27;
Schmidt, Arnold: Mathematische Gesetze der Logik I, Vorlesungen über Aussagenlogik, Berlin-Göttingen-Heidelberg 1960, S. 6;
Carnap, Rudolf: Symbolische Logik, 2. Aufl., Wien 1960, S. 7;
Hilbert, D. und W. Ackermann: Grundzüge der theoretischen Logik, 4. Aufl., Berlin-Göttingen-Heidelberg 1959, S. 4.

[18] Klug: Juristische Logik, a. a. O., S. 25;
Schmidt: Mathematische Gesetze der Logik, a. a. O., S. 6;
Carnap: Symbolische Logik, a. a. O., S. 8;
Hilbert-Ackermann: Grundzüge der theoretischen Logik, a. a. O., S. 4.

[19] Klug: Juristische Logik, a. a. O., S. 27;
Schmidt: Mathematische Gesetze der Logik, a. a. O., S. 53 f;
Carnap: Symbolische Logik, a. a. O., S. 8 f;
Hilbert-Ackermann: Grundzüge der theoretischen Logik, a. a. O., S. 4 f.

In die Verbalsprache übersetzt: Nur dann wenn S_1, so S_2[20].

e) Die Äquivalenz. In Symbolen dargestellt:

$$S_1 \leftrightarrow S_2.$$

Diese Verknüpfung kann in der Verbalsprache ausgedrückt werden: Dann und nur dann wenn

S_1, so S_2[21].

Um zu zeigen, ob eine dieser Verknüpfungen zur Darstellung der allgemeinen Rechtssätze geeignet ist, zieht man vorteilhafterweise die entsprechenden Wahrheitswertetabellen heran.

Die Eigenheit der einzelnen Verknüpfung besteht in der Art und Weise, in der die Wahrheitswerte der Satzverknüpfung den Wahrheitswerten der verknüpften Sätze zugeordnet sind. Diese Zuordnung läßt sich am übersichtlichsten und einprägsamsten in den sogenannten Wahrheitswertetabellen darstellen.

So lautet die Wahrheitswertetabelle der Disjunktion:

S_1	S_2	$S_1 \vee S_2$
w	w	w
w	f	w
f	w	w
f	f	f

In Worten ausgedrückt: Wenn nur einer der durch die Disjunktion verknüpften Sätze wahr ist, so ist der durch diese Verknüpfung gebildete Satz wahr[22].

Die Wahrheitswertetabelle der Konjunktion lautet:

S_1	S_2	$S_1 \wedge S_2$
w	w	w
w	f	f
f	w	f
f	f	f

[20] KLUG: Juristische Logik, a. a. O., S. 33.
Zur Vereinfachung des Sprachgebrauchs sei die übliche Ausdrucksweise beibehalten, daß, wenn nur von Implikation die Rede ist, man die extensive Implikation meint, während die intensive Implikation stets ausgeschrieben wird.

[21] KLUG: Juristische Logik, a. a. O., S. 29;
SCHMIDT: Mathematische Gesetze der Logik, a. a. O., S. 24 und S. 80;
CARNAP: Symbolische Logik, a. a. O., S. 9;
HILBERT-ACKERMANN: Grundzüge der theoretischen Logik, a. a. O., S. 5.

[22] KLUG: Juristische Logik, a. a. O., S. 35;
SCHMIDT: Mathematische Gesetze der Logik, a. a. O., S. 70;
CARNAP: Symbolische Logik, a. a. O., S. 11;
HILBERT-ACKERMANN: Grundzüge der theoretischen Logik, a. a. O., S. 7.

In Worten: Dann und nur dann, wenn alle verknüpften Sätze wahr sind, ist die aus ihnen mittels der Konjunktion gebildete Verknüpfung wahr. Oder anders ausgedrückt: Wenn nur einer der verknüpften Sätze falsch ist, so ist die Verknüpfung falsch[23].

Die Wahrheitswertetabelle der extensiven Implikation lautet:

S_1	S_2	$S_1 \rightarrow S_2$
w	w	w
w	f	f
f	w	w
f	f	w

In die Verbalsprache übersetzt: Stets dann wenn S_1 wahr ist, muß auch S_2 wahr sein. Stets wenn S_1 wahr und S_2 falsch ist, dann ist die Verknüpfung falsch[24].

Die Wahrheitswertetafel der extensiven Implikation gibt jene Zuordnung wieder, die sich zur Darstellung der Grundform der allgemeinen Rechtssätze anbietet[25].

Die Rechtssätze ordnen Tatbestand und Rechtsfolge einander dergestalt zu, daß die Rechtsfolge stets dann als eingetreten zu gelten hat, wenn der Tatbestand vorliegt. Liegt der Tatbestand nicht vor, so ist es — diesem Rechtssatze nach beurteilt — unbestimmt, ob nicht aus einem anderen Grund, etwa wegen Bestehens eines anderen Rechtssatzes doch diese Rechtsfolge eingetreten ist. Diese Zuordnung entspricht derjenigen der Implikation, die ausdrückt, daß, wenn immer S_1 wahr ist, S_2 wahr sein muß, wenn aber S_1 falsch ist, S_2 sowohl wahr als auch falsch sein kann.

Die Wahrheitswertetabellen haben auf den Inhalt der Ausdrücke wahr und falsch nicht Bezug genommen. Wir hätten die Ausdrücke wahr und falsch auch durch andere ersetzen können. Etwa durch x und y.

Dann würde die Tabelle lauten:

S_1	S_2	$S_1 \rightarrow S_2$
x	x	x
x	y	y
y	x	x
y	y	x

[23] Klug: Juristische Logik, a. a. O., S. 35;
Schmidt: Mathematische Gesetze der Logik, S. 79;
Carnap: Symbolische Logik, a. a. O., S. 11;
Hilbert-Ackermann: Grundzüge der theoretischen Logik, a. a. O., S. 7.
[24] Klug: Juristische Logik, a. a. O., S. 35;
Schmidt: Mathematische Gesetze der Logik, a. a. O., S. 82;
Carnap: Symbolische Logik, a. a. O., S. 11;
Hilbert-Ackermann: Grundzüge der theoretischen Logik, a. a. O., S. 7.
[25] Klug: Juristische Logik, a. a. O., S. 47.

So läßt sich statt der Werte wahr und falsch auch das Wertepaar rechtens / nicht rechtens verwenden[26]. Wir erhalten dann (r = rechtens; nr = nicht rechtens):

S_1	S_2	$S_1 \rightarrow S_2$
r	r	r
r	nr	nr
nr	r	r
nr	nr	r

Die Interpretation einer solchen Wertetabelle — man könnte sie analog Rechtswertetabelle nennen — führt noch nicht zu dem gewünschten Ergebnis.

Wollen wir die Implikation als Rechtssatz interpretieren, so schreiben wir besser statt S_1 das Symbol V und statt S_2 das Symbol R. Wir erhalten so die übliche Darstellung [27]:

$$V \rightarrow R$$

Die entsprechende Wertetabelle würde jetzt lauten:

V	R	$V \rightarrow R$
r	r	r
r	nr	nr
nr	r	r
nr	nr	r

Die Voraussetzungen V des Rechtssatzes können aber nicht mit Allgemeingültigkeit mit rechtens bewertet werden. Nur dann, wenn die Voraussetzungen ausschließlich normativer Natur sind, führt die Bewertung von V mit rechtens zum Ziele. Meist werden aber die Voraussetzungen solche tatsächlicher Natur enthalten oder sogar ausschließlich aus solchen

[26] KLUG, ULRICH: Bemerkungen zur logischen Analyse einiger rechtstheoretischer Begriffe und Behauptungen, in:

Logik und Logikkalkül, Festschrift für WILHELM BRITZELMAYR, herausgegeben von KÄSBAUER, MAX und von FRANZ KUTSCHERA, Freiburg-München 1962, S. 123.

[27] Mitunter wird statt V das Symbol T genommen, was der Assoziation zu Tatbestand entnommen ist. Doch ist die Darstellung von KLUG in KLUG: Juristische Logik, a. a. O., S. 47, vorzuziehen, da die Voraussetzungen nicht nur in Tatbestandsmerkmalen, sondern auch in normativen Merkmalen bestehen können. Obwohl man diese Möglichkeit auch durch den Begriff der normativen Tatbestandsmerkmale erschließen könnte, wurde auf die allgemeine Formulierung KLUGS zurückgegriffen, weil sich die Struktur des Rechtssatzes für alle Rechtsgebiete als gleichermaßen handlich erweisen soll.

bestehen. Die Beschreibung der tatsächlichen Voraussetzungen muß dann als wahr oder falsch bewertet werden.

Die soeben aufgezeigte Struktur der Rechtsnormen zeigt eine Isomorphie zwischen Rechtsgesetz und Naturgesetz. So war auch immer wieder der Zusammenhang zwischen diesen zwei Arten von Gesetzen für Rechtswissenschaftler der Ansatzpunkt, um aus den Gemeinsamkeiten und den Unterschieden zwischen Rechtsgesetz und Naturgesetz Aufschlüsse über die Struktur von Rechtsnormen zu gewinnen.

Um den Zusammenhang zwischen Tatbestand und Rechtsfolge zu kennzeichnen, hat sich v. TUHR des Begriffs der Kausalität bedient, wobei er jedoch erklärend hinzufügt, daß sich die naturgesetzliche von der rechtsgesetzlichen Kausalität dadurch unterscheidet, daß die rechtsgesetzliche Kausalität von einem gesetzgeberischen Willen geschaffen wurde[28].

Auch KELSEN geht auf den Unterschied zwischen Naturgesetz und Rechtsgesetz ein. KELSEN verwendet hierbei als Gegenbegriff zur Kausalität den Begriff der Zurechnung[29]. KELSENs Auffassung ist richtig, soweit er den Unterschied zwischen Kausalität und Zurechnung darin sieht, daß die Zurechnung von menschlichem Willen gesetzt, während die Kausalität von einem solchen Eingriff unabhängig ist.

Soweit jedoch KELSEN die Meinung vertritt, die Verknüpfung, die im Rechtssatz zum Ausdruck komme, habe eine völlig andere Bedeutung als

---

[28] „Zwischen Tatbestand und Rechtsfolge besteht eine nicht auf der Naturordnung, sondern auf dem Willen des Gesetzes beruhende Kausalität, welche, wie Kausalität des natürlichen Geschehens, in letzter Linie in der Beschaffenheit des menschlichen Denkens begründet ist."

VON TUHR, ANDREAS: Der allgemeine Teil des Deutschen bürgerlichen Rechts, 2. Band 1. Hälfte, unveränderter Nachdruck der ersten Auflage, Berlin 1957, S. 5.

[29] „Der Unterschied zwischen Kausalität und Zurechnung besteht — wie schon erwähnt — darin, daß die Beziehung zwischen der Bedingung als Ursache und der Folge als Wirkung, die im Naturgesetz ausgesagt wird, nicht wie die Beziehung zwischen Bedingung und Folge, die in einem Moral- oder Rechtsgesetz dargestellt wird, durch eine von MENNKEN gesetzte Norm hergestellt wird, sondern von jedem solchen Eingriff unabhängig ist."

KELSEN, HANS: Reine Rechtslehre, 2. Aufl., Wien 1960, S. 94,

und etwas spezieller auf die Rechtsnorm eingehend:

„Daß die Verknüpfung der Elemente im Rechtssatz verschieden ist von der der Verknüpfung der Elemente im Naturgesetz, geht darauf zurück, daß die Verknüpfung im Rechtssatz durch eine von der Rechtsautorität, also durch einen Willensakt gesetzte Norm hergestellt ist, während die Verknüpfung von Ursache und Wirkung, die im Naturgesetz ausgesagt wird, unabhängig von jedem solchen Eingriff ist."

KELSEN: Reine Rechtslehre, a. a. O., S. 80.

diejenige der Kausalität, nämlich nicht die der Ursache-Wirkung-Beziehung, ist KELSEN nicht mehr zu folgen[30].

Man kann nicht ganz allgemein sagen, das Verbrechen sei nicht mit der Strafe, das Zivildelikt nicht mit der Zwangsvollstreckung im Sinne von Ursache und Wirkung verknüpft. Soweit man zwischen Ursache und Wirkung nur die Tatsache sieht, daß stets auf ein Ereignis in bestimmter Weise ein anderes folgt, so läßt sich — ohne dem Sprachgebrauch Gewalt anzutun — das Verbrechen als Ursache, die Strafe als Wirkung und im anderen Falle das Zivildelikt als die Ursache und die Zwangsvollstreckung als deren Wirkung ansehen. Dieser Sprachgebrauch wird zum mindesten dann einsichtig sein, wenn man sich in die Lage des Verbrechers oder des böswilligen Schuldners versetzt. Für den Verbrecher ist die Strafe die Wirkung, die er durch sein Verbrechen ausgelöst hat. Für denjenigen, der ein Zivildelikt begangen hat, ist die Zwangsvollstreckung die Wirkung, die auf das Zivildelikt gefolgt ist.

Es mag zunächst scheinen, daß es ein Streit um Worte ist, sich mit der Auffassung KELSENs auseinanderzusetzen. Soweit es sich um den feststehenden Sprachgebrauch handelt, ist dies auch richtig. Es muß aber festgestellt werden, daß diese Unterscheidung zwischen Kausalität und Zurechnung, wie sie KELSEN macht, bereits eine bestimmte Deutung sowohl von Kausalität als von Zurechnung zum Inhalt hat. Würden wir an dieser Stelle KELSEN folgen, so würden wir im Laufe der Untersuchung auf diese Deutung eingeengt werden.

Einen weiteren Unterschied zwischen Kausalität und Zurechnung sieht KELSEN darin, daß die Kette von Ursache und Wirkung bei der Kausalität nach beiden Richtungen hin unendlich sei[31].

Auch dieser Meinung KELSENs kann man nicht folgen. Nehmen wir an, die Anzahl von Kausalgesetzen sei N. Diese Anzahl muß endlich sein, da die Anzahl der sie formulierenden Forscher endlich ist, da jeder Forscher für die Formulierung eines Kausalgesetzes eine bestimmte Zeit braucht und

---

[30] „Ganz so wie ein Naturgesetz, verknüpft auch ein Rechtssatz zwei Elemente miteinander. Aber die Verknüpfung, die im Rechtssatz zum Ausdruck kommt, hat eine völlig andere Bedeutung als jene, die das Naturgesetz beschreibt: die Kausalität. Ganz offenbar ist das Verbrechen mit der Strafe, das Zivildelikt mit der Zwangsvollstreckung, die ansteckende Krankheit mit der Internierung des Kranken, nicht als eine Ursache mit ihrer Wirkung verknüpft. Im Rechtssatz wird nicht, wie im Naturgesetz, ausgesagt, daß, wenn A ist, B ist, sondern, daß, wenn A ist, B sein soll, auch wenn B vielleicht tatsächlich nicht ist."

KELSEN: Reine Rechtslehre, a. a. O., S. 80.

[31] „Ein anderer Unterschied zwischen Kausalität und Zurechnung besteht darin, daß jede konkrete Ursache als Wirkung einer anderen Ursache und jede konkrete Wirkung als Ursache einer anderen Wirkung betrachtet werden muß, so daß die Kette von Ursache und Wirkung — dem Wesen der Kausalität entsprechend — nach beiden Richtungen hin unendlich ist."

KELSEN: Reine Rechtslehre, a. a. O., S. 94.

da jedem Forscher insgesamt nur eine begrenzte Zeit zur Verfügung steht. Zwischen den Kausalgesetzen bestehen Ableitungszusammenhänge dergestalt, daß man eine Auswahl aus den gesamten Kausalgesetzen treffen kann, aus denen dann die übrigen abgeleitet werden können. Es gibt nun viele Möglichkeiten, eine bestimmte Auswahl zu treffen, aus denen sich die übrigen Sätze ableiten lassen. Aber aus der Kombinatorik ist das Ergebnis zu entnehmen, daß — wie groß auch die Auswahlmöglichkeit ist — aus einer endlichen Anzahl von Elementen nur eine endliche Anzahl von Möglichkeiten der Auswahl vorhanden ist. Diese Möglichkeit, aus einer bestimmten Anzahl von Sätzen einen Teil derart auszuwählen, daß sich die anderen aus ihm ableiten lassen, ist bei den Rechtsnormen im gleichen Maße wie bei den Kausalgesetzen vorhanden. Auch hier läßt sich die Aufgabe stellen, aus der Gesamtheit rechtlicher Regelungen eine Anzahl von Rechtsnormen auszuwählen, aus denen dann die restlichen rechtlichen Regelungen ableitbar sind. Auch bei den Rechtsnormen werden sich verschiedene Möglichkeiten in der Auswahl bieten.

Auch wenn wir aus Kelsens Auffassung nur die Vorstellung herauslesen, dann, wenn man ein bestimmtes Kausalgesetz gefunden habe, könne man jederzeit andere finden, mit denen man dieses Kausalgesetz erklären könne, so ergibt sich dennoch kein Unterschied zu den Rechtsgesetzen. Denn auch wenn wir eine bestimmte rechtliche Regelung haben, können wir fragen, welche anderen Rechtsnormen, die vielleicht aus anderen Gesichtspunkten heraus zweckmäßiger sind, man aufstellen könnte, um diese rechtliche Regelung daraus ableiten zu können.

Man wird einen Unterschied zwischen Rechtsgesetz und Naturgesetz nur darin finden können, daß sich bei den Naturgesetzen nicht irgendeine Autorität für eine bestimmte Formulierung als Ableitungsbasis entschieden hat, daß aber bei den Rechtsgesetzen bestimmte Rechtsnormen dahingehend ausgezeichnet sind, daß ein Gesetzgeber sie erlassen hat und man deshalb die rechtlichen Entscheidungen üblicherweise aus ihnen ableitet. Aber die Rechtswissenschaft geht auch darüber hinaus. Sie sucht zum Beispiel übergeordnete Rechtsprinzipien und ist keineswegs gehindert, für diese Rechtsprinzipien weiterhin übergeordnete Rechtsprinzipien zu suchen. Und ähnlich ist es in der Naturwissenschaft. Wenn man der Lehre oder der Technik, die die Naturwissenschaften anwenden, die Ergebnisse naturwissenschaftlicher Forschungen darbietet, so muß man sich für irgendeine Auswahl von Kausalgesetzen entscheiden, aus denen dann die Einzelaussagen abgeleitet werden können.

An dem vorliegenden Beispiel ist ersichtlich, daß ähnliche Problemstellungen und ähnliche Erscheinungen in anderen Wissenschaften die Forschungen der eigenen Disziplin zwar anregen, nicht aber das Ergebnis gleich mitliefern. Damit soll der Vergleich zwischen Rechtsgesetzen und Kausalgesetzen beendet und zu einem anderen Problem der Struktur von Rechtsnormen Stellung genommen werden.

Wichtig, auch für die Interpretation der Implikation in bezug auf Rechtsnormen, ist die Möglichkeit, die Implikation in eine Verknüpfung mittels der Zeichen der Negation und der Disjunktion zu übersetzen. Die extensive Implikation

$$S_1 \rightarrow S_2$$

kann durch die Disjunktion

$$\neg S_1 \vee S_2$$

ersetzt werden[32]. Die neue Form lautet in der Verbalsprache: Nicht S_1, oder S_2.

Wird diese Umformung auf die Rechtsnorm übertragen, so hat jetzt die Rechtsnorm die Form:

$$\neg V \vee R$$

Übersetzt man diese Formel in die Verbalsprache, so lautet sie: Entweder sind die Voraussetzungen nicht gegeben oder die Rechtsfolge besteht, oder es sind nicht die Voraussetzungen gegeben und es besteht die Rechtsfolge. Da diese Umformung also in der Verbalsprache auch einen bestimmten Sinn hat, diese zweite Interpretation der Rechtsnorm aber umstritten ist, soll zunächst gezeigt werden, daß beide Formen der Rechtsnorm, sowohl in der Form

$$V \rightarrow R$$

als auch in der Form

$$\neg V \vee R$$

logisch gleichwertig sind. Hierzu bedient man sich des Verfahrens der Wahrheitswertetabelle.

Die Wahrheitswertetabelle der extensiven Implikation ist bekannt. Sie lautet:

V	R	V → R
r	r	r
r	nr	nr
nr	r	r
nr	nr	r

Zeigen wir nun, daß die Formel

$$\neg V \vee R$$

die gleichen Wahrheitswerte wie die Formel

$$V \rightarrow R$$

[32] KLUG: Juristische Logik, a. a. O., S. 31.

hat, so haben wir bewiesen, daß beide Formen äquivalent sind. Die Wahrheitswertetabelle für $\neg V \vee R$ lautet nun:

V	$\neg V$	R	$\neg V \vee R$
r	nr	r	r
r	nr	nr	nr
nr	r	r	r
nr	r	nr	r

Da beide Formeln die gleichen Wahrheitswerte haben, sind sie demnach logisch äquivalent.

Damit haben wir die Grundlage gewonnen, auf der wir die sich widersprechenden Meinungen von GEIGER[33] und ENGISCH[34] nachprüfen können. GEIGER vertritt die Ansicht, die Rechtsnorm lasse jedem die Möglichkeit, sich normgerecht zu verhalten oder die Sanktion auf sich zu nehmen. Diese Interpretation Geigers entspricht der logischen Basis, die wir für die Darstellung der Rechtsnormen gewählt haben. Ehe die Meinung ENGISCHs diskutiert wird, soll über die Tragweite des Ergebnisses kurz gesprochen werden.

Sollte es sich herausstellen, daß die Auffassung von ENGISCH ein Phänomen des Rechts adäquat beschreibt, so würde die Brauchbarkeit der logischen Basis herabgesetzt. Denn die Sprachen, die diese logische Basis zugrunde legen, können nicht zwischen der Darstellung in der Form der Implikation und in der Form der Disjunktion mit verneinendem Vorderglied unterscheiden.

Nach der Meinung ENGISCHs wird nicht die Wahl gelassen zwischen Verbrechen und Strafe. Dies begründet ENGISCH damit, daß der Rechtssatz ein kategorischer Imperativ sei, daß er unbedingt fordere. Nun wäre die Bedeutung dessen darzutun, daß der Rechtssatz ein kategorischer Imperativ sei und daß er unbedingt fordere, und dies wäre dann zu beweisen. Wir können jedoch die Frage kürzer beantworten und fragen, wie dem Rechtsgenossen denn die Wahl genommen sei, zwischen Verbrechen und Strafe

[33] „Die Wirkung der Norm ist damit disjunktiv bestimmt. Sie besteht entweder in Realisierung des Normkerns oder in abweichendem Gebaren mit sozialer Reaktion als Folge."

GEIGER, THEODOR: Vorstudien zu einer Soziologie des Rechts, Kopenhagen 1947, S. 34.

[34] „Seiner Substanz nach ist der Rechtssatz ein kategorischer Imperativ. Er fordert unbedingt. Daß der Strafrechtssatz meinen könnte, man habe die Wahl zwischen Tötung und Nichttötung, zwischen Zuchthaus und Freiheit, man dürfe daher, wenn man bereit sei, sein Leben hinter den Mauern der Strafanstalt zu verbringen, getrost einen Mord begehen, wäre gewiß ein schnödes Mißverständnis."

ENGISCH: Einführung in das juristische Denken, a. a. O., S. 31.

zu wählen. Wir brauchten also noch eine Rechtsnorm, die nicht nur das Verbrechen verbietet, sondern auch verbietet, zwischen Verbrechen und Strafe zu wählen. Eine solche Norm besteht jedoch nicht. Sie wäre auch nicht sehr sinnvoll.

Dennoch besteht das Phänomen, daß im Normalfalle der Rechtsgenosse nicht zwischen straffreiem Verhalten und Strafe wählt, sondern daß er schon diese Überlegung, ob er die Strafe etwa in Kauf nehmen solle, von sich weist und sich hierzu auch gezwungen fühlt. Es kommt jedoch daher, daß gesellschaftsschädigendes Verhalten nicht nur mit rechtlichen Sanktionen, sondern noch mit Sanktionen bestraft wird, die ein noch empfindlicheres Übel für den Verbrecher bedeuten können. Aus einer solchen sozialen Norm außerrechtlicher Art entnommen müssen wir die Reaktion der Gesellschaft auf die Tatsache ansehen, daß sich ein Mitglied der Gesellschaft überlegt, ob es im konkreten Falle die Strafe in Kauf nehmen soll oder ob die Unrechtsfolge den Vorteil überwiegt. Die Reaktion kann darin bestehen, daß ein geschäftlicher oder gesellschaftlicher Verkehr verweigert wird aus der Überlegung heraus, daß das Vertrauen gegenüber solchen Partnern einzuschränken sei, die die Regeln des Rechtsverkehrs nur solange einhalten, wie die Rechtsfolgen den verbotenen Vorteil überwiegen. Damit befinden wir uns aber außerhalb der Rechtsordnung im Bereich von Gewohnheit und Sitte[35].

Bleibt man aber bei der Untersuchung im Rahmen des Rechts, so kommt man über die Strafandrohung nicht hinaus, da sich der Rechtsgenosse nur entweder normgerecht verhalten oder die Strafe erdulden muß.

Damit erweist sich die hier entwickelte Darstellung als adäquate Abbildung der Struktur der Rechtsnormen.

3. Die Darstellung des Tatbestandes

Bei der Darstellung des Tatbestandes besteht das Problem, welche Anforderungen an die Darstellung des Tatbestandes gestellt werden müssen und wie diesen Anforderungen entsprochen werden kann.

Da der Tatbestand die Voraussetzungen für den Eintritt der Rechtsfolgen enthält, führt die Frage, ob eine Rechtsfolge eingetreten ist, zu der Frage, ob ein Tatbestand erfüllt ist. Der Tatbestand muß demnach so formuliert werden, daß er in geeigneter Weise feststellbar ist. Da die Feststellbarkeit jedoch unterschiedlich beurteilt werden muß, je nachdem welche geistigen Fähigkeiten der Nachprüfende besitzt und welche technischen

---

[35] „Wer glaubt, sich bei allem auf den ‚Rechtsstandpunkt' stellen zu können, wird sich zum Abscheu seiner Mitmenschen machen und zum Scheitern verurteilen."

Rehfeldt, Bernhard: Einführung in die Rechtswissenschaft, Berlin 1962, S. 165.

Möglichkeiten ihm zur Verfügung stehen, muß untersucht werden, nach welchem Maßstab die Feststellbarkeit beurteilt werden kann[36].

Die Frage, ob ein Tatbestand so formuliert ist, daß er festgestellt werden kann, führt zu dem Verifikationsproblem. Dieser Problemkreis behandelt die Frage, wie eine Aussage als wahr oder falsch erkannt werden kann. Die Lehre von der Verifikation wird also auch unser Problem insoweit behandeln, als es sich um die Feststellung deskriptiver Tatbestandsmerkmale handelt. Als weiteres wäre dann noch die Feststellung der normativen Tatbestandsmerkmale zu untersuchen, da diese anderen Regeln folgt.

Was die Lehre von der Verifikation für unsere Untersuchung interessant macht, ist die Erkenntnis, daß es Aussagen — und demnach auch Beschreibungen von Tatbeständen — gibt, die nicht verifiziert werden können. Ist also die Formulierung von Tatbeständen möglich, deren Wahrheitsgehalt nicht festgestellt werden kann, so ist es erforderlich, diese Möglichkeiten zu kennen, denn sie sind für die Formulierung von Rechtsnormen unbrauchbar und müssen von der Verwendung ausgeschlossen werden.

Zwischen der Möglichkeit der Verifikation und dem Inhalt einer Tatbestandsbeschreibung besteht ein enger Zusammenhang. Der Inhalt einer Tatbestandsbeschreibung ist dann bekannt, wenn das Verfahren bekannt ist, mit dem festgestellt werden kann, ob die Tatbestandsbeschreibung zutrifft oder nicht. Und umgekehrt, weiß man, mit welchem Verfahren nachgeprüft werden kann, ob eine Tatbestandsbeschreibung zutrifft, so kennt man den Inhalt des Tatbestands[37]. Entscheidend ist demnach zu wissen, mit welchem Verfahren das Vorliegen eines Tatbestandes festgestellt werden kann.

Das einzige Verfahren, um die Wahrheit einer Tatbestandsbeschreibung festzustellen, das nachprüfbar ist, ist das der Beobachtung. So selbstverständlich dieser Satz auf der einen Seite klingen mag, so heftig wurden doch viele Wissenschaften von Methodenstreitigkeiten überzogen, die von den Konsequenzen dieses Satzes ausgelöst wurden. Die Rechtswissenschaft ist von der Materie her stets auf die Zusammenhänge hingeführt worden. Dies jedoch nur, was die Feststellung der deskriptiven Tatbestandsmerkmale anbetrifft. Aber gerade die Frage, ob es sich um deskriptive Tatbestandsmerkmale handelt, wird oft umgangen, indem man diese zu normativen Tatbestandsmerkmalen erklärt. Es ist nicht selten, daß Diskussionen um sprachlogische Folgerungen aus diesen Erkenntnissen mit dem Satz abgebrochen werden: „Alles Richten ist Werten".

Ist die Beobachtung das Kriterium, mit welchem festgestellt wird, ob ein Tatbestand erfüllt ist oder nicht, so sind hieraus für die Formulierung des Tatbestandes die Folgerungen zu ziehen. Das Naheliegendste wäre, als

---

[36] Carnap, Rudolf: Testability and Meaning, in Readings in the Philosophy of Science, herausgegeben von Herbert Feigl und Max Brodbeck, New York 1953, S. 47 ff.

[37] Carnap: Testability and Meaning, a. a. O., S. 47.

Tatbestandsmerkmale nur beobachtbare Merkmale zu benutzen. Dies hätte den Vorzug, daß derjenige, der nachprüft, ob die Tatbestandsmerkmale vorliegen, über das Verfahren der Nachprüfung keine Zweifel hätte.

Die Rechtssprache kann jedoch nicht alle Tatbestände nur in beobachtbaren Merkmalen ausdrücken. Der Grund liegt darin, daß die Tatbestände eine höchst komplizierte Form annehmen würden. Selbst viele Ausdrücke der Dingsprache[38], die sich zur Formulierung von Rechtsnormen besonders eignet, müßten durch genauere Ausdrücke ersetzt werden.

Sollen jedoch auch die anderen Merkmale objektiv nachprüfbar sein, so müssen sie auf andere Art an die Beobachtung gebunden bleiben.

Werden nichtbeobachtbare Merkmale verwandt, so ist von diesen Merkmalen zu verlangen, daß sie auf beobachtbare Merkmale zurückgeführt werden können. Ein solches Verfahren ist das der Definition.

Die Definition formuliert einen Zusammenhang zwischen Tatbestandsmerkmalen dergestalt, daß ein Tatbestandsmerkmal durch eine Gruppe anderer Tatbestandsmerkmale ersetzt werden kann[39]. Die explizite Definition hat die Struktur:

Definiendum = def. Definiens[40].

Meist wird das Definiendum aus einem Merkmal bestehen, während das Definiens mehrere Merkmale enthält. Eine solche Definition erlaubt überall da, wo die in dem Definiens zusammengefaßte Gruppe von Merkmalen vorkommt, diese Gruppe durch ein anderes Merkmal zu ersetzen und umgekehrt. Die Definition hat demnach die Funktion einer Abkürzung.

Aus dieser Funktion der Definition lassen sich nun einige Regeln über deren Gebrauch ableiten[41]. Werden zum Zwecke der Nachprüfung, ob ein Tatbestand erfüllt ist, Tatbestandsmerkmale durch Definitionen bestimmt, so ist dieses Verfahren nur sinnvoll, wenn es dem Zwecke dient, nichtbeobachtbare Merkmale durch beobachtbare Merkmale zu ersetzen. Man wird nicht immer verlangen können, daß nichtbeobachtbare Merkmale mit einer einzigen Definition auf beobachtbare Merkmale zurückgeführt werden.

---

[38] "Let us give the name 'thing-language' to that language which we use in every-day life in speaking about the perceptible things surrounding us."

Carnap: Testability and Meaning, a. a. O., S. 69.

[39] Klug: Juristische Logik, a. a. O., S. 91;

Carnap: Symbolische Logik, a. a. O., S. 56 f.

[40] Oft ist in methodologischen Schriften als Zweck der Definition angegeben, einen komplizierten Ausdruck durch ein einfacheres Zeichen zu ersetzen, wie z. B. in Klug: Juristische Logik, a. a. O., S. 91. Dies ist vom Standpunkt dessen aus betrachtet, der ein Satzsystem entwirft. Steht man vor der Aufgabe, einen Tatbestand der Beobachtung zuzuführen, ist die entscheidende Frage bei der Auswahl der Definitionen, in welchem Maße sie erlauben, nichtbeobachtbare Merkmale durch beobachtbare zu ersetzen.

[41] Klug: Juristische Logik, a. a. O., S. 91;

Carnap: Symbolische Logik, a. a. O., S. 57.

Vielleicht ersetzt man zuerst Tatbestandsmerkmale durch andere, die erst ihrerseits auf beobachtbare Merkmale zurückführbar sind[42]. Aber Definitionen, die nicht das Verfahren fördern, ein Tatbestandsmerkmal der Beobachtung zugänglich zu machen, sind sinnlos. Dieses Verfahren ist jedenfalls sinnlos in bezug auf ein korrektes logisches Verfahren. Faßt man die Feststellung des Tatbestandes dialektisch auf, so erfüllen auch noch Definitionen einen Zweck, die nichtbeobachtbare Merkmale auf andere gleichermaßen nichtbeobachtbare Merkmale zurückzuführen. Hat man durch Definitionen den Tatbestand genügend umgeformt, so kommt das Ergebnis, wenn auch nicht logisch begründet, so doch psychologisch nicht unvorbereitet. Da es eine der Aufgaben der Kommentare ist, die Tatbestandsmerkmale auf beobachtbare Merkmale zurückzuführen, unterscheiden sich gute Kommentare von schlechten Kommentaren unter anderem darin, ob die Definitionsketten diesem Zweck tatsächlich dienen oder ob sie nur eine Kompilation von Rechtsprechung und Literatur darstellen.

Es wurde schon erwähnt, daß es für die Frage, welche Merkmale als beobachtbar anzusehen sind, auf die Fähigkeiten und die technischen Möglichkeiten dessen ankommt, der die Beobachtung vorzunehmen hat. Damit ist die Frage zu entscheiden, ob die Beobachtbarkeit durch Sachverständige ausreichen soll oder ob auch der durchschnittlich gebildete Rechtsgenosse zur Beobachtung in der Lage sein muß. Hier spielt die Frage eine Rolle, inwieweit das Recht volkstümlich bleiben soll, oder inwieweit es sich von den Vorstellungen des Laien entfernen und sich verfeinerter Methoden der Wissenschaft bedienen darf.

In der Frage der Beobachtbarkeit wird man auf Volkstümlichkeit verzichten müssen. Meist hat der Laie von den gesetzlichen Tatbeständen nur eine sehr grobe Vorstellung, und er ist einfach überfordert, wenn er diese Vorstellungen präzisieren soll. Wenn man auf Allgemeinverständlichkeit des Textes Wert legt, so soll man dieses Ergebnis mehr bei der Formulierung des Tatbestandes zu erreichen trachten, die Präzisierung der Tatbestandsmerkmale und die Zurückführung auf beobachtbare Merkmale jedoch hiermit nicht belasten.

Volkstümlichkeit und Allgemeinverständlichkeit einerseits und Präzision in der Umschreibung des Tatbestandes andererseits könnten dadurch zugleich erreicht werden, daß man die Rechtsnormen zunächst allgemeinverständlich und prägnant formuliert und die Präzisierung durch Definitionen und Explikationen folgen läßt.

Haben wir es mit normativen Tatbestandselementen zu tun, so führt das Kriterium der Beobachtung nicht weiter. Es läßt sich nicht durch Beobachtung klären, ob eine Handlung gegen die guten Sitten verstößt oder ob das

---

[42] So ist der Inhalt des Begriffs Pfandrecht aus § 1204 Abs. 1 BGB, der in dieser Definition gebrauchte Begriff Sache hinwiederum aus § 90 BGB zu entnehmen.

Verhalten eines Vertragspartners Treu und Glauben entspricht. Dies ist eine Frage der Wertung. Muß man auch bei der Wertung immer auf subjektive Werturteile zurückgreifen, so läßt sich doch der Spielraum der Bewertung einengen. So können normative Merkmale dadurch präzisiert werden, daß man die Beachtung bestimmter Wertmaßstäbe vorschreibt oder andere Wertmaßstäbe ausschließt.

Wichtig ist bei der Formulierung des Tatbestandes, daß genau zu erkennen ist, ob es sich um deskriptive Merkmale oder um normative Merkmale handelt. Werden diese Unterschiede verwischt, so wird es demjenigen, der das Recht anwendet, leicht gemacht, Wertungen — und das sind meist subjektive Werturteile — auch dort hineinzutragen, wo der Gesetzgeber die Wertentscheidung schon getroffen hat und in der Rechtsnorm niederlegen wollte[43].

4. Die Darstellung der Rechtsfolgen

Bevor auf die Darstellung der Rechtsfolgen selbst eingegangen wird, soll untersucht werden, welcher Art die Rechtsfolgen sein können. Um das Problem nicht von vornherein zu komplizieren, gehen wir von dem Fall der vollständigen Rechtsnorm aus, das ist eine Rechtsnorm, bei der weder Tatbestand noch Rechtsfolge einer weiteren Ergänzung durch andere Rechtsnormen bedürfen[44]. Eine solche vollständige Rechtsnorm ist in einer Rechtsordnung nicht leicht zu finden. Der Grund liegt darin, daß meist zwischen materiellem Recht und Verfahrensrecht unterschieden wird. So läßt sich etwa aus dem Bürgerlichen Gesetzbuch entnehmen, daß ein bestimmter Anspruch gegeben ist. Aber die Ausdrucksweise, dieser Anspruch bestehe, erhält seine praktische Bedeutung erst aus dem Recht der Zwangsvollstreckung. Besteht ein Anspruch und kommen noch einige Voraussetzungen hinzu — so etwa, daß der Anspruch im Erkenntnisverfahren festgestellt ist, daß die Vollstreckungsmaßnahmen beantragt sind —, so tritt als endgültige Rechtsfolge die Zwangsvollstreckung ein. In der Strafrechtspflege haben wir als endgültige Rechtsfolge die Erduldung der Strafe und eventuell einige Nebenfolgen, wie Eintragung in das Strafregister, Maßregeln der Sicherung und Besserung.

[43] Damit soll nicht implizite gesagt werden, der Richter dürfe von einer Wertentscheidung, die der Gesetzgeber getroffen hat, in keinem Falle abweichen, aber auch nicht das Gegenteil. Die Ausführungen hier sollen nur die Konsequenzen zeigen, die an die Verwendung der Rechtssprache in bestimmter Weise geknüpft sind. Die Frage, inwieweit ein Verfahren zulässig oder erwünscht ist, ist Gegenstand späterer Betrachtung.

[44] Enneccerus-Nipperdey: Bürgerliches Recht, Allgemeiner Teil, a. a. O., S. 196 ff.

Sehen wir von allen Zwischenstufen der juristischen Konstruktion ab, so sind die endgültigen Rechtsfolgen Vorgänge in der Wirklichkeit. Daraus ergeben sich die Anforderungen an die Formulierung dieser Rechtsfolgen. Das heißt, diese Anforderungen müssen denjenigen entsprechen, die für die Darstellung des Tatbestandes aufgestellt wurden. Danach mußten die Tatbestandsmerkmale entweder selbst beobachtbar sein oder auf beobachtbare Merkmale zurückgeführt werden können. Hier müssen die Rechtsfolgen derart formuliert werden, daß sie genau vollzogen werden können. Auch dieses Ergebnis wird erreicht, wenn die Rechtsfolgen in beobachtbaren Merkmalen oder in solchen Merkmalen, die auf beobachtbare zurückgeführt werden können, beschrieben werden. Denn dann läßt sich ein klares Bild von der durchzuführenden Handlung entwerfen, wonach die Durchführung abgewickelt werden kann.

Entspricht die Darstellung der Rechtsfolge in einem konkreten Fall nicht diesen Erfordernissen und ist sie ungenau, so kann die Frage entstehen, was die Rechtsorgane in diesem Falle tun sollen. Bei der Feststellung des Tatbestandes kann es im Falle der Ungenauigkeit des Tatbestandes Aufgabe des Rechtsorgans sein, den Tatbestand zu präzisieren. Den Vollzugsorganen wird man eine solche Aufgabe im allgemeinen nicht zuerkennen. Ist der Gerichtsvollzieher angewiesen, bei dem Schuldner einen bestimmten Gegenstand herauszuholen, ist aber die Bezeichnung des Gegenstandes so ungenau, daß sie auf mehrere, sich in der Wohnung des Schuldners befindliche Gegenstände zutrifft, so wird man den Gerichtsvollzieher nicht anweisen können, etwa denjenigen Gegenstand herauszuholen, der auf die Beschreibung am besten zutrifft. Der Gerichtsvollzieher wird in diesem Falle gut daran tun, die Vollstreckungshandlung zu unterlassen und den Vollstreckungsauftrag zurückzugeben[45].

Sind auch die Folgen der Ungenauigkeit schwerer zu beseitigen, so ist doch die Genauigkeit der Darstellung der Rechtsfolgen leichter zu erzielen; denn die Möglichkeiten, um welche Rechtsfolge es sich handelt, sind, weil ihre Anzahl geringer ist, ungleich besser zu übersehen, als die Fülle und Mannigfaltigkeit von Tatbestandsmerkmalen, die bei der Formulierung von Rechtsnormen Verwendung finden.

5. Die Sanktion als Bestandteil der Rechtsnormen

Es war eine Frage der logischen Analyse, die Teile der Rechtsnormen, nämlich Tatbestand und Rechtsfolge, und die Verknüpfung beider darzu-

[45] Wenn hier nur Möglichkeiten und Zweckmäßigkeiten erörtert werden, nicht aber die Frage beantwortet wird, was die Organe denn tun müssen, so geschieht dies deshalb, weil mit diesen Ausführungen die Problemlage nur erläutert werden soll. Würde die ungenaue Fragestellung, was die Organe tun müßten, hierfür herangezogen, würden die Hauptanliegen dieser Arbeit abgedrängt werden.

stellen. Die Frage, ob die Sanktion ein notwendiger Bestandteil der Rechtsnormen ist, geht über den Fragenkreis der allgemeinen logischen Analyse hinaus.

Man könnte dieses Problem formell dadurch erledigen, daß man erklärte, nur solche Sätze sollten Rechtsnormen heißen, deren Rechtsfolge eine Sanktion enthalte. Tatsächlich ist es zunächst eine Frage der Definition, ob die Sanktion notwendiger Bestandteil einer Rechtsnorm sein soll. Aber eine Definition der Rechtsnorm ist nicht Selbstzweck, sondern ist dem Ziel der jeweiligen wissenschaftlichen Analyse unterzuordnen. So schließt sich an die Definition der Rechtsnorm die Frage an, ob diese Definition die Rechtswirklichkeit adäquat beschreibt.

Aufgabe der vorliegenden Untersuchung ist, Rechtsnormen solcher Struktur zu entwickeln, mit denen die Rechtsordnung beschrieben werden kann. Die Definition der Rechtsnorm ist demnach gelungen, wenn deren Form geeignet ist, in ihnen die Rechtsordnung zu formulieren. Die Definition wäre unzureichend, wenn nicht alle allgemeinen Rechtssätze in Rechtsnormen formuliert werden könnten. Der Beweis, ob die Rechtsordnung durch Rechtsnormen, für die das Erfordernis gilt, daß ihre Rechtsfolge eine Sanktion enthalte, adäquat dargestellt werden kann, soll damit begonnen werden, daß Beispiele angegeben werden, die zeigen, daß überhaupt allgemeine Rechtssätze durch Rechtsnormen dieser Art dargestellt werden können.

Bei den Strafrechtsbestimmungen des Besonderen Teils des Strafgesetzbuches enthält die Rechtsfolge gemäß ihrem Charakter als Strafbestimmung eine Sanktion. Die Vorschriften des Allgemeinen Teils des Strafgesetzbuches dagegen können im allgemeinen nicht in Rechtsnormen übersetzt werden[46]. Dafür können sie jedoch als unvollständige Teile der Vorschriften des Besonderen Teils angesehen werden, wie zum Beispiel der Abschnitt, der die Rechtsfolgen präzisiert, oder wie die Abschnitte „Versuch", „Teilnahme" und „Gründe, welche die Strafe ausschließen oder mildern", die Rechtssätze enthalten, die den Tatbestand genauer fassen.

Von den Vorschriften des Bürgerlichen Gesetzbuches ergeben alle anspruchsbegründenden Rechtssätze in Verbindung mit den Vorschriften der Zwangsvollstreckung Rechtsnormen, die eine oder mehrere Sanktionen enthalten. Soweit die Vorschriften des Bürgerlichen Gesetzbuches nicht an-

[46] „Aufgabe der allgemeinen Lehren des Strafrechts ist es, die für alle Straftaten gemeinsamen Wesensmerkmale des Verbrechens und seines Täters aufzuzeigen."

WELZEL, HANS: Das Deutsche Strafrecht, 7. Aufl., Berlin 1960, S. 26.

Gibt der allgemeine Teil aber nur Merkmale des Verbrechens und der Täter, ohne eine bestimmte Merkmalsgruppe mit einer Sanktion zu verknüpfen, so sind die Festsetzungen des allgemeinen Teils keine Vorschriften, aus denen Strafsanktionen entnommen werden können, sondern sie dienen dann der Vervollständigung oder Präzisierung der Rechtsnormen des besonderen Teils.

spruchsbegründend sind, sind es Hilfsnormen, die die Umstände näher beschreiben, unter denen der Anspruch gegeben ist[47].

Die Vorschriften des Zivilprozesses, soweit sie nicht solche der Zwangsvollstreckung sind, enthalten Verfahrensvorschriften, die weitere Voraussetzungen enthalten, die vor Ingangsetzung der Zwangsvollstreckung erfüllt sein müssen[48].

Mit der Untersuchung dieser großen Gruppen von Rechtsvorschriften haben wir gezeigt, daß weite Gebiete unserer Rechtsordnung in Rechtsnormen übersetzt werden können, deren Rechtsfolge eine Sanktion enthält.

Den vollständigen Beweis, daß sich alle Rechtsnormen in dieser Weise darstellen lassen, könnte man zwar theoretisch führen. Man hätte zu diesem Zweck alle Vorschriften des geltenden Rechts daraufhin zu untersuchen. Praktisch läßt sich dies jedoch nicht durchführen. Deshalb soll der Beweis dadurch geführt werden, daß wir die Gegenmeinungen untersuchen, die der Ansicht sind, die Rechtsordnung könne nicht allein in Rechtsnormen beschrieben werden, deren Rechtsfolgen Sanktionen enthielten.

Als Schulbeispiel einer sanktionslosen Norm wird oft die Naturalobligation angeführt[49]. Betrachten wir hierzu die Vorschriften über Spiel und Wette genauer.

Das Bürgerliche Gesetzbuch gibt zunächst die Vorschrift: „Durch Spiel oder durch Wette wird eine Verbindlichkeit nicht begründet“ (§ 762 Abs. 1 Satz 1 BGB). Dieser Rechtssatz enthält für sich allein genommen noch keine vollständige Regelung, denn diese Vorschrift erhält ihren Sinn erst in Verbindung mit den §§ 241 und 305 BGB: Ein Schuldverhältnis kann durch Vertrag begründet werden und kraft des Schuldverhältnisses ist der Gläubiger berechtigt, von dem Schuldner eine Leistung zu fordern. Bestünde die Vorschrift des § 762 Abs. 1 Satz 1 BGB nicht, so könnte der Gewinner in einem Spiel oder einer Wette den Gewinn einklagen und mittels der Zwangsvollstreckung beitreiben. Die Vorschrift des § 762 Abs. 1 Satz 1 BGB hat demnach den Inhalt, die allgemeinen Vorschriften der §§ 241, 305 BGB für Verbindlichkeiten aus Spiel und Wette auszuschließen.

---

[47] ENNECCERUS-NIPPERDEY: Bürgerliches Recht, Allgemeiner Teil, a. a. O., S. 197.

[48] So bestimmt § 704 Abs. I ZPO, daß Voraussetzung der Zwangsvollstreckung im Regelfall ein abgeschlossenes Erkenntnisverfahren ist, so daß sich alle Verfahrensvorschriften als Regeln über Voraussetzungen der Durchführung der Zwangsvollstreckung deuten lassen. Hinzu kommen noch die Vorschriften über die speziellen Verfahrensvoraussetzungen der Zwangsvollstreckung.

[49] „Der in der modernen Rechtsordnung praktisch bedeutsamste Fall, in dem die traditionelle Jurisprudenz eine sanktionslose, dennoch aber eine Rechtspflicht konstituierende Norm annimmt, ist der Fall der sogenannten Naturalobligation. Diese wird als eine Leistungspflicht charakterisiert, deren Erfüllung nicht durch Klage geltend gemacht werden kann und deren Nichterfüllung nicht die Bedingung einer Zivilexekution ist.“

KELSEN: Reine Rechtslehre, a. a. O., S. 53.

Die Vorschrift des § 762 Abs. 1 Satz 2 BGB sagt: „Das auf Grund des Spieles oder der Wette Geleistete, kann nicht deshalb zurückgefordert werden, weil eine Verbindlichkeit nicht bestanden hat." Auch diese Vorschrift hat den Sinn einer Ausnahmevorschrift gegenüber einer allgemeineren Regelung. Bestünde diese Vorschrift nicht, so könnte der Verlierer die bezahlte Spiel- oder Wettschuld von dem Gewinner zurückverlangen, falls er nicht gewußt hat, daß er zur Zahlung der Spiel- oder Wettschuld nicht verpflichtet war. § 762 Abs. 1 Satz 2 BGB hat demnach die Funktion, Ansprüche aus ungerechtfertigter Bereicherung auszuschließen.

Sanktionslos bei Spiel und Wette sind also nicht die Normen. Die Vorschriften über Spiel und Wette haben — wie wir gesehen haben — eindeutigen Bezug auf Rechtsnormen, die Sanktionen enthalten. Sanktionslos ist das Eingehen und das Durchführen von Spiel oder Wette. Spielschulden können nicht zwangsweise beigetrieben werden; die Rückforderung bezahlter Spielschulden kann nicht zwangsweise durchgesetzt werden[50].

Das Phänomen der Naturalobligation läßt sich demnach vollständig durch Rechtsnormen, deren Rechtsfolgen eine Sanktion enthalten, beschreiben. Darüber hinaus zeigt die Existenz der Naturalobligation, daß der Gesetzgeber davon ausgegangen ist, daß die Sanktion, wie die Zwangsvollstreckung, typischer Bestandteil der Rechtsnormen ist, und daß sie, für vertragliche Pflichten einmal angeordnet, nur dann ausfallen soll, wenn es der Gesetzgeber ausdrücklich vorschreibt.

Größere Schwierigkeiten, ein Rechtssystem in Rechtsnormen zu beschreiben, die eine Sanktion enthalten, bereitet das Völkerrecht. Hier fehlt es an der zentralisierten Macht, die in zuverlässiger Weise die Sanktion verhängen könnte[51].

---

[50] Staudinger-Brändl bezeichnen Spielschulden als unvollkommene Verbindlichkeit und verstehen darunter „eine gerichtlich unerzwingbare, aber erfüllbare Schuld".

J. v. Staudinger: Kommentar zum Bürgerlichen Gesetzbuch, 11. Aufl., Berlin 1959, erläutert von Franz Brändl, Vorbem. 2 zu § 762;

Soergel-Erdsieck-Mühl bezeichnen ebenfalls Spielschulden als unvollkommene Verbindlichkeiten, „deren Schwerpunkt im Erwerbsrechtfertigungsgrund liegt".

Soergel, Th. und W. Siebert: Bürgerliches Gesetzbuch, 9. Aufl., Stuttgart 1962, erläutert von Erdsieck und Mühl, Vorbem. 1 zu § 762;

Doch ist neben dem Erwerbsrechtfertigungsgrund noch der Wegfall der Sanktion bei der Nichterfüllung der Spielschulden hinzuzunehmen.

Erman, Walter: Handkommentar zum Bürgerlichen Gesetzbuch, 3. Aufl., Münster 1962, erläutert von Heinrich Wagner § 762;

Enneccerus, Ludwig und Heinrich Lehmann: Lehrbuch des Bürgerlichen Rechts, Recht der Schuldverhältnisse, 15. Aufl., Tübingen 1958, S. 779;

Esser, Josef: Schuldrecht, 2. Aufl., Karlsruhe 1960, S. 697.

[51] „Die Geltung des Rechts stellt gerade im VR ein schwieriges Problem dar. Denn von der nationalen Rechtsordnung ist die int. Ordnung durch das Fehlen oder durch die Schwäche der Zentralgewalt unterschieden."

Dahm, Georg: Völkerrecht, Bd. I, Stuttgart 1958, S. 7.

Ist auch bei der Erklärung des Völkerrechts die Verwendung der Rechtsnorm, wie wir sie definiert haben, nämlich der Rechtsnorm, deren Rechtsfolge eine Sanktion enthält, aufschlußreich, so reicht sie doch nicht aus, um alle Erscheinungen des Völkerrechts aufzuzeichnen. Dies ist jedoch kein Grund, von der Darstellung der innerstaatlichen Rechtsordnung durch Rechtsnormen, die durch eine Sanktion charakterisiert sind, abzugehen. Das Völkerrecht unterscheidet sich von der innerstaatlichen Rechtsordnung sowohl in der Eigenart der Rechtsfolgen als auch in der Verknüpfung von Tatbestand und Rechtsfolge[52]. Darum ist es zweckmäßiger, den Unterschied beider Rechtssysteme gerade dort kenntlich zu machen, wo er augenfällig auftritt, nämlich in der Art der Rechtsvorschriften. Es wäre unzweckmäßig, die Begriffe, die sich bei der Formulierung der innerstaatlichen Rechtsordnung bewährt haben, nur deshalb aufzuweichen, weil man dann auch das ganz andersartige Phänomen des Völkerrechts damit erfassen könnte.

Diese unterschiedliche Darstellung von innerstaatlichem Recht und Völkerrecht wäre jedoch unzweckmäßig, wenn in unserer heutigen Rechtsordnung Völkerrecht und innerstaatliches Recht verschmolzen wären. Anlaß zu dieser Überlegung gibt Art. 25 des Grundgesetzes. Danach sind die allgemeinen Regeln des Völkerrechts Bestandteil des Bundesrechts. Satz 2 Art. 25 GG präzisiert Satz 1 dahingehend, daß die allgemeinen Regeln des Völkerrechts unmittelbar Rechte und Pflichten für die Bewohner des Bundesgebietes erzeugen[53]. Dies kann nur bedeuten, daß die gleichen Sanktionen, die bei Rechtsverstoß und Pflichtversäumnis in bezug auf innerstaatliches Recht verhängt werden, auch in bezug auf die allgemeinen Regeln des Völkerrechts ausgesprochen werden müssen. Durch diese Vorschrift des Grundgesetzes erhalten die allgemeinen Regeln des Völkerrechts demnach die gleiche rechtliche Struktur wie innerstaatliches Recht. Soweit die allgemeinen Regeln des Völkerrechts über Art. 25 GG auch innerstaatliches Recht geworden sind, lassen sie sich in der gleichen Weise wie innerstaatliches Recht darstellen. Demnach können auch sie in Rechtsnormen, deren Rechtsfolge eine Sanktion enthalten, formuliert werden. Ein Einwand ist somit aus Art. 25 GG nicht herzuleiten.

---

[52] „In diesem System ist für eine int. Legislative im technischen Sinne kein Raum, gibt es keine starke Exekutive, in der Regel keine verbindliche Feststellung des Rechts und namentlich keine Gewalt, die den Willen der int. Gemeinschaft, wenn notwendig, zwangsweise durchsetzen und die Staaten von der Ausübung des Faustrechts abhalten könnte."

DAHM: Völkerrecht, a. a. O., S. 7 f.

[53] VON MANGOLDT, HERMANN und FRIEDRICH KLEIN:

Das Bonner Grundgesetz, 2. Aufl., Berlin und Frankfurt 1957, Art. 25 Anm. IV und VI;

DENNEWITZ, B. und K. G. WERNICKE: Kommentar zum Bonner Grundgesetz, Hamburg 1954, Art. 25 Anm. 3 und 5;

HAMANN, ANDREAS: Das Grundgesetz, 2. Aufl., Neuwied und Berlin 1961. Artikel 25, Anm. 2 u. 4.

Die Darstellungsweise, allgemeinen Rechtssätzen den Charakter der Rechtsnorm nur dann zuzusprechen, wenn die Rechtsfolge eine Sanktion enthält, hat in der Rechtstheorie klaren Ausdruck gefunden[54].

Dies zeigt sich auch in der weitergehenden Anwendung:
Konsequent benutzt REHFELDT das Merkmal der Sanktion zur Unterscheidung von Gewohnheitsrecht und Sitte[55].

Schon das Bestehen und der Umfang des Sanktionsapparates, der Zwangsvollstreckungsorgane und der Strafvollzugsanstalten, zeigen, daß

---

[54] „Die Rechtsnorm ist sonach eine Vorschrift für das äußere Verhalten, an deren Nichtbefolgung Vollstreckungszwang oder Strafe anknüpft."

NAWIASKY: Allgemeine Rechtslehre, a. a. O., S. 13.

„Rechtlich ist die Norm nur insofern, als das Zuwiderhandeln, die Normwidrigkeit Zwang auslöst, und zwar organisierten äußeren Zwang."

NAWIASKY: Allgemeine Rechtslehre, a. a. O., S. 9.

„Die Rechtsnorm ist ein Handlungsschema, sie ist ‚verpflichtend', d. h. hinter ihr steht die organisierte Gemeinschaft."

BRUSIIN, OTTO: Über die Objektivität der Rechtsprechung, Helsinki 1949,

„Einen Normenkomplex, hinter dem die organisierte Gemeinschaft steht, d. h. der durch die Organe dieser Gemeinschaft sanktioniert und teilweise auch geschaffen wird, nennen wir ‚Recht'."

BRUSIIN: Über die Objektivität der Rechtsprechung, a. a. O., S. 12.

„... daß die Rechtsordnung ein bestimmtes Verhalten eben dadurch verbietet, daß sie an dieses Verhalten eine Sanktion knüpft, oder ein bestimmtes Verhalten gebietet, indem sie an das gegenteilige Verhalten eine Sanktion knüpft."

KELSEN: Reine Rechtslehre, a. a. O., S. 56.

„Daher ist eine Definition des Rechtes, die dieses nicht als Zwangsordnung bestimmt, abzulehnen."

KELSEN: Reine Rechtslehre, a. a. O., S. 56.

„Da eine Rechtsordnung in dem eben bestimmten Sinne eine Zwangsordnung ist, kann sie in Sätzen beschrieben werden, die aussagen, daß unter bestimmten, und das heißt von der Rechtsordnung bestimmten, Bedingungen bestimmte Zwangsakte gesetzt werden sollen."

KELSEN: Reine Rechtslehre, a. a. O., S. 59.

Nachdem AUSTIN Gesetze als Befehle definiert hat, nimmt er die Unterscheidung dieser von anderen Erscheinungen mittels der Sanktion vor:

"If you express or intimate a wish that I shall do or forbear from some act, and if you will visit me with an evil in case I comply not with your wish, the expression or intimation of your wish is a command. A command is distinguished from other signification of desire, not by the style in which the desire is signified, but by the power and the purpose of the party commanding to inflict an evil or pain in case the desire be disregarded. If you cannot or will not harm me in case I comply not with your wish, the expression of your wish is not a command, although you utter your wish in imperative phrase."

AUSTIN, JOHN: Lectures on Jurisprudence, London 1929, S. 89.

[55] Die Scheidung zwischen Gewohnheitsrecht und Sitte findet sich „in der Wirklichkeit nur als eine solche der Rechtsfolgen: Gewohnheitsrecht kann gerichtlich erzwungen werden, Sitte nicht".

REHFELDT: Einführung in die Rechtswissenschaft, a. a. O., S. 139.

man eine Rechtsordnung ohne Sanktionen nicht aufrechterhalten zu können glaubt[56].

Hiergegen kann auch nicht eingewandt werden, nur ein kleiner Teil der Rechtsgenossen entziehe sich rechtsgetreuem Verhalten. Sanktionen sind schon dann erforderlich, wenn überhaupt ein Verstoß gegen die Rechtsnormen erwartet wird. Mit Recht macht GEIGER[57] darauf aufmerksam, daß es dem Gesetzeswilligen mit der Zeit unmöglich sein müßte, die Rechtsvorschriften zu befolgen, wenn nicht auch die übrigen sie zu befolgen gezwungen würden. Auch weist GEIGER darauf hin, daß die Sanktionsdrohung erst den Ernst des Gesetzgebers unterstreiche[58].

Auch muß man die Gefahr berücksichtigen, daß die Rechtsgenossen, die eine Rechtsnorm ohne Sanktionsdrohung befolgen, die sich also aus eigenem Antrieb normgemäß verhalten, jedenfalls in Konfliktsituationen sich Ausnahmen gestatten mögen und dann auf die Dauer die Normbefolgung ganz einstellen.

Wenn es auch eine Frage der Definition ist, ob man nur solche Normen als Rechtsnormen ansprechen will, deren Folge eine Sanktion enthalten, so stehen hinter der Frage, welche Art der Definition man wählt, doch sachliche Gesichtspunkte, die nicht mit dem Hinweis, Definitionen seien eine Frage der Festsetzung, abgeschnitten werden sollen.

Auch ENNECCERUS-NIPPERDEY sind der Ansicht, daß Erzwingbarkeit nicht zu den notwendigen Begriffsmerkmalen des Rechts gehört[59]. Dieser Satz läßt zwei Deutungen zu: Erstens daß Rechtsnormen nicht unbedingt durchsetzbar sein müsssen und zweitens daß die Verhängung von Sanktionen nicht zu den Kennzeichen von Rechtsnormen gehören. In diesem

---

[56] „Das bloße Vorhandensein des Sanktionsapparates, d. h. der Rechtsprechungs- und Vollstreckungsbehörden beweist, daß die Aufrechterhaltung des Rechtsgefüges mit Sanktionierung der Normen steht und fällt."

GEIGER: Vorstudien zu einer Soziologie des Rechts, a. a. O., S. 166.

[57] „Die zwangsfrei und ‚von innen heraus' Gehorsamen könnten nicht gehorsam sein, wenn die Norm nicht durch Sanktion und Sanktionsdrohung gegenüber den Ungehorsamen und zum Ungehorsam geneigten behauptet würde. Bei Gefahr meiner Existenz kann ich kein Eigentumsrecht anderer respektieren, wenn nicht auch mir Eigentumsschutz gewährleistet ist. Der Grundsatz der Gegenseitigkeit, der Gebarenskoordination, trägt die Rechtsgesellschaft."

GEIGER: Vorstudien zu einer Soziologie des Rechts, a. a. O., S. 167.

[58] „Wenn so die Sanktion nicht immer als Motiv der einzelnen Handlung in Wirksamkeit tritt, wäre es doch ein arger Irrtum anzunehmen, sie habe nichts mit dem Gehorsam der freiwillig Gehorsamen zu tun. Man hat gelegentlich darauf hingewiesen, wie die Sanktionsdrohung — insbesondere die strafrechtliche — ja eben erst deutlich mache, daß es den sozialen Mächten mit ihrer Forderung ernst sei. Die Sanktionsdrohung schreckt insofern nicht ab, sondern unterstreicht die soziale Forderung und schärft deren Bedeutung ein."

GEIGER: Vorstudien zu einer Soziologie des Rechts, a. a. O., S. 167.

[59] ENNECCERUS-NIPPERDEY: Allgemeiner Teil des Bürgerlichen Rechts, a. a. O., S. 203.

Teil der Untersuchung interessiert die zweite Deutung. Hierzu sagen ENNECCERUS-NIPPERDEY, daß nicht ein direkter auf Erfüllung der Rechtsgebote gerichteter Zwang erforderlich sei. Sei das Rechtsgebot einmal übertreten, so sei Erfüllungszwang in vielen Fällen geradezu undenkbar. Strafen, Schadensersatzverpflichtungen und andere Rechtsnachteile bewirkten nicht Erfüllung der übertretenen Rechtsnorm, sondern nur eine Ausgleichung des angerichteten Schadens[60].

Dieser Einwand, daß es gar nicht gelänge, mittels Sanktionen die beabsichtigten Rechtsfolgen herbeizuführen, gilt nur für diejenige Auffassung über den Charakter von Rechtsnormen, die ENNECCERUS-NIPPERDEY im Auge haben. Wenn man sich das Recht derart vorstellt, daß ein bestimmtes Verhalten der Rechtsgenossen als geboten oder verboten oder erlaubt gekennzeichnet wird und an die Übertretung dieser Gebote und Verbote Strafen, Schadensersatzverpflichtungen und andere Rechtsnachteile geknüpft werden, so tritt tatsächlich der Charakter der Rechtsnorm als Satz, der unter bestimmten Voraussetzungen den Rechtszwang androht, zurück.

Diese Personifizierung der Rechtsordnung, die ihr eigenen Willen, eigene Wünsche und eigene Vorstellungen zuschreibt, mag für viele Erklärungen rechtlicher Phänomene handlich und verständlich sein. Für eine Analyse des Rechtsbegriffes selbst bilden diese Bilder jedoch eine falsche Ausgangsbasis, mindestens soweit sie nicht weiter begründbar sind. Stellt man sich vor, daß die Rechtsordnung etwas gebieten kann, so kann keine Sanktion mehr die Tatsache aus der Welt schaffen, daß eine Übertretung dieses Gebotes, eine Zuwiderhandlung gegen diesen Willen, stattgefunden hat.

Streng genommen kann man aber der Rechtsordnung einen Willen gar nicht zuschreiben, sondern versteht darunter die rechtspolitische Zielsetzung, aufgrund derer eine bestimmte rechtliche Regelung geschaffen wurde. Trennt man aber rechtspolitische Zielsetzung und rechtliche Ausgestaltung, wie sie sich in der Tätigkeit der Organe der Rechtspflege verwirklicht, so zeigt sich, daß sich diese Betätigung der Organe der Rechtspflege am treffendsten durch Rechtsnormen beschreiben läßt, die einen bestimmten Tatbestand mit einer bestimmten Sanktion verknüpfen. Und mit Hilfe solcher Rechtsnormen läßt sich nicht nur die Rechtswirklichkeit beschreiben, so wie sie sich in einer konkreten Rechtsordnung tatsächlich abspielt, sondern es lassen sich auch nur erdachte Rechtsordnungen oder empfohlene Rechtsordnungen oder welche Modalitäten man auch immer mit Rechtsordnungen in Beziehung setzt, darstellen. Der Einwand von ENNECCERUS-NIPPERDEY wendet sich daher gegen eine Darstellung von Rechtsordnungen, die durch den hier gewählten Ansatz gerade ausgeschlossen wurde.

Die Rechtsnormen sind nicht alleine dadurch charakterisiert, daß bei ihnen der Tatbestand überhaupt mit einer Sanktion verknüpft ist. Da es

---

60 ENNECCERUS-NIPPERDEY: Allgemeiner Teil des Bürgerlichen Rechts, a. a. O., S. 204.

viele Arten solcher Sanktionen gibt, die menschliches Verhalten mit gewillkürten Übeln belegen[61], müssen die Rechtsnormen von anderen Arten von Normen abgegrenzt werden. Aus den bisherigen Ausführungen ergibt sich ein solches Merkmal als das der Verhängung der Sanktion durch ein eigens hierfür geschaffenes Organ, den Sanktionsapparat.

Die Festsetzung, nur solche Normen seien als Rechtsnormen zu betrachten, die einen Tatbestand mit einer Sanktion eines eigens hierfür geschaffenen Sanktionsapparates verknüpfen, schließt jedoch nicht aus, daß das mit solchen Rechtsnormen verfolgte Verhalten der Rechtsgenossen nicht noch durch andere Arten von Sanktionen berührt wird. Wenn es auch noch keine gesicherten Prognosen für den Fall gibt, daß in einer Gemeinschaft alle übrigen Sanktionen außer denen des rechtlichen Sanktionsapparates fehlen, so kann man doch vermuten, daß die Rechtsordnungen der Kulturvölker erheblichen Belastungsproben ausgesetzt wären.

Man darf davon ausgehen, daß die außerrechtlichen Sanktionen in vielen Fällen stärker motivierend wirken als diejenigen des rechtlichen Sanktionsapparates[62].

Damit steht die Rechtsordnung mit der jeweils herrschenden Gesellschaftsordnung in engem Wechselverhältnis[63]. Einerseits wirkt die Gesellschaftsordnung verstärkend oder abschwächend auf die Motivation der Rechtsnormen. Andererseits wirkt die Rechtsordnung derart, daß sie die Gesellschaftsordnung stützt oder dem Individuum Schutz gegen gesellschaftlichen Zwang verleiht.

---

[61] JELLINEK: Allgemeine Staatslehre, a. a. O., S. 335.

[62] „Der nichtorganisierte Druck, den die allgemeine soziale Sitte, die besonderen Anstandsregeln bestimmter Gesellschaftsklassen und Berufe, die kirchlichen Verbände, Presse und Literatur auf das Individuum und die Gesamtheit ausüben, ist viel stärker als aller bewußt vom Staate geübte Zwang."

JELLINEK: Allgemeine Staatslehre, a. a. O., S. 336.

[63] Als zu weitgehend JELLINEK:

„So gewiß einerseits die nichtstaatlichen Garantien allein ohne den staatlichen Zwang die Rechtsordnung nicht aufrechtzuerhalten vermögen, so fiele doch andererseits, wenn der Druck jener sozialen Mächte aufhörte, die Rechtsordnung selbst zusammen, denn der Rechtszwang ist nur ein zur unentbehrlichen Verstärkung der außerstaatlichen Garantien dienendes Element."

JELLINEK: Allgemeine Staatslehre, a. a. O., S. 336.

Einerseits geht JELLINEK als selbstverständlich davon aus, daß die rechtspolitischen Zielsetzungen mit den Zielen der Gesellschaft übereinstimmen. Dies dürfte mindestens in unserer pluralistischen Gesellschaft zweifelhaft sein. Andererseits ist es nicht alleinige Aufgabe der Rechtsordnung, außerrechtliche Normen zu verstärken. Die ganze Konzeption JELLINEKS paßt überhaupt nicht für die Beilegung von Interessengegensätzen verschiedener Gesellschaftsgruppen. Trotz dieser Zusammenhänge sind jedoch Rechtsnormen von den außerrechtlichen Normen begrifflich streng zu trennen. Anderenfalls wird es gar nicht mehr möglich, die Interdependenzen zwischen Rechtsordnung und dem Zwang außerrechtlicher gesellschaftlicher Mächte zu erfassen.

Wir können als Ergebnis somit festhalten, daß eine Rechtsordnung und speziell die uns bekannten Rechtsordnungen in Rechtsnormen formuliert werden können, bei denen die Rechtsfolge eine oder mehrere Sanktionen eines speziellen Sanktionsapparates darstellt. Die Ausführungen wurden ergänzt durch Betrachtungen, die es auch als zweckmäßig erscheinen lassen, nur solche allgemeinen Rechtssätze als Rechtsnormen anzusehen.

6. Die Schichtung von Rechtsnormen

Um nachzuweisen, daß jede Rechtsnorm bei einem Tatbestand beginnt und mit einer Sanktion als Rechtsfolge endet, mußte die Rechtsnorm vollständig angeschrieben werden. Um dies im Einzelfall darzutun, müßte meist eine ganze Reihe von Rechtsvorschriften herangezogen und zu einer einzigen Rechtsnorm zusammengefaßt werden. Man kann diese Überlegungen auch nicht als reine Gedankenspielerei betrachten. Denn für viele Fragen kann die Kenntnis zusammengehörender Tatbestände und Sanktionen von Bedeutung sein. Der umfassende Bogen von Tatbestand und zugehöriger Sanktion enthält Anfangspunkt und Endpunkt jeder juristischen Konstruktion. Ist es somit das theoretisch einfachere Modell, von Rechtsnormen auszugehen, die Tatbestand und Sanktion enthalten, so ist doch für die Rechtspraxis ein System zweckmäßiger, das die Verknüpfung von Tatbestand und endgültiger Sanktion zerlegt.

Die Möglichkeit, Rechtsnormen in geeigneter Weise zu zerlegen, wird durch eine besondere Eigenschaft der Implikation — das ist die Folgebeziehung zwischen Tatbestand und Sanktion — gegeben. Diese vorteilhafte Eigenschaft ist die Transitivität. Das heißt, es besteht folgende Beziehung:

$$\text{Aus} \quad a \rightarrow b \quad \text{und} \quad b \rightarrow c \quad \text{folgt} \quad a \rightarrow c.$$

Dies bedeutet, daß wir in die Implikation $a \rightarrow c$ ein Zwischenglied b einschieben können mit dem Ergebnis, daß nunmehr zwei Implikationen, nämlich $a \rightarrow b$ und $b \rightarrow c$, entstehen, mit denen man den gleichen Inhalt ausdrücken kann wie mit der Implikation $a \rightarrow c$.

Wenden wir dies auf die vollständigen Rechtsnormen an, bei denen der Tatbestand mit der entsprechenden Sanktion verknüpft ist, so können wir einen Rechtsbegriff derart einschieben, daß wir dem Tatbestand als Rechtsfolge einen bestimmten Ausdruck zuordnen und eine zweite Rechtsnorm schaffen, in der dieser Rechtsbegriff als Voraussetzung für die endgültige Sanktion angegeben ist. Mag es auch etwas fremd erscheinen, daß das, was eingeschoben wird — und folglich in der einen Rechtsnorm als Rechtsfolge in der anderen als Tatbestand erscheint — als ein Ausdruck, als ein Rechtsbegriff, bezeichnet wird. Aber welche anschauliche Bezeichnung man auch wählen mag, dieses eingeschobene Glied, das in der einen Rechtsnorm Rechtsfolge, in der anderen Rechtsnorm Tatbestand wird, ist nur ein Begriff, ist nur ein sprachlicher Ausdruck, der aus der Eigenart der Konstruktion erwachsen ist. Die Tatsache, daß man dieses eingeschobene Glied der Kette aus dem Rechtssystem eliminieren kann, ohne den Inhalt, d. h. die materielle Regelung dieses Rechtssystems, zu verändern, zeigt, daß es nicht einmal auf die Bedeutung dieses Begriffes ankommt, sondern daß nur eine solche Bezeichnung gewählt werden muß, die keine Verwechslung mit anderen Begriffen zur Folge hat[64].

Die Möglichkeit, Rechtsnormen in hintereinander geschaltete Implikationen zu zerlegen, erlaubt, eine Rechtsordnung zu schichten und damit zu ordnen und zu systematisieren.

Eine konsequente Anwendung hat dieses Verfahren in der Unterscheidung von materiellem Recht und Verfahrensrecht gefunden. Im Zivilrecht geben die materiellen Vorschriften als Rechtsfolge im allgemeinen eine Beschreibung des Zustandes, den der Gesetzgeber hergestellt wünscht, während das Verfahrensrecht Vorschriften darüber enthält, welche Sanktion der Nichterfüllung dieses Anspruchs entspricht und auf welche Weise diese Sanktion herbeigeführt werden kann[65]. Im materiellen Strafrecht befinden sich die Rechtsvorschriften, die die Tatbestände mit Strafart und Strafmaß verknüpfen, während die Verfahrensvorschriften sich mit der Durchführung der Strafsanktion beschäftigen.

Bei der Aufspaltung einer Rechtsmaterie in materielles Recht und Verfahrensrecht ist das eingeschobene Stück der Normenkette, also die Nahtstelle zwischen materiellem Recht und Verfahrensrecht, nicht immer nur ein Ausdruck mit lediglich syntaktischer Funktion. Die im materiellen Recht aufgezeigten Rechtsfolgen skizzieren oft schon den Inhalt der Sanktion, so daß diese Rechtsfolgen nicht nur auf die Sanktionsanordnung der Verfahrensvorschriften verweisen, sondern selbst schon einen Teil, man könnte oft sagen den Kern, der Sanktionsandrohung vorwegnehmen.

Auf den einzelnen Rechtsgebieten des materiellen Rechts und des Verfahrensrechts läßt sich dieses Prinzip der Schichtung von Rechtsnormen noch

[64] Die Kenntnis einer solchen bescheidenen Wahrheit, die Kenntnis von der Struktur der Schichtung von Rechtsnormen, hat für die Anlage rechtswissenschaftlicher Untersuchungen weitreichende Folgen. Arbeiten über Begriffe aus Rechtslehre und Rechtspraxis, die die Funktion des erläuterten eingeschobenen Begriffes bei der Zerlegung einer Rechtsnorm in mehrere Normen innehaben, sind über die Aufdeckung dieses Zusammenhangs hinaus unergiebig und tiefschürfende Arbeiten hierüber sind unmöglich. Nicht nur, daß wertvolle geistige Energien vertan werden, in dem Versuch, solche unmöglichen Aufgaben zu lösen, und in dem Versuch, solche unmöglichen Ergebnisse zu verstehen, auch wird durch falsche Anlage der Untersuchung die Lösung der hinter der theoretischen Fragestellung stehenden konkreten Probleme verstellt.

[65] „Insofern enthält das Zivilrecht nur halbe Rechtsnormen, Teilrechtsnormen, die nur zusammen mit den Prozeß- und Vollstreckungsnormen Vollrechtsnormen werden."

Nawiasky: Allgemeine Rechtslehre, a. a. O., S. 15 f.

weiter ausdehnen. Diese weitergehende Schichtung hat die Unterscheidung zwischen vollständigen und unvollständigen Rechtssätzen hervorgerufen[66].

ENNECCERUS-NIPPERDEY[67] nennen als unvollständige **Rechtsnormen:** Die begriffsentwickelnden, die beschränkenden und die abändernden Rechtssätze, ferner die im engeren Sinne verweisenden Rechtssätze, die Fiktionen und die aufhebenden Rechtssätze.

Diese Unterscheidung zwischen vollständigen und unvollständigen Rechtssätzen bezieht sich immer auf ein bestimmtes Gebiet der Rechtsordnung. Eine unvollständige Rechtsnorm des bürgerlichen Rechts ist demnach eine solche Vorschrift, die noch keine solche Rechtsfolge enthält, aufgrund derer mittels einer Verfahrensvorschrift eine Sanktion verhängt werden kann. Würde man eine vollständige Norm des bürgerlichen Rechts im Rahmen der gesamten Rechtsordnung betrachten, so müßte sie unter diesen Gesichtspunkten als unvollständige Norm angesehen werden, da sie noch nicht die endgültige Sanktion enthält, die die Rechtsordnung an diesen Tatbestand knüpft.

7. Abkürzungen von Rechtsnormen

Im allgemeinen benutzt man für die Formulierung der Rechtsordnung die deutsche Sprache. Die Verwendung einer Symbolsprache hat nur für die wissenschaftliche Analyse und dort Bedeutung, wo die Rechtsnormen in Komputer eingegeben werden sollen, wo also, wie heute teilweise in der Steuer- und Sozialgesetzgebung, Elektronengehirne die Rechtsanwendung auf den Einzelfall teilweise besorgen. Es gibt jedoch Anwendungsbereiche, in denen die sprachliche Darstellung zu kompliziert ist, in denen Rechtsnormen schnell wahrgenommen und verstanden werden müssen. Das wichtigste Beispiel sind Vorschriften aus dem Verkehrsrecht.

Wollte man die Verkehrsvorschriften in vollständigen Sätzen anschreiben, so könnten entweder die Fahrer schnellfahrender Fahrzeuge solche Schilder nicht lesen, oder die Geschwindigkeit müßte erheblich gedrosselt werden. Auch würde die Aufmerksamkeit allzusehr von der Verkehrssituation auf das Lesen der Beschilderung abgelenkt. Man verwendet deshalb für die Bekanntmachung von Verkehrsvorschriften, die für den Gel-

---

[66] „Unzweifelhaft gibt es allerdings unter den Rechtsvorschriften ... viele, die für sich allein kein Gebot oder keine Gewährung enthalten. Eine genauere Betrachtung zeigt ..., daß sie für sich allein bedeutungslos sind. Sie kommen nur in Verbindung mit anderen Rechtssätzen in Betracht, mit denen zusammen sie Gebote oder Gewährungen bilden, sie erlangen erst in dieser Verbindung die Natur von Rechtssätzen."

ENNECCERUS-NIPPERDEY: Allgemeiner Teil des Bürgerlichen Rechts, a. a. O., S. 197.

[67] ENNECCERUS-NIPPERDEY: Allgemeiner Teil des Bürgerlichen Rechts, a. a. O., S. 197 ff.

tungsbereich örtlich gebunden sind, Abkürzungen. Die Abkürzung kann in einem kurzen Begriff bestehen. Noch besser wahrnehmbar und einprägsamer sind besondere Verkehrszeichen. Die Verkehrsvorschriften brauchen nur noch dem einzelnen Zeichen eine bestimmte Bedeutung zuzuschreiben. Die eigentliche Rechtsvorschrift wird dann dadurch formuliert, daß das Verkehrsschild an einer bestimmten Stelle angebracht wird[68].

Die Gesamtheit der Verkehrsschilder kann im sprachlogischen Sinne schon als Sprache angesprochen werden. Es ist jedoch eine Sprache recht einfacher Bauart. Die Sprache hat nur eine einzige Klasse von Sprachzeichen, nämlich Zeichen für Rechtssätze. Entsprechend ist auch die Ausdrucksfähigkeit dieser Sprache gering. Denn es läßt sich nur eine beschränkte Anzahl solcher Zeichen verwenden, da die Verkehrsteilnehmer nicht auf die Kenntnis einer Sprache, etwa ihrer Alltagssprache zurückgreifen können, sondern die Bedeutung jedes Zeichens erlernen und auch behalten müssen.

8. Die Darstellung in anderen Satzformen

Ein anderer Weg, die Eigenheit der Rechtssätze offenzulegen, wird durch die Charakterisierung der allgemeinen Rechtssätze als Sollenssätze versucht.

Die Kennzeichnung der allgemeinen Rechtssätze als Sollenssätze kann zweierlei Bedeutung haben. Zunächst kann es bedeuten, daß die Rechtssätze im Gegensatz etwa zu den Indikativsätzen normativen Charakter haben. Dieser Weg, den Klug[69] einschlägt, hat den Vorteil, daß er eine Diskussion der Struktur der Rechtssätze offenläßt[70]. Da wir aber die Darstellung der Rechtssätze in Sollenssätzen hier betrachten wollen, kommt nur diejenige Deutung in Betracht, die die allgemeinen Rechtssätze als Befehlssätze, also als sogenannte Imperative, ansieht.

Die bedeutendste Frage in bezug auf eine Darstellung der Rechtssätze in einer bestimmten Satzform ist, ob sich die Rechtsordnung in dieser Satzform adäquat darstellen läßt. Unter diesem Gesichtspunkt soll die Entwicklung der Sollenssätze durchgeführt werden.

---

[68] „Für die Wahrnehmung erscheint eine Rechtsnorm in Gestalt verschiedener in Raum und Zeit stattfindender Ausdrücke, welche hauptsächlich aus geschriebenen (z. B. ein Gesetz) oder gesprochenen (z. B. eine mündliche Verfügung) Wörtern bestehen.

Aber sie kann auch auf andere Weise ausgedrückt werden, z. B. durch Gesten, Signale (das Handheben eines den Straßenverkehr regelnden Polizisten, welches bedeutet, daß die Fahrzeuge anhalten sollen; das rote Licht als Zeichen, daß der Zug nicht mehr weiterfahren soll) usw."

Tammelo, Ilmar: Untersuchungen zum Wesen der Rechtsnorm, Willsbach und Heidelberg 1947.

[69] Klug: Juristische Logik, a. a. O., S. 153.

[70] So hält sich Klug den Weg frei, die Strukturanalyse mit Hilfe der modernen Logik durchzuführen.

Gehen wir von der Zielsetzung eines Gesetzgebers aus, so liegt es nahe, zunächst einfach den gewünschten Zustand zu beschreiben und ihn als Befehl zu kennzeichnen. So gelangen wir etwa zu Sätzen: „Du sollst nicht töten.“ „Es ist verboten, das Eigentum oder ein sonstiges Recht eines andern zu verletzen.“ „Pacta sunt servanda.“

Es zeigt sich, daß eine Rechtsordnung dann mit solchen Sätzen auskommen kann, wenn die Beobachtung dieser Vorschriften erwartet werden kann, ohne daß Zwangsmittel eingesetzt werden. Denn es sind hier nicht die Fälle geregelt, was geschieht, wenn diesen Befehlen zuwidergehandelt wird. Man kann einwenden, daß der Einsatz von Zwangsmitteln zu den Merkmalen der Rechtsordnung gehöre. Aber auch für diesen Fall sind die angeführten Sollenssätze brauchbar, wenn wir für die Verletzung von Sollenssätzen eine einheitliche Folge bestimmen, etwa der Zorn eines Gewalthabers, der dann — ganz gleich, welcher Befehlssatz negiert wird — die Auflehnung gegen seinen Willen stets mit den gleichen Mitteln bricht.

Aus dieser Form der Sollenssätze und deren Anwendungsgebiet zeigt sich auch eine andere Eigenheit der absoluten Staatsgewalt. Sie ist insoweit absolut, als sie nur ihren eigenen Wunsch äußert, nicht aber den Fall regelt, daß ihm entgegengehandelt wird. Eine Staatsgewalt, die selbst Rechtsnormen unterworfen ist, kann nur relativ gegen Gesetzesbrecher vorgehen, das heißt, das Vorgehen im Falle einer Gesetzesverletzung ist für jede gesetzliche Vorschrift festgelegt. Dieses Verfahren gibt die Möglichkeit, die Anwendung staatlicher Gewalt für die Errichtung und Erhaltung einer Rechtsordnung zu differenzieren und zu verfeinern. Eine solche Verfeinerung von Rechtsvorschriften gelingt mit Hilfe der Sollenssätze nicht. Insoweit lassen sich die Rechtsordnungen, die in den heutigen Kulturstaaten eine Rolle spielen, in Sollenssätzen nicht vollständig angeben.

Wenn im Vorstehenden die Einschränkung „nicht vollständig“ gemacht wurde, so sollte damit der Umstand berücksichtigt werden, daß für die Formulierung des Rechts auch in der modernen Kodifikation Sollenssätze zu Hilfe gezogen werden. Dies geschieht in der Weise, daß man zunächst denjenigen Zustand beschreibt, der von der Rechtsordnung gewünscht wird, und getrennt hiervon in eigenen Sätzen die Rechtsfolgen für deren Verletzung angibt. Der Grund für dieses Vorgehen ist die Erwartung, daß sich der Staatsbürger im Normalfalle nach den Vorschriften richtet und deshalb hauptsächlich zu wissen begehrt, was er tun oder unterlassen muß. Eine Formulierung in Sollenssätzen hat demnach eine psychologische Bedeutung, indem sie schon in der Art der Formulierung dem Normalfall Ausdruck gibt, die Vorschriften würden befolgt, und nicht den Eindruck erweckt, dem Gesetzgeber sei es gleichgültig, ob der Staatsbürger sich entweder gesetzestreu verhalte oder die an die Gesetzesübertretung geknüpften Sanktionen in Kauf nehme.

An diesem Beispiel wird deutlich, daß eine wissenschaftliche Durchdringung der Rechtssprache zwar deren Genauigkeit und Ausdrucksfähigkeit hebt, daß aber auch eine andere Dimension der Sprache verändert wird, die für die Rechtsordnung von Bedeutung ist. Es handelt sich um die unmittelbare Wirkung, die von Rechtssätzen oder Satzsystemen ausgeht. Man spricht in diesem Zusammenhang auch gern von der Wirkung von Rechtsgedanken. Doch ist hier nicht die Überzeugungskraft hinzuzurechnen, die von der darin enthaltenen sachlichen Regelung ausgeht, sondern die Wirkung, die von den Begriffen und Begründungsweisen selbst herrührt.

Die Sollenssätze im weiteren Sinne als Befehlssätze lassen sich in drei typische Satzarten untergliedern. Für die Logik interessant ist die Untergliederung in Gebotssätze, Verbotssätze und Erlaubnissätze. Wie schon aus der Bezeichnung zu ersehen ist, sind Gebotssätze Vorschriften, die ein Verhalten gebieten, Verbotssätze Vorschriften, die ein Verhalten verbieten, und Erlaubnissätze Vorschriften, die ein bestimmtes Verhalten erlauben.

An diesen Modalitäten wie geboten, verboten oder erlaubt knüpft sich jeweils eine andere psychologische Wirkung. So haben etwa Erlaubnissätze einen weitaus freundlicheren und positiveren Ausdruck als etwa Verbots- oder Gebotssätze. Aus diesem Unterschied läßt sich für die Rechtstheorie jedoch nicht viel entnehmen. Der Grund liegt darin, daß alle Gebotssätze durch Verbotssätze oder Erlaubnissätze, daß alle Verbotssätze durch Gebotssätze oder Erlaubnissätze und daß alle Erlaubnissätze durch Gebotssätze oder Verbotssätze ersetzt werden können. Ein System von Rechtssätzen, das Gebotssätze, Verbotssätze und Erlaubnissätze enthält, läßt sich also darstellen entweder allein durch Gebotssätze oder allein durch Verbotssätze oder allein durch Erlaubnissätze. Der Beweis soll hier kurz angeführt werden[71].

Beginnen wir mit der Formulierung in Erlaubnissätzen[72]:

„Die Handlung h ist erlaubt“ sei dargestellt durch E (h). Wird der Satz „die Handlung h ist geboten“ dargestellt durch G (h), so wird der Gebotssatz definiert durch

$$G(h) = \text{def.} \neg E(\neg h)$$

in Worten: „Die Handlung h ist geboten“ ist definiert durch „die Unterlassung der Handlung h ist nicht erlaubt“.

Soll V (h) heißen „die Handlung h ist verboten“, so lautet die Definition dieses Satzes:

$$V(h) = \text{def.} \neg E(h)$$

in Worten: „Die Handlung h ist verboten“ heißt „die Handlung h ist nicht erlaubt“.

---

71 KLUG: Bemerkungen zur logischen Analyse einiger rechtstheoretischer Begriffe und Behauptungen, a. a. O., S. 118.

72 KLUG: Bemerkungen zur logischen Analyse einiger rechtstheoretischer Begriffe und Behauptungen, a. a. O., S. 118.

Formulieren wir die Sätze in Gebotssätzen, so erhalten wir folgende Definitionen[73]:

$$E(h) = \text{def.} \neg G(\neg h)$$

in Worten: „Die Handlung h ist erlaubt" bedeutet „das Unterlassen der Handlung h ist nicht geboten".

$$V(h) = \text{def.} G(\neg h)$$

in Worten: „Die Handlung h ist verboten" heißt „das Unterlassen der Handlung h ist geboten".

Die Formulierung der Sätze in Verbotssätzen lautet wie folgt[74]:

$$E(h) = \text{def.} \neg V(h)$$

in Worten: „Die Handlung h ist erlaubt" bedeutet „die Handlung h ist nicht verboten".

$$G(h) = \text{def.} V(\neg h)$$

in Worten: „Die Handlung h ist geboten" heißt „das Unterlassen der Handlung h ist verboten".

Da die Anwendung der Symbolsprache bei Juristen immer wieder auf Skepsis stößt, soll die Anwendung von Symbolen hier noch kurz begründet werden.

Man könnte einwenden, daß die Definitionen, die in Formeln hier angeschrieben wurden, auch in Worten hätten ausgedrückt werden können. Dies zeige die jeweilige Übersetzung in die Verbalsprache, die klar und verständlich sei.

Dies ist insoweit richtig, als durch die Verwendung der Symbolsprache nicht mehr gesagt wurde, als in den verbalen Erklärungen enthalten ist. Wir hatten jedoch in diesem Zusammenhang zu beweisen, daß sich die Verbotssätze, Gebotssätze und Erlaubnissätze gegenseitig vollständig ersetzen lassen. In der Symbolsprache konnten wir die Genauigkeit und Vollständigkeit dieser Übersetzung klar demonstrieren. Der Verbalsprache geht diese Übersichtlichkeit und Eindeutigkeit ab. Soll in einer lebenden Sprache die gleiche Präzision erreicht werden, so erfordert es bedeutend mehr Konzentration und Vorsicht, so daß die Verwendung der Symbolsprache im Endergebnis die Darstellung vereinfacht und erleichtert.

Klug hat aus dieser Übersetzbarkeit von Gebotssätzen, Verbotssätzen und Erlaubnissätzen gewisse Konsequenzen für rechtsphilosophische Betrach-

---

[73] Klug: Bemerkungen zur logischen Analyse einiger rechtstheoretischer Begriffe und Behauptungen, a. a. O., S. 118.

[74] Klug: Bemerkungen zur logischen Analyse einiger rechtstheoretischer Begriffe und Behauptungen, a. a. O., S. 118.

tungen gezogen. Mit Recht weist KLUG darauf hin, daß man etwa eine strenge Verbotsethik durch eine freundliche Erlaubnisethik ersetzen kann[75].

KLUGs Analyse ist uneingeschränkt gültig, wenn man den Fall betrachtet, daß Erlaubnissätze, Verbotssätze und Gebotssätze einander gegenübergestellt werden. Verläßt man jedoch die Betrachtung bestimmter Erscheinungen des Rechts in ihrem Verhältnis zueinander und wendet sich dem Verhältnis des Rechts zu anderen Erscheinungen des Lebens zu, so bleibt eine gewisse Asymmetrie bestehen, die auch durch die logische Gleichwertigkeit von Erlaubnissätzen, Verbotssätzen und Gebotssätzen nicht beseitigt wird.

Die angeführte Asymmetrie wird leicht sichtbar, wenn wir die Direktiven in Rechtsnormen übersetzen. Direktiven sind unvollständige Rechtssätze insofern, als sie zwar das normgemäße Verhalten beschreiben, nicht aber angeben, welche Folgen normwidriges Verhalten haben soll. Sollen jedoch Direktiven eine gewisse Wirksamkeit entfalten, so müssen auch sie gewisse Folgen für Zuwiderhandlungen gegen sie zum Inhalt haben. Bei der Übersetzung von Direktiven in Rechtsnormen würden gewisse Unterschiede auftreten, die zeigen, daß die logische Äquivalenz von Gebotssätzen und Erlaubnissätzen nur in der deontischen Logik besteht. Wählt man aber die Darstellunng in Rechtsnormen, so treten starke Unterschiede zutage.

Verbotsgesetze sind dadurch charakterisiert, daß an ein bestimmtes Verhalten — an das verbotene Verhalten — eine Sanktion geknüpft ist. Bei den Gebotsgesetzen wird an das Unterlassen einer bestimmten Handlung eine Sanktion geknüpft. Der Unterschied zwischen diesen beiden Arten von Rechtsnormen liegt nur darin, daß der Tatbestand bei den Verbotssätzen ein Tun, bei den Gebotssätzen ein Unterlassen ist. So entzünden sich die einschlägigen philosophischen Betrachtungen auch nicht so sehr an diesem Unterschied, sondern an dem Verhältnis zu den Erlaubnissätzen.

Wollen wir die Erlaubnissätze als Rechtsnormen formulieren, so kommen wir zunächst zu dem Ergebnis, daß sie besagen, an ein bestimmtes Tun oder Unterlassen solle keine Sanktion geknüpft sein. Eine Norm, die bestimmt, daß an ein bestimmtes Verhalten keine Sanktion geknüpft sei, hat für sich alleine genommen jedoch noch keinen Sinn. So bleibt eine Rechtsordnung die gleiche, wenn wir ihr die Norm hinzufügen, dem Mensch sei erlaubt zu atmen. Unsere Rechtsordnung wäre jedoch eine andere, würde der Erlaubnissatz in § 859 Abs. 1 BGB fehlen. Der Satz „der Besitzer darf

[75] „Angewandt auf die Ethik ergibt sich die Möglichkeit, den kategorischen Imperativ von KANT durch eine kategorische Erlaubnis zu ersetzen. Aus der strengen Pflichtethik wird dann eine äquivalente freundliche Erlaubnisethik; aber auch die Umformung in eine, um im Bilde zu bleiben, noch strengere ‚Verbotsethik' ist zulässig. Man sieht hier, wie bedenklich es ist, systematische Aussagen mit emotionalen Qualitäten zu verknüpfen."

KLUG: Bemerkungen zur logischen Analyse einiger rechtstheoretischer Begriffe und Behauptungen, a. a. O., S. 119.

sich verbotener Eigenmacht mit Gewalt erwehren" ist deshalb von Bedeutung, weil die Ausübung von Gewalt grundsätzlich der Staatsgewalt vorbehalten ist. Bei der Formulierung einer Rechtsordnung in Rechtsnormen hat der Erlaubnissatz demnach die Funktion, andere Rechtsnormen einzuschränken.

Wenn bei der Darstellung in Rechtsnormen der Erlaubnissatz nur in Verbindung mit einem Verbotssatz oder Gebotssatz einen Sinn hat, kann man fragen, wie in der deontischen Logik die gesamte Rechtsordnung in Erlaubnissätzen dargestellt werden kann. Erklären wir bei einer Darstellung der Rechtsordnung in Erlaubnissätzen den Inhalt dessen, was wir unter Erlaubtsein verstehen, so sehen wir, daß auch hier die zunächst verbannten Sanktionen wieder auftauchen. Man muß nämlich dann erklären: „alles ist verboten" oder „alles wird mit einer Sanktion belegt" und „nur jenes Verhalten, das in den Erlaubnissätzen formuliert ist, ist frei von irgendeiner Sanktion".

Betrachten wir das Verhältnis des Rechtes zur Handlungsfreiheit des Menschen, so zeigt sich auch hier, daß das Recht, indem es ein bestimmtes Verhalten des Menschen mit Sanktionen belegt, die Handlungsfreiheit des Menschen beschneidet, daß es seinen Handlungsspielraum einengt. Insofern wird das Recht unmittelbar als Zwangsordnung auch empfunden. Dieses psychologische Phänomen kann jedoch für rechtsphilosophische Betrachtungen alleine noch nicht viel bedeuten. Wollte man das Verhältnis von Recht und Freiheit des Menschen beleuchten, so muß man auch berücksichtigen, daß das Recht die Handlungsfreiheit des Menschen indirekt wieder erweitert, indem es die Handlungsfreiheit der Mitmenschen einschränkt.

Die vorliegenden Überlegungen haben gezeigt, wie ungenau die Darstellung des Rechts in Direktiven, in Gebots-, Verbots- oder Erlaubnissätzen ist und wie leicht sich diese Ungenauigkeiten auf Überlegungen übertragen, die sich an diese Darstellungsart anschließen. Wenn man schon Verbots-, Gebots- und Erlaubnissätze zur Abkürzung benutzt, so ist es doch ratsam, dann zur Darstellung des Rechts in Rechtsnormen zurückzukehren, wenn sich bei der Formulierung in Sollenssätzen Schwierigkeiten ergeben. Es zeigt sich, daß sich bei der Darstellung in Rechtsnormen viele Probleme als Scheinprobleme enthüllen oder, soweit sie sachlicher Art sind, einer Lösung zuführen lassen.

II. Die Geltung als Eigenschaft von Rechtsnormen

1. Über die Eigenschaften von Sätzen

Haben wir im ersten Kapitel die Darstellung der Rechtsnormen untersucht, so soll nunmehr das Verhältnis der Geltung zu den Rechtsnormen geklärt werden. Es könnte sein, daß sich bereits formale Beziehungen zwischen Geltung und Rechtsnormen entdecken lassen. Je weiter sich das Verhältnis von Geltung und Rechtsnormen aus der sprachlogischen Struktur erklären läßt, desto vorteilhafter wird die materielle Seite der Untersuchung entlastet. Denn die Trennung sprachlogischer Probleme von den eigentlichen Ordnungsproblemen des Rechts hilft Scheinprobleme zu vermeiden, die das größte Hindernis darstellen, das sich der Durchführung rechtlicher Untersuchungen entgegenstellt.

In der Rechtstheorie hat es sich stets gelohnt, sich bei deren Aufbau die Erkenntnisse über den logischen Aufbau explikativer Systeme zunutze zu machen. Einen wesentlichen Ansatzpunkt bietet die Isomorphie zwischen indikativen und normativen Satzsystemen. Die gleichartige Struktur indikativer und normativer Satzsysteme ermöglicht, die Ergebnisse logischer Analysen von indikativen Sätzen auf normative Sätze zu übertragen[76].

So liegt es nahe, zunächst zu versuchen, aus semantischen Beziehungen zwischen Indikativsätzen Anhaltspunkte für die semantische Analyse normativer Sätze zu gewinnen. Wie naheliegend man diese Bemühungen empfindet, zeigen die vielen Vergleiche, die man zwischen Naturgesetzen und Rechtsgesetzen anstellt.

Indikativsätze — das sind Sätze, die etwas über die Wirklichkeit aussagen — können verschiedene Eigenschaften haben. Sie können wahr oder falsch sein. Sie können möglich sein, sie können nicht möglich sein, sie können notwendig sein, sie können die Eigenschaft haben, daß sie von irgendjemandem geglaubt werden, daß sie von jemandem bestritten werden. Die einzelnen Eigenschaften, wie etwa wahr und falsch, lassen sich selbst wieder noch weiter differenzieren, und so etwa bestimmte Unterschiede in dem Verfahren festlegen, mit dem die Wahrheit oder Falschheit eines Satzes festgestellt werden soll.

Übertragen wir diese Methode auf die Analyse normativer Sätze, so lassen sich auch hier Eigenschaften der normativen Sätze gewinnen. Normative Sätze können die Eigenschaft haben, von einem Gesetzgeber für verbindlich erklärt worden zu sein. Sie können die Eigenschaft haben, von Gerichten angewendet zu werden oder nicht angewendet zu werden. Normative Sätze können auch die Eigenschaft haben, von jemandem für absolut erklärt worden zu sein. Sie können auch die Eigenschaft haben, einem bestimmten Zweck zu dienen.

Was für die vorliegende Untersuchung hieran von Interesse ist, ist die Möglichkeit, die Eigenart des Begriffs der Wertung von Rechtsnormen dahingehend zu bestimmen, daß die Geltung von Rechtsnormen eine Eigenschaft von Rechtsnormen ist.

---

[76] Klug: Bemerkungen zur logischen Analyse einiger rechtstheoretischer Begriffe und Behauptungen, a. a. O., S. 123.

2. Verifizierbare Satzsysteme

Von besonderem Interesse sind diejenigen Satzsysteme, deren Sätze die Eigenschaften wahr oder falsch haben können. Nicht nur, daß viele Fachwissenschaften solche Satzsysteme für die Formulierung ihres Materials bevorzugen, sondern auch in der Rechtswissenschaft sind diese Sätze durch ihre besondere Brauchbarkeit ausgezeichnet. Das gilt sowohl für die Formulierung der Ergebnisse von Hilfswissenschaften, die nur insoweit verwendet werden dürfen, als sie wahr oder falsch sein können. Es gilt aber auch für die Formulierung geeigneter Sätze, die der Analyse von Rechtsnormen dienen, bis zu der Frage, ob nicht alle Rechtsnormen auf verifizierbare Sätze zurückgeführt werden können.

Entsprechend der Bedeutung, die den verifizierbaren Sätzen zukommt, hat man sich um die Klärung geeigneter Wahrheitsbegriffe bemüht. Es „gibt“ nicht irgendeine Wahrheit, die man mit mehr oder weniger erfolgreichen Methoden finden kann, sondern der Begriff der Wahrheit ist eine Festsetzung wie alle logischen Bestimmungen, die die Basis für eine Sprache abgeben[77]. Eine solcherart ausgestaltete Sprache kann dann auf ihre Brauchbarkeit für irgendwelche Zwecke untersucht werden[78]. Doch sind solche Befunde nicht das Wirken irgendwelcher Wesenheiten, sondern die Konsequenzen aus den vorher freigewählten Festsetzungen[79].

Mit solchen Erkenntnissen ist zwar viel über den richtigen Ansatz des Wahrheitsproblems gewonnen, jedoch noch nichts über die Ausgestaltung eines geeigneten Wahrheitsbegriffes gesagt.

Aus den vielen Untersuchungen, die zu dieser Frage vorliegen, soll nur ein kurzes Bild entworfen werden. Zum ersten kann eine vollständige Bestandsaufnahme wegen der Fülle des Materials nicht gegeben werden, sodann kann auf die Erörterung nicht ganz verzichtet werden, da die Analyse

[77] "The verifiability theory of meaning lays down rules for the construction of meaningful expressions. These rules are conventions determining the structure of language. Being rules, they are neither true nor false, but volitional decisions."

Reichenbach, Hans: The Verifiability Theory of Meaning, in Readings in the Philosophy of Science, herausgegeben von Herbert Feigl und May Brodbeck, New York 1953, S. 93.

[78] „However, it is possible to make cognitive statements about the properties of the language resulting from the acceptance of these rules. These statements have the form of implications: if this convention concerning meaning is accepted, then the language thus resulting has such and such properties. It is possible to study such relations for various definitions of meaning and to compare the various languages."

Reichenbach: The Verifiability Theory of Meaning, a. a. O., S. 93.

[79] "If finally one convention concerning meaning is accepted, it is possible to justify the decision for this set of rules in terms of a certain aim; for instance, the aim of interpreting the language of physics, or the aim of constructing a language that can be used for the purpose of human action."

Reichenbach: The Verifiability Theory of Meaning, a. a. O., S. 93.

der Rechtsnormen nur auf der Grundlage einer präzisierten Sprache vorgenommen werden kann.

Die zentrale Bedeutung, die dem Begriff der Wahrheit zukommt, zeigt sich in dem Zusammenhang des Wahrheitsproblems mit dem des Bedeutungsgehalts von Sätzen. Bei dem Wahrheitsproblem entsteht die Frage, ob es hier möglich ist festzustellen, ob ein Satz wahr oder falsch ist. Bei der Frage des Bedeutungsgehalts geht es um die Frage, wann ein Satz als sinnvoller Satz angesprochen werden kann und wie dieser Sinn zu ermitteln ist[80]. Beide Probleme hängen nun in der Weise zusammen, daß wir den Wahrheitsgehalt eines Satzes feststellen können, wenn wir den Bedeutungsinhalt des Satzes kennen, und daß wir wissen, welchen Bedeutungsgehalt der Satz besitzt, wenn wir wissen, in welcher Weise seine Wahrheit oder Falschheit festgestellt werden kann[81].

Die Schwierigkeiten bei der Feststellung der Wahrheit oder Falschheit eines Satzes resultieren nicht nur aus den Schwierigkeiten, die bei der Beweiserhebung eines Gerichtsverfahrens bekannt sind, etwa die Mängel bei Zeugenaussagen oder bei der Verwertung von Sachverständigengutachten, sondern die Mängel des Verifikationsverfahrens gelten ganz allgemein für die Feststellung des Wahrheitsgehalts von Sätzen. Deshalb spricht man besser von Bestätigung als von Verifikation von Sätzen[82].

Eine weitere Klärung des Problemkreises der Verifikation läßt sich durch den Begriff der Testbarkeit vorbereiten. Ein Satz ist testbar, wenn geeignete technische Verfahren verfügbar sind, mit denen festgestellt werden kann, ob ein Satz wahr oder falsch ist[83]. Vergleichen wir die Begriffe Bestätigbarkeit und Testbarkeit, so besteht ein Zusammenhang dergestalt, daß Sätze, die testbar sind, auch bestätigbar sind, daß es aber bestätigbare Sätze geben kann, die nicht oder noch nicht testbar sind. So ist es möglich, daß einem Satz bestimmte Daten der Beobachtung zugeordnet werden, die über die Wahrheit oder Falschheit des Satzes entscheiden sollen, während es noch keine geeigneten Testmethoden gibt, diese Beobachtungen durchzuführen.

Das Verfahren, wie man den Wahrheitsgehalt von Individualsätzen feststellen kann, läßt sich nicht ohne weiteres auf die Erklärung des Wahr-

---

[80] Carnap: Testability and Meaning, a. a. O., S. 47.

[81] „Thus the meaning of a sentence is in a certain sense identical with the way we determine its truth or falsehood; and a sentence has meaning only if such a determination is possible."

Carnap: Testability and Meaning, a. a. O., S. 47.

[82] Carnap: Testability and Meaning, a. a. O., S. 47.

[83] "We distinguish the testing of a sentence from its confirmation, thereby understanding a procedure—e.g. the carrying out of certain experiments—which leads to a confirmation in some degree either of the sentence itself or of its negation."

Carnap: Testability and Meaning, a. a. O., S. 47.

heitsgehalts von Universalsätzen übertragen. Allgemeine Sätze, wie etwa die Naturgesetze oder die Sätze der sogenannten Lebenserfahrung, enthalten eine unendliche Anzahl von Fällen, die schon deshalb nicht alle einzeln auf ihren Wahrheitsgehalt überprüft werden können, weil nur eine endliche Anzahl von Beobachtungen dem gegenübersteht. Entsprechend kann die Bestätigung der Wahrheit eines Satzes nur bis zu einem bestimmten Grad angegeben werden. Einfacher ist die Falschheit eines solchen allgemeinen Satzes festzustellen. Wird nur ein einzelner Fall, der aus dem allgemeinen Satz abgeleitet werden kann, durch die Beobachtung widerlegt, so gilt der Universalsatz als falsch. Deshalb spricht man auch oft bei der Nachprüfung von Universalsätzen auf ihre Wahrheit oder Falschheit von Falsifizierung.

Nun ließen sich beliebige Verfahren entwickeln, wie Sätze bestätigt werden könnten. Wir können jeder bestimmten Art der Bestätigung diejenigen Sätze zuordnen, die mit diesem Verfahren bestätigbar sind. In dem gleichen Maße, in dem sich die Verfahren der Bestätigung unterscheiden, unterscheidet sich auch der Begriff der Wahrheit oder der Falschheit von Sätzen. Will man sprachlogisch korrekt vorgehen, so muß man die einzelnen Sätze dahingehend unterscheiden, gemäß welchem Wahrheitsbegriff sie als sinnvolle Sätze anzusprechen sind. Demnach bezieht sich die Wahrheit eines Satzes stets auf ein bestimmtes Satzsystem, das durch einen bestimmten Wahrheitsbegriff gekennzeichnet ist.

Wenn sich auch theoretisch beliebig viele Sprachen, die sich jeweils durch einen bestimmten Wahrheitsbegriff auszeichnen, konstruieren lassen, so sind doch bestimmte Sprachen und damit bestimmte Wahrheitsbegriffe für wissenschaftliche Untersuchungen hinsichtlich ihrer Brauchbarkeit besonders ausgezeichnet.

Besondere Bedeutung hat die Sprache, die den Wahrheitsgehalt, d. h. das Verfahren der Bestätigung der Sätze, auf Beobachtungen zurückführt. Danach ist ein Satz nur dann sinnvoll, wenn die Feststellung seiner Wahrheit oder Falschheit von einer oder mehreren Beobachtungen abhängig ist.

Solche Sätze sind zunächst kennzeichnend für die Naturwissenschaften. Aber auch in Bereiche, die früher den Geisteswissenschaften vorbehalten waren, hat diese Methode Eingang gefunden. Das Kennzeichnende an dieser Methode ist, daß die Sätze, in denen die Forschungen vorangetrieben werden, in dem Sinne bestätigbar sind, daß ihre Wahrheit und Falschheit auf die Beobachtung zurückgeführt werden können.

Von diesem Standpunkt aus läßt sich auch der Einwand ausräumen, die sogenannte naturwissenschaftliche Methode führe bei der Anwendung in Disziplinen außerhalb des Bereichs der Naturwissenschaften zu falschen Ergebnissen. Abgesehen davon, daß die sogenannte naturwissenschaftliche Methode nur insofern naturwissenschaftlich ist, als sich die Naturwissenschaften dieser Methode zunächst fast ausschließlich bedienten, können

Ergebnisse nicht deshalb als falsch angesehen werden, weil sie mit einer bestimmten Methode, etwa der sogenannten naturwissenschaftlichen Methode, gewonnen wurden. Denn, wie gezeigt wurde, wird der Begriff der Wahrheit oder Falschheit von Sätzen gerade erst durch die Methode festgelegt. Wenn also Ergebnisse mit einer bestimmten Methode gewonnen wurden, so können sie nicht unter dem Gesichtspunkt einer anderen Methode als falsch bezeichnet werden. Solche Ergebnisse können nur unter einem bestimmten Zweckgesichtspunkt als unbrauchbar betrachtet werden.

Da die Ergebnisse der Verifikationstheorie deshalb und in dem Maße hier diskutiert werden sollen, weil und soweit sie für die Anlage der vorliegenden Untersuchung von Bedeutung sind, soll noch auf einen Begriff eingegangen werden, der für die vorliegende Untersuchung deshalb interessant ist, weil er in einer normenlogischen Untersuchung entwickelt wurde. Es handelt sich um den Begriff des „generic proposition" von von Wright[84].

von Wright geht aus von dem Beispiel: Es regnet[85]. Er führt zunächst die Meinung an, es müsse entweder regnen oder nicht regnen, beides könne nicht der Fall sein. Demgegenüber führt er aus, es könne jedoch in London heute regnen, aber morgen nicht. Es könne heute in London, aber nicht in Madrid regnen. Es könne heute regnen, müsse aber nicht in London regnen, oder es könne am Morgen regnen, brauche es aber nicht am Nachmittag. Deshalb sei es falsch zu sagen, daß die Aussage, es regne, einen und nur einen Wahrheitswert besitze, oder zu sagen, es könne nicht zugleich regnen und nicht regnen[86].

Der Sprachgebrauch kennt sowohl die Ausdrucksweise „es kann nicht zugleich regnen und nicht regnen" als auch die Ausdrucksweise „es kann regnen und auch nicht regnen". Mit beiden Ausdrücken wird aber Unterschiedliches ausgesagt.

Wenn wir sagen, es kann nicht zugleich regnen und nicht regnen, so beziehen wir diese Behauptung auf Individualaussagen. In diesem Falle ist eine Individualaussage „es regnet" eine Abkürzung für die Individualaussage „es regnet an dem Ort, an dem ich mich befinde, zu der Zeit, zu der ich diese Aussage mache". Besser noch würden wir Ort und Zeit durch Ort- und Zeitkoordinaten angeben. Eine solche Aussage hat offensichtlich nur einen Wahrheitswert. An einem bestimmten Raumzeitpunkt kann es nur entweder regnen oder nicht regnen.

Gehen wir nun über zu der Ausdrucksweise, es könne sowohl regnen als auch nicht regnen, so meinen wir, daß Aussagen, die sich auf unterschiedliche Raumzeitpunkte beziehen, unterschiedliche Wahrheitswerte haben können.

---

[84] von Wright, Georg Henrik: Norm and Action, London 1963, S. 23.
[85] von Wright: Norm and Action, a. a. O., S. 22 f.
[86] von Wright: Norm and Action, a. a. O., S. 22.

Dieses Unterschiedes ist sich auch von Wright bewußt. Zur Unterscheidung verwendet er den Begriff der Gelegenheit. Unter Gelegenheit versteht er hier einen bestimmten Raumzeitpunkt. Mit diesem Begriff der Gelegenheit führt jedoch von Wright eine Ausdrucksweise ein, die das Verifikationsproblem berührt. Er sagt, eine Aussage kann bei einer Gelegenheit wahr, bei einer anderen Gelegenheit falsch sein. Diese Ausdrucksweise vertieft er durch die Schöpfung eines neuen Begriffes, nämlich dem des „generic proposition"[87]. Während die Individualaussage einen einzigen Wahrheitswert hat, hat die generic proposition keinen Wahrheitswert. Diese Aussage hat nur dann einen Wahrheitswert, wenn sie mit einer Gelegenheit verbunden wird[88].

Es liegt nun nahe, zwar die Individualaussagen als Aussagen zu bezeichnen, weil ihnen ein Wahrheitswert wahr oder falsch zukommt. Unzweckmäßig ist es jedoch, eine generic proposition als Aussage zu bezeichnen, da sie im Grunde ja gar nichts aussagt, sondern erst zu einer Aussage wird, wenn sie auf einen bestimmten Raumzeitpunkt bezogen wird. Man sollte hier besser von einer Aussagefunktion sprechen[89]. Wenn wir uns den Beispielsatz daraufhin ansehen, so müssen wir genaugenommen schreiben: „Es regnet ... ...". Die beiden Leerstellen wären zu ergänzen durch eine bestimmte Zeit- und eine bestimmte Ortsangabe.

Behalten wir diesen Sprachgebrauch bei, so wird eine Sprache nicht dadurch in ihrem Ausdrucksgehalt gemindert, daß wir für die Objektsprache Aussagefunktionen ausschließen. Denn wer etwas über die Wirklichkeit aussagen will, kann den Satz „es regnet" nur in dem Sinne verwenden, daß er ihn als Abkürzung etwa für den ausführlichen Satz „es regnet jetzt und hier" verwendet.

Ein Beispiel mag diese Situation noch näher verdeutlichen. Will sich jemand über den Zustand der Wirklichkeit unterrichten und fragt er, ob es regne, und bekommt er die Antwort, es regnet nicht, so wird er sich zum Besten gehalten fühlen, wenn er nun feststellt, daß es doch regnet, und auf sein Vorhalten von dem Befragten die Antwort bekommt, es könne ja sein, daß es irgendwo anders nicht regne, oder die Antwort bekommt, vor einer Stunde habe es nicht geregnet. Es ist einzusehen, daß über die Wirklichkeit nicht dadurch etwas ausgesagt wird, daß man Aussagefunktionen formuliert, daß man also angibt, daß es bestimmte Ereignisse gebe, die an irgendwelchen Raumzeitpunkten eintreten oder nicht eintreten könnten. Eine Aussage über die Wirklichkeit liegt nur vor, wenn gesagt wird, ob ein Ereignis stattgefunden hat oder nicht.

---

[87] von Wright: Norm and Action, a. a. O., S. 23.

[88] von Wright: Norm and Action, a. a. O., S. 23.

[89] Juhos, Béla: Elemente der neuen Logik, Frankfurt-Wien 1954, S. 22 f. Blatt 91

Betrachtet man diese Sprechweise isoliert, so könnte man glauben, es handele sich um einen Streit um Worte, genauer gesagt um die Bedeutung irgendwelcher Ausdrücke. Dies wäre für sich genommen sprachlogisch nicht weiter interessant, weil die Bedeutung, die einem bestimmten Zeichen zugelegt wird, willkürlich gewählt werden kann und sprachlogisch keine Probleme bietet. Aus den bisherigen Ausführungen geht jedoch hervor, wie wichtig es ist, den Kreis der Aussagen klar abzugrenzen, und zwar deshalb, weil die Aussagen, wie sie in der modernen Logik sonst verstanden werden, sich dadurch auszeichnen, daß sie entweder wahr oder falsch sein müssen. Würde man aber Aussagefunktionen zu den Aussagen zählen, so könnte man von derart verstandenen Aussagen nicht mehr behaupten, daß ihnen der Wahrheitswert wahr oder falsch zukommt[90].

3. Über die Eigenschaften von Rechtsnormen

Betrachtet man die Geltung von Rechtsnormen als Eigenschaft derselben, so ist zunächst zu sagen, daß diese Festlegung an sich willkürlich vorgenommen werden kann. Ist diese Festlegung aber auch keine logische Notwendigkeit, so ist sie doch Zweckmäßigkeitsgesichtspunkten unterworfen.

Eine Festlegung ist nur dann zweckmäßig, wenn sich die Probleme, die unter dem Begriff der Geltung von Rechtsnormen zusammengefaßt werden, mit dieser Festlegung adäquat beschreiben lassen.

Wie schon die sprachliche Formulierung des Begriffes der Geltung von Rechtsnormen andeutet, ist es naheliegend, die Geltung als eine Eigenschaft von Rechtsnormen anzusehen.

Man kann dieser Erklärung der Geltung von Rechtsnormen nicht den Vorwurf machen, daß sie die Problematik einenge. Bei dieser Art des Vorgehens lassen sich die Rechtsnormen mit jeder beliebigen Erscheinung in Beziehung bringen. Alle Umstände, alle Meinungen, alle Wertungen lassen sich als Eigenschaften von Rechtsnormen auffassen.

Damit ist jedoch diese Erklärung nicht nichtssagend geworden.

Ist die Geltung von Rechtsnormen eine Eigenschaft von Rechtsnormen, so lassen sich hieraus einige Folgerungen ziehen.

Mit der Feststellung, die Rechtsgeltung sei eine Eigenschaft von Rechtsnormen, behält man die Freiheit, zu definieren, was man unter Rechtsgeltung verstehen will. Selbst wenn die Definition durch die Aufgabe gebunden wird, die Rechtsgeltung so zu definieren, daß die Definition dem Sprach-

---

[90] Die Frage liegt nahe, warum hier von Wright den Begriff der generic proposition eingeführt hat. Denn wie ersichtlich, betrifft dieser Begriff nur eine Veränderung der Ausdrucksweise, ohne etwa eine andere Sprache mit anderen Eigenschaften zu konstruieren. Die Antwort wird darin zu suchen sein, daß von Wright derjenigen Richtung der logischen Analyse der Rechtssprache angehört, die der Auffassung nachgeht, die Rechtssprache folge einer eigenen Logik, oft genannt präskriptive Logik, und sei nicht auf die indikative Logik zurückzuführen.

gebrauch adäquat ist, so behalten wir doch die Freiheit, dort, wo der Sprachgebrauch nicht eindeutig ist, den Begriff zu präzisieren oder ihn auch aufzuspalten in mehrere Begriffe, das heißt, ihn zu differenzieren. Die Überlegung, daß der Begriff der Rechtsgeltung ein Ausdruck ist, der in gewissen Grenzen frei definiert werden kann, befreit die vorliegende Untersuchung von der Gefahr, das Problem in dem sprachlichen Ausdruck der Rechtsgeltung zu suchen, und gibt die Möglichkeit frei, die rechtlichen Erscheinungen zugänglich zu machen, die sich hinter dem Begriff der Rechtsgeltung verbergen.

Um die Tragweite dieser Erklärung darzustellen, soll hier eine Folgerung angegeben werden, die sich daraus ergibt.

Ein Streit darum, ob eine Rechtsnorm gelte oder nicht, ist solange sinnlos, wie man sich über den Begriff der Geltung nicht geeinigt hat. Ist man sich aber nicht darüber einig, was Rechtsgeltung sei, und kann man sich auch nicht auf einen eindeutigen Sprachgebrauch beziehen, so ist eine weitere Diskussion, welcher der richtige Begriff der Rechtsgeltung sei, sinnlos. Ist der Begriff der Rechtsgeltung nicht eindeutig bestimmt, so muß er eben noch bestimmt werden. Auch ein Streit darüber, welche Art der Bestimmung der Rechtsgeltung richtig oder falsch sei, kann nicht geführt werden. Man kann sich nur über einen Zweck einigen, für den der Begriff bestimmt werden soll, und kann daraus ableiten, ob die Festlegung dieses Begriffes zweckmäßig oder nicht zweckmäßig ist.

Eine weitere Folgerung aus der einfachen Festlegung, die Geltung von Rechtsnormen sei eine Eigenschaft von Rechtsnormen, ist diejenige, daß die Behauptung nicht aufgestellt werden kann, es gebe nur einen einzigen Begriff der Geltung von Rechtsnormen. Da eine Definition nicht richtig oder falsch sein kann, sondern da es eine Frage der Zweckmäßigkeit ist, welche Definition man wählt, so muß es auch Zweckmäßigkeitsgesichtspunkten überlassen bleiben, ob es erforderlich ist, eine einzige oder mehrere differenzierte Definitionen eines Begriffes zu geben. Auf unser Problem der Bestimmung des Begriffs der Geltung von Rechtsnormen bezogen heißt das, daß wir, wenn erforderlich, mehrere Begriffe der Geltung von Rechtsnormen formulieren und in der Untersuchung benutzen können. Und in der Tat werden wir die Untersuchung zweckmäßigerweise so beginnen, daß wir jede besondere Auffassung von der Geltung von Rechtsnormen als einen besonderen Begriff darstellen und später die Beziehungen zwischen den einzelnen Begriffen untersuchen.

Wir können aber auch die Fragestellung umkehren. Statt zu bestimmten Arten von Sätzen — hier den Rechtsnormen — einen geeigneten Geltungsbegriff oder mehrere geeignete Geltungsbegriffe zu suchen, können wir einen bestimmten Geltungsbegriff zum Ausgangspunkt nehmen und fragen, welche Sätze von diesem Geltungsbegriff erfaßt werden, genauer gesagt, welche

Sätze dadurch charakterisiert sind, daß sie unter den betreffenden Begriff der Geltung fallen.

So kann man Naturgesetz und Rechtsgesetz, die schon unter dem Gesichtspunkt ihrer Struktur einander gegenübergestellt wurden, auch auf das Verhältnis ihrer Eigenschaften untersuchen. Man wird hierbei insbesondere nach Merkmalen fragen, in denen sich beide Satzarten unterscheiden.

Interessant ist der Versuch der Unterscheidung, den VON WRIGHT[91] gibt. Er unterscheidet zwischen deskriptiven[92] und präskriptiven[93] Gesetzen. Soweit VON WRIGHT die deskriptiven Sätze durch die Eigenschaften wahr — falsch charakterisiert, ist die Unterscheidung einleuchtend. Wir können daraus ableiten, daß die Eigenschaften wahr — falsch den Normen nicht zukommen müssen. Dabei dürfen wir nicht sagen, daß die Eigenschaften wahr — falsch den Normen nicht zukämen. Denn erstens ist das Gegenteil der Behauptung, deskriptive Sätze seien nur solche, die wahr oder falsch sein könnten, Normen, d. h. präskriptive Sätze, seien nicht nur solche, die wahr oder falsch seien. Zweitens wäre eine solche Einschränkung des Begriffes der Normen — und somit des Begriffes der Unterklasse, der Rechtsnormen — unzweckmäßig in bezug auf die Erfassung aller jener Erscheinungen des Rechts, die bisher mit Rechtsnormen beschrieben wurden.

Da es unter den Sätzen, von denen nicht die Eigenschaften wahr oder unwahr verlangt werden, viele Arten gibt, die keine Normen sind, etwa Sätze von sprachlichen Kunstwerken, müssen zur Kennzeichnung der Normen weitere Eigenschaften angegeben werden. Solche Angaben müssen von VON WRIGHT um so eher erwartet werden, als er die Entwicklung einer eigenen Logik für Systeme präskriptiver Sätze betreibt[94].

Betrachten wir nun im einzelnen, wie VON WRIGHT die präskriptiven Sätze kennzeichnet. Seiner Ansicht nach sind es Regelungen für die Führung und den Verkehr von Menschen[95]. Abgesehen davon, daß hier der Begriff

---

[91] VON WRIGHT: Norm and Action, a. a. O., S. 2 f.

[92] "The laws of nature are descriptive. They describe the regularities which man thinks he has discovered in the course of nature. They are true or false. Nature does not, except metaphorically, 'obey' its laws. If a discrepancy is found to exist between the description and the actual course of nature it is the description, and not the course of nature, that must be corrected."
VON WRIGHT: Norm and Action, a. a. O., S. 2.

[93] "The laws of the state are prescriptive. They lay down regulations for the conduct and intercourse of men. They have no truthvalue. Their aim is to influence behaviour. When men disobey the laws the authority behind the laws tries, in the first place, to correct the behaviour of men. Sometimes, however, the authority alters the laws—perhaps in order to make them conform more to the capacities and demands of 'human nature'."
VON WRIGHT: Norm and Action, a. a. O., S. 2 f.

[94] VON WRIGHT: Norm and Action, a. a. O., S. VII.

[95] VON WRIGHT: Norm and Action, a. a. O., S. 2.

Gesetz mit dem Begriff Regelungen erklärt wird, der seinerseits erklärungsbedürftig ist, wird der Begriff Gesetz durch Umstände charakterisiert, die von der Absicht solcher, die die Sätze gebrauchen, abhängen. Den Sätzen selbst ist demnach nicht anzusehen, ob es deskriptive Sätze oder präskriptive Sätze sind, sondern der Zweck ihrer Verwendung soll die Bestimmung geben.

Auch die weitere Erläuterung, das Ziel präskriptiver Sätze liege darin, Verhalten zu beeinflussen[96], hilft nicht weiter. Außer den geäußerten methodologischen Bedenken wäre eine solche Bestimmung auch inadäquat, weil sie eine Rechtsordnung, soweit sie gedankenlos und sine ira et studio, vielleicht aus reiner Gewohnheit, jedenfalls ohne Absicht oder gar in der Absicht, das Verhalten der Menschen nicht zu ändern, aufrechterhalten wird, insoweit nicht erfassen könnte.

Wie wenig von Wright die Kennzeichnung nicht nur in bezug auf technische Verwendbarkeit, sondern auch grundsätzlich mißlingt, zeigt seine Darlegung des Umstandes, daß Naturgesetze an die Erfahrung angepaßt würden, daß aber die Autoritäten, die hinter den Rechtsgesetzen stehen, die Wirklichkeit zu korrigieren trachteten[97]. Mitten hinein in das Spannungsfeld deskriptiver und präskriptiver Eigenheiten gerät von Wright, wenn er zugibt, daß manchmal auch die Gesetze an das abweichende Verhalten angepaßt würden.

Hier zeichnet sich bereits zweierlei ab: Erstens liegt die Vermutung nahe, daß es nicht möglich ist, ohne Hinzunahme auch deskriptiver Sätze das Geltungsproblem zu fassen. Zweitens wird auch durch diese Ausführungen der Ansatz nahegelegt, das Geltungsproblem nicht durch die Bildung eines einzigen Begriffes zu versuchen, sondern den unterschiedlichen Erscheinungen unterschiedliche Begriffe zuzuordnen. Dieses Vorgehen empfiehlt sich um so mehr, als es nachträglich immer noch möglich ist, die Äquivalenz von Begriffen festzustellen, während eine mangelhafte Differenzierung die Untersuchung von vorneherein belasten oder gar zum Scheitern verurteilen kann.

4. Möglichkeiten der Definition der Geltung von Rechtsnormen

Der Begriff der Rechtsgeltung nimmt in der Rechtstheorie eine solche zentrale Stellung ein, mit der Ausgestaltung dieses Begriffes ist die Struktur einer Rechtsordnung derart weit festgelegt, daß vielleicht aus diesem Grunde gegen die Auffassung Bedenken geäußert wurden, der Begriff der Rechtsgeltung lasse sich definieren.

Bedenken trägt auch Kelsen vor. Berücksichtigen wir, daß die Bedeutung des Wortes Geltung in bezug auf eine Rechtsnorm bei Kelsen auf die

---

[96] von Wright: Norm and Action, a. a. O., S. 2.
[97] von Wright: Norm and Action, a. a. O., S. 3.

Bedeutung des Begriffes Sollen zurückgeführt wird[98], so müssen wir das, was KELSEN in bezug auf die Definierbarkeit des Begriffs Sollen sagt, auch auf den Begriff der Geltung beziehen. Nach KELSEN ist jedoch der Begriff des Sollens ein einfacher Begriff und als solcher nicht definierbar und, wie KELSEN weiter behauptet, was auf dasselbe hinauslaufe, nicht analysierbar[99].

Selbst wenn der Begriff der Geltung zum Teil definierbar wäre, so würde doch der Teil, der auf den Begriff des Sollens zurückgeführt würde, undefinierbar bleiben und somit wäre es unmöglich, den Begriff der Geltung nach KELSEN vollständig zu definieren.

Auch die Auffassung STAMMLERs steht der Möglichkeit, einen oder mehrere Geltungsbegriffe zu definieren, entgegen. STAMMLER vertritt die Auffassung, die Lösung des Problems vom rechtlichen Gelten sei durch psychologische Erörterung zu geben[100].

Legt man die Auffassung STAMMLERs zugrunde, so ist das Problem des Rechts, geeignete psychologische Aussagen zu finden, um zu erklären, wie ein „gewisser Rechtsinhalt zu verwirklichen“, wie er „in die Tat umzusetzen sei“[101].

Besteht aber die Lösung des Problems in der Auffindung von Aussagen, so ist für eine Definition nicht mehr viel Raum. Zwar kann man auch in diesem Falle noch einen Geltungsbegriff formulieren. Aber dieser kann dann nur eine Kennzeichnung für eine Gruppe von Aussagen sein. Für die Vorstellung, daß es eine Frage der Festsetzung sei, was unter dem Begriff der Rechtsgeltung verstanden werden soll, und daß man für bestimmte Zwecke verschiedene Begriffe der Geltung von Rechtsnormen formulieren könne, steht dann kein Spielraum mehr zur Verfügung.

Gehen wir zunächst auf den Einwand von KELSEN ein, der Begriff der Rechtsgeltung sei nicht oder nicht vollständig definierbar. Diesem Einwand liegt die Vorstellung zugrunde, daß es Grundbegriffe gibt, die nicht selbst definierbar sind.

An dieser Vorstellung ist soviel richtig, daß die Ausdrücke eines bestimmten Wortschatzes nicht alle definierbar sind. Man kann einen Teil der

---

[98] „Mit dem Worte ‚Geltung‘ bezeichnen wir die spezifische Existenz einer Norm. Wenn wir den Sinn oder die Bedeutung eines normsetzenden Aktes beschreiben, sagen wir: Mit dem fraglichen Akt wird irgendein menschliches Verhalten befohlen, angeordnet, vorgeschrieben, geboten, verboten; oder gestattet, erlaubt, ermächtigt. Wenn wir, wie im Vorhergehenden vorgeschlagen, das Wort ‚sollen‘ in einem Sinne gebrauchen, der alle diese Bedeutungen umfaßt, können wir die Geltung einer Norm dadurch zum Ausdruck bringen, daß wir sagen: irgendetwas soll oder soll nicht sein oder getan werden.“

KELSEN: Reine Rechtslehre, a. a. O., S. 9 f.

[99] KELSEN: Reine Rechtslehre, a. a. O., S. 5 und S. 5 FN 1.

[100] STAMMLER, RUDOLF: Lehrbuch der Rechtsphilosophie, 3. Aufl., Berlin und Leipzig 1928, S. 150.

[101] STAMMLER: Rechtsphilosophie, a. a. O., S. 150.

Ausdrücke auf andere Ausdrücke durch Definitionen zurückführen, es verbleibt jedoch ein Rest, genannt Mindestwortschatz, der dahingehend gekennzeichnet ist, daß jeder Ausdruck dieses Mindestwortschatzes aus den verbliebenen Ausdrücken des Mindestwortschatzes nicht definiert werden kann[102].

Der Mindestwortschatz einer bestimmten Sprache ist jedoch frei wählbar. Aus einem bestimmten Wortschatz lassen sich im allgemeinen verschiedene Teilmengen von Ausdrücken auswählen, die als Mindestwortschatz dienen können. Man hat demnach noch eine gewisse Wahlmöglichkeit darin, welche Ausdrücke man in den Mindestwortschatz aufnehmen will.

Für die Konstruktion einer bestimmten Sprache könnte es sich als zweckmäßig erweisen, besonders kennzeichnende Begriffe in den Mindestwortschatz aufzunehmen. So läßt sich auch eine Rechtssprache konstruieren, in der der Begriff des Sollens oder auch der Begriff der Rechtsgeltung oder auch mehrere bestimmte Begriffe der Rechtsgeltung in den Mindestwortschatz aufgenommen werden. Dies kann jedoch nur dann als zweckmäßig angesehen werden, wenn die Rechtssprache selbst in einer anderen Sprache erklärt wird. Für den Mindestwortschatz, der letztlich zur Erklärung der Begriffe herangezogen wird, eignen sich im allgemeinen keine termini technici, sondern nur Ausdrücke, die jedem geläufig sind und über die weitestgehende Übereinstimmung besteht oder über die eine Übereinstimmung leicht zu erzielen ist.

Kann es sich demnach als zweckmäßig erweisen, für die Konstruktion spezieller Sprachsysteme besondere Fachausdrücke in den Mindestwortschatz aufzunehmen, so müssen doch diese Mindestwortschätze durch Interpretation auf eine allgemeinere Sprache zurückgeführt werden, denn solange der Mindestwortschatz nicht verstanden wird, lassen sich auch die daraus abgeleiteten Ausdrücke nicht verstehen.

Kelsen will unter Undefinierbarkeit des Begriffs der Rechtsgeltung jedoch nicht verstehen, daß der Begriff der Rechtsgeltung einem Mindestwortschatz zugrunde gelegt werden soll, sondern er glaubt darüber hinaus, daß der Begriff des Sollens sich nicht weiter erklären lasse. Dies geht aus seinem Zusatz hervor, daß er unter undefinierbar auch nicht-analysierbar versteht.

Wäre diese Auffassung Kelsens richtig, wäre die Rechtslehre bedeutender Einsichten in die Zusammenhänge der Phänomene dessen, was unter Recht verstanden wird, verschlossen. Denn Kelsen sagt damit nicht nur, daß der Begriff des Sollens evident sei, d. h. weiterer Analyse nicht bedürfe, sondern er sagt darüber hinaus, daß der Begriff einer solchen Analyse nicht zugänglich sei.

Eine solche Sachlage wäre auf der einen Seite verwunderlich, weil man von keinem Begriff behaupten kann, daß entweder der sprachliche Ausdruck

---

[102] Russell, Bertrand: Das menschliche Wissen, Darmstadt 1952, S. 255.

oder das damit bezeichnete Phänomen weiterer Analyse nicht zugänglich sei. Auf der anderen Seite darf diese Auffassung jedoch schon dadurch als widerlegt gelten, daß sich zu dem Phänomen des Sollens bereits bei summarischer Betrachtung eine Reihe von Aussagen machen lassen und tatsächlich auch in Fülle gemacht worden sind. Solche Feststellungen sind nicht schon deshalb falsch oder sinnlos, weil sie außer acht gelassen haben, daß der Begriff des Sollens nicht analysierbar sei.

Führen wir diese Überlegungen zurück auf den Begriff der Geltung von Rechtsnormen, so würde dies bedeuten, daß auch bei der Diskussion und der Untersuchung des Begriffs der Geltung von Rechtsnormen stets ein unanalysierbarer Rest zurückbliebe, der somit jede Untersuchung in Frage stellen würde. Eine Untersuchung jedoch, die die aufgeworfenen Probleme in befriedigender Weise lösen will, darf letzlich keine große Unbekannte enthalten, die zu mehr oder weniger unbekannten Ergebnissen führt.

Hinter dieser Kontroverse steht ein tiefergehender Streit, der in der These formuliert werden kann, daß sich alle Ausdrücke der Rechtssprache, einschließlich einer sogenannten präskriptiven Sprache, in geeignete indikative Sprachen übersetzen lassen. Sie kann verschärft werden zu der These, daß alle Ausdrücke der Rechtssprache, einschließlich derer einer präskriptiven Sprache, nur insoweit verstanden werden können, als sie auf geeignete indikative Sprachsysteme zurückgeführt werden können und zurückgeführt werden. Diese These läßt sich am zweckmäßigsten als Deskriptionsthese bezeichnen. Die große Fruchtbarkeit von Untersuchungen, die auf dieser These aufbauen, die unübersehbaren Verwirrungen, die die Außerachtlassung dieser Thesen in Rechtstheorie und Rechtspraxis gebracht hat, sprechen mit starkem Nachdruck für die Richtigkeit dieser These. Es wird der weiteren Entwicklung der Rechtstheorie vorbehalten bleiben, diese Thesen weiter zu bestätigen, oder vielleicht auch gewisse Vorbehalte erkennen zu lassen.

Betrachten wir den Einwand, der aus der Auffassung STAMMLERs hervorgeht, nämlich der Begriff der Geltung sei nicht eine Frage der Definition, sondern bezeichne erklärende Aussagen, so läßt er sich schon aus der eigenen Fragestellung widerlegen. Zunächst ist es eine erhebliche Einschränkung des Problemkreises, das Problem der Geltung auf psychologische Erklärungen zu beschränken. Eine ganze Reihe rechtlicher Erscheinungen können unter Außerachtlassung psychologischer Faktoren beschrieben und erklärt werden. So will STAMMLER auch gar nicht den Problemkreis auf psychologische Fragestellungen einengen, sondern seiner Frage liegt die Vermutung zugrunde, die Probleme der Rechtsgeltung seien in psychologischen Vorgängen zu suchen.

Der Einwand aus STAMMLERs Auffassung läßt sich leicht dadurch für die vorliegende Untersuchung ausschalten, daß sich die vorliegende Untersuchung mit der Geltung von Rechtsnormen befaßt und deshalb in irgendwelche Wesenheiten des Rechts im allgemeinen nicht einzudringen braucht. Soll aber die Geltung von Rechtsnormen erklärt werden, so handelt es sich um die Bewertung von Rechtsnormen, d.h. um Eigenschaften, die den Rechtsnormen zugeschrieben werden. Es gibt aber kein Gesetz, das über die Beschränkung der logischen Möglichkeiten von Definitionen hinaus eine Einschränkung in der Formulierung von Eigenschaften von Rechtsnormen aussprechen würde.

Wir können demnach davon ausgehen, daß sich beliebige Eigenschaften von Rechtsnormen formulieren lassen und daß sich, von der Zweckmäßigkeit solcher Definitionen einmal abgesehen, auch beliebige Eigenschaften von Rechtsnormen mit dem Begriff der Geltung von Rechtsnormen bezeichnen lassen.

5. Möglichkeiten der Explikation der Geltung von Rechtsnormen

Stehen wir vor der Aufgabe, verschiedene Begriffe der Geltung des Rechts zu formulieren, so können wir so vorgehen, daß wir von den einzelnen Begriffen je eine Definition geben. Haben Definitionen[103] auch den Vorzug, daß sie weder wahr noch falsch sein können, sondern daß sie nur an Zweckmäßigkeitsgesichtspunkten gemessen werden können, so ist es doch oft vorteilhaft, nicht von allen bisher geleisteten Arbeiten abzusehen und eine neue Begriffsbestimmung über die einzelnen Geltungsarten von Rechtsnormen zu bringen.

Will man einen Begriff nicht vollständig neu definieren, sondern einen bereits im Sprachgebrauch befindlichen Begriff in seinem Bedeutungsumfang genauer bestimmen und ihn hierdurch für die eigene Untersuchung fruchtbar machen, so nennt man dieses Verfahren im Gegensatz zur Definition Explikation. Das Verfahren der Explikation hat den Vorteil, daß auch schon im Ausdruck an das bereits Geleistete angeknüpft werden kann, ohne daß man den Nachteil in Kauf nehmen müßte, Mehrdeutigkeiten, Ungenauigkeiten oder auch für die eigene Untersuchung unzweckmäßige Details des betreffenden Begriffes in die eigene Untersuchung hineinzutragen.

An das Explikat wird die Anforderung gestellt, daß es dem Explikandum soweit wie möglich ähnlich sein soll, weil in den meisten Fällen, in denen bisher das Explikandum benutzt wurde, statt dessen das Explikat Verwendung finden soll. Wird auch nicht gefordert, daß sich Explikat und Explikandum decken, nicht einmal, daß eine sehr strenge Ähnlichkeit zwischen ihnen besteht, so muß doch ein Grund ersichtlich sein, weshalb die Explikation und nicht die Definition gewählt wurde. Es können beträchtliche Unterschiede zwischen Explikat und Explikandum bestehen, ohne daß man

---

[103] Definitionen im Sinne der modernen Logik.

diesem Verfahren den Charakter der Explikation absprechen könnte[104].

Weiterhin muß das Explikat so gewählt werden, daß damit die Formulierung möglichst vieler Aussagen möglich ist. Damit soll gesagt sein, daß nicht jede kleine Abweichung im Bedeutungsgehalt gegenüber in anderen Abhandlungen verwandten Begriffen eine neue Begriffsbestimmung rechtfertigt, sondern daß in solchen Fällen die Ausnahmen hinzuformuliert werden, ohne an dem Sprachgebrauch etwas zu ändern.

Ein weiteres Erfordernis an das Explikat besteht darin, das Explikat so einfach wie möglich darzustellen. Diese Forderung der Denkökonomie kann jedoch nur insoweit erfüllt werden, wie die Erfordernisse der Ähnlichkeit und der Verwendbarkeit des Explikates dies zulassen.

Auch eine Explikation ist ihrer logischen Struktur nach eine Definition. Nur steht sie unter dem Erfordernis, dem Bedeutungsspielraum des Sprachgebrauchs des entsprechenden Begriffes zu entsprechen. Dabei dürfen jedoch nicht allzu hohe Anforderungen an die Ähnlichkeit gestellt werden. Da das Explikat — das ist der Begriff, der näher definiert werden soll — stets präziser gefaßt sein soll als das Explikandum — das ist der Begriff, wie er in meist weiterem und unbestimmterem Umfang gebraucht wird —, läßt sich das Erfordernis der Adäquanz der Explikation nur bis zu einem gewissen Grade beurteilen. So wird es nicht nur ein einziges mögliches Explikat zu einem bestimmten Begriff geben, sondern, da das Explikat in seinem Bedeutungsumfang stets geringer als das Explikandum ist, wird sich vom Standpunkt der Adäquanz kein Urteil darüber gewinnen lassen, welches der Explikate für eine Untersuchung zu wählen ist. Es bleibt demnach ein gewisser Spielraum, in dem sich die Explikate nach anderen Gesichtspunkten, wohl in den meisten Fällen nach dem Zweck der betreffenden Untersuchung, richten können.

Wenn man somit die Definition eines bestimmten Rechtsbegriffes dem Erfordernis der Adäquanz in bezug auf den Sprachgebrauch unterwirft, d. h. das Verfahren der Explikation wählt, bleibt damit immer noch die Möglichkeit, einen Begriff in mehrere präzisierte Begriffe aufzuspalten. Ob dies erforderlich ist, ist eine Frage, die aus dem Zweck und den methodologischen Hindernissen einer Untersuchung zu entnehmen ist. Die Frage, ob die unterschiedlichen Begriffe noch als Explikate des Explikandums anzusehen sind, ist eine Frage, die aus dem Sprachgebrauch des Explikandums beantwortet werden muß.

Wenden wir diese Überlegungen auf die Entwicklung des Begriffs oder von Begriffen der Rechtsgeltung an, so wäre zu untersuchen, erstens, ob eine Auffassung des Begriffs der Rechtsgeltung als Eigenschaft von Rechtsnormen innerhalb des Bereiches des Sprachgebrauchs liegt, und zweitens, ob

---

[104] Carnap, Rudolf und Wolfgang Stegmüller: Induktive Logik und Wahrscheinlichkeit, Wien 1959, S. 15.

der Begriff der Rechtsgeltung in mehrere Begriffe der Rechtsgeltung aufgespaltet werden kann.

Wenn auch meist von der Geltung des Rechts und weniger von der Geltung von Rechtsnormen gesprochen wird, und wenn auch meist die Vorstellung von Rechtsgeltung mehr auf den weiteren Begriff des Rechts bezogen wird, so wird doch die Auffassung, den Begriff der Rechtsgeltung Rechtsnormen zuzuschreiben, noch innerhalb der Vorstellung liegen, die mit dem Begriff Rechtsgeltung verbunden ist. Selbst wenn sich dieser Zusammenhang aus dem Sprachgebrauch nicht unmittelbar augenfällig ergäbe, ließe sich aus dem Zusammenhang, der zwischen Recht und Rechtsnormen besteht, ableiten, daß sich der Begriff der Rechtsgeltung auch auf Rechtsnormen erstrecken kann. Wie bereits dargelegt, betrachtet ein nicht unbedeutender Teil der Literatur das Recht als eine Summe von Rechtsnormen. Damit wird mindestens in den Abhandlungen dieser Autoren der Begriff der Rechtsgeltung auf Rechtsnormen bezogen.

Wenn in der vorliegenden Untersuchung der Versuch gemacht wird, mit mehreren Begriffen der Rechtsgeltung das Phänomen der Rechtsgeltung zu erfassen, so geschieht dies aus dem Bestreben, gerade das Phänomen der Rechtsgeltung umfassend darzustellen, aber auch nur diesen Problemkreis damit zu umfassen. Da die Untersuchung nicht über das Phänomen der Rechtsgeltung hinausgreifen will, legt sie sich selbst die Beschränkung auf, den Begriff der Rechtsgeltung nur in dem Bereich zu verwenden, in dem er bisher aufgetaucht ist.

Ein weiterer Gesichtspunkt spricht noch stärker für die Adäquanz der im folgenden entwickelten Begriffe der Geltung von Rechtsnormen. Während in Kapitel III drei Begriffe der Rechtsgeltung entwickelt werden, wird in Kapitel IV gezeigt, daß sich die in der Literatur entwickelten Begriffe der Rechtsgeltung auf diese drei Begriffe zurückführen lassen. Nimmt man zu diesem Gesichtspunkt hinzu, daß für diese Zurückführung der in der Literatur entwickelten Begriffe alle drei in Kapitel III entwickelten Begriffe gebraucht werden, so liegt hierin der Beweis, daß die in der vorliegenden Untersuchung entwickelten Begriffe der Geltung von Rechtsnormen in vollem Umfange dem Erfordernis der Adäquanz entsprechen.

6. Über die Darstellung der einzelnen Geltungsbegriffe

In der Literatur ist eine Fülle von Geltungsbegriffen entwickelt worden. Um die Klarheit und Übersichtlichkeit der Untersuchung nicht unter der Fülle des Stoffes leiden zu lassen, soll die Darstellung geordnet und der Gang der Untersuchung zuvor geklärt werden.

Eine Ordnung des Materials könnte dadurch erreicht werden, daß man die einzelnen Geltungsbegriffe nach übereinstimmenden Merkmalen gruppiert und zusammenfaßt. Ist es schon zweifelhaft, ob man hierdurch eine sinnvolle Ordnung erreicht, so ist noch aus einem anderen Grunde ein anderes Verfahren vorzuziehen. Die Lösung der Probleme der vorliegenden Untersuchung kann dadurch gefördert werden, daß die Formulierung des Begriffs der Rechtsgeltung — oder wenn nötig mehrere Begriffe der Rechtsgeltung — derart angelegt wird, daß die anderen Begriffe der Rechtsgeltung auf sie zurückgeführt werden können und daß die Aufgliederung der einzelnen Begriffe der Rechtsgeltung der Aufgliederung in zweckmäßige Problemkreise entspricht. Dieses Verfahren soll eingeschlagen werden. Im nächsten Kapitel werden wir drei Begriffe der Geltung von Rechtsnormen entwickeln. Genauer gesagt sind es Begriffsgruppen, da die angeführten Begriffe für besondere Erfordernisse weiter aufgegliedert werden könnten. Im darauf folgenden Kapitel werden die in der Literatur entwickelten Begriffe dargestellt und auf ihre Ableitbarkeit hin untersucht.

III. Die einzelnen Begriffe der Geltung von Rechtsnormen

1. Die faktische Geltung

Will man alle Erscheinungen, die die Geltung von Rechtsnormen betreffen, beschreiben, so muß man auch die Erscheinung erfassen, daß es Rechtsnormen gibt, die in der Rechtswirklichkeit wirksam sind, ohne Rücksicht darauf, ob ihnen sonst noch weitere Geltungsmerkmale anhaften. Die Erscheinung, daß Rechtsnormen wirksam sein können, unabhängig davon, ob sie richtiges Recht, gerechtes Recht, positives Recht, verfassungsmäßiges Recht darstellen, legt es nahe, für diese Erscheinung einen besonderen Begriff zu nehmen. Das Phänomen soll beschrieben werden durch den Begriff der faktischen Geltung.

Eine Rechtsnorm gilt faktisch, soll bedeuten, eine Rechtsnorm ist wirksam derart, daß immer dann, wenn der Tatbestand der Rechtsnorm erfüllt ist, die Rechtsfolge eintritt.

Würde man diese Definition streng interpretieren, derart, daß eine Rechtsnorm nur dann faktisch gelte, wenn stets entweder normgemäßes Handeln stattfinde oder aber die Rechtsfolge verwirklicht werde, so dürfte kaum einer Norm die Eigenschaft der faktischen Geltung zukommen. Es wird kaum ein Gesetz geben, das die Bürger stets zu normgemäßem Verhalten bewegen wird. Schon das Bestehen eines Gesetzes oder einer Rechtsnorm zeigt, daß die Rechtsgenossen an der Verfolgung irgendwelcher Interessen gehindert werden müssen. Im Normalfall wird es somit immer Rechtsgenossen geben, die der Norm zuwiderhandeln. Andererseits liegt es in der Unvollkommenheit des Sanktionsapparates, daß nicht in allen Fällen einer Gesetzesübertretung eine Sanktion durchgesetzt werden kann. Diese Schwäche liegt nicht in der rechtstheoretischen Konzeption, sondern in den materiellen Schwierigkeiten der Durchsetzung einer Rechtsordnung. Dabei ist es noch zweifelhaft, ob wir diese Unvollkommenheit beklagen sollen, da die jüngste Vergangenheit gelehrt hat, in welchem Maße das Recht mißbraucht werden kann. In diesem Falle setzt die Unvollkommenheit des Sanktionsapparates dem Mißbrauch gewisse Grenzen. Aber wenn es schon so ist, daß eine Rechtsnorm fast nie ohne Ausnahme faktisch gilt, so müssen wir diesen Umstand berücksichtigen und unsere Definition danach ausrichten.

Wir wollen auch dann noch sagen, daß eine Rechtsnorm faktisch gilt, wenn sie bis zu einem gewissen Grade wirksam ist. Hieraus ergibt sich die Folge, daß es eine graduelle Abstufung faktischer Geltung gibt in der gleichen Weise, wie es eine graduelle Abstufung der Wirksamkeit von Rechtsnormen gibt.

Es ist noch interessant, der Bedeutung der Relativierung der Geltung von Rechtsnormen auf die Rechtspraxis nachzugehen. Wenn auch die Einführung gradueller Maßstäbe die Anwendung solcher Maßstäbe erschwert, so fällt dies bei der Anwendung des Begriffs der faktischen Geltung jedoch weniger ins Gewicht. Die Fälle der Unwirksamkeit einer Rechtsnorm betreffen meist den Fall, daß das Vorliegen eines Tatbestandes einer Rechtsnorm den Organen der Rechtspflege verborgen bleibt. Aber für diese Fälle werden selten Rechtsprobleme auftauchen. Wenn für einen unentdeckten Tatbestand Rechtsfragen aufgeworfen werden, so ist es doch meist die Frage, was geschehen würde, wenn dieser Tatbestand entdeckt würde. Daraus ergibt sich, daß die Wirksamkeit einer Rechtsnorm in den Fällen, die bekannt werden, meist einen ausreichenden Annäherungswert für die faktische Geltung abgibt.

Von der Definition der faktischen Geltung ausgehend läßt sich dieser Begriff nun noch näher kennzeichnen. Wenn eine Rechtsnorm faktisch gilt, insoweit sie wirksam ist, und wenn eine Rechtsnorm wirksam ist, insoweit der Sanktionsapparat stets bei Vorliegen des Tatbestandes die Sanktion verhängt, dann muß die faktische Geltung einer Rechtsnorm mit der Tätigkeit der Organe der Rechtspflege in engem Zusammenhang stehen. Wir können diesen Zusammenhang noch näher angeben und sagen: Die Rechtsnormen, die faktische Geltung besitzen, sind jene, die das Tätigwerden des Sanktionsapparates beschreiben. Dies mag dann nicht gleich einleuchten, wenn man an eine mechanische Beschreibung der Tätigkeit der Sanktionsorgane denkt. Aber wenn man alle Voraussetzungen für deren Tätigwerden und alle Voraussetzungen für die Schaffung dieser Voraussetzungen mit in die Beschreibung aufnimmt, wird einleuchtend, daß sie das gesamte Recht, so wie es Wirksamkeit entfaltet, beschreiben wird.

Man kann nun fragen, wo man etwas darüber finden kann, welche Rechtsnormen faktische Geltung besitzen.

Da es für den Rechtsgenossen von großem Interesse ist zu wissen, welche Rechtsfolgen an sein Tun oder Unterlassen geknüpft werden, gibt es eine Reihe von Quellen, in denen das Recht, so wie es faktisch gilt, aufgezeichnet ist.

Gewissermaßen als Urmaterial sind höchstrichterliche Entscheidungen anzusehen. Soweit solche nicht veröffentlicht sind, geben unterinstanzliche Gerichte einen Anhaltspunkt dafür, wie die höchstrichterliche Rechtsprechung entscheiden wird. Die Kommentare geben die Rechtsnormen, denen faktische Geltung zukommt, insoweit richtig wieder, soweit sie die Ergebnisse der Rechtsprechung zusammenfassen und nicht neue und eigene Meinungen entwickeln. Eine besonders umfangreiche Sammlung von Rechtsnormen mit faktischer Geltung bilden die positiven Gesetze, soweit die Vermutung gilt, daß sie von den Organen der Rechtspflege angewendet werden. Die Gesetze müssen schon deshalb erwähnt werden, weil viele Fälle, die sich aus dem Gesetz zweifelsfrei ergeben, durch höchstrichterliche Rechtsprechung nicht geklärt werden.

Man mag hier auf den ersten Blick den Eindruck gewinnen, die Sachlage werde umgekehrt. Statt das Gesetz als das Ursprüngliche zu betrachten, auf dem die Rechtsprechung aufbaut, werde die Rechtsprechung als das Entscheidende angesehen und das Gesetz nur insoweit herangezogen, als es die Rechtsprechung beschreibt.

Diese Darstellung gibt aber die Sachlage richtig wieder. Wir müssen von dem Zweck des Begriffes der faktischen Geltung ausgehen. Dieser ist, die wirksamen Rechtsnormen zu erfassen, das sind jene Rechtsnormen, die die Tätigkeit der Organe des Sanktionsapparates beschreiben. Daher rührt auch der Gegensatz zu den Denkgewohnheiten des Juristen. Primär kommt es also auf die Entscheidungen der Gerichte und nur hilfsweise auf die Gesetze an, und zwar insoweit als die Gerichte ihre Tätigkeit nach ihnen ausrichten.

Wenn wir die Rechtsprechung als das entscheidende Grundmaterial ansehen[105], so können wir eine weitere Differenzierung vornehmen. Entscheidend sind nicht die Gründe, die ein Gericht anführt, sondern das Ergebnis, der Entscheidungstenor. Die Unterscheidung entfällt dort, wo die Begründung sich mit den Ergebnissen deckt. Aber es ist möglich, daß eine andere Zusammenfassung die Ergebnisse der Rechtsprechung genauer wiedergibt als Leitsätze oder andere Entscheidungsgründe. Für diese Fälle sollte gezeigt werden, daß es auf die tatsächlichen Entscheidungen ankommt.

Ein einfaches Verfahren, das oft angewandt wird und oft annäherungsweise richtige Ergebnisse liefert, besteht darin, daß sich jemand in die Rolle

---

[105] Streng genommen müßte man die Vollstreckungsorgane nennen. Da aber deren Tätigkeit in der erforderlichen Genauigkeit nicht beschrieben wird, außerdem die Vollstreckung streng an die Entscheidungen der erkennenden Gerichte, deren Tätigkeit in bedeutendem Umfang publiziert wird, gebunden ist, wird zweckmäßigerweise gleich an die Rechtsprechung angeknüpft.

des Richters versetzt und aus dessen Gesichtskreis die Entscheidung entwirft. Das kann er tun, indem er die Rolle des Richters bewußt einnimmt oder indem er davon ausgeht, daß er die „richtige" Wertung vornehme, der auch der Richter folgen müsse[106]. Dieses Verfahren wird aber stets dann, wenn es um genauere Aussagen geht, auf die oben erwähnten Methoden zurückgehen müssen.

Gerade der Begriff der faktischen Geltung hat immer wieder den Vergleich mit den Naturgesetzen herausgefordert. Dieser Vergleich ist deshalb so naheliegend, weil die Rechtsnorm in diesem Falle nicht nur in ihrer Struktur dem Naturgesetz isomorph ist, sondern auch in seiner Deutung.

In einem Naturgesetz sind zwei Ereignisse — man kann auch sagen, zwei Sachverhalte — in der Form der Implikation derart miteinander verknüpft, daß stets dann, wenn das eine Ereignis eintritt, auch das andere eintritt. Bei den Rechtsnormen, die faktische Geltung besitzen, ist dies nicht anders. Ein Ereignis, ein bestimmter Tatbestand, ist mit einem zweiten Ereignis, der Rechtsfolge, derart verknüpft, daß stets, wenn der Tatbestand gegeben ist, also das eine Ereignis eintritt, die Rechtsfolge verwirklicht wird, also das zweite Ereignis eintritt. Bei der faktischen Geltung kann man nicht sagen, daß diese Verknüpfung — diese Folgebeziehung — sein soll, sondern die Definition der faktischen Geltung ist so angelegt, daß sie beschreibt, was ist. Die Isomorphie besteht demnach nicht nur im Bereich der Syntax, sondern auch in dem der Semantik.

Der Begriff der faktischen Geltung soll noch gegenüber einer anderen Beziehung des Rechts zur sozialen Wirklichkeit abgegrenzt werden. Man könnte auch noch eine Definition der faktischen Geltung mit dem Sprachgebrauch für vereinbar halten, die bestimmt, eine Rechtsnorm sei dann faktisch geltend, wenn die Rechtsgenossen dasjenige Verhalten zeigen, das die Rechtsnorm erzielen will. Hiernach wäre die Rechtsnorm, die den Diebstahl bestraft, dann faktisch gültig, wenn die Rechtsgenossen nicht stehlen würden.

Diese Form der Definition wurde deshalb nicht gewählt, weil sie mehr ein soziologisches als ein rechtliches Phänomen beschreibt und weil sie für rechtliche Überlegungen weniger fruchtbar ist. Auch für den Juristen ist interessant, inwieweit eine Rechtsnorm den Normzweck erreicht. Aber dies ist eine Frage, wie sich die Rechtswirklichkeit zur rechtspolitischen Zielsetzung verhält. Sie ist eine rechtssoziologische Betrachtungsweise, die das innere Gefüge des Rechts nicht betrifft. Deshalb wurde für die vorliegende Untersuchung der Begriff der faktischen Geltung für die Bezeichnung jener Erscheinung verwendet, die für die Rechtstheorie weitaus bedeutender ist und für die die Bezeichnung auch zutreffend ist.

Aber auch wenn man nur unter dem sprachlichen Gesichtspunkt die Bedeutung des Begriffes der faktischen Geltung auszuwählen hätte, müßte man

[106] Ross, Alf: On Law and Justice, a. a. O., S. 48.

den Ausdruck faktische Geltung im Sinne der vorliegenden Untersuchung verwenden. Bei der Diskussion der Darstellung der Rechtsnormen hatten wir gesehen, daß die Folgebeziehung, die Implikation, in der die Rechtsnorm normalerweise angeschrieben wird, gleichbedeutend ist mit der Form „der Tatbestand ist nicht erfüllt oder die Rechtsfolge tritt ein"[107]. Sagt man, ein solcher Satz gelte, so muß man die Gültigkeit bejahen, sowohl für den Fall, daß der Tatbestand nicht erfüllt ist als auch für den Fall, daß die Rechtsfolge verwirklicht ist. Die andere Auffassung der faktischen Geltung würde jedoch bedeuten, daß die Rechtsnorm nur dann gelten würde, wenn der Vordersatz dieser Satzverknüpfung, nämlich „der Tatbestand ist nicht erfüllt", gültig wäre. Vorzuziehen ist jedoch diejenige Definition, die der logischen Struktur der Verknüpfung der Implikation entspricht.

Um den dargelegten Begriff der faktischen Geltung zu veranschaulichen, seien einige Beispiele angeführt.

Im Bereich des Zivilrechts ist es am leichtesten, Rechtsnormen faktischer Geltung zu finden. Der Grund liegt darin, daß einerseits eine bis in die Einzelheiten gehende, ausgereifte Kodifikation vorliegt und daß andererseits dem Richter im Zivilrecht in besonderem Maße die Rolle des Schlichters von Interessen obliegt, unabhängig davon, ob sich die Streitfälle im einzelnen aus dem Gesetz deduzieren lassen. Deshalb sind hier die meisten klar formulierten Rechtsnormen zu finden, die nicht verfassungsmäßige, aber faktische Geltung besitzen.

Eine Rechtsnorm faktischer Geltung ist diejenige, die mit culpa in contrahendo bezeichnet wird. Hierbei ist zu bemerken, daß „culpa in contrahendo" keine Formulierung einer Rechtsnorm ist, sondern eine solche nur kennzeichnet. Dies zeigt sich auch bei der Frage nach Voraussetzungen und Rechtsfolgen, die die Anspruchsgrundlage culpa in contrahendo ausmachen.

Liegt keine einheitliche Formulierung vor, aus der die Gerichte ihre Entscheidungen ableiten, so besteht eine einzige Anspruchsgrundlage dieser Art nicht, sondern eine Reihe von Anspruchsgrundlagen werden unter der gemeinsamen Bezeichnung culpa in contrahendo zusammengefaßt.

Eine dieser Rechtsnormen ist der Leitsatz des Urteils des Bundesgerichtshofes vom 19. 10. 1960: „Wer bei Verhandlungen über den Abschluß eines Mietvertrages einen von ihm entworfenen Mustermietvertrag unklaren Inhalts vorlegt, dem Bewerber den Ausbau kriegszerstörter Gebäude auf dem zu vermietenden Grundstück vor Abschluß des Mietvertrages gestattet und ihm im Zusammenhang damit Verpflichtungen auferlegt, ist in der Regel

[107] Diese Formulierung ist zweckmäßig, wenn die Rechtsnorm ein bestimmtes Verhalten unterbinden will. Soll mit einer Rechtsnorm zu einem bestimmten Verhalten angehalten werden, ist die Formulierung „der Tatbestand ist erfüllt oder die Rechtsfolge tritt ein" zu wählen. Bei der Verwendung der Ausdrücke Handeln und Unterlassen kann man jedoch mit der oben angegebenen Ausdrucksweise auskommen.

verpflichtet, dem anderen die Aufwendungen zu ersetzen, die in der Erwartung gemacht sind, es werde zum Abschluß eines Mietvertrages entsprechend dem Mustermietvertrag kommen, wenn er das Zustandekommen des Mietvertrages aus sachfremden Erwägungen scheitern läßt[108]."

Man kann nun versuchen, aus solchen Leitsätzen zu allgemeinen Rechtsnormen zu gelangen, die die Entscheidungen der Gerichte zusammenfassend und vereinfachend wiedergeben. So kann man etwa nachprüfen, ob auch die folgende Verallgemeinerung der oben zitierten Entscheidung den Gerichtsgebrauch wiedergibt: Wer bei Verhandlungen über den Abschluß eines Vertrages einen von ihm entworfenen Mustervertrag unklaren Inhalts vorlegt, den Bewerber zu Aufwendungen anregt und ihm im Zusammenhang damit Verpflichtungen auferlegt, dann aber das Zustandekommen des Vertrages aus sachfremden Erwägungen scheitern läßt, ist verpflichtet, dem anderen die Aufwendungen zu ersetzen, die in der Erwartung gemacht sind, es werde zum Abschluß eines Vertrages entsprechend dem Mustervertrag kommen.

Ob die Verallgemeinerung zutreffend ist, entscheidet nicht die Meinung dessen, der die Verallgemeinerung vornimmt, auch nicht die Frage, ob sie vertretbar, überzeugend oder zweckmäßig ist, sondern ob aus ihr der tatsächliche Gerichtsgebrauch abgelesen werden kann. Hierzu müßten die Gerichtsentscheidungen, die einen entsprechenden Interessenkonflikt zu entscheiden hatten, daraufhin geprüft werden, ob sie der Verallgemeinerung entsprechen.

Der Anspruch aus culpa in contrahendo kann — von den im Gesetz enthaltenen Spezialregelungen abgesehen — nicht aus dem Gesetz entnommen werden[109]. Da sich die faktische und die verfassungsmäßige Geltung aber nicht ausschließen, gibt es auch Gesetzesnormen, denen faktische Geltung zukommt. Dies ist sogar die Regel. Da sich die Organe der Rechtspflege am Gesetz orientieren, sind die meisten Gesetzesnormen auch solche faktischer Geltung, wie etwa: § 985 Abs. 1 BGB: „Der Eigentümer kann von dem Besitzer die Herausgabe der Sache verlangen." § 280 Abs. 1 BGB: „Soweit die Leistung infolge eines von dem Schuldner zu vertretenden Umstandes unmöglich wird, hat der Schuldner dem Gläubiger den durch die Nichterfüllung entstehenden Schaden zu ersetzen." § 823 Abs. 1 BGB: „Wer vorsätzlich oder fahrlässig das Leben, den Körper, die Gesundheit, die Freiheit, das Eigentum ...[110] eines anderen verletzt, ist dem anderen zum Ersatze des Schadens verpflichtet."

Damit soll die Betrachtung der faktischen Geltung abgeschlossen und zur verfassungsmäßigen Geltung übergegangen werden.

---

[108] BGH in Monatsschrift für Deutsches Recht, 1961, S. 49.

[109] Durch Analogie kann eine Regelung nicht aus dem Gesetz entnommen werden, sondern nur aus dem Gesetz übertragen werden.

[110] Die Aufführung der „sonstigen Rechte" wurde herausgelassen, um das Beispiel evident zu halten.

2. Die verfassungsmäßige Geltung

Mit dem Begriff der faktischen Geltung haben wir die Rechtswirklichkeit, aber auch nur diese, beschrieben. Zu den Erscheinungen des Rechts gehört es aber auch, daß eine Rechtsautorität einer Rechtsnorm Geltung verleiht. Um diese Erscheinung adäquat formulieren zu können, soll der Begriff der verfassungsmäßigen Geltung eingeführt werden.

Eine Rechtsnorm ist verfassungsmäßig gültig, soll heißen, gemessen an den Vorschriften der Verfassung über die Geltung von Rechtsnormen ist diese Rechtsnorm gültig.

Als erstes entsteht hier die Frage, nach den Vorschriften welcher Verfassung die Geltung zu bestimmen ist. Nicht nur, daß es verschiedene Rechtsordnungen mit verschiedener Verfassung gibt, auch wenn wir uns auf die Verfassung der Bundesrepublik Deutschland beschränken, können wir unterscheiden zwischen dem Wortlaut des Grundgesetzes und der Verfassung, wie sie sich in der Verfassungswirklichkeit darstellt. So wenig nun die verschiedenen Verfassungen in bezug auf die Geltung von Rechtsnormen die gleiche Ausgestaltung zeigen müssen, so wenig läßt sich mit dieser Definition ein gemeinsamer Begriff der verfassungsmäßigen Geltung von Rechtsnormen gewinnen. Wir müssen es deshalb dabei belassen, daß es verschiedene Begriffe der verfassungsmäßigen Geltung gibt. Der einzelne Begriff wird davon abhängen, auf welche Verfassung Bezug genommen wird.

Diese Mannigfaltigkeit, mit der auf verschiedene Verfassungen Bezug genommen werden kann, kann die Klarheit dieses Begriffes nicht beeinträchtigen. Die Eigenart dieses Begriffes der Rechtsgeltung wird klar herausgearbeitet, da es hier darauf ankommt, daß auf eine bestimmte Verfassung als Grundkonzeption einer Rechtsordnung Bezug genommen wird.

Auch praktisch führt die angegebene Relativierung des Begriffes der verfassungsmäßigen Geltung nicht zu Schwierigkeiten. Es ist trivial, daß man bei der Diskussion von Rechtsproblemen unserer Rechtsordnung auf die Verfassung der Bundesrepublik Deutschland Bezug nimmt. Auch die Möglichkeit, daß es sich um die Verfassung gemäß dem verfassungsgesetzgeberischen Willen oder um die Verfassung der Verfassungswirklichkeit handeln kann, setzt im allgemeinen keine Gefahr der Verwechslung. Bezieht man sich etwa auf die Verfassung der Bundesrepublik, so meint man zunächst jedenfalls das Grundgesetz, nicht aber die Rechtspraxis, wie sie sich möglicherweise entgegen dem Grundgesetz entwickelt hat. Soll von diesem Sprachgebrauch abgewichen werden, so muß es sich aus dem Kontext ergeben oder es muß besonders erklärt werden, auf welche andere Verfassung sich der Begriff beziehen soll.

Den Begriff der verfassungsmäßigen Geltung auf die Verfassung, wie sie sich in der Verfassungswirklichkeit darbietet, zu beziehen, ist dann nicht erforderlich, wenn — wie in der vorliegenden Untersuchung — der Begriff der faktischen Geltung erklärt ist. Beschreibt man die Verfassung, die augenblicklich verwirklicht ist, in Rechtsnormen, so kommt diesen Rechtsnormen die Eigenschaft der faktischen Geltung zu; denn sie sind ja gerade jene Verfassungsnormen, die wirksam sind. Der Begriff der verfassungsmäßigen Geltung, der durch eine Verfassung, die sich als Verfassungswirklichkeit darstellt, bestimmt ist, entspricht demnach dem Begriff der faktischen Geltung, soweit sich dieser auf Verfassungsnormen bezieht. Demnach ist es zweckmäßig, den Begriff der verfassungsmäßigen Geltung den Fällen vorzubehalten, bei denen auf eine Verfassung, die ein Verfassungsgesetzgeber erlassen hat, Bezug genommen wird.

Für den Begriff der verfassungsmäßigen Geltung ist bei der Bezugnahme auf eine bestimmte Verfassung noch nicht die Möglichkeit genommen, für alle Rechtsnormen eine gleiche Ausgestaltung der verfassungsmäßigen Geltung vorzunehmen. Ein Begriff der verfassungsmäßigen Geltung kann für verschiedene Gruppen von Rechtsnormen verschiedene Inhalte der Geltungsanordnung vorschreiben[111].

Für die vorliegende Untersuchung wurde einerseits wegen der Unstimmigkeiten des Begriffes der juristischen Geltung, andererseits wegen der Erforderlichkeit weiterer Geltungsbegriffe, die für Erklärungen rechtlicher Phänomene gebraucht werden und die ebenso die Kennzeichnung juristisch verdienen, die Ausdrucksweise verfassungsmäßige Geltung gewählt. Nicht zuletzt kommt in diesem Begriff die Zuordnung zu einer Verfassung zum Ausdruck, was den eigentlichen Charakter dieses Geltungsbegriffes ausmacht.

Als Beispiele für Rechtsnormen verfassungsmäßiger Geltung seien angeführt: Art. 20 Abs. 3 GG: „Die Gesetzgebung ist an die verfassungsmäßige Ordnung, die vollziehende Gewalt und die Rechtsprechung sind an Gesetz und Recht gebunden.“ § 812 Abs. 1 Satz 1 BGB: „Wer durch die Leistung eines anderen oder in sonstiger Weise etwas ohne rechtlichen Grund erlangt, ist ihm zur Herausgabe verpflichtet.“ § 26 Abs. 1 der Einkommensteuer-Durchführungsverordnung: „Hat der Arbeitnehmer aus nicht zwingenden persönlichen Gründen seinen Wohnsitz an einem Ort, der mehr als 40 km von der Arbeitsstätte entfernt liegt, so sind die Aufwendungen nur insoweit Werbungskosten, als sie durch die Fahrten bis zur Entfernung von 40 km verursacht werden.“

3. Die ideelle Geltung

Im Zusammenhang mit der Geltung des Rechts muß auch die Erscheinung berücksichtigt werden, daß es Lösungen von Interessenkonflikten gibt,

---

[111] Hier soll nur die Möglichkeit dieser Differenzierung offengehalten werden, die Bedeutung einer solchen Möglichkeit wird in den Ausführungen in Kapitel XII hervortreten.

die, obwohl in der Form von Rechtsnormen ausdrückbar, so doch weder faktische noch verfassungsmäßige Geltung besitzen. Solche Rechtsnormen, von bekannten Rechtslehrern ausgesprochen oder von unbekannten überliefert, können eine große Wirksamkeit im Rechtsleben entfalten, sei es, daß sie die menschliche Vorstellungswelt faszinieren, sei es, daß sie das Rechtsgefühl durch weisen Interessenausgleich befriedigen, sei es, daß sie die Menschen zur Verwirklichung einer besseren Rechtsordnung zu Aktivität anspornen. Da man in diesen Fällen von Rechtsgedanken spricht und da auch die Wirkung ihren Weg über die Ideenwelt der Rechtsgenossen nimmt, wurde der Ausdruck ideelle Geltung gewählt.

Eine Rechtsnorm hat ideelle Geltung, soll bedeuten, daß die Rechtsnorm von einem Autor als allgemeine Lösung eines Interessenkonfliktes vorgeschlagen ist.

Um den Anwendungsbereich dieses Geltungsbegriffes zu klären, soll dargetan werden, daß alle Lösungen von Interessenkonflikten, die sich von den Umständen des Einzelfalles lösen und Allgemeingültigkeit besitzen oder beanspruchen, in Rechtsnormen formuliert werden können. Das Recht löst Interessenkonflikte dadurch, daß es in einem bestimmten Fall eine Sanktion verhängt oder verweigert. Entscheidet man nun, unter welchen Voraussetzungen man die Sanktion verhängen oder verweigern will, so läßt sich dies in Form einer Rechtsnorm ausdrücken. Die Summe der Voraussetzungen ergibt den Tatbestand; die Merkmale, die die Art der Sanktion beschreiben, ergeben die Rechtsfolge.

Bei der Bestimmung des Begriffs der ideellen Geltung wurde auf den Autor, der die Rechtsnorm vorschlägt, Bezug genommen. Dies ergibt eine besondere Eigenart dieses Geltungsbegriffs.

Zunächst lassen sich mit dem Begriff der ideellen Geltung alle Lösungsvorschläge, d. h. alle Rechtsnormen, die weder faktisch noch verfassungsmäßig gelten, zusammenfassen und den Rechtsnormen der faktischen Geltung und der verfassungsmäßigen Geltung gegenüberstellen. Sodann läßt sich jeder Lösungsvorschlag durch Angabe des Autors leicht näher kennzeichnen und von anderen Lösungsvorschlägen unterscheiden.

Man mag sich fragen, ob der Ausdruck ideelle Geltung als Bezeichnung für Rechtsnormen, die doch im üblichen Sinne unverbindlich sind, richtig ist. Die Wahl dieser Bezeichnung muß jedoch deshalb als zweckmäßig angesehen werden, weil sie der Bedeutung von Rechtsgedanken entspricht.

Welche Bedeutung der Begriff der ideellen Geltung für die übrigen Begriffe der Rechtsgeltung hat, zeigt auch Art. 1 des Schweizerischen Zivilgesetzbuchs, das den Richter im Falle der Gesetzeslücke auf Lehre und Überlieferung verweist.

Rechtsnormen, denen die Eigenschaft ideeller Geltung zukommt, werden nicht immer derart dargestellt, daß diese Eigenschaft sichtbar wird, sei es, um die Wirksamkeit solcher Empfehlungen zu erhöhen, sei es, daß den

Autoren die wahre Bedeutung ihrer Empfehlungen verborgen ist. Auch ist es möglich, daß sie ihren Ausführungen über den Charakter der Empfehlung hinaus einen weiteren Inhalt zulegen. Dieser Mangel wird oft dadurch verstärkt, daß zusammen mit der Empfehlung Wirkungszusammenhänge dargestellt werden, die ihrerseits objektiv nachprüfbar sind, die aber den in diesem Zusammenhang entwickelten Rechtsnormen nicht den Charakter von Empfehlungen nehmen können.

Der Begriff der ideellen Geltung ist demnach schon erforderlich, um Rechtsnormen, die weder faktische noch verfassungsmäßige Geltung besitzen, kennzeichnen und Beziehungen zwischen den einzelnen Arten der Geltung beschreiben zu können.

Ein Beispiel für eine Rechtsnorm ideeller Geltung ist die Rechtsnorm, die die Vorschriften des gutgläubigen Erwerbs auch auf die Entstehung des Unternehmerpfandrechts für anwendbar erklärt.

ENNECCERUS-LEHMANN: „Folglich erwirbt der Unternehmer ein Pfandrecht auch an den ihm übergebenen Sachen, die dem Besteller nicht gehören, wenn er sie nur gutgläubig für dessen Eigentum hält[112].

WOLFF-RAISER: „Angesichts dieser Bestimmung beschränkt sich die praktische Bedeutung des Streites auf das Pfandrecht des Werkunternehmers (§ 647 BGB) ... Darum ist es auch sachlich gerechtfertigt, seinen Vergütungsanspruch auch gegenüber dem Eigentümer zu sichern, vorausgesetzt, daß er den Besitz gutgläubig durch Übergabe, nicht auf andere Weise erlangt hat[113]."

ESSER: „Demgemäß ist hier ohne Rücksicht auf die bei § 1257 beliebte Wortklauberei („ein kraft Gesetzes entstandenes Pfandrecht") auch der im deutschen Fahrnisverkehr an den Besitz geknüpfte Vertrauensschutz des gutgläubigen Rechtserwerbers zu gewähren und in Anwendung von § 1207 ein gutgläubiger Pfandrechtserwerb auch an den vom Besteller übergebenen im Eigentum anderer Personen stehenden Sachen (falls nicht diesen abhanden gekommen) zu bejahen[114]."

WESTERMANN: „Für die mit Besitz verbundenen gesetzlichen Pfandrechte ist danach gutgläubiger Erwerb möglich, §§ 1207, 932 ff. sind entsprechend anzuwenden. Dasselbe gilt für den Erwerb des Vorranges[115]."

SCHMIDT: „Die Pfandrechte, deren Entstehung Besitz des Gläubigers voraussetzt, genießen vor den Pfandrechten des Vermieters, Verpächters und Gastwirts den Vorzug, daß sie auch kraft guten Glaubens des Gläubigers erworben werden können[116]."

---

[112] ENNECCERUS-LEHMANN: Schuldrecht, a. a. O., S. 658.

[113] WOLFF, MARTIN und LUDWIG RAISER: Sachenrecht, 10. Bearb., Tübingen 1957, S. 684.

[114] ESSER: Schuldrecht, a. a. O., S. 604.

[115] WESTERMANN, HARRY: Sachenrecht, 4. Aufl., Karlsruhe 1960, S. 662.

[116] SCHMIDT, RUDOLF: Der Pfandbesitz, in Archiv für die civilistische Praxis, 134. Band, S. 160.

ERMAN-RONKE: „Bestritten ist, inwieweit gutgläubiger Erwerb gemäß §§ 1207, 1208, HGB § 366 möglich ist. Nach neuerer, richtiger Ansicht kommt es darauf an, ob zur Entstehung Übergabe erforderlich ist (so beim gesetzlichen Pfandrecht des Pächters, des Werkunternehmers und bei den gesetzlichen Pfandrechten des HGB); alsdann zu bejahen[117].“

SOERGEL-SIEBERT-AUGUSTIN: „Doch läßt die h.M. ein gesetzliches Pfandrecht kraft guten Glaubens bei der ersten Gruppe (s. Bem. 2)[118] entstehen ... Dieser Auffassung ist beizutreten[119].“

Die angeführten Empfehlungen der betreffenden Autoren zur Regelung des Interessenkonfliktes zwischen Werkunternehmer und Eigentümer der Sache sind gemäß der eingeführten Definition Rechtsnormen ideeller Geltung.

Damit soll die Definition der Begriffe der faktischen, der verfassungsmäßigen und der ideellen Geltung abgeschlossen, und sollen die Geltungsbegriffe der Literatur erörtert werden.

IV. In der Literatur entwickelte Begriffe der Geltung von Rechtsnormen

1. Jellinek

Interessant ist die Auffassung JELLINEKS, weil er seine Untersuchung besonders stark der Rechtswirklichkeit, dem Faktischen, verhaftet und dadurch zu Aussagen gelangt, die — seien sie nun richtig oder falsch — die Erkenntnis rechtstheoretischer Zusammenhänge fördern.

JELLINEK sagt zu dem Problem der Rechtsgeltung:

„Der letzte Grund alles Rechtes liegt in der nicht weiter ableitbaren Überzeugung seiner Gültigkeit, seiner normativen motivierenden Kraft[120].“

Der Grund der Geltung des Rechts ist also nach JELLINEK die Überzeugung seiner Gültigkeit. Wir wollen die Untersuchung zunächst über diesen Teil der Bestimmung JELLINEKS begrenzen. Wenn auch die Ausdrucksweise JELLINEKS darauf schließen läßt, daß er die Überzeugung der Gültigkeit der normativen motivierenden Kraft gleichsetzt, so besteht doch die Vermutung, daß beides nicht gleich ist. Diese Frage soll getrennt untersucht werden.

---

[117] ERMAN-RONKE: BGB, a. a. O., § 1257, Anm. 2.

[118] „Solche Pfandrechte, die mit der Besitzerlangung durch den Gläubiger entstehen.“ SOERGEL-SIEBERT-AUGUSTIN: BGB, a. a. O., § 1257, Anm. 2.

[119] SOERGEL-SIEBERT-AUGUSTIN: BGB, a. a. O., § 1257, Anm. 3.

[120] JELLINEK, GEORG: Allgemeine Staatslehre, 3. Aufl., 7. Neudruck, Bad Homburg vor der Höhe 1960, S. 371.

Die Auffassung JELLINEKS, die Geltung von Rechtsnormen sei die Überzeugung ihrer Geltung, hat NELSON analysiert. NELSON setzt an der Formulierung JELLINEKS an, Recht sei die Überzeugung, es sei Recht. Nun läßt sich der Ausdruck Recht für diesen Satz wieder durch den Satz ersetzen, Recht sei die Überzeugung, es sei Recht. Wir erhalten demnach den erweiterten Satz: Recht ist die Überzeugung von der Überzeugung, es sei Recht. Ersetzen wir Recht in diesem Satz wieder, so erhalten wir den Satz: Recht ist die Überzeugung von der Überzeugung von der Überzeugung, es sei Recht. Da wir hierbei in einen unendlichen Regreß geraten, ist die Bestimmung, Recht sei die Überzeugung, daß etwas Recht sei, unbrauchbar. Dieser Einwand NELSONS gegen die Formulierung JELLINEKS trifft eine Schwäche der Ausdrucksweise. Eine andere Frage aber ist es, ob diese Interpretation die Auffassung JELLINEKS richtig wiedergibt.

NELSON geht in seiner Überlegung davon aus, eine Rechtsüberzeugung sei entweder richtig oder falsch[121].

Ob man aber sagen kann, eine Rechtsüberzeugung sei richtig oder falsch, hängt davon ab, wie man den Begriff der Rechtsüberzeugung definiert hat. Geht man davon aus, daß die Geltung des Rechts von der Rechtsüberzeugung unabhängig ist, dann ist eine Rechtsüberzeugung richtig oder falsch. Denn hier ist Rechtsüberzeugung die Erkenntnis dessen, was Recht oder nicht Recht ist. Ist aber der Begriff der Rechtsüberzeugung derart definiert, daß die Geltung des Rechts von der Rechtsüberzeugung abhängt, dann ist die Rechtsüberzeugung Bestimmungsgrund für die Geltung des Rechts. Dann ist aber eine Rechtsüberzeugung nicht richtig oder falsch, sondern eine Rechtsüberzeugung ist existent oder nicht existent. Da JELLINEK von der Rechtsüberzeugung als Bestimmungsgrund, nicht aber als Erkenntnis dessen, was Recht sei, ausgeht, ist der Ausgangspunkt NELSONS für die Beurteilung der Auffassung JELLINEKS formal richtig, trifft aber nicht das Problem, das JELLINEK behandeln will.

Damit ist jedoch nicht die Gefahr des unendlichen Regresses beseitigt. Stellt sich jemand erst einmal die Frage, ob er überzeugt sein solle, daß Recht gelte oder nicht gelte, so gerät er auch schon hier in den unendlichen Regreß. Denn er muß dann unwillkürlich fragen, was denn eigentlich Recht sei. Und er wird sich die Erklärung geben, Recht sei die Überzeugung, etwas sei Recht. Dann ist aber der unendliche Regreß nicht mehr zu vermeiden.

---

[121] „Eine Rechtsüberzeugung ist entweder richtig oder falsch. Ist sie richtig, so ist das in ihr für Recht Gehaltene wirklich Recht. Ist es aber Recht, so wäre es dies nicht weniger, wenn es, irriger Weise, nicht dafür gehalten würde, wenn also die fragliche Überzeugung nicht bestünde. Ist sie falsch, so ist das in ihr für Recht Gehaltene objektiv nicht Recht. Ist es aber nicht Recht, so kann es auch nicht dadurch Recht werden, daß es, irriger Weise, dafür gehalten wird. In keinem Falle vermag die Rechtsüberzeugung Recht zu schaffen."

NELSON, LEONHARD: Rechtswissenschaft ohne Recht, 2. Aufl., Göttingen-Hamburg 1949, S. 78 f.

JELLINEK[122] erklärt auch, auf wessen Überzeugung es ankommt. Er erklärt die Überzeugung des Durchschnitts des Volkes für maßgebend.

Aber die Überzeugung des Durchschnitts des Volkes führt nur dann zur Bestimmung der Rechtsgeltung, wenn sich der Durchschnitt des Volkes über seine Rechtsüberzeugung keine weitere Rechenschaft gibt. Wenn erst einmal der Durchschnitt des Volkes fragt, was denn eigentlich Recht sei, so ist auch hier der unendliche Regreß unvermeidbar.

Wenn man auch jedenfalls heute noch davon ausgehen kann, daß die Mehrheit des Volkes zu rechtstheoretischen Überlegungen nicht in der Lage ist, so fragt sich doch, welche Genauigkeit und welche Überzeugungskraft eine solche Rechtsüberzeugung besitzt.

Nach der Darstellung des Begriffes der Rechtsgeltung bei JELLINEK soll untersucht werden, welcher Art dieser Begriff ist, ob es sich um die faktische, die verfassungsmäßige oder die ideelle Geltung oder, was hier von besonderem Interesse ist, etwa um einen weiteren Begriff der Geltung handelt.

So sehr sich JELLINEK bei der Bestimmung seines Begriffs der Rechtsgeltung auch an der Rechtswirklichkeit orientiert, so entspricht seine Begriffsbestimmung dennoch nicht der faktischen Geltung. Es ist denkbar, daß der Durchschnitt des Volkes eine rechtliche Regelung, die faktisch gilt, für Unrecht ansieht. Selbst wenn wir von dem Fall der Diktatur absehen, wird es immer Rechtsfragen geben, die von den Organen der Rechtspflege anders entschieden werden als es der Überzeugung des Durchschnitts des Volkes entspricht.

Die Überzeugung des Durchschnitts des Volkes entspricht auch nicht der verfassungsmäßigen Geltung. Auch wenn nach Art. 20 Abs. 2 Satz 1 des Grundgesetzes alle Staatsgewalt vom Volke ausgeht, so kann die Überzeugung des Volkes gemäß dem Grundgesetz nur in einem bestimmten Verfahren Rechtswirksamkeit erlangen.

Die Auffassung, Recht sei das, was nach der Überzeugung des Durchschnitts der Bevölkerung Recht sei, läßt sich erst einordnen, wenn auf die Bedeutung dessen, was unter dem Begriff der Überzeugung verstanden werden kann, eingegangen ist.

Es ist jedoch nicht erforderlich, die Stellungnahmen und Analysen zu dem Begriff heranzuziehen, da die Unterscheidung, die wir einführen, speziell für die vorliegende Untersuchung erforderlich ist und nicht auf allgemein theoretische Überlegungen zurückgeführt werden muß.

Die Überzeugung, etwas sei Recht, kann den Inhalt haben, daß der, der diese Überzeugung hat, die in der entsprechenden Rechtsnorm enthaltene Regelung für die geeignete hält. In diesem Falle hat der Begriff der Rechts-

[122] „Diese Überzeugung ist die des Durchschnitts des Volkes. Bei allen massenpsychologischen Feststellungen werden notwendig die entgegenwirkenden Akte einer Minderzahl vernachlässigt."

JELLINEK: Allgemeine Staatslehre, a. a. O., S. 334.

geltung, auf die Rechtsüberzeugung gegründet, den Charakter der ideellen Geltung. Denn diese Rechtsnormen stellen Lösungsvorschläge für die Lösung von Interessenkonflikten dar.

Sind sich die Träger einer Rechtsüberzeugung nicht darüber im klaren, daß sie Rechtsnormen empfehlen, sondern haben sie die Vorstellung, sie stellten nur fest, was Recht „sei", so kann solchen Rechtsnormen der Charakter der ideellen Geltung nicht zugeschrieben werden. Solche Überzeugungen haben den Charakter von Beschreibungen eines Rechtes, das unabhängig von irgendwelchen Überzeugungen gilt. Die Überzeugung bezieht sich demnach auf Behauptungen, die nur wahr oder falsch sein können. Eine solche Art der Rechtsüberzeugung fällt demnach aus dem Rahmen einer Begriffsbestimmung der Rechtsgeltung heraus.

In der eingangs angeführten Bestimmung JELLINEKS wurde als Geltungsgrund des Rechts seine normative motivierende Kraft angeführt. Die normative motivierende Kraft einer Rechtsnorm würde sich darin zeigen, daß sich die Rechtsgenossen dem Wunsche des Gesetzgebers gemäß verhalten. Soll hiernach eine Rechtsnorm gültig sein, wenn sich die Rechtsgenossen normgerecht verhalten, so entspricht dieser Begriff der Rechtsgeltung dennoch nicht der faktischen Geltung. Zwar ist eine Rechtsnorm, die hiernach gültig ist, auch faktisch gültig. Aber umgekehrt ist nicht jede Rechtsnorm, die faktisch gültig ist, auch in diesem Sinne gültig. Denn eine Rechtsnorm ist faktisch gültig nicht nur dann, wenn sich die Rechtsgenossen normgemäß verhalten, sondern auch dann, wenn sich die Rechtsgenossen nicht normgemäß verhalten, wenn nur in diesem Falle die in der Norm enthaltene Sanktion verhängt wird.

Soweit der Begriff der Geltung durch die normative motivierende Kraft der Rechtsnorm charakterisiert wird und damit als Maßstab für die Erreichung des Gesetzeszwecks gewonnen wurde, kann er nicht als ideelle Geltung angesprochen werden. Wir haben diesen Begriff nur deshalb nicht als besonderen Geltungsbegriff aufgenommen, weil er einen soziologischen Tatbestand darstellt und auch in Rechtsnormen nicht formulierbar ist.

Doch kann der Satz, der Geltungsgrund einer Rechtsnorm beruhe auf dessen normativer motivierender Kraft, auch einen Begriff der ideellen Geltung zum Inhalt haben. Wird diese Festsetzung in dem Sinne getroffen, eine Rechtsnorm, die im allgemeinen normative motivierende Kraft besitze, solle in den Fällen, in denen diese Kraft versage, derart angewendet werden, daß dann die Sanktion zu verhängen sei, so ist dies ein Vorschlag für die Geltung von Rechtsnormen. Denn die Tatsachenbeschreibung beschränkt sich auf die Feststellung, eine Rechtsnorm habe motivierende Kraft. Wird dem gewünschten Zustand eine Sanktion gegenübergestellt, die im Falle des Versagens der motivierenden Kraft verhängt werden soll, so entspricht die Zustimmung zu dieser Sanktionierung — oder eine Empfehlung hierzu — der ideellen Geltung.

Der Begriff der Rechtsgeltung, wie ihn JELLINEK versteht, entspricht demnach dem Begriff der ideellen Geltung.

Dieses Ergebnis entspricht nicht ganz den Erwartungen, die zunächst von der Stellung JELLINEKS in der allgemeinen Rechtslehre herrühren könnten. Die für JELLINEKS Rechtsauffassung kennzeichnende Vorstellung von der normativen Kraft des Faktischen[123] ließe eher eine Verwandtschaft zu dem Begriff der faktischen Geltung erwarten.

Wenn sich diese Erwartungen bei genauerer Analyse nicht bestätigen, so liegt dies darin, daß die Vorstellung der normativen Kraft des Faktischen eine soziologische Beziehung zwischen den einzelnen Geltungsarten[124], nicht aber die Entwicklung eines Geltungsbegriffes zum Gegenstand hat.

2. Kelsen

KELSEN gibt als Geltungsgrund von Rechtsnormen einerseits die Grundnorm an, andererseits macht er auch zur Geltung von Rechtsnormen noch weitere darüber hinausgehende Ausführungen. Wir wollen zunächst die Zurückführung der Geltung auf die Grundnorm und die Bestimmung dieser Grundnorm untersuchen.

KELSEN führt aus:

„Fragt man nach dem Geltungsgrund einer zu einer bestimmten Rechtsordnung gehörenden Rechtsnorm, kann die Anwort nur in der Zurückführung auf die Grundnorm dieser Rechtsordnung, d. h., in der Aussage bestehen, daß diese Norm der Grundnorm gemäß erzeugt wurde[125]."

---

[123] JELLINEK: Allgemeine Staatslehre, a. a. O., S. 337 ff.

[124] Die soziologische Denkweise JELLINEKS geht auch aus den Ausführungen hervor:

„Noch schärfer tritt aber das Verhältnis des Faktischen zum Normativen in der Entstehung des Rechts hervor. Alles Recht in einem Volke ist ursprünglich nichts als faktische Übung. Die fortdauernde Übung erzeugt die Vorstellung des Normmäßigen dieser Übung, und es erscheint damit die Norm selbst als autoritäres Gebot des Gemeinwesens, also als Rechtsnorm."

JELLINEK: Allgemeine Staatslehre, a. a. O., S. 339.

Wenn JELLINEK seine Betrachtungen auch auf physiologische und psychologische Zusammenhänge richtet, so sind diese Zusammenhänge nur weitere Erklärungsversuche für die soziologischen Beziehungen, wie etwa aus den Ausführungen hervorgeht:

„Den Grund der normativen Kraft des Faktischen in seiner bewußten oder unbewußten Vernünftigkeit zu suchen, wäre ganz verkehrt. Das Tatsächliche kann später rationalisiert werden, seine normative Bedeutung liegt aber in der weiter nicht ableitbaren Eigenschaft unserer Natur, kraft welcher das bereits Geübte physiologisch und psychologisch leichter reproduzierbar ist als das Neue."

JELLINEK: Allgemeine Staatslehre, a. a. O., S. 338.

Ob oder inwieweit die Aussagen JELLINEKS auf Wahrheit beruhen, kann hier unberücksichtigt bleiben, da es nur auf den Charakter der Ausführungen, nicht auf ihre Richtigkeit ankommt.

[125] KELSEN, HANS: Reine Rechtslehre, 2. Aufl., Wien 1960, S. 202.

Und an anderer Stelle:

„... und der Geltungsgrund einer normativen Ordnung ist ... eine Grundnorm, aus der sich die Geltung aller zu der Ordnung gehörigen Normen ableitet[126]."

Soll die Geltung von Rechtsnormen aus der Grundnorm ableitbar sein, so muß der Inhalt dieses Geltungsbegriffes in der Erklärung der Grundnorm zu finden sein. Über die Grundnorm schreibt nun KELSEN:

„Da es die Grundnorm einer Rechtsordnung, das heißt: einer Zwangsakte statuierenden Ordnung ist, lautet der diese Norm beschreibende Satz, der Grundsatz der in Frage kommenden staatlichen Rechtsordnung: Zwangsakte sollen gesetzt werden unter den Bedingungen und auf die Weise, die die historisch erste Staatsverfassung und die ihr gemäß gesetzten Normen statuieren (in verkürzter Form: Man soll sich so verhalten, wie die Verfassung vorschreibt)[127]."

Hieraus ist zu entnehmen, daß KELSEN unter Geltung gemäß der Grundnorm die verfassungsmäßige Geltung versteht.

Hätte KELSEN seine Geltungslehre auf diese Beziehung Rechtsnorm — Grundnorm beschränkt, wäre sein Begriff der Geltung auf jede Verfassung anwendbar gewesen.

KELSEN nimmt jedoch Bezug auf die historisch erste Staatsverfassung.

Es besteht nun eine gewisse Schwierigkeit, die historisch erste Staatsverfassung zu bestimmen. Nimmt man die weiteren Erklärungen KELSENs zur Grundnorm hinzu, so scheint er unter historisch erster Staatsverfassung eher die historisch letzte Staatsverfassung zu verstehen. Denn die Grundnorm soll sich einerseits auf die historisch erste Verfassung, andererseits auf eine im großen und ganzen wirksame Verfassung beziehen[128].

Diejenige Verfassung aber, die sowohl historisch als auch wirksam ist, wird im allgemeinen die letzte historische Verfassung sein.

Überhaupt ist die Zusammenfassung von historischer Verfassung und wirksamer Verfassung nicht glücklich. Bezieht man die Grundnorm „auf eine bestimmte, tatsächlich gesetzte, durch Gewohnheit oder Satzung erzeugte, im großen und ganzen wirksame Verfassung", so bezieht man die Grundnorm auf diejenige Verfassung, die der Verfassungswirklichkeit entspricht. Dann ist aber diese Verfassung nichts anderes als die Beschreibung

---

[126] KELSEN: Reine Rechtslehre, a. a. O., S. 32.

[127] KELSEN: Reine Rechtslehre, a. a. O., S. 204.

[128] „Will man das Wesen der Grundnorm erkennen, muß man sich vor allem bewußt bleiben, daß sie sich unmittelbar auf eine bestimmte, tatsächlich gesetzte, durch Gewohnheit oder Satzung erzeugte, im großen und ganzen wirksame Verfassung, mittelbar auf die dieser Verfassung gemäß erzeugte, im großen und ganzen wirksame Zwangsordnung bezieht, indem sie die Geltung dieser Verfassung und der ihr gemäß erzeugten Zwangsordnung begründet.

Die Grundnorm ist somit nicht das Produkt freier Erfindung."

KELSEN: Reine Rechtslehre, a. a. O., S. 204.

des jeweiligen Zustandes der Verfassungswirklichkeit. Bezogen auf das Problem der Rechtsgeltung heißt dies, daß die Geltung gemäß der Grundnorm der faktischen Geltung entspricht. Damit aber die Begriffe der verfassungsmäßigen Geltung und der faktischen Geltung nicht ihre Unterscheidungskraft verlieren, haben wir festgesetzt, daß der Begriff der verfassungsmäßigen Geltung sich nicht auf den Begriff der Verfassung als Verfassungswirklichkeit beziehen soll. Denn dieser Sachverhalt kann schon mit dem Begriff der faktischen Geltung beschrieben werden. Demnach entspricht der Geltungsbegriff der Grundnorm dem der faktischen Geltung. Die Berufung KELSENs auf die historisch erste Verfassung ist irreführend, weil man unter historischer Verfassung den geäußerten Willen eines Verfassungsgebers versteht, der von der Verfassungswirklichkeit verschieden sein kann, so daß mit dieser Ausdrucksweise eine Gegenüberstellung zwischen Verfassung und Verfassungswirklichkeit erst möglich wird.

Tatsächlich scheint der Irrtum KELSENs nicht nur in der Bezeichnung zu liegen, sondern darin, daß er den Begriff der historisch ersten Verfassung mit dem der wirksamen Verfassung in dem Begriff der Grundnorm vereinigt. Denn wenn die Grundnorm die historisch erste Verfassung delegiert, das Verfahren der Normsetzung zu bestimmen, so enthält die historisch erste Verfassung Vorschriften für die Wirklichkeit und ist nicht nur eine Beschreibung derselben[129].

Im vorliegenden Zusammenhang braucht die Frage nicht weiter entschieden zu werden, ob KELSEN immer einen Unterschied zwischen der historischen Verfassung und der Verfassungswirklichkeit macht. Macht KELSEN keinen Unterschied, so verwendet er immer den Begriff der faktischen Geltung. Macht KELSEN einen Unterschied, dann ergibt der Bezug auf die historisch erste Verfassung einen Begriff der verfassungsmäßigen Geltung, der Bezug auf die wirksame Verfassung im Sinne der Verfassungswirklichkeit den Begriff der faktischen Geltung.

Entscheidend ist hier, daß der Begriff der Geltung, den KELSEN durch den Begriff der Grundnorm verwendet, einem der drei Geltungsbegriffe, der faktischen, der verfassungsmäßigen oder der ideellen Geltung untergeordnet werden kann. Damit ist in der Auffassung KELSENs kein neuer Geltungsbegriff enthalten.

---

[129] „Die Grundnorm delegiert die historisch erste Verfassung das Verfahren zu bestimmen, in dem Zwangsakte statuierende Normen zu setzen sind."
KELSEN: Reine Rechtslehre, a. a. O., S. 51.

3. Stammler

Mit Recht sagt STAMMLER, daß für das Problem der Rechtsgeltung aus dem Sprachgebrauch wenig entnommen werden kann[130].

Der Sprachgebrauch bleibt jedoch insoweit von Bedeutung, als er der Ausgestaltung des Begriffes der Rechtsgeltung gewisse Schranken setzt, die wir im Zusammenhang mit den Ausführungen über die Explikation näher erklärt haben.

STAMMLER versteht unter dem Gelten eines Rechtes die Möglichkeit, es durchzusetzen[131].

Dies ist zwar ein Hinweis auf den Begriff der faktischen Geltung, enthält jedoch nicht die Begriffsbestimmung in diesem Sinne. Soll die faktische Geltung die Tätigkeit des Sanktionsapparates beschreiben, so reicht es nicht aus, die Möglichkeit einer solchen Betätigung darzutun, sondern entscheidend ist das, was die Organe der Rechtspflege wirklich tun. Die Schwierigkeit, den Begriff der Geltung bei STAMMLER mit den in der vorliegenden Untersuchung entwickelten Begriffen in Beziehung zu setzen, besteht darin, daß STAMMLER den Geltungsbegriff dem rechtlichen Wollen, die vorliegende Untersuchung jedoch den Geltungsbegriff Rechtsnormen zuordnet.

So ist es zu verstehen, wenn STAMMLER die Lösung des Problems vom rechtlichen Gelten durch psychologische Erörterungen geben will. Er vertritt die Auffassung, es komme hier darauf an, einen gewissen Rechtsinhalt zu verwirklichen, ihn in die Tat umzusetzen. Das geschehe dadurch, daß ein so bestimmtes Wollen sinnlich empfunden werde. Ein Begehren, das nach der formalen Art des Rechtsbegriffs bestimmt sei, solle wahrnehmbar gemacht werden, um so als verwirklichtes Recht zu bestehen[132].

Damit ein rechtliches Wollen die Eigenschaft der Geltung erlange, seien dreierlei Voraussetzungen zu erfüllen. Zunächst sei in kritischem Erwägen der Begriff des Rechtes als formale Art der Bestimmung eines Willens klar einzusehen. Sodann komme ein bedingter Gegenstand des Wollens in Frage, der als Stoff der rechtlichen Auffassung bestimmt werde und, also bestimmt, den Inhalt dieses rechtlichen Wollens abgebe. Endlich sei es nötig, daß die

---

[130] „Der Sprachgebrauch, nach dem man vielleicht zunächst ausschaut, bietet geringen Anhalt. Das Wort gelten hat eine reiche Entwicklung aufzuweisen und zeigt in dieser großen Ausdehnung nur, daß es schon im alten deutschen Leben vor allem in rechtlichen Fragen gebraucht wurde und von da her seine weiteren Bedeutungen erhalten hat. Aber wenn es alsdann für bezahlen oder entgeltlich leisten oder für Vergelten auftritt, um dann auf das Gelten für die Schlüsse in der Logik, für die Noten in der Musik und schließlich für den Wert eines Menschen verwandt zu werden, so liefert das alles für die sachliche Auflösung des Problems von dem rechtlichen Gelten gar nichts."

STAMMLER, RUDOLF: Lehrbuch der Rechtsphilosophie, 3. Aufl., Berlin und Leipzig 1928, S. 147.

[131] STAMMLER: Lehrbuch der Rechtsphilosophie, a. a. O., S. 148.

[132] STAMMLER: Lehrbuch der Rechtsphilosophie, a. a. O., S. 150.

in sich geschlossene Vorstellung von einem bestimmten Recht auch die Möglichkeit, sich durchzusetzen, erlange[133].

Diese Ausführungen STAMMLERS zu der Frage der Rechtsgeltung zeigen, daß er das Problem der Rechtsgeltung als psychologisches Problem begreift. Da er den Begriff der Geltung stets rechtlichem Wollen zuordnet, ist es nicht möglich, seinen Begriff der Rechtsgeltung auf Rechtsnormen zu übertragen. Denn zwar läßt sich der Inhalt von Rechtsnormen in einem gewissen Umfang in die Vorstellung rechtlichen Wollens übersetzen. Aber es gelingt nicht, das rechtliche Wollen in Rechtsnormen anzugeben. Dies rührt daher, daß die Rechtsnormen nicht nur das erwünschte Verhalten kennzeichnen, sondern auch eine Sanktion für den Fall des Zuwiderhandelns aussprechen. Da die Autoren, die die Vorstellung des rechtlichen Wollens benutzen, das rechtliche Wollen nicht auf die Verwirklichung des erwünschten Verhaltens beziehen, geht bei dieser Darstellung meist die Verknüpfung von unerwünschtem Verhalten mit den entsprechenden Sanktionen verloren. Somit läßt sich die Rechtsordnung in der Genauigkeit, in der man sie mit Rechtsnormen beschreiben kann, aus den Vorstellungen des rechtlichen Wollens nicht mehr entwickeln.

Diese Ungenauigkeit überträgt sich aber auch auf den Begriff der Rechtsgeltung, so daß sich der Begriff des rechtlichen Geltens eines rechtlichen Wollens nicht auf die Rechtsgeltung von Rechtsnormen übertragen läßt.

4. Radbruch

RADBRUCH arbeitet in seiner Rechtsphilosophie[134] drei Geltungsbegriffe heraus: die juristische Geltung, die historisch soziologische Geltung und die philosophische Geltung. RADBRUCH spricht in diesem Zusammenhang auch von Geltungslehre, wohl nicht zuletzt deshalb, weil er diese Geltungsbegriffe weiter zu begründen versucht. Hier sollen jedoch dem Zweck der Untersuchung dieses Kapitels folgend nur die Begriffe mit ihrer Definition gegeben werden.

Die juristische Geltung kennzeichnet nach RADBRUCH die Ableitung der Geltung eines Rechtssatzes aus der Geltung anderer Rechtssätze, „die Geltung einer Verordnung aus dem Gesetze, die Geltung eines Gesetzes aus der Verfassung[135]".

Diesem Begriff ist anzusehen, daß er dem Begriff der verfassungsmäßigen Geltung entspricht.

Zur historisch soziologischen Geltung sagt RADBRUCH:

„Die Rechtsordnung gilt, die sich faktische Wirksamkeit zu schaffen vermag, sei es, daß sie in langwieriger, überzeugender und gewöhnender Ein-

---

[133] STAMMLER: Lehrbuch der Rechtsphilosophie, a. a. O., S. 149 f.

[134] RADBRUCH, GUSTAV: Rechtsphilosophie, 5. Aufl., Stuttgart 1956, S. 174 ff.

[135] RADBRUCH: Rechtsphilosophie, a. a. O., S. 175.

wirkung die Gesinnung der Rechtsunterworfenen für sich gewonnen hat, sei es, daß sie ihnen durch Zwang und Strafe gewaltsam aufgenötigt worden ist[136]."

Aus der Definition von RADBRUCH selbst ergibt sich, daß es sich um den Begriff der faktischen Geltung handelt.

Die philosophische Geltung bei RADBRUCH läßt sich nicht in einem einzigen Satz angeben. Einen Anhaltspunkt zur Bestimmung des Inhalts der philosophischen Geltung gibt der Zusammenhang zur historisch soziologischen Geltung. RADBRUCH schreibt:

„... gründen wir die Geltung des Rechts nicht auf die fingierte Anerkennung seiner Geltung durch die Rechtsunterworfenen, sondern auf das wahre Interesse der Rechtsunterworfenen an seiner Geltung, so ist der Übergang vollzogen von der historisch soziologischen zur philosophischen Geltungslehre[137]."

Zur weiteren Unterscheidung der philosophischen Geltung zur soziologischen Geltung schreibt RADBRUCH:

„Das Recht gilt nicht, weil es sich wirksam durchzusetzen vermag, sondern es gilt, wenn es sich wirksam durchzusetzen vermag, weil es nur dann Rechtssicherheit zu gewähren vermag[138]."

Bei dem philosophischen Geltungsbegriff RADBRUCHs zeigt sich, daß sich der Umfang des philosophischen Geltungsbegriffs mit dem des historisch soziologischen Geltungsbegriffs deckt. Inhaltlich sind jedoch beide verschieden. Der historisch soziologische Begriff der Geltung dient der Bezeichnung jener Rechtsnormen, die sich wirksam durchzusetzen vermochten. Dieser Begriff entspricht der faktischen Geltung. Die philosophische Geltung benutzt den Bedeutungsumfang der faktischen Geltung dergestalt, daß sie damit die Rechtsnormen charakterisiert, die der philosophischen Geltung unterliegen. Aber die Bedeutung des philosophischen Geltungsbegriffs wird dahingehend abgewandelt, daß diese Rechtsnormen aus philosophischen Gründen gelten sollen.

Der philosophische Geltungsbegriff bei RADBRUCH ist demnach ein Begriff der ideellen Geltung. Seine philosophische Geltungslehre will nicht die Rechtswirklichkeit beschreiben — dann handelte es sich um die faktische Geltung —, sondern sie macht den Vorschlag, das faktisch geltende Recht als geltendes Recht anzuwenden und anzuerkennen.

Zwar hat RADBRUCH diese Ansicht später revidiert, indem er jenen Rechtsnormen die philosophische Geltung abspricht, bei denen der Widerspruch zur Gerechtigkeit ein so unerträgliches Maß erreicht, daß das Gesetz als „unrichtiges Recht" der Gerechtigkeit zu weichen hat[139].

---

[136] RADBRUCH: Rechtsphilosophie, a. a. O., S. 176.
[137] RADBRUCH: Rechtsphilosophie, a. a. O., S. 178.
[138] RADBRUCH: Rechtsphilosophie, a. a. O., S. 180.
[139] RADBRUCH: Rechtsphilosophie, Anhang, a. a. O., S. 353.

Doch geändert wird nur der Inhalt, nicht der Charakter des Begriffes der philosophischen Geltung. Demnach hat auch dieser Begriff der philosophischen Geltung bei RADBRUCH den Charakter der ideellen Geltung. Die Tatsache, daß RADBRUCH den Inhalt seines Begriffs der philosophischen Geltung geändert und sich nunmehr zu einem anderen Begriff der philosophischen Geltung bekannt hat, zeigt, daß es sich nur um den Begriff der ideellen Geltung handeln kann.

5. Emge

EMGE führt in seiner Einführung in die Rechtsphilosophie[140] vier Begriffe der Geltung vor: die juristische Geltung, die soziologische Geltung, die ethische Geltung und die ideale Geltung. Der Einfachheit der Darstellung halber soll hier mit dem Begriff der soziologischen Geltung begonnen werden. Hierzu sagt EMGE:

„Wir fragen nach der Geltung in ihrem Sinne, wenn wir untersuchen, ob eine Verordnung über die Höchstpreise oder alleinige Bezugsmöglichkeit oder die sogenannte Speisekammerverordnung, deren Geltung in juristischer Hinsicht unterstellt wird, auch ‚wirklich' gelte; d. h. zunächst sich ihrem Sinne gemäß auswirke, so daß Entsprechendes eintritt[141]."

Bei diesem Begriff handelt es sich also um die faktische Geltung.

Schwieriger ist der Begriff der juristischen Geltung einzuordnen. EMGE schreibt über die juristische Geltung:

„Der Bestimmungsbereich des höchsten Gewalthabers stellt mit oder ohne ‚Weltanschauung' die Sphäre dessen dar, wohin die juristischen Geltungsfragen gehören. Anders ausgedrückt: Man beschäftigt sich bei dem ganzen Verfahren dieser Art von Anfang bis Schluß mit Rechtsinhaltsbegriffen positiven Charakters mit Bestimmungen untergeordneter Organe, deren Legitimation durch eine ermächtigende Grundbestimmung gesucht wird, von der aber der Charakter als Norm, d. h. als belangvoll angehend einfach hingenommen wird[142]."

Es ist fraglich, ob EMGE hier einen Begriff der Rechtsgeltung in unserem Sinne, d. h. in semantischem Sinne, geben will oder ob er lediglich den axiomatisch-deduktiven Zusammenhang zwischen Rechtsnormen darstellen will. Letztere Ansicht wird gestützt durch die Ausführung EMGES, man beschäftige sich mit der Legitimation durch eine ermächtigende Grundbestimmung, deren Charakter als Norm einfach hingenommen werde. Ein Vergleich, den EMGE anführt, zeigt, daß er offensichtlich nur den Begründungszusammenhang im Auge hat, wenn er von juristischer Geltung spricht.

---

[140] EMGE, CARL AUGUST: Einführung in die Rechtsphilosophie, Frankfurt/Main—Wien 1955.

[141] EMGE: Einführung in die Rechtsphilosophie, a. a. O., S. 322.

[142] EMGE: Einführung in die Rechtsphilosophie, a. a. O., S. 321.

„Da man sich bei dieser, der sogenannten juristischen Geltung, immer in derselben Sphäre bewegt, ‚ganz eben', so wie der Naturwissenschaftler es tut, wenn er von Ursache zu Ursache fortschreitet, die Frage nach dem Rechtsgrund der Ursache aber nicht aufwirft, so versteht man, daß diese Geltungsfrage meist allein diejenige ist, die der juristische Positivismus kennt. Darüber hinaus geht sein Interesse nicht. Es würde ihn sonst in seiner Haltung beunruhigen, unsicher machen und so zu einer Liquidierung der positivistischen Haltung führen müssen[143]."

Damit ist gezeigt, daß der Begriff der juristischen Geltung insoweit eine Bestimmung eines Begriffs der Geltung von Rechtsnormen enthält, als er das Verfahren angibt, wie man aus geltenden Rechtsnormen andere gültige Rechtssätze bestimmen kann. Denn wenn Emge hier auch nicht auf eine Verfassung Bezug nimmt, so kann man doch davon ausgehen, daß er zum mindesten auch die Beziehung Rechtsnorm — Verfassung darunter fassen will.

Emge greift in dieser Formulierung jedoch eine Frage auf, die an sich für die Entwicklung des Begriffes der Geltung nicht von Belang ist. Es ist die Frage, ob ein Organ des Sanktionsapparates kritisch oder kritiklos einer Geltungsanordnung, die von einer Verfassung ausgeht, gegenübersteht oder stehen soll. Da die Frage des Positivismus an dieser Stelle nicht von Bedeutung ist, weil nur die Zurückführbarkeit der Geltungsbegriffe Emges auf die in Kapitel III erklärten Begriffe der Rechtsgeltung geprüft werden soll, soll sie auch hier beiseite gelassen werden. Ihr wird an anderer Stelle Raum gewährt werden.

Als weiteren Begriff der Rechtsgeltung entwickelt Emge den Begriff der sogenannten ethischen Geltung:

„Wir fragen nach der Geltung in ihrem Sinn, wenn wir untersuchen, ob ein Entwaffnungsgesetz die überzeugten Mitglieder eines Kriegerbundes ‚echt verpflichte'. Ob ein Gesetz, worin ein ‚kapitalistisches' Land den Krieg einem anderen Land erklärt, kommunistische Bahnarbeiter zu Wehrleistungen verbinde usw.[144]"

Schon der Begriff der ethischen Geltung zeigt, daß es nicht um die Geltung einer Rechtsnorm geht, sondern daß es sich um die Frage einer ethischen Norm handelt. Eine Norm kann mit der gleichen rechtspolitischen Zielsetzung sowohl Bestandteil einer Rechtsordnung als auch Bestandteil eines ethischen Systems sein. Man kann auch fragen, ob eine Rechtsnorm einem ethischen System entspreche. Es handelt sich also um den Vergleich von Rechtsnormen mit Normen anderer Systeme.

Für die vorliegende Untersuchung wäre es unzweckmäßig, einen besonderen Begriff der Rechtsgeltung für den Fall einzuführen, daß eine Rechtsnorm den gleichen Tatbestand mit einer Sanktion verknüpft, den auch Nor-

[143] Emge: Einführung in die Rechtsphilosophie, a. a. O., S. 322.
[144] Emge: Einführung in die Rechtsphilosophie, a. a. O., S. 323.

men in einem anderen Normensystem sanktionieren. Nicht nur sind der Vergleichsmöglichkeiten zu viele, auch geht die Betrachtungsweise vom Standpunkt der Ethik aus, so daß es sich empfiehlt, eine Untersuchung der Rechtsgeltung durch diese Erweiterung nicht zu belasten. Mit dieser Entscheidung haben wir ja auch nicht eine solche Betrachtung ausgeschlossen, sondern wir haben durch die Bezeichnungsweise ausgedrückt, daß sich das Phänomen der Rechtsgeltung ohne Verwendung eines Begriffs der ethischen Geltung darstellen läßt.

Als weiteren Begriff entwickelt EMGE den Begriff der idealen Geltung. Er schreibt dazu:

„Wir nennen sie die ‚ideale', weil sie in der Tat wie Ideales im Leben so selten anzutreffen sein dürfte. Wir haben eine Bestimmung. Wir prüfen ihren Inhalt, notwendig an Hand der ganzen Situation und finden dann, daß er so beschaffen ist, wie er es als Inhalt eines konkreten Gesetzes in der betreffenden Lage sein sollte[145]."

Die ideale Geltung bei EMGE zeigt deutlich die Merkmale der ideellen Geltung. Die ideelle Geltung unterscheidet sich von der idealen dadurch, daß ihr jene Wertung fehlt, die schon im Sprachgebrauch unter dem Begriff ideal verstanden wird. Die Wertung, die in dem Ausdruck ideal enthalten ist, wurde deshalb aus dem Begriff der ideellen Geltung ausgeschlossen, weil es höchst unterschiedlich sein kann, was der einzelne als ideal empfindet. Auch kommt es von der juristischen Problematik zu weit ab, zu untersuchen, ob Ideales deshalb so ideal sei, weil es im Leben so selten anzutreffen ist.

Wir haben gesehen, daß bei EMGE sowohl der Begriff der faktischen Geltung als auch der der ideellen Geltung anzutreffen ist. Der Begriff der verfassungsmäßigen Geltung ist in seinen Grundzügen zu erkennen. Dieser Ansatz zum Begriff der verfassungsmäßigen Geltung wird jedoch mit dem Begriff der faktischen Geltung verquickt, da EMGE den Begriff des obersten Gewalthabers benutzt. Man könnte zunächst vermuten, daß ein Zusammenhang zwischen der verfassungsmäßigen Geltung und dem Begriff des obersten Gewalthabers bestehe. Dies ist aber nicht der Fall. Denn unter dem Ausdruck Gewalthaber versteht EMGE nicht den Verfassungsgesetzgeber, sondern stets den tatsächlichen Inhaber der Staatsgewalt[146].

Versteht man unter Gewalthaber nicht nur die Prämisse, aus der dann die übrigen Rechtssätze abgeleitet werden, so daß man nur den axiomatisch-deduktiven Zusammenhang charakterisiert, sondern interpretiert man diesen Ausdruck im soziologischen Sinne, so erhalten wir nur wieder den Begriff der faktischen Geltung.

---

[145] EMGE: Einführung in die Rechtsphilosophie, a. a. O., S. 326.
[146] EMGE: Einführung in die Rechtsphilosophie, a. a. O., S. 255.

6. von Hippel

Bei den Ausführungen VON HIPPELS zur Geltung von Rechtsnormen ist besonders bedeutsam, daß dieser Autor die Wechselwirkung zwischen Rechtstheorie und Zustimmung oder Ablehnung gegenüber einer bestimmten Rechtsordnung bereits im Ansatz einer Bestimmung der Rechtsgeltung in Rechnung stellt. Die Erfahrung, daß Rechtstheoretiker, die ihre Theorien unabhängig von politischem Opportunismus entwickelt hatten, dennoch letzten Endes ein System unterstützt haben, dessen Auswirkungen sie nicht billigen konnten, ist hier in die wissenschaftliche Aufgabenstellung eingegangen.

Schon von diesem Ausgangspunkt her ist es verständlich, daß VON HIPPEL sich vom Rechtspositivismus deutlich absetzt[147].

Überhaupt hält VON HIPPEL es für unmöglich, Recht nur empirisch aufzufinden, da es sich im äußeren Dasein wohl auswirke, durch dieses aber nicht seine Qualität erhalte[148].

In dem Versuch, Recht von Unrecht zu scheiden, fällt dem Begriff der Rechtsgeltung gleichzeitig die Funktion zu, über Wert und Unwert einer Rechtsordnung und damit im einzelnen einer Rechtsnorm zu entscheiden. So sieht VON HIPPEL das Wesen der Rechtsnorm in dieser Rechtsqualität, d. h. in ihrer notwendigen Bezogenheit auf jene Grundwerte menschlichen Daseins, die als das Gute und Gerechte einer Anforderung erst Verbindlichkeit gebe[149].

Die Ausgestaltung dieses Begriffes der Rechtsgeltung nimmt VON HIPPEL über den Begriff der Rechtsidee vor. Er schreibt, „daß alles positive Recht juristisch möglich ist nur durch seine Verbundenheit mit der Idee des Rechtlichen an sich, da erst durch die Verbindung mit diesem höheren und überpositiven Plan die menschliche Satzung die Qualität des Rechts und also Verbindlichkeit erlangen kann[150]".

---

[147] „Ja man darf sagen, die positivistische Lehre von der schlechthinnigen Verbindlichkeit aller formgemäßen Gesetze bedeutet die Preisgabe jedweden Standpunktes, der sich als Recht nicht in irgendeinem Sinne sittlicher Gültigkeit noch ausweisen läßt. Denn indem der Positivismus Recht und Gewalt letzten Endes identifiziert, kommt er zu einem Rechtsbegriff, der, wie er den Gesetzgeber zum Despoten und den Bürger zum Knecht macht, die Idee des Rechts überhaupt in jedem materialistischen Sinne zuwiderläuft."

VON HIPPEL, ERNST: Mechanisches und moralisches Rechtsdenken, Meisenheim 1959, S. 66.

[148] VON HIPPEL: Mechanisches und moralisches Rechtsdenken, a. a. O., S. 223.

[149] VON HIPPEL: Mechanisches und moralisches Rechtsdenken, a. a. O., S. 206.

[150] VON HIPPEL: Mechanisches und moralisches Rechtsdenken, a. a. O., S. 208. oder an anderer Stelle:

„Der Bereich des Rechtlichen gründet zunächst in der Sphäre der Ideen, und zwar insbesondere der Rechtsidee (Gerechtigkeit), deren Sein seiner Qualität nach als das normativer Geltung bezeichnet werden kann."

VON HIPPEL: Mechanisches und moralisches Rechtsdenken, a. a. O., S. 223.

von Hippel gibt jedoch näher an, auf welchem Wege er sich die Konkretisierung der Rechtsidee vorstellt. Er vertritt die Auffassung, die Unterscheidung, ob einer Rechtsnorm normative Geltung zukomme oder nicht, sei erreichbar durch das Organ der moralischen Vernunft oder der intellektuellen Anschauung[151].

Hierbei darf unter intellektueller Anschauung nicht rationales Erkennen verstanden werden, sondern auch diese Einsicht wird gewährt durch die moralische Vernunft oder moralische Intuition[152].

Es fällt nicht schwer, diesen Begriff der Rechtsgeltung bei von Hippel dem Bereich der ideellen Geltung zuzuweisen. Aber es ergibt sich die Frage, ob dieser Begriff der Rechtsgeltung in seinem Geltungsgrund nicht über die Rechtsautorität dessen, der eine solche Rechtsnorm aufstellt, hinausgeht. In diesem Falle wäre es erforderlich, den drei angegebenen Begriffen der Rechtsgeltung einen weiteren hinzuzufügen.

Das Problem kann der Lösung nähergeführt werden, wenn wir die Eigenart der moralischen Erkenntnis betrachten. von Hippel sieht deren Besonderheit darin, „daß hier nicht Fakten aufgewiesen oder logische Schlüsse gezogen werden, sondern daß ein Standpunkt als ein rechtlicher dadurch begründet wird, daß er als mit der Gerechtigkeit und also mit dem Guten verbunden einsichtig gemacht und also zur Evidenz gebracht wird[153]".

Diese Ausführungen von Hippels müssen sehr genau interpretiert werden, weil hieraus voreilig Schlüsse etwa derart gezogen werden könnten, die Gerechtigkeit bestehe unabhängig von jeder Stellungnahme der Mitglieder einer Gemeinschaft.

Sehr viel tragfähiger erweist sich die Formulierung, daß die Gerechtigkeit und das Gute einsichtig gemacht und zur Evidenz gebracht werden müssen. Hier erweist sich, daß die Entscheidung, eine bestimmte Rechtsnorm als Rechtslehrer zur Lösung eines Interessenkonfliktes anzugeben oder als Richter oder Verwaltungsbeamter anzuwenden, eine Wertentscheidung ist, deren Verantwortung nicht auf ein objektives und damit von dem Wertenden unabhängiges Verfahren abgewälzt werden kann. Und von Hippel selbst führt es deutlich aus, wenn er sagt, es sei „unmöglich, Jurist im Sinne des Wortes zu sein, ohne zu Gut und Böse der Welt eine Beziehung zu haben und ohne innere Entscheidung für das Gute der Welt[154]".

---

[151] von Hippel: Mechanisches und moralisches Rechtsdenken, a. a. O., S. 223.

[152] „Würde so die Seinssphäre des Rechts als die normative Geltung gekennzeichnet, so ist das Organ, das diese Sphäre erreicht, auf Seiten des Erkennenden nicht leeres Verstandeswesen, sondern die moralische Vernunft oder auch moralische Intuition."

von Hippel: Mechanisches und moralisches Rechtsdenken, a. a. O., S. 218.

[153] von Hippel: Mechanisches und moralisches Rechtsdenken, a. a. O., S. 218.

[154] von Hippel: Mechanisches und moralisches Rechtsdenken, a. a. O., S. 116.

Hier wird nicht behauptet, die Gerechtigkeit sei wissenschaftlich erkennbar und beweisbar, sondern hier wird mit Recht herausgestellt, daß die Gerechtigkeit eine Wertentscheidung ist, der sich der Jurist nicht durch den Rückzug auf wissenschaftliche Objektivität entziehen kann. Somit wird auch erforderlich, daß die Ausbildung des Juristen nicht nur Erziehung zur exakten Wissenschaftlichkeit zum Inhalt haben kann, sondern auch die Erziehung zu jenem Adel des Charakters, der nicht bei mechanischem Rechtsdenken, das sich jedem Machthaber zur Verfügung stellt, stehenbleibt, sondern dessen Werturteil das Schicksal anderer Menschen anvertraut werden kann und so zum moralischen Rechtsdenken fortschreitet.

Der Begriff der Rechtsgeltung bei von Hippel ist demnach als ideelle Geltung anzusehen. So bedeutungsvoll die Auswahl und die Erziehung des Juristen in bezug auf den Charakter auch sind, so kann diese Aufgabe nicht bei der Bildung der Begriffe der Rechtsgeltung mitgelöst werden.

Darüber hinaus wäre eine Vermischung der beiden Bestandteile, nämlich der Erarbeitung eines wissenschaftlichen Systems auf der einen Seite, der persönlichen Stellungnahme des Juristen zu einer bestimmten Rechtsordnung auf der anderen Seite, dem Aufbau einer gesunden Rechtsordnung nur hinderlich. In einem solchen Falle würde sich zu leicht wissenschaftliche Unzulänglichkeit mit Werturteilen zu behelfen, die persönliche Stellungnahme sich in der wissenschaftlichen Notwendigkeit zu verbergen suchen.

7. Brusiin

Brusiin gibt an, daß es sich bei seiner Bestimmung der Geltung von Rechtsnormen um eine Definition handelt. Er gibt folgende Geltungsbestimmung:

„Eine Rechtsnorm ‚gilt', wenn folgende Mindestvoraussetzungen erfüllt sind:

1. die betreffende Norm wird von den unmittelbaren Normadressaten in der überwiegenden Anzahl der Fälle befolgt, und

2. die für die eventuelle Nichtbefolgung dieser Norm vorgesehene Sanktionsnorm wird von den sanktionierenden Organen so regelmäßig befolgt, daß ihre Nichtbefolgung eine verschwindend kleine Größe ausmacht. In unserem Sprachgebrauch bedeutet die ‚Geltung einer Rechtsnorm', somit eine Stufe ihrer Effektivität.[155]."

Brusiins Definition der Geltung von Rechtsnormen entspricht im Grunde dem Begriff der faktischen Geltung. Die Unterschiede sollen im folgenden diskutiert werden.

Bei der Bestimmung des Begriffs der faktischen Geltung hatten wir nicht verlangt, daß die betreffende Norm in der überwiegenden Anzahl der Fälle

---

[155] Brusiin, Otto: Über die Objektivität der Rechtsprechung, Helsinki 1949, S. 16.

befolgt werde. Dieses zusätzliche Erfordernis zum Begriff der faktischen Geltung entspricht zwar zum Teil der Vorstellung, die man von der Wirksamkeit von Rechtsnormen hat, doch stellen sich einer Präzisierung dieser Vorstellungen Hindernisse in den Weg. Hierzu zählt etwa die Frage, wie beispielsweise die Befolgung von Verbotsnormen gemessen werden kann. Nehmen wir etwa das Verbot des Diebstahls, so müßte entschieden werden können, wann die Norm in einem bestimmten Falle befolgt sein solle. Es könnte hierfür die technische Möglichkeit des Diebstahls in Frage kommen, es könnte hier auch die Versuchung zu einem Diebstahl herangezogen werden.

Im übrigen ist dieses zusätzliche Erfordernis zum Begriff der Geltung von Rechtsnormen auch nicht erforderlich. Im Normalfalle werden die tatsächlichen Verhältnisse so liegen, daß das unreflektierte Verhalten den Gesetzen entspricht und daß die Übertretung der Rechtsnormen zu den Ausnahmen gezählt werden kann. Aber für die Fälle, daß eine Norm häufig übertreten wird und in jedem oder fast in jedem Fall die Sanktion verhängt wird, ist die Bezeichnung der faktischen Geltung zweckmäßig, denn auch dann ist die Rechtsnorm, die entweder normgemäßes Verhalten oder Sanktion aussagt, erfüllt.

Eine andere Definition der faktischen Geltung als die in Kapitel III gegebene würde demnach der Struktur der Rechtsnorm nicht mehr entsprechen. Weiterhin würde sie die Aufgabe der Beschreibung der Tätigkeit des Sanktionsapparates durch Hinzunahme der Kennzeichnung des Erfolges rechtspolitischer Zielsetzungen erschweren. Dies ist jedoch eine Frage soziologischer Aussagen; die Frage geeigneter Begriffe der Rechtsgeltung ist eine Frage geeigneter Konstruktion und Darstellungsweise von Rechtsordnungen.

8. Graf zu Dohna

Den Begriff der Rechtsgeltung entwickelt Graf zu Dohna aus dem Begriff der Geltung von Naturgesetzen. Graf zu Dohna geht davon aus, daß die Naturgesetze solange gelten, wie die Phänomene der Natur mit ihnen in Einklang stehen. Eine einzige genau beobachtete Abweichung des Naturgeschehens vom bisher geltenden Gesetz bringt es zu Fall. Denn diese Abweichung beweist, daß das Naturgesetz das Naturgeschehen nicht beschreiben kann. Man setzt Naturgesetz und Naturgeschehen wieder in Einklang, indem man das Naturgesetz abändert[156].

Im Gegensatz zum Naturgesetz sieht Graf zu Dohna das Rechtsgesetz. Nach seiner Auffassung tun derartige Verstöße seiner Geltung grundsätzlich keinen Eintrag[157].

---

[156] Graf zu Dohna, Alexander: Kernprobleme der Rechtsphilosophie, Berlin—Wien 1940, S. 46.

[157] Graf zu Dohna: Kernprobleme der Rechtsphilosophie, a. a. O., S. 46.

Graf zu Dohna führt weiter aus, das Rechtsgesetz gelte weiter, auch wenn es Menschen gäbe, die sich nicht danach richteten. Gerade ihnen gegenüber bewähre es so recht eigentlich seine Geltung. In der Art wie die Rechtsordnung dem Rechtsbrecher gegenüber sich durchsetze, erblickten wir seine Geltungskraft[158].

Man könnte hier zunächst annehmen, daß Graf zu Dohna mit diesen Ausführungen zu seinem Begriff der Rechtsgeltung den Begriff der faktischen Geltung ausschlösse. Wenn Rechtsnormen nicht die Wirklichkeit beschreiben wollen, sei es auch die Rechtswirklichkeit, sondern die Rechtsgesetze den Zustand angeben, der angestrebt wird, so läßt sich mit solchen Rechtsnormen die Rechtswirklichkeit nicht mehr wiedergeben. Solchen Rechtsnormen kann der Begriff der faktischen Geltung nicht zugeordnet werden.

Dieser Eindruck muß jedoch berichtigt werden, wenn man berücksichtigt, worin die Abweichung der Geltung der Rechtsgesetze von der der Naturgesetze bestehen soll. Nach Graf zu Dohna besteht der Unterschied darin, daß Verstöße gegen die Naturgesetze nicht denkbar seien, da solche Verstöße dem Naturgesetz seinen Charakter des geltenden Naturgesetzes raubten, während ein Rechtsgesetz durch Verletzung durch Rechtsgenossen seine Geltung nicht verliere. Auch diesen Unterschied erhält Graf zu Dohna jedoch nur aus der Eigenart, die in der Formulierung „Verstöße gegen ein Rechtsgesetz“ liegt[159].

Präzisiert man die Argumentation, so kann man eigentlich von Verstößen gegen ein Rechtsgesetz nicht sprechen. Gegen Rechtsnormen kann man nicht verstoßen, sondern man kann nur deren Tatbestände erfüllen. Der Dieb verstößt nicht gegen die Norm des § 242 StGB, sondern er erfüllt deren Tatbestand. Denn die Norm des § 242 StGB heißt: Wer eine fremde bewegliche Sache einem anderen in der Absicht wegnimmt, dieselbe sich rechtswidrig zuzueignen, wird wegen Diebstahls mit Gefängnis bestraft. Der Ausdruck Verstoß gegen ein Strafgesetz kommt nur daher, daß man bei einem Strafgesetz meist an eine gekürzte Ausdrucksweise denkt, die nur den Tatbestand angibt und ihn mit dem rechtspolitischen Ziel assoziiert, daß die Erfüllung dieses Tatbestandes verhindert werden soll. So gibt man gern den Inhalt des § 242 StGB in dem Satz wieder: Du sollst nicht stehlen. Wie wir aber bereits bei der Darstellung von Rechtsnormen ausgeführt haben, ist dies eine Abkürzung, die den gesamten Inhalt des § 242 StGB nicht wiedergeben kann. Mag diese Abkürzung für verschiedene Zwecke hinreichen, für eine Analyse der Rechtsnormen und deren Geltung reicht sie nicht aus. Denn in dieser abkürzenden Ausdrucksweise geht die Struktur der Rechtsnorm verloren, so daß sie für eine Untersuchung des Geltungsbegriffes nicht mehr tauglich ist.

---

[158] Graf zu Dohna: Kernprobleme der Rechtsphilosophie, a. a. O., S. 47.
[159] Graf zu Dohna: Kernprobleme der Rechtsphilosophie, a. a. O., S. 46.

Gibt man somit den Begriff des Verstoßes gegen das Rechtsgesetz auf und ersetzt ihn durch den Begriff der Erfüllung des Tatbestandes einer Rechtsnorm, so ist ersichtlich, daß ein rechtswidriges Verhalten eines Rechtsgenossen der Geltung einer Rechtsnorm keinen Abbruch tun kann. Erfüllt ein Rechtsgenosse den Tatbestand einer Rechtsnorm und wird daraufhin die entsprechende Sanktion gegen ihn verhängt, so ist die Rechtsnorm uneingeschränkt gültig. Sie ist in diesem Falle auch faktisch geltend, denn sie ist eine adäquate Beschreibung der Tätigkeit des Sanktionsapparates.

Auch Graf zu Dohna hat mit der Schwierigkeit zu kämpfen, daß er ganz unterschiedliche Gesichtspunkte in dem Begriff der Rechtsgeltung vereinigen will. Da er meint, daß wegen der Gesetzesverstöße eine Geltung von Rechtsnormen gemäß der Geltung der Naturgesetze nicht möglich sei, unterscheidet er die Naturgesetze als Mittel der Erklärung von den Rechtsgesetzen als Mittel der Bestimmung[160].

Auf der anderen Seite versuchte er auch den Begriff der Durchsetzbarkeit aufzunehmen, indem er ausführt, bei der Geltung handele es sich offensichtlich um ein bestimmtes Maß faktischer Durchsetzbarkeit[161].

Graf zu Dohna berücksichtigt jedoch nicht nur den Begriff der faktischen Geltung. Auch der Begriff der verfassungsmäßigen Geltung klingt bei ihm an, wobei er selbst es ablehnt, den Begriff der faktischen Geltung mit dem der verfassungsmäßigen Geltung zu verquicken[162].

Als weitere Überlegung führt Graf zu Dohna den Begriff der Anerkennung in die Diskussion des Geltungsbegriffes ein. Er sagt, Gelten heiße Wirksamsein, sich als lebendige Macht bewähren in den Gemütern[163]. Die Geltung sei ohne eine irgendwie geartete Anerkennung seitens der Rechtsgenossen gar nicht vorstellbar[164].

Graf zu Dohna hat sich nicht mit der Formulierung dieses Gedankens zufrieden gegeben. Er erörtert auch Schwierigkeiten, die sich aus dem Begriff der Anerkennung im Zusammenhang mit dem Begriff der Rechtsgeltung ergeben. Er sagt, es sei nicht so zu verstehen, daß von Fall zu Fall für jede einzelne Anordnung des Rechts eine besondere Anerkennung vonnöten sei. Mit der Gesamtrechtsordnung seien vielmehr alle zugehörigen Einzelnormen implizite mit anerkannt. Dies gilt seiner Ansicht nach sogar von denen, die dem Rechtsunterworfenen gar nicht in das Bewußtsein getreten sind[165].

---

[160] Graf zu Dohna: Kernprobleme der Rechtsphilosophie, a. a. O., S. 46.

[161] Graf zu Dohna: Kernprobleme der Rechtsphilosophie, a. a. O., S. 47.

[162] „Die Zurückführung der Verordnungen auf Gesetze, der Gesetze auf die Verfassung, hat Beweiskraft doch nur unter der Voraussetzung, daß die Geltung der Verfassung außer Zweifel steht."

Graf zu Dohna: Kernprobleme der Rechtsphilosophie, a. a. O., S. 47.

[163] Graf zu Dohna: Kernprobleme der Rechtsphilosophie, a. a. O., S. 49.

[164] Graf zu Dohna: Kernprobleme der Rechtsphilosophie, a. a. O., S. 49.

[165] Graf zu Dohna: Kernprobleme der Rechtsphilosophie, a. a. O., S. 50.

Schon an dieser Stelle läßt sich sagen, daß die Anwendbarkeit eines solchen Begriffes der Rechtsgeltung stark beschränkt wäre. Ein solcher Begriff der Rechtsgeltung wäre nur brauchbar, um die Geltung ganzer Rechtsordnungen zu bezeichnen. Die viel bedeutendere Frage der Geltung einzelner Rechtsnormen könnte mit einem solchen Begriff der Rechtsgeltung nicht mehr gefaßt werden.

In Frage steht aber fast immer, ob eine bestimmte Rechtsnorm oder eine bestimmte Gruppe von Rechtsnormen Geltung besitzt, sei es, daß Einwendungen gegen positive Gesetze erhoben werden, sei es, daß es an positiven Rechtsnormen fehlt und nach neuen Lösungen gesucht wird. Indem Graf zu Dohna das Problem auf die Geltung der Gesamtrechtsordnung hinüberzieht, macht er Einwendungen gegen die Geltung einzelner Normen unmöglich. Daß dies nicht eine zufällige Ungenauigkeit der Überlegung darstellt, zeigen die weiteren Ausführungen.

Nachdem Graf zu Dohna den Begriff der Anerkennung dahingehend eingeschränkt hat, daß nur die gesamte Rechtsordnung global, nicht aber die einzelnen Rechtsnormen anerkannt werden müßten, schränkt er die Anerkennung einer Rechtsordnung insgesamt dahingehend ein, daß es nicht auf das jeweilige Einverständnis mit dem rechtlichen Inhalt, sondern auf die Unangefochtenheit der Rechtsherrschaft ankomme. Dies sei sogar mit innerlicher Ablehnung einzelner vom Gesetzgeber getroffener Entscheidungen sehr wohl verträglich. Als Beispiel führt Graf zu Dohna an, daß auch der, der etwa die parlamentarische Demokratie als ungeeignete und zweckwidrige Gestaltung erachtete, sich durch sie gebunden gewußt habe[166].

Wenn hier die Anerkennung nur dann nicht vorliegen soll, wenn die Rechtsherrschaft angefochten wird, dann wird der Begriff der Anerkennung bis zur Unkenntlichkeit entstellt. Zunächst scheint es Graf zu Dohna auf die Anerkennung gar nicht anzukommen. Entscheidend wäre höchstens eine Ablehnung. Aber auch die ist nicht ausreichend, um einer Rechtsordnung das Fehlen der Anerkennung zu attestieren. Wer vermeiden will, daß er zu jenen Rechtsgenossen gezählt wird, die eine Rechtsherrschaft anerkennen, muß die Rechtsherrschaft anfechten. Graf zu Dohna geht noch weiter, indem er sagt, es sei kein Erfordernis der Anerkennung in seinem Sinne, daß die Gefolgschaft ausnahmslos oder gar, daß sie freiwillig geleistet werde. Wer nur aus Angst vor der angedrohten Strafe sich füge oder gar lieber das Risiko der Strafverbüßung auf sich nehmen wolle, als daß er ohne Zwang den Gesetzeswillen beobachte, entbehre zwar aller gesetzestreuen Gesinnung, verharre aber gleichwohl noch innerhalb des Kreises derjenigen, die der Rechtsordnung Anerkennung zollten, und scheide aus diesem Kreise erst dann endgültig aus, wenn er der Rechtsordnung als Gesamtinstitution den Kampf ansage[167].

[166] Graf zu Dohna: Kernprobleme der Rechtsphilosophie, a. a. O., S. 50.
[167] Graf zu Dohna: Kernprobleme der Rechtsphilosophie, a. a. O., S. 51.

Graf zu Dohna zeigt hier ganz richtig, daß es kaum einen Menschen gibt, der die gesamte Rechtsordnung beseitigen möchte. Aber daß ein Mensch, der grundsätzlich eine menschliche Ordnung bejaht, damit zugleich jede — und sei es eine verbrecherische — Staatsgewalt anerkenne, ist eine gefährliche Simplifikation. Indem Graf zu Dohna nicht unterscheidet zwischen der Bereitschaft, überhaupt eine Rechtsordnung anzuerkennen, und der Anerkennung einer in ganz bestimmter Weise ausgestalteten Rechtsordnung, gelingt es ihm, den Eindruck zu erwecken, als habe der Rechtsgenosse nur die Möglichkeit, jede menschliche Gemeinschaft zu zerstören oder jede Barbarei eines Gewalthabers anzuerkennen[168].

Wir sehen, daß Graf zu Dohna in seinem Begriff der Rechtsgeltung Bestandteile der faktischen Geltung und der ideellen Geltung vermischt. Dabei wird ersichtlich, daß damit nicht ein neuer Geltungsbegriff geschaffen worden ist, der einer Untersuchung über die Geltung von Rechtsnormen nutzbar gemacht werden könnte, sondern daß sich Graf zu Dohna in Ungenauigkeiten und Widersprüche verwickelt. Diese Ungenauigkeit im juristischen Denken, die von vielen mit Formulierungen wie „Das Recht ist alogisch“, oder „Die Fülle des Lebens läßt sich nicht in logische Maßstäbe zwingen“, gefordert wird, zeitigt zumeist Folgen, die die Notwendigkeit der Hebung der Ausdrucksfähigkeit der Rechtssprache bitter belegen. „Mag die Gewalt noch so kühn und stolz daherschreiten, sie schämt sich doch ihrer Blöße und greift, wo es nottut, zum fadenscheinigsten Mantel, um sich das Ansehen legitimer Herrschaft zu geben. So eng sind Macht und Recht miteinander verschwistert[169].“

9. Germann

Zu dem Problem der Rechtsgeltung sagt Germann, das Recht könne seine Ordnungsfunktion nur erfüllen, wenn es wirksam sei, wenn es nicht nur beanspruche zu gelten, sondern tatsächlich gelte[170]. Damit versteht Ger-

---

[168] Wie wenig Graf zu Dohna die innere Einstellung der Rechtsgenossen mit diesen Ausführungen treffen kann, zeigt das Beispiel, das er in seiner 1940 erschienenen Untersuchung gab:

„Und heute fügen sich ungezählte Beamte in die ihnen erteilte Entlassung, weil sie die Geltung der Normen respektieren, auf denen die Maßnahme beruht. Anerkennung bedeutet eben nicht Zustimmung; es genügt das Bewußtsein des Verpflichtetseins.“

Graf zu Dohna: Kernprobleme der Rechtsphilosophie, a. a. O., S. 50.

Erst bei genauerem Zusehen erschließt sich die psychologische Feinheit dieser Formulierung. Der entlassene Beamte konnte zu nichts verpflichtet sein. Nicht er entließ, er wurde entlassen. Wenn hier von Bewußtsein des Verpflichtetseins noch gesprochen werden kann, dann bezog es sich höchstens darauf, jede Auflehnung gegen diese Maßnahme der Obrigkeit zu unterlassen.

[169] Graf zu Dohna: Kernprobleme der Rechtsphilosophie, a. a. O., S. 53.

[170] Germann, O. A.: Grundlagen der Rechtswissenschaft, Bern 1950, S. 21.

MANN unter dem Begriff der Rechtsgeltung den Begriff der faktischen Geltung.

Im Anschluß an die Überlegung, daß die faktische Geltung nur bis zu einem gewissen Grade verwirklicht werden kann, weil es immer wieder Rechtsgenossen gibt, die sich der Strafe oder Zwangsvollstreckung entziehen können, sagt GERMANN, die Geltung sei demnach nicht ausnahmslos, sie müsse jedoch soweit gewährleistet sein, daß allgemein das Bewußtsein autoritativer Verbindlichkeit bestehe. Die juristische Terminologie verwende in einem ähnlichen Sinn den Ausdruck opinio necessitatis[171].

Wenn sich die faktische Geltung auch nicht in jedem einzelnen Fall durchsetzen läßt, sondern Ausnahmen bestehen bleiben, so behält dieser Begriff dennoch seine wissenschaftliche Exaktheit, wenn man ihn als Wahrscheinlichkeitsgesetz deutet und die faktische Geltung derart erklärt, daß man ihn in unterschiedliche Grade der Wahrscheinlichkeit differenziert. Was GERMANN mit dem Bewußtsein autoritativer Verbindlichkeit abgrenzen will, beruht auf dem richtigen Gedanken, daß ein Gesetz im Regelfalle nicht jeden beliebigen Grad der Wahrscheinlichkeit der faktischen Geltung annimmt, sondern daß dann, wenn die faktische Geltung bis zu einem gewissen Grade untergraben ist, diese Rechtsnorm derogiert wird und damit die faktische Geltung vollständig einbüßt.

Mag man auch diesen Sachverhalt darunter verstehen, so ist der Begriff des Bewußtseins autoritativer Verbindlichkeit dennoch derart unbestimmt, daß er zur Festlegung des Begriffs der faktischen Geltung nicht geeignet ist. Das mochte vielleicht für frühere Zeiten gelten, in denen das Recht aus ausgereiften Kodifikaten bestand oder als bestehend empfunden wurde. Der heutigen Rechtswirklichkeit wird diese Abgrenzung nicht mehr gerecht. Die schwindende Wertgläubigkeit der Bevölkerung im allgemeinen und die vom Standpunkt des einzelnen Rechtsgenossen aus unübersehbare Flut von Gesetzen im besonderen ergeben ein Verhältnis zu den Rechtsnormen, das man mit dem Begriff des Bewußtseins autoritativer Verbindlichkeit nicht mehr mit Allgemeingültigkeit beschreiben kann.

Durch weitere Erklärungen über den Begriff der Rechtsgeltung geht GERMANN jedoch über den Begriff der faktischen Geltung hinaus. Er sagt, Übung, Billigung und Zwangsgewalt seien drei verschiedene Wurzeln der Rechtsgeltung[172]. Da sich die Bestandteile Übung und Zwangsgewalt bereits im Begriff der faktischen Geltung vorfinden, ist hier die Komponente Billigung von Bedeutung.

GERMANN führt aus, ebenso wichtig wie die zwangsweise Durchsetzung von Rechtsnormen sei für uns heutige selbstbewußte Menschen ein gewisses Maß von Billigung, worunter er versteht, der Inhalt der Rechtsnormen müsse, wenn auch nicht ausnahmslos und bei allen Rechtsunterworfenen, so

[171] GERMANN: Grundlagen der Rechtswissenschaft, a. a. O., S. 21.
[172] GERMANN: Grundlagen der Rechtswissenschaft, a. a. O., S. 23.

jedenfalls im wesentlichen dem entsprechen, was bei einer Mehrheit oder einer tragenden Schicht als gerecht oder zweckmäßig erscheine[173].

Da GERMANN hier komplizierte soziologische Tatbestände anspricht, wird es der Bestimmtheit des Begriffs der Rechtsgeltung abträglich sein, ihn mit diesen Erklärungen zu belasten. Es ist jedoch auch fraglich, ob GERMANN diese Erklärung in den Begriff der Rechtsgeltung aufnehmen wollte. Da er die Billigung nur zu den Wurzeln der Rechtsgeltung zählt, kann dies auch so verstanden werden, daß Zusammenhänge des Begriffs der Rechtsgeltung mit der Rechtswirklichkeit erklärt werden sollen. Da GERMANN an der Stelle, an der er über Rechtsgeltung spricht, Ausführungen macht, die mehr erklärender Natur als begriffsbestimmender Natur sind, liegt es nahe zu vermuten, daß die Ausführung im Zusammenhang mit der Billigung erklärender Natur sind und nicht der weiteren Begriffsbestimmung des Begriffs der Rechtsgeltung dienen sollen.

Damit geht GERMANN auch hier letzten Endes bei dem Begriff der Rechtsgeltung von dem Begriff der faktischen Geltung aus.

10. Larenz

Unter dem geltenden Recht versteht LARENZ die „konkretisierten, d. h. inhaltlich näher bestimmten und auf die Lebensordnung bezogenen Rechtssätze mit Einschluß derjenigen, die erst die Rechtsprechung gefunden hat. Es ist also das in der Anwendung befindliche (nicht das von seiner Anwendung getrennt gedachte), durch Rechtswissenschaft und Rechtsprechung fortgebildete und ständig in der Fortbildung begriffene Ganze von Normen, Entscheidungsmaximen und als richtungsweisend angesehenen Urteilen[174]".

Die hier gegebene Begriffsbestimmung der Geltung von Rechtsnormen ist unschwer als die der faktischen Geltung zu erkennen. Die durch die Rechtsprechung konkretisierten und auf die Lebensordnung bezogenen Rechtssätze sind diejenigen, die die Tätigkeit des Sanktionsapparates beschreiben. Der Begriff der faktischen Geltung war aber gerade dadurch charakterisiert, daß er auf jene Rechtsnormen zutrifft, die die Tätigkeit des Sanktionsapparates darstellen. Diese Erklärung wäre klar und verständlich, hätte LARENZ nicht zusätzliche Ausführungen zum Begriff der Rechtsgeltung gemacht, die mit dieser Darstellung inkompatibel sind.

Soweit LARENZ sagt, das Recht gelte nicht kraft äußerer Anordnung[175], ist dies insoweit richtig, als die formell zustande gekommenen Gesetze das

---

[173] GERMANN: Grundlagen der Rechtswissenschaft, a. a. O., S. 22.

[174] LARENZ: Methodenlehre der Rechtswissenschaft, a. a. O., S. 148.

Zwar sagt LARENZ, diese Begriffsbestimmung enthalte das, was die Rechtswissenschaft heute als das geltende Recht ansehe. Doch aus den weiteren Ausführungen geht hervor, daß sich LARENZ diese Begriffsbestimmung zu eigen macht.

[175] LARENZ: Methodenlehre der Rechtswissenschaft, a. a. O., S. 148.

Tätigwerden des Sanktionsapparates nicht in jedem Falle zutreffend beschreiben, da die Organe der Rechtsprechung und Vollstreckung sich zum Teil vom Wortlaut des Gesetzes frei machen. Schwierigkeiten bringt aber die Aussage von LARENZ, das Recht gelte „kraft der gemeinsamen Überzeugung seiner Richtigkeit (im Sinne der Angemessenheit an die Rechtsidee)[176]".

Wenn der Geltungsbegriff auf die Rechtsüberzeugung zurückgeführt wird, erhalten wir einen anderen Geltungsbegriff, da der Fall denkbar ist, daß die Rechtsüberzeugung eine Rechtsordnung für richtig hält, die mit der faktisch geltenden Rechtsordnung nicht übereinstimmt. Die Schwierigkeiten werden noch dadurch vermehrt, daß LARENZ ausführt, die Überzeugung der Richtigkeit des Rechtes sei im Sinne der Angemessenheit an die Rechtsidee zu betrachten. Denn Angemessenheit an die Rechtsidee und die Überzeugung seiner Richtigkeit sind unterschiedliche Beurteilungsgesichtspunkte, die nicht in gleichem Sinne gebraucht werden können.

Auch wird die Erklärung des Begriffs der Rechtsgeltung als faktische Geltung wieder durch die Erklärung in Frage gestellt, die Überzeugung von der Richtigkeit, auf der die Geltung beruhe, gründe sich auf die Autorität, nicht aber auf die Zwangsgewalt von Gesetzgeber, Gerichten und communis opinio doctorum[177].

Gehen wir von der Brauchbarkeit des Begriffes der faktischen Geltung aus, so ist zu fordern, daß sich im Einzelfall ermitteln läßt, ob eine Rechtsnorm gilt oder nicht. Fassen wir die faktische Geltung als Eigenschaft derjenigen Rechtsnormen auf, die die Tätigkeit der Zwangsgewalt beschreiben, so erhalten wir eine solche Art anwendbarer Begriffsbestimmung.

Gründen wir den Begriff der faktischen Geltung auf die Autorität von Gesetzgeber, Gerichten und communis opinio doctorum, so verliert der Begriff zunächst seine Bestimmtheit, da die Auffassung des Gesetzgebers, der Gerichte und der doctores voneinander abweichen kann. Weiterhin begibt man sich in die Unbestimmtheit, worin die Autorität von Gesetzgeber, Gerichten und der communis opinio doctorum besteht. Es ist fraglich, wieweit sich eine Autorität des Gesetzgebers, der Gerichte und der communis opinio doctorum halten kann, wenn ihr die Durchsetzbarkeit mittels einer Zwangsgewalt fehlt. Zum mindesten ist aber die Autorität ohne eine Zwangsgewalt eine ganz andere als eine solche, die sich notfalls zwangsweise Achtung verschaffen kann.

Wenn auch die von LARENZ angeführten Komponenten nicht in dem Begriff der Rechtsgeltung kumuliert werden können, da sie jeweils eine ganz unterschiedliche Betrachtungsweise darstellen, so soll doch untersucht werden, ob sich diese Komponenten nicht als selbständige Begriffe der Rechtsgeltung interpretieren lassen.

---

[176] LARENZ: Methodenlehre der Rechtswissenschaft, a. a. O., S. 148.
[177] LARENZ: Methodenlehre der Rechtswissenschaft, a. a. O., S. 148.

Soweit die Rechtsnormen eine Beschreibung der Organe der Rechtspflege darstellen sollen, entspricht deren Geltung der faktischen Geltung. Soweit auf die Überzeugung seiner Richtigkeit Bezug genommen wird, entspricht die Auffassung dem Begriff der ideellen Geltung. Auch soweit der Begriff der Rechtsgeltung auf die Autorität der communis opinio doctorum gegründet wird, entspricht sie der ideellen Geltung. Wenn man wie LARENZ die Autorität der Gerichte in diesem Fall nicht auf die Zwangsgewalt, die hinter dem Richterspruch steht, sondern auf die Überzeugungskraft der Gerichte stützen will, entspricht auch dieser Begriff dem Begriff der ideellen Geltung. Im Falle der Autorität des Gesetzgebers kann auf den Begriff der verfassungsmäßigen Geltung zurückgegriffen werden.

Damit zeigt sich, daß eine Zusammenfassung der Komponenten in einem Begriff der Rechtsgeltung zu Widersprüchen führen muß. Nur für den Fall, daß alle Merkmale vorliegen müssen, um einer Rechtsnorm Geltung zuzusprechen, ergäbe sich ein anwendbarer Begriff. Doch wäre kaum eine Rechtsnorm zu benennen, noch weniger eine ganze Rechtsordnung aufzustellen, der dann eine so geartete Geltung zukäme. Auch müßte man fragen, zu was ein solcher Begriff dienen sollte.

LARENZ meint denn auch nicht eine kumulative Aufzählung der Merkmale, sondern will sie in anderer Weise darin verarbeiten. Dies ist, wie wir gezeigt haben, deshalb nicht möglich, weil es Bestandteile sind, die bereits für sich jeweils einen bestimmten Begriff der Rechtsgeltung, einen bestimmten Ausgangspunkt kennzeichnend, implizieren.

11. Esser

ESSER tendiert in seiner Begriffsbestimmung der Rechtsgeltung zu dem Begriff der faktischen Geltung. Er sagt, das Recht sei seinem Wesen nach auf das Inkraftsein in einem bestimmten Verband in einer konkreten Gemeinschaft zugewiesen[178]. Hieraus allein kann noch nicht geschlossen werden, daß ESSER unter Geltung die faktische Geltung verstehen will. Doch sagt er weiter, das Recht könne seine Aufgaben nur erfüllen, es könne nur leben, wenn seine faktische Geltung, seine Durchsetzung, garantiert sei[179].

Um den Begriff der Rechtsgeltung zu charakterisieren, zieht ESSER aber nicht nur die Merkmale der faktischen Geltung heran, sondern er hält auch eine Beziehung zur Rechtsidee für erforderlich. Er sagt, das geltende Recht sei eine seltsame Mischung, deren Rechtscharakter man an dem Auftauchen der Rechtsidee als Leitmotiv erkennen könne[180]. Hierbei darf jedoch die Rechtsidee nicht als zusätzliches Merkmal oder zusätzliche Gruppe von

---

[178] ESSER, JOSEF: Einführung in die Grundbegriffe des Rechtes und Staates, Wien 1949, S. 8 f.

[179] ESSER: Einführung in die Grundbegriffe, a. a. O., S. 9.

[180] ESSER: Einführung in die Grundbegriffe, a. a. O., S. 9.

Merkmalen aufgefaßt werden, sondern nach der Auffassung von ESSER verhält sich die Rechtsidee zum geltenden Recht „wie Musik zu Geräusch, d. h. wie Sinn zu Erscheinung, wie Geist zu Stoff. Sie lebt nicht jenseits des positiven Rechts, sondern in ihm, wie die Melodie nicht für sich erklingt, sondern in den Schallwellen als den Trägern der Musik, so wie jedes unstoffliche Wesen einen Stoff als Träger braucht[181]".

Steht der das Recht anwendende Jurist vor der Frage, welche Rechtsnormen er dem geltenden Recht zuzurechnen habe, so werden ihm die Darstellungen ESSERs nicht hinreichen. Der Begriff der faktischen Geltung ist klar umrissen. Will er aber nicht jedes faktisch geltende Recht als geltendes Recht betrachten, so muß er weitere Merkmale angeben, die den Kreis der Rechtsnormen, die zum geltenden Recht gehören sollen, einengen. Indem jedoch ESSER die Rechtsidee mit dem Begriff des faktisch geltenden Rechts verkettet, wird damit schon in Frage gestellt, ob man mit der Auswahl als faktisch geltendem Recht dem Auffinden des geltenden Rechts ein Stück näher gekommen ist.

Man könnte sagen, daß nur solche Rechtsnormen zum geltenden Recht gezählt werden sollen, die der Rechtsidee entsprächen. Hiermit wäre die Geltung des Rechts auf den Begriff der Rechtsidee zurückgeführt. Zwar ist damit die Ausgestaltung des Begriffs der Rechtsgeltung noch nicht durchgeführt, jedoch ist die Möglichkeit einer Lösung offengehalten, indem der Begriff der Rechtsgeltung zu dem Begriff der Rechtsidee eindeutig in Beziehung gesetzt wurde. Ist aber der Begriff der Rechtsgeltung nicht nur von dem Begriff der Rechtsidee, sondern auch von dem Begriff der faktischen Geltung abhängig, so ist es wichtig, das Verhältnis dieser beiden Komponenten festzulegen. Die bildhafte Beschreibung ist dann unzureichend, wenn sich aus ihr nicht ergibt, ob die Merkmale beider Begriffe kumulativ vorhanden sein müssen, um eine Rechtsnorm zum geltenden Recht zu zählen, oder ob letzten Endes die Merkmale eines der beiden Komponenten alleine ausschlaggebend sein sollen, um diese Frage zu entscheiden.

Der Begriff der Rechtsgeltung bei ESSER kann somit dem Begriff der faktischen Geltung nicht gleichgesetzt werden. Da ESSER auch nicht auf die Verfassung Bezug nimmt, kann sein Begriff der Rechtsgeltung auch nicht der der verfassungsmäßigen Geltung sein.

Es ist aber auch fraglich, ob ESSERs Begriff der ideellen Geltung zugerechnet werden kann. Zwar haben wir als Kennzeichen der ideellen Geltung nur verlangt, daß die Geltung von einem Rechtsautor als zweckmäßig für die Durchsetzung eines bestimmten rechtspolitischen Zieles oder auch ohne Angabe eines speziellen rechtspolitischen Zieles benannt wurde. Wir hatten aber den Begriff der Rechtsgeltung insoweit geklärt, daß er eine Eigenschaft von Rechtsnormen darstellt. Die Frage, ob der Begriff der Rechtsgeltung bei

[181] ESSER: Einführung in die Grundbegriffe, a. a. O., S. 9.

ESSER als ein Begriff der ideellen Geltung angesehen werden kann, hängt somit davon ab, ob die Erklärung der Rechtsgeltung bei ESSER als Bestimmung einer Eigenschaft von Rechtsnormen aufgefaßt werden kann.

Bedenken dafür, daß ESSER seine Kennzeichnung des geltenden Rechts nicht als Eigenschaft von Rechtsnormen ansieht, ergeben sich insbesondere aus dem Verhältnis, in dem die Rechtsidee zu dem geltenden Recht gesehen wird. Musik ist keine Eigenschaft des Geräusches, der Geist keine Eigenschaft des Stoffes. Auch die Vorstellung, daß die Rechtsidee nicht jenseits des positiven Rechts, sondern in ihm lebe, legt die Deutung nahe, daß ESSER hier nicht eine Eigenschaft von Rechtsnormen erklären wollte, sondern daß ihm die Erklärung anderer Zusammenhänge vorschwebte. Insoweit kann sein Begriff der Rechtsgeltung auch nicht als Festsetzung eines bestimmten Bedeutungsgehalts angesehen werden.

12. Rehfeldt

Seine Stellungnahme zu dem Problem der Bestimmung der Geltung von Rechtsnormen hat REHFELDT[182] in der Formulierung gegeben, das Recht sei der Inbegriff aller durch organisatorischen Zwang gesicherten Normen[183]. Diese Begriffsbestimmung erklärt REHFELDT nur für das Recht der staatlichen Gesellschaft für zutreffend, weniger jedoch für vorstaatliches Recht, da der Zwang hier zumeist noch Selbsthilfe sei, also nicht eigentlich auf der Organisation der Gemeinschaft beruhe[184]. Diese Einschränkung des Geltungsbereiches des Rechtsbegriffes von REHFELDT ist hier jedoch deshalb ohne Bedeutung, weil nur der Begriff selbst dargestellt, nicht aber sein Geltungsumfang diskutiert werden soll.

In der Begriffsbestimmung von REHFELDT sind zwei Feststellungen enthalten: Erstens, daß das Recht ein Inbegriff von Normen ist, zweitens, daß solche Normen zum Recht zählen, also geltendes Recht sind, die durch organisatorischen Zwang gesichert sind. REHFELDT erfaßt hiermit alle Begriffe der Geltung von Rechtsnormen. Denn durch organisatorischen Zwang sind solche Normen gesichert, deren Sanktionen von dem Sanktionsapparat tatsächlich verhängt werden, gemäß einer Verfassung verhängt werden sollen oder gemäß der Vorstellung eines Autors einer Lösung eines Interessenkonfliktes adäquat sind.

REHFELDT führt diesen Ansatz, verschiedene Begriffe der Geltung zu unterscheiden, nicht weiter, sondern schließt sich der Meinung an, daß die Geltung des Rechts voraussetze, daß es im großen und ganzen befolgt werde[185]. In dem Bestreben, so unterschiedliche Erscheinungen, wie sie den

[182] REHFELDT, BERNHARD: Einführung in die Rechtswissenschaft, Grundfragen, Grundgedanken und Zusammenhänge, Berlin 1962, S. 129 ff.

[183] REHFELDT: Einführung in die Rechtswissenschaft, a. a. O., S. 41.

[184] REHFELDT: Einführung in die Rechtswissenschaft, a. a. O., S. 41.

[185] REHFELDT: Einführung in die Rechtswissenschaft, a. a. O., S. 328.

verschiedenen Geltungsbegriffen zugrunde liegen, in einem einzigen Geltungsbegriff zu vereinigen, hat die Macht des Faktischen ein besonderes Gewicht. So entspricht der Begriff der Geltung, den REHFELDT schließlich wählt, am ehesten dem Begriff der faktischen Geltung.

Um zu zeigen, daß REHFELDT hier nicht falsch interpretiert ist, sei noch das folgende Zitat angeführt:

„In unserer heutigen Welt wird das Recht vom Staate beherrscht. Recht sind die von ihm erlassenen Gesetze, ergänzt durch die Normen, die seine Gerichte, ohne ernsten Widerspruch zu finden, in ständiger Rechtsprechung als verbindlich anwenden. Ohne sie kann das Recht nicht gelten[186]."

Da die Einstellung zum Naturrecht meist eine gute Verdeutlichung des Begriffs der Rechtsgeltung, den der jeweilige Autor gewählt hat, darstellt, soll die Stellungnahme REHFELDTs zu dem Problem des Naturrechts kurz dargelegt werden. Etwas zugespitzt, aber treffend sagt REHFELDT, das Naturrecht habe nur seinen Namen, nie aber seinen Inhalt der Natur entnehmen können[187]. Er ist der Ansicht, die Faszination des Namens Natur, eine glückliche Notwendigkeit bedeutend, habe der Ethik in ihrem Kampfe um die Normen des positiven Rechts als Rüstung gedient. Da aber auch der Eigennutz diese Rüstung anlegen könne, müsse vor dem Naturrecht in ähnlicher Weise gewarnt werden wie vor Gerechtigkeit und Rechtsgefühl[188].

Über das Verhältnis des Naturrechts zum positiven Recht sagt REHFELDT, daß es, wenn das Naturrecht auch beanspruche, dem positiven Recht vorzugehen, doch seine Bestimmung sei, im positiven Rechte aufzugehen. Eben dadurch werde es erst zu Recht, vorher sei es nur eine sittliche Forderung an das Recht gewesen, etwas, das erst Recht werden sollte[189].

Mit dieser Auffassung ist es REHFELDT gelungen, seinen Begriff der Rechtsgeltung von Widersprüchen freizuhalten. Denn jene Autoren, die versuchen, Naturrecht und positives Recht gleichzusetzen, geraten nicht nur mit der Wirklichkeit in Konflikt, sondern erhalten einen Geltungsbegriff, der in sich selbst widerspruchsvoll ist.

Wenn auch REHFELDT unter Recht die bestehende Rechtsordnung, d. h. den Inbegriff der Rechtsnormen, denen faktische Geltung zukommt, versteht, so kann REHFELDT doch nicht als Positivist angesehen werden. REHFELDT versteht zwar unter dem geltenden Recht das faktisch geltende Recht. Doch hält er auch in seinen Schlußfolgerungen konsequent daran fest, daß es sich um eine Definition, nicht um ein Bekenntnis handelt. Dies zeigen seine Ausführungen über die Möglichkeiten des Mißbrauchs des positiven Rechtes. So sagt REHFELDT daß das positive Recht immer wieder zum Instrument der Unterdrückung von Klassen, Rassen und Gesinnungen

[186] REHFELDT: Einführung in die Rechtswissenschaft, a. a. O., S. 156.
[187] REHFELDT: Einführung in die Rechtswissenschaft, a. a. O., S. 110.
[188] REHFELDT: Einführung in die Rechtswissenschaft, a. a. O., S. 110.
[189] REHFELDT: Einführung in die Rechtswissenschaft, a. a. O., S. 104.

werde[190]. Damit fehlt es aber an dem Kennzeichen des Positivisten, der die Unterwerfung unter das faktisch geltende Recht fordert, sei es, daß er verlangt, der Richter habe nur das faktisch geltende Recht anzuwenden, sei es, daß er gar Rechtsauffassungen, die der Wertgläubigkeit gegenüber dem faktisch geltenden Recht abträglich sind, verurteilt.

Einwendungen gegen die Wahl des Geltungsbegriffes durch REHFELDT könnten höchstens daher hergeleitet werden, daß er der faktisch geltenden Rechtsordnung alleine den Begriff Recht zuerkennt. REHFELDT hat die Gründe gegen eine solche Wahl selbst formuliert. Er sagt, daß außer rationalen noch stärkere emotionale Motive den Menschen nach einem allgültigen Rechte rufen lassen. Er führt weiter aus, daß der Glaube an ein ewiges und allgültiges Recht von Heraklit bis heute immer wiedergekehrt und mit den verschiedensten Begründungen verfochten worden sei[191]. Dieser Glaube an die emotionalen Motive hefte sich aber besonders stark an den Begriff „des Rechtes". Erst wenn der Begriff des Rechts näher präzisiert wird, sei es durch Zusätze, sei es, daß die Präzisierung aus dem Zusammenhang hervorgeht, wird der Begriff des Rechtes aus dem emotionalen Zusammenhang in die rationale Rechtssprache gehoben. Insofern könnte man es für zweckmäßig halten, den Begriff des Rechtes, dem Dichter und Philosophen einen starken Gefühlsgehalt gegeben haben, in rechtstheoretischen Analysen ohne erklärende Zusätze nicht zu verwenden.

Fassen wir zusammen, so kommen wir zu dem Ergebnis, daß REHFELDT unter Rechtsgeltung die faktische Geltung versteht und daß sich die Phänomene aus dem Problemkreis der Rechtsgeltung, die REHFELDT in eigener Weise formuliert, mit den drei in Kapitel III entwickelten Geltungsbegriffen darstellen lassen.

13. Brecht

BRECHT geht von der Überlegung aus, daß aus der Tatsache, daß die Wissenschaft keine letzten Maßstäbe der Gerechtigkeit aufzustellen vermag, noch nicht folge, daß von Rechts wegen alle Staatsbürger, Beamte und Gerichte vor einem diktatorischen Werturteil, das ihnen in der äußeren Form des positiven Rechtes vorgesetzt werde, kapitulieren müßten, einerlei, wie empörend und unmoralisch dies ihm erscheinen möge[192].

Der hier angeführte Sachverhalt ist so zu erklären, daß es nicht etwa nur der Wissenschaft nicht gelingt, letzte Maßstäbe der Gerechtigkeit aufzustellen, sondern daß es unmöglich ist, eine Unterscheidung von Recht und Unrecht einzuführen, die nicht auf dem Wege der Definition eingeführt worden wäre. Da Definitionen aber willkürlich gewählt werden können, läßt sich

---

[190] REHFELDT: Einführung in die Rechtswissenschaft, a. a. O., S. 102.
[191] REHFELDT: Einführung in die Rechtswissenschaft, a. a. O., S. 102.
[192] BRECHT, ARNOLD: Politische Theorie, Tübingen 1961, S. 191.

die Art der Unterscheidung nur aus Zweckmäßigkeitsgesichtspunkten begründen. Da letztlich keine Unterscheidung zwischen Recht und Unrecht sich als absolut richtig begründen läßt, kann sich auch kein staatlicher Gewalthaber darauf berufen, daß die von ihm erlassenen Gesetze absolut verbindlich seien. Es bleibt zunächst einmal schlicht bei der Tatsache bewenden, daß ein staatlicher Machthaber Gesetze erlassen hat, deren Nichtbefolgung möglicherweise eine Strafmaßnahme nach sich führt.

Aus diesem Hintergrund erklärt BRECHT seinen Begriff der juristischen Geltung. Er vertritt die Ansicht, juristisch sei es durchaus möglich zu argumentieren, daß gewisse fundamentale Rechtsgrundsätze und Maximen an einem bestimmten Ort zu einer bestimmten Zeit juristisch gelten würden, selbst wenn sie von der in der Macht befindlichen Regierung mißachtet würden, worunter er versteht, daß sie rechtlich von Gerichten und von anderen Behörden des Landes auch dann angewandt werden sollten, wenn Regierungsorgane im äußeren Gewand des positiven Rechts gegenteilige Befehle gäben[193].

Es ist BRECHT zuzugeben, daß man argumentieren kann, gewisse fundamentale Rechtsgrundsätze und Maximen seien juristisch gültig, doch muß man hinzufügen, daß es auch möglich ist zu argumentieren, daß die gleichen fundamentalen Rechtsgrundsätze nicht gelten. Diese juristische Geltung ist zunächst ein Begriff, der willkürlich eingeführt wurde, wogegen vom wissenschaftlichen Standpunkt aus nichts zu sagen ist. Aber gegen ein diktatorisches Werturteil, das den Rechtsgenossen empörend und unmoralisch erscheint, läßt sich mit diesem Begriff der juristischen Geltung alleine nicht viel ausrichten. Eine Empörung der Rechtsgenossen erhält ihre Begründung aus dem persönlichen, ethischen und politischen Bekenntnis dieser Rechtsgenossen.

BRECHT erweckt hier den Eindruck, daß der Begriff der juristischen Geltung den Kriterien eines wissenschaftlichen Geltungsbegriffes nicht unterworfen sei. Dies geht zunächst aus der Überschrift dieses Abschnittes „Unterscheidung zwischen juristischer und wissenschaftlicher Geltung[194]" hervor. Auch wenn BRECHT sagt, die juristische Geltung fundamentaler Rechtsgrundsätze heiße, daß sie rechtlich von den Gerichten und anderen Behörden des Landes auch dann angewandt werden sollten, wenn Regierungsorgane ihnen entgegengesetzte Rechtsnormen erlassen würden, zeigt, daß BRECHT dem juristischen Geltungsbegriff eine Art oder jedenfalls einen Schein von Verbindlichkeit zugestehen will.

Man kann gegen die Verletzung fundamentaler Rechtsgrundsätze dadurch vorbeugen, daß man diese Rechtsgrundsätze in der Verfassung gegenüber allen Gesetzen des Gesetzgebers höheren Rang einräumt. Dann verwendet man das Prinzip der Gewaltenteilung, um die eine Gewalt durch

[193] BRECHT: Politische Theorie, a. a. O., S. 191.
[194] BRECHT: Politische Theorie, a. a. O., S. 191.

die andere zu kontrollieren. Mittels des Begriffs der verfassungsmäßigen Geltung läßt sich dann ein Gesetz oder ein Verwaltungsakt beurteilen, ob er gemessen an der Verfassung gültig ist oder als verfassungswidrig der Gültigkeit entbehrt. BRECHT hat jedoch seinen Begriff der juristischen Geltung nicht im Sinne der verfassungsmäßigen Geltung interpretiert. Es fehlt jeder Bezug auf ein Normensystem oder ein Wertsystem höherer Art, woran sich Gesetze und Verwaltungsakte messen ließen.

BRECHT will die juristische Geltung als juristisches Argument verstanden wissen, das sich im einen Fall auf Klauseln einer Verfassung, aber auch, wenn keine solchen Verfassungsgrundlagen vorhanden seien, auf die allgemeine Volksüberzeugung, die Rechtstradition oder den historisch erreichten Zivilisationsstatus stützen ließe[195].

Der Begriff der juristischen Geltung bei BRECHT läßt sich jedoch nicht nur negativ abgrenzen. BRECHT zeigt auch den Weg, wie sich die Rechtswissenschaft einerseits nicht mit den Grundsätzen der Wissenschaftlichkeit in Gegensatz bringt, in dem sie etwa absolute Wertmaßstäbe behauptet, andererseits aber auch nicht untätig bleibt gegenüber Bestrebungen von Machthabern, den Sanktionsapparat des Rechts für ihre Zwecke zu mißbrauchen. BRECHT sagt, mangelnde Klarheit über die notwendige Unterscheidung zwischen dem Argument juristischer Geltung und der Behauptung apriorisch geltender Wertmaßstäbe habe die Rechtswissenschaft in der Nachhitlerzeit in eine falsche Richtung gelenkt. Die Juristen hätten wieder angefangen, wissenschaftlich feststellbare moralische Naturgesetze zu suchen, wie BRECHT meint, mit zweifelhaftem Erfolg:

„... während das, was sie hätten tun sollen und können, gewesen wäre: den Grund für eine juristische Tradition des Inhalts zu legen, daß bestimmte Prinzipien selbst gegen abweichende Regierungsbefehle als juristisch gültig betrachtet werden müssen[196].“

Hier zeigt sich die Eigenart der juristischen Geltung bei BRECHT deutlich als die der ideellen Geltung. Hierbei können wir diesen Begriff der ideellen Geltung noch dahingehend kennzeichnen, daß BRECHT ihn als den einzigen betrachtet, der einem Mißbrauch von Rechtsnormen mit faktischer Geltung und verfassungsmäßiger Geltung entgegenwirken kann.

14. Ross

Die rechtstheoretische Konzeption von Ross wird entscheidend durch die Erkenntnis mitbestimmt, daß die Diskussion über die Natur des Rechts in

---

[195] BRECHT: Politische Theorie, a. a. O., S. 192.
[196] BRECHT: Politische Theorie, a. a. O., S. 192.

der Frage nach dem Begriff der Rechtsgeltung münden muß[197]. Der Begriff der Rechtsgeltung bei Ross zeigt eine starke Annäherung an den Begriff der faktischen Geltung. Er sagt:

„‚valid law' means the abstract set of normative ideas which serve as a scheme of interpretation for the phenomena of law in action, which again means that these norms are effectively followed, and followed because they are experienced and felt to be socially binding[198]."

Soweit hier Ross den Begriff der Rechtsgeltung solchen Rechtsnormen zulegt, denen tatsächlich gefolgt wird, die also tatsächlich angewendet werden, folgt er dem Begriff der faktischen Geltung. Er weicht von diesem Begriff jedoch dadurch ab, daß er nur die Gesetze als geltend betrachtet, die befolgt wurden, weil sie als sozial bindend erfahren und empfunden wurden. Das bedeutet, daß zwar alle Normen, denen gemäß der Begriffsbestimmung durch Ross Rechtsgeltung zukommt, auch faktische Geltung zukommt, daß jedoch nicht alle Normen faktischer Geltung Normen sind, denen gemäß Ross Rechtsgeltung zukommt. Denn es ist möglich, daß Rechtsnormen befolgt werden oder auch angewendet werden, denen im Rechtsbewußtsein der Rechtsgenossen soziale Bindung abgeht, denen man sich aber trotzdem unterwirft, etwa aus Furcht oder Opportunismus.

Nun ließe sich auch der Begriff der sozialen Bindung derart erklären, daß man darunter jede Art der psychologischen Wirksamkeit versteht. In diesem Falle würde der Begriff der faktischen Geltung mit dem Begriff der Rechtsgeltung bei Ross übereinstimmen. Aber dann ist es auch unzweckmäßig, zu dem Begriff der Rechtsgeltung außer den Merkmalen der faktischen Geltung noch das Merkmal des Bewußtseins der sozialen Bindung zu fordern. Dieses zusätzliche Merkmal ist dann nicht ein Begriffsmerkmal, das eine zusätzliche Kennzeichnung des Begriffs der faktischen Geltung gibt, sondern es ist eine Erklärung von Zusammenhängen, deren wir für die Begriffsbildung nicht bedürfen.

Für die Interpretation, daß Ross mit dem Bewußtsein sozialer Bindung nicht ein zusätzliches Begriffsmerkmal, sondern eine Erklärung der Beziehung zwischen Rechtsnorm und Befolgung verstehen will, sprechen seine Ausführungen an anderer Stelle:

„The working hypothesis implies that the legal norms, like the norms of chess, serve as a scheme of interpretation for a corresponding set of social acts, the law in action, in such a way that it becomes possible to comprehend those actions as a coherent whole of meaning and motivation and

---

[197] "Divested of its metaphysical formulation, the problem of the 'nature of law' is the problem of how to interpret the concept 'valid' (Illinois, California, common, etc.) law is an integral constituent part of every proposition of the doctrinal study of law."

Ross, Alf: On Law and Justice, London 1958, S. 11.

[198] Ross: On Law and Justice, a. a. O., S. 18.

to predict them within certain limits. This capacity within the system is based on the fact that the norms are effectively complied with because they are felt to be socially binding[199]."

Wenn hier Ross als Ziel seiner Normen die Vorhersage der Tätigkeit des Sanktionsapparates nennt, so läßt sich hieraus für den Begriff der Rechtsgeltung entnehmen, daß es auf die Kausalkette zwischen der Existenz der Rechtsnorm und der Rechtswirklichkeit nicht ankommt, sondern daß es ausreicht, wenn die Rechtsnormen die Voraussetzungen für die darauf erfolgende Tätigkeit des Sanktionsapparates beschreiben.

Da Ross als Ziel die Vorhersage in gewissen Grenzen angibt, könnte man daraus vielleicht entnehmen, daß er die Vorhersage dadurch präzisieren will, daß er die psychologische Wirkung von Gesetzen einbezieht, um dadurch eventuelle Fehlerquellen, die durch mangelnde Motivation ausgelöst werden, auszuschalten. Ein solcher Versuch könnte aber deshalb nicht zu einem Ziele führen, weil die Tatsache, daß eine bestimmte Norm keine entsprechenden Motivationen auslöst, dann auch keine Wirksamkeit entfaltet und die Tatsache mangelhafter Motivation sich im Ergebnis der Beschreibung durch Normen faktischer Geltung niederschlägt.

Weiterhin ließe sich der Fehler auch nicht dadurch korrigieren, daß man in das System der Normen nur solche Normen aufnähme, denen das Gefühl sozialer Bindung zukäme. Denn die Vorhersage der Tätigkeit des Sanktionsapparates wäre insoweit falsch, als dessen Tätigkeit nicht durch das Bewußtsein sozialer Bindung, sondern aus Furcht, aus Opportunismus oder eventuell auch aus Gedankenlosigkeit oder Gewohnheit durchgeführt würde.

Daß Ross trotz seines guten und klaren Ansatzes zur Ausgestaltung des Begriffs der Rechtsgeltung in diese Schwierigkeiten gerät, läßt sich daraus erklären, daß er einen einzigen Begriff der Rechtsgeltung anstrebt und damit verschiedene Phänomene in einem einzigen Begriff darzustellen bemüht ist. Auf der einen Seite arbeitet er den Begriff der Rechtsgeltung klar als Begriff der faktischen Geltung heraus[200]. Auf der anderen Seite möchte er aus dem Begriff der Rechtsgeltung die Tatsache nicht völlig herauslassen, daß Rechtsnormen nicht nur geeignet sind, die Tätigkeit des Sanktionsapparates zu beschreiben, sondern daß Rechtsnormen auch erlassen werden und die Schaffung solcher Rechtsnormen einen bedeutenden Einfluß auf die Gestaltung des Rechtslebens bewirkt. Tatsächlich besteht ein Zusammenhang zwi-

---

[199] Ross: On Law and Justice, a. a. O., S. 29.

[200] "Only the legal phenomena in the narrower sense, however—the application of the law by the courts—are decisive in determining the validity of the legal norms. In contrast to generally accepted ideas it must be emphasised that the law provides the norms for the behaviour of the courts, and not of private individuals. The effectiveness which conditions the validity of the norms can therefore be sought solely in the judicial application of the law, and not in the law in action among private individuals."

Ross: On Law and Justice, a. a. O., S. 35.

schen den Rechtsnormen faktischer Geltung und denen verfassungsmäßiger Geltung. Aber dieser Zusammenhang ist nicht derart, daß sich beide Phänomene mit den gleichen Sätzen beschreiben ließen.

Eine andere Stelle bei Ross zeigt, daß er bewußt die unterschiedlichen Phänomene, nämlich das der faktischen Geltung und das des Bewußtseins der Verbindlichkeit, in seinem Rechtsgeltungsbegriff vereinen wollte[201].

Gerade an der Konzeption des Begriffs der Rechtsgeltung bei Ross zeigt sich, daß es nicht möglich ist, einen einzigen Begriff der Rechtsgeltung zu schaffen, der die Grundgedanken, die mit dem Begriff der Rechtsgeltung verknüpft sind, in sich vereinen könnte. Der Versuch, diese unterschiedlichen Phänomene in einem einzigen Begriff zu vereinen, war bei den Autoren, die sich um eine Klärung dieses Begriffs bemühten, oft eines der Haupthindernisse, das Problem der Rechtsgeltung zu lösen. Gerade Ross zeigt, daß diese Auffassung von einem einzigen Rechtsgeltungsbegriff nicht ausreichend ist. Denn der Ansatz bei Ross ist frei von spekulativen Irrwegen. Wenn sein Begriff der Rechtsgeltung in mancherlei Hinsicht nicht befriedigt, so liegt es nur daran, daß er ganz unterschiedliche Phänomene mit dem gleichen Begriff der Rechtsgeltung zu erfassen sucht.

15. Klug

Klug hat das Geltungsproblem in einen breiteren Rahmen gestellt. Während sich die vorliegende Untersuchung auf die Geltung von Rechtsnormen beschränkt, erklärt Klug den Geltungsbegriff ganz allgemein für Direktiven. Damit hat Klug die Möglichkeit gewonnen, auch solche Phänomene zu erfassen, die sich nicht mit Rechtsnormen beschreiben lassen.

Für die vorliegende Untersuchung war der Weg gewählt worden, nur Rechtsnormen als Gegenstand der Geltung zu wählen, um die Arbeit im rechtlichen Bereich im engeren Sinne zu begrenzen. Damit sollte die Möglichkeit eröffnet werden, das Problem der Rechtsgeltung für Rechtsnormen möglichst umfassend zu untersuchen, und nicht zuletzt das Ziel erreicht werden, die Untersuchung bis zu ihrer praktischen Auswirkung in der Rechtswirklichkeit voranzutreiben.

Die Geltungsbegriffe Klugs sollen unter dem Gesichtspunkt dargestellt werden, den Ansatz der vorliegenden Arbeit daraufhin zu untersuchen, ob alle Geltungsbegriffe, die auf Rechtsnormen anzuwenden sind, berücksichtigt worden sind. Darüber hinaus wird die Diskussion der Geltungsbegriffe

201 "Another way of expressing the same thing is to say that law presupposes, not only regularity in the judge's mode of action, but also his experience of being bound by the rules. In the concept of validity two points are involved: partially the outward observable and regular compliance with a pattern of action, and partly the experience of this pattern of action as being a socially binding norm."

Ross: On Law and Justice, a. a. O., S. 37.

KLUGs den größeren normenlogischen Zusammenhang zeigen, in dem die vorliegende Arbeit steht.

KLUG beginnt mit dem Begriff der juristischen Geltung: „Gilt eine Norm in diesem Sinne, dann ist gemeint, daß sie nach den für den Erlaß von Normen maßgeblichen Bestimmungen in Kraft getreten ist[202].“ Es ist leicht zu sehen, daß dieser Geltungsbegriff dem Begriff der verfassungsmäßigen Geltung entspricht.

Unter ethischer Geltung versteht KLUG die Antwort auf die Frage, ob eine Rechtsnorm echt verpflichte. „Hier werden Normen des positiven Rechts an Moralnormen oder an Naturrechtsprinzipien oder an sonstigen überpositiven Bestimmungen — also nicht-positiven Metanormen — gemessen. Gelegentlich wird deshalb in diesem Zusammenhang statt von ethischer von naturrechtlicher Geltung gesprochen. Dies bedeutet jedoch eine unzweckmäßige Einschränkung, weil auch andere als naturrechtliche Maximen als maßgeblich behauptet werden[203].“

Die ethische Geltung, die eine Rechtsordnung als übereinstimmend mit einem ethischen System kennzeichnet, kann ohne Schwierigkeiten als ein Begriff der ideellen Geltung erkannt werden. Man muß jedoch hinzufügen, daß die Begriffe ethische und ideelle Geltung nicht eindeutig aufeinander abgebildet werden können. Die Begriffe der ethischen Geltung[204] sind alle solche der ideellen Geltung. Man könnte auch sagen, daß jede Empfehlung der Lösung eines Interessenkonfliktes einem ethischen System entspricht. Dann sind auch alle Begriffe der ideellen Geltung solche ethischer Geltung. Schränkt man jedoch den Begriff des ethischen Systems ein, dann ist nicht jede Rechtsnorm ideeller Geltung eine solche ethischer Geltung.

Ideale Geltung nennt KLUG die Geltung, die jener Rechtsnorm zukommt, die „so ist, wie sie nach Moralnormen oder nach sonstigen überpositiven Normen sein soll, wobei die Möglichkeit offen bleibt, daß ihre Befolgung in einer bestimmten Situation ethisch nicht gefordert ist[205]“. Auch dieser Begriff ist eine besondere Ausgestaltung der ideellen Geltung.

Reale Geltung nennt KLUG die Geltung solcher Normen, die von den Normadressaten tatsächlich befolgt werden. „Man prüft bei dieser Fragestellung die faktische Wirksamkeit der Norm[206].“ Dieser Begriff entspricht dem Begriff der faktischen Geltung.

Den Begriff der ontologischen Geltung führt KLUG unter gewissen Vorbehalten ein. „In der deutschen Rechtstheorie der Gegenwart wird insbe-

[202] KLUG, ULRICH: Rechtslücke und Rechtsgeltung, in Festschrift für HANS CARL NIPPERDEY, herausgegeben von HEINZ HÜBNER und ROLF DIETZ, München und Berlin 1965, S. 89.

[203] KLUG: Rechtslücke und Rechtsgeltung, a. a. O., S. 89.

[204] Auch von diesen gibt es mehrere, da es eine Vielzahl ethischer Systeme gibt.

[205] KLUG: Rechtslücke und Rechtsgeltung, a. a. O., S. 89.

[206] KLUG: Rechtslücke und Rechtsgeltung, a. a. O., S. 90.

sondere in strafrechtlichen Zusammenhängen gelegentlich von einer weiteren Geltungsart gesprochen, wenn z. B. in der Theorie des Finalismus die These vertreten wird, daß der Gesetzgeber beim Erlaß seiner Normen an sachlogische Gesetze gebunden sei. Hält er sich nicht an diese, dann haben seine Normen keinen ontologischen Bestand und müssen infolgedessen ungültig sein[207]."

Eine solche Eigenschaft von Normen kann direkt nicht auf die in Kapitel III entwickelten Geltungsbegriffe zurückgeführt werden. Erweist man aber, daß sich die Merkmale der ontologischen Geltung nicht nachweisen lassen, dann fehlt es an der objektiven Nachprüfbarkeit der ontologischen Geltung, so daß sich die Behauptung der ontologischen Geltung auf die Empfehlung bestimmter Rechtsnormen, also auf die ideelle Geltung, reduziert.

Soziorelative Geltung kommt gemäß Klug solchen Normen zu, die eine Relation zwischen Norm und Normadressaten konstituieren, ohne juristische, ethische oder reale Geltung zu besitzen. Klug führt das Beispiel eines Gesetzes an, das nicht korrekt verkündet, sittenwidrig und unwirksam wäre[208]. Dieser Begriff entstammt, wie es bereits der Ausdruck besagt, dem soziologischen Betrachtungsbereich. Deshalb wurde er in die vorliegende Untersuchung nicht aufgenommen. Er ist für die vorliegende Untersuchung nicht erforderlich.

Klug nennt weiter eine dekorative Geltung, die Normen kennzeichnet, denen ein gesellschaftlicher Rang zuerkannt wird. Als Beispiel nennt Klug die Normen eines gesellschaftlichen Ehrenkodex, der als solcher bestehen kann, auch wenn er im übrigen weder juristisch, noch ethisch, noch real gilt[209]. Da die dekorative Geltung ein Normensystem kennzeichnet, das im strengen Sinne kein System von Rechtsnormen ist, kann dieser Geltungsbegriff aus den oben dargelegten Gründen nicht unmittelbar in die vorliegende Untersuchung aufgenommen werden. Doch kann auch ein solcher Ehrenkodex unter Umständen als System ideeller Normen aufgefaßt werden.

Unter ästhetischer Geltung versteht Klug z. B. eine elegante normative Lösung schwieriger Situationen[210]. Auch dieser Geltungsbegriff kann nicht direkt auf die in Kapitel III entwickelten Geltungsbegriffe zurückgeführt werden. Die Eigenart dieses Geltungsbegriffes erlaubt es jedoch auch, ihn, soweit er für das Problem der Geltung von Rechtsnormen in engerem Sinne relevant ist, auf die ideelle Geltung zurückzuführen.

Als logische Geltung erklärt Klug die Eigenschaft, daß Normensysteme nicht gegen bestimmte Anforderungen der Logik, wie etwa Widerspruchs-

---

[207] Klug: Rechtslücke und Rechtsgeltung, a. a. O., S. 90.
[208] Klug: Rechtslücke und Rechtsgeltung, a. a. O., S. 90.
[209] Klug: Rechtslücke und Rechtsgeltung, a. a. O., S. 91.
[210] Klug: Rechtslücke und Rechtsgeltung, a. a. O., S. 91.

freiheit, verstoßen[211]. Dieser Geltungsbegriff braucht in der vorliegenden Untersuchung deshalb nicht expressis verbis formuliert zu werden, weil der Untersuchung nur solche Normensysteme zugrunde gelegt wurden, die jene Eigenschaften besitzen. Dadurch konnte das Schwergewicht der Untersuchung in den materiellen Teil des Problems verlegt werden.

Auch den Begriff der semantischen Geltung führt KLUG an und erfaßt damit den bedeutsamsten Fall, daß eine Rechtsnorm in ihrem Bedeutungsgehalt festgelegt ist[212]. Damit fehlt die semantische Geltung solchen Rechtsnormen, die keine Ableitung der Entscheidung praktischer Fälle zulassen. Auch dieser Geltungsbegriff ist implizit insofern berücksichtigt, daß bei der Darstellung des Verifikationsproblems nur semantisch gültige Rechtsnormen der Untersuchung zugrunde gelegt wurden. Aus den dort angeführten Gründen ist ersichtlich, daß Rechtsnormen solange und soweit für materielle Lösungen rechtlicher Probleme unbrauchbar sind, wie dieser Mangel nicht behoben ist.

Mit dieser umfassenden Darstellung, die KLUG von den verschiedenen Arten der Geltung gibt, konnte sowohl gezeigt werden, daß kein für die Lösung des Problems der Geltung von Rechtsnormen erforderlicher Begriff der Rechtsgeltung ausgespart ist, als auch konnte der Standort der Untersuchung genauer bestimmt werden.

V. Die Verbindlichkeit von Rechtsnormen

1. Das Problem der Verbindlichkeit

Im Vorhergehenden wurde die Definition des Begriffes der Geltung von Rechtsnormen behandelt. Wir haben damit bewußt jene Problematik ausgeschlossen, die fast immer hinter der Bildung der Begriffe der Rechtsgeltung steht. Definitionen sind eine Frage sprachlicher Konvention, und es wäre nicht einzusehen, weshalb diese Frage einen solch breiten Raum in rechtstheoretischen Diskussionen einnähme, wenn es sich nur um eine Frage der Begriffsbestimmung handelte. So verbirgt sich hinter der Suche nach dem Begriff der Rechtsgeltung oft die Problematik der Verbindlichkeit von Rechtsnormen[213].

Für die Beantwortung der Frage nach der Verbindlichkeit der Rechtsnormen sollen zunächst die beiden alternativen Positionen des Positivismus

[211] KLUG: Rechtslücke und Rechtsgeltung, a. a. O., S. 91.

[212] KLUG: Rechtslücke und Rechtsgeltung, a. a. O., S. 91.

[213] Hierzu sei als Beispiel eine Abhandlung über das Problem der Rechtsgeltung zitiert, die bereits zu Beginn der Untersuchung die Feststellung enthält:

„Denn alles Recht ist uns nur darin wirklich und verbindlich und also auch nur positiv, daß es gilt."

LARENZ: Das Problem der Rechtsgeltung, a. a. O., S. 5.

und des Naturrechts behandelt werden. Dann beschäftigt sich die Untersuchung mit dem Rechtsgedanken und dem Rechtsgefühl. Letzten Endes mündet auch deren Problematik in die Frage der Verbindlichkeit von Rechtsnormen. Nachdem die Antworten diskutiert wurden, die die großen Strömungen der Rechtstheorie auf die Frage nach der Verbindlichkeit der Rechtsnormen gegeben haben, soll geklärt werden, ob diese Frage überhaupt entscheidbar ist.

Wenn im Folgenden rechtsphilosophische Strömungen in Beziehung zur Frage der Verbindlichkeit untersucht werden, so kommt es nicht darauf an, die Lehren in ihrer meist erheblichen Mannigfaltigkeit darzustellen, sondern es werden diejenigen Auffassungen der einzelnen Richtungen zur Analyse herangezogen, die für eine Erörterung des Problems der Verbindlichkeit geeignet sind.

Die Auswahl wurde jedoch nicht derart gewählt, daß der Bezug zur Verbindlichkeit von Rechtsnormen das Ergebnis beeinflußte. Auch wurde die Widerlegung der Stellungnahmen zu dem Problem der Verbindlichkeit unabhängig von Einzelgesichtspunkten allgemeingültig vorgenommen, so daß auch von hier aus ein Grund zu dem angeführten Vorwurf vermieden wurde.

2. Der Positivismus

Ein energischer Verfechter des Positivismus ist BERGBOHM. Für ihn ist überhaupt nur positives Recht Recht[214]. Hierbei geht er direkt auf den Begriff des Verbindlichen zu[215], wobei die Berufung auf das Geschichtliche eine besondere Rolle spielt[216]. BERGBOHM begründet die rechtstheoretische Vorrangstellung des positiven Rechts damit, daß es die einzige Interpre-

---

[214] „Wir können gar nicht anders. Denn wir wollen und können nur positives Recht als Recht anerkennen."

BERGBOHM, KARL: Jurisprudenz und Rechtsphilosophie, Leipzig 1892, S. 546.

[215] „Das ist aber nicht anders möglich, als wenn wir von jedem angeblichen Rechtssatz begrifflich und unerbittlich fordern, daß er einen wahrnehmbaren, äußerlich und zeitlich in der Geschichte vorgegangenen Werdeprozeß aufweise, mittels dessen irgendein siegendes Rechtsbildungsmotiv oder die Diagonale aus den miteinander kämpfenden Motiven oder wie sich der Inhalt des werdenden Rechtssatzes sonst bestimmen möge, aus dem Vorstadium des Sittlichen oder Politischen, Vernünftigen oder Ideenhaften usw. in das Stadium des formell verbindlichen Rechts hinübergeführt worden ist."

BERGBOHM: Jurisprudenz und Rechtsphilosophie, a. a. O., S. 546.

[216] „Denn, um das noch besonders auszusprechen, positives Recht sein und auf einem geschichtlichen Wege ins Dasein als verbindliche Regel gesetzt sein, ist schlechthin ein und dasselbe."

BERGBOHM: Jurisprudenz und Rechtsphilosophie, a. a. O., S. 546.

tation sei, die sich nicht als Irrtum erweise[217]. Dieser Weg ist selbst ein Irrtum, weil die Bestimmung der Wahrheit eines Satzes als Restgröße nicht nur voraussetzt, daß alle anderen Alternativen ausgeschlossen sind, sondern auch, daß erwiesen ist, daß eine der angegebenen Alternativen die Wahrheit enthält. Da aber fehlt's. Es gibt nicht Phänomene, denen einer Natur oder einem Wesen nach ein bestimmter Ausdruck zukäme. Dies gilt auch für den Begriff Recht. Aus solchen Überlegungen definitorischen Charakters kommt BERGBOHM jedoch zu Wertungen gegenüber Rechtsnormen anderer Art, die diese als subversiv[218] bezeichnen.

Der Fehler dieser Denkweise ist offenbar und liegt in dem unzulässigen Verfahren, Aussagen über die Wirklichkeit aus Definitionen ableiten zu wollen.

Es ist heute nicht mehr so einfach, Juristen zu finden, die sich zum Positivismus bekennen. Wer sich heute zum Positivismus bekennt, setzt sich leicht Verdächtigungen aus und sei es nur der der Einseitigkeit.

Charakterisiert wird der Positivismus durch die Lehre: Verbindlich sind die Rechtsnormen, die derjenige erlassen hat und durchsetzt, der die Staatsgewalt innehat[219]. Diese Lehre kann in verschiedener Gestalt auftreten.

So sagt RADBRUCH: „Wer Recht durchzusetzen vermag, beweist damit, daß er Recht zu setzen berufen ist[220]." RADBRUCH gibt auch eine Begrün-

---

[217] „Die Antwort werden wir am besten finden, indem wir zuerst zusehen, an welchen Wegen die Kritik die Warnungstafeln aufgestellt hat, um sie als Irrwege kenntlich zu machen: der allein noch übrige wird dann wohl auch der einzig richtige sein müssen und leicht aufgezeigt werden können."

BERGBOHM: Jurisprudenz und Rechtsphilosophie, a. a. O. S. 531.

[218] So gegenüber jenen des Naturrechts (worunter BERGBOHM fast alle solche nicht positivrechtlicher Art verstehen möchte):

„Kurz und logisch, aber doch gar zu plump enthüllend, was nicht jeder seinem Naturrecht an die Stirn schreiben möchte: prinzipiellen Subjektivismus in der Theorie und subversive Tendenzen in der Praxis."

BERGBOHM: Jurisprudenz und Rechtsphilosophie, a. a. O., S. 200.

[219] RADBRUCH: Rechtsphilosophie, a. a. O., S. 179.

[220] Das, was der Sprachgebrauch unter positivem Recht versteht, ist nicht immer ganz einheitlich. Doch wird es stets mit der Tätigkeit der Staatsgewalt in Beziehung gebracht.

So etwa bei LARENZ: „Der Inhalt dieses positiven Rechts ist, wie alles Erzeugnis menschlichen Wollens, zeitgebunden und wandelbar, und wir gelangen zu seiner Kenntnis nur durch die Beobachtung der zeitlichen Vorgänge, die seine Entstehung und Fortdauer bedingen — der Gesetzesanordnungen und Gerichtsentscheidungen, sowie der tatsächlichen Verhältnisse, den Anschauungen und Sitten, die wir bei der Auslegung eines Rechtssatzes mit heranziehen."

LARENZ: Das Problem der Rechtsgeltung, a. a. O., S. 5.

In dieser Definition des positiven Rechts sind zwar Kriterien kumuliert, die die Gesamtheit der Rechtsnormen zu einem in starkem Umfang widersprüchlichen System machen, doch entspricht diese Ungenauigkeit doch mehr oder weniger dem Begriff des positiven Rechts. Erst die Unterscheidung zwischen faktischer und verfassungsmäßiger Geltung macht eine Präzisierung dieses Begriffes möglich.

dung, weshalb das positive Recht verbindlich sei: „Die Geltung des positiven Rechts wird also gegründet auf die Sicherheit, die ihm allein zukommt, oder wenn wir den nüchternen Ausdruck ‚Rechtssicherheit' durch gewichtigere Wertformen umschreiben wollen, auf den Frieden, den es zwischen streitenden Rechtsanschauungen stiftet, auf die Ordnung, die dem Kampfe aller gegen alle ein Ende setzt[221]."

Diese Gründung des positiven Rechts auf die Rechtssicherheit ist keineswegs schlüssig. Versteht man unter Rechtssicherheit die Voraussehbarkeit der Rechtsfolgen, so ist nicht einzusehen, wieso nur dann Rechtssicherheit herrscht, wenn die Rechtsgenossen der herrschenden Macht unbedingte Gefolgschaft leisten.

Erst der Positivismus, der sagt, die herrschende Macht müsse an der Macht bleiben, schafft eine Erwartung, die einen Ungehorsam gegen sie als einen Verstoß gegen die Rechtssicherheit macht. Geht man von einer Geltungslehre aus, die den Rechtsgenossen empfiehlt, der Staatsgewalt in ganz bestimmten Fällen den Gehorsam zu verweigern oder Sanktionen gegen deren Organe zu verhängen, so wäre die Rechtssicherheit dann gefährdet, wenn in diesen Fällen der Gehorsam nicht verweigert oder die Sanktion nicht verhängt würde.

Radbruchs Begründung des Positivismus durch den Gedanken der Rechtssicherheit läßt sich nur dann aufrechterhalten, wenn man Rechtssicherheit mit Sicherheit der herrschenden Macht vor Ungehorsam versteht oder wenn man ganz allgemein die öffentliche Unruhe, die mit einer Auflehnung gegen die herrschende Macht einhergeht, als Rechtsunsicherheit bezeichnen will. Dann wird hier aber Rechtssicherheit mit Staatssicherheit verwechselt.

Ersetzt man in der Begründung Radbruchs den Begriff Rechtssicherheit durch Staatssicherheit, dann wird offenbar, daß die Begründung des Positivismus nicht viel mehr bedeutet als daß er zurückgeführt wird auf das Bekenntnis: Wer Recht durchzusetzen vermag, beweist damit, daß er Recht zu setzen berufen ist.

So sind die Begründungsversuche des strengen Positivismus allesamt Scheinbegründungen, die nur die eine Wirkung haben können, die Rechtsgenossen dazu zu bringen, sich der herrschenden Macht unbedingt zu unterwerfen. Wie weitgehend der Positivismus die unbedingte Gefolgschaft gegenüber der herrschenden Macht verstanden wissen will, zeigt die Ansicht Radbruchs über den Überzeugungsverbrecher. Er schreibt: „Dieser Fall des ‚Überzeugungsverbrechers' erweist sich dadurch, daß es für ihn keine Lösung gibt, als ein wahrhaft tragischer Fall. Pflicht forderte vom Täter das Verbrechen, Pflicht forderte vom Richter die Bestrafung und vielleicht fordert sogar Pflicht, die für das aus Pflicht begangene Verbrechen ver-

[221] Radbruch: Rechtsphilosophie, a. a. O., S. 180 f.

wirkte Bestrafung auf sich zu nehmen — um der Unverbrüchlichkeit des Rechtes, um der Rechtssicherheit willen[222]."

Hier wird nicht nur der Gehorsam gegenüber der herrschenden Macht verlangt, sondern wen die Gewissensnot zum Ungehorsam treibt, der hat die Bestrafung nicht nur als Folge, sondern sogar als Pflicht auf sich zu nehmen.

RADBRUCH hat später seine Meinung dahingehend geändert, daß er der Gerechtigkeit vor der sogenannten Rechtssicherheit in Ausnahmefällen den Vorrang einräumt: „Der Konflikt zwischen der Gerechtigkeit und der Rechtssicherheit dürfte dahin zu lösen sein, daß das Positive, durch Satzung und Macht gesicherte Recht auch dann den Vorrang hat, wenn es inhaltlich ungerecht und unzweckmäßig ist, es sei denn, daß der Widerspruch des positiven Gesetzes zur Gerechtigkeit ein so unerträgliches Maß erreicht, daß das Gesetz als ‚unrichtiges Recht' der Gerechtigkeit zu weichen hat[223]."

Man mag hierin eine Abkehr von der Geltungslehre des Positivismus sehen. Den Kernsatz des Positivismus läßt diese Einschränkung jedoch bestehen: Wer Recht durchzusetzen vermag, beweist damit, daß er Recht zu setzen berufen ist, nur daß dieses Recht der Gerechtigkeit zu weichen hat, wenn der Widerspruch zur Gerechtigkeit ein unerträgliches Maß erreicht hat. Dies kann nicht einem Mangel der Formulierung RADBRUCHs zugeschrieben werden, sondern liegt in der Sprödigkeit des Gedankengutes, das dem Positivismus zugrunde liegt.

Wer die geltende Rechtsordnung unterstützt, auch wenn sie ihm in einzelnen Punkten ungerecht erscheint, wer sich dabei aber vorbehält, diese Rechtsordnung zu bekämpfen, wenn sie den Spielraum des Menschen derart einengt, daß ein menschenwürdiges Dasein nicht mehr möglich ist, der ist kein Positivist. Der Positivismus will den Konflikt Individuum — Gemeinschaft zugunsten der Gemeinschaft endgültig entscheiden. Er unterwirft den Rechtsgenossen den Vorschriften der Staatsgewalt unbedingt. Man mag diese Unterwerfung mit unbestimmten Klauseln wie unerträglicher Widerspruch gegen die Gerechtigkeit mildern, die Gefahr des Positivismus ist, daß er das Denken beschränkt bzw. in Fragen der Rechtsgeltung für gegenstandslos erklärt, es sei denn, der Mensch verspüre ein unerträgliches Maß an Ungerechtigkeit. Der Positivismus liegt nicht darin, daß man keine Ausnahme von der Regel gewährt, dies betrifft nur die Strenge dieser Geltungslehre. Positivismus oder nicht, ist eine Frage des Inhalts der Geltungslehre und dieser ist durch die Gewährung von Ausnahmen nur in seiner Auswirkung gemildert, nicht aber in seinem Inhalt verändert.

Eine besonders interessante Erscheinungsform des Positivismus finden wir bei KELSEN. Ehe wir im einzelnen die Auffassung KELSENs darstellen

---

[222] RADBRUCH: Rechtsphilosophie, a. a. O., S. 183.

[223] RADBRUCH: Rechtsphilosophie (Anhang: Gesetzliches Unrecht und übergesetzliches Recht), a. a. O., S. 353.

und diskutieren, soll nachgewiesen werden, daß KELSEN tatsächlich die Geltung von Rechtsnormen mit der Verbindlichkeit von Rechtsnormen verknüpft. Dies ist bei KELSEN nicht ganz selbstverständlich, da er andererseits der Grundnorm erkenntnistheoretischen Charakter zuerkennt:

„Die von der reinen Rechtslehre festgestellte Grundnorm ist kein von dem positiven Recht verschiedenes Recht, sie ist nur sein Geltungsgrund, die transzendentallogische Bedingung seiner Geltung und hat als solche keinen ethisch-politischen, sondern einen erkenntnistheoretischen Charakter[224]."

Ungeachtet dieser Charakterisierung seiner Grundnorm ist für KELSEN die Geltung von Rechtsnormen mit der Verbindlichkeit von Rechtsnormen bedeutungsgleich:

„Daß eine sich auf das Verhalten eines Menschen beziehende Norm ‚gilt', bedeutet, daß sie verbindlich ist, daß sich der Mensch in der von der Norm bestimmten Weise verhalten soll[225]."

Zunächst soll die Geltungslehre KELSENs entwickelt, dann auf die Schwierigkeiten und Widersprüche dieser Geltungslehre eingegangen werden.

Fragt man, welche Rechtsnormen nach der Auffassung KELSENs gelten, d. h. verbindlich sind, so lautet die Antwort, daß jene Rechtsnormen verbindlich sind, die auf die Grundnorm zurückgeführt werden können[226].

Die Grundnorm enthält keine Bestimmungen über den möglichen Inhalt der in Frage stehenden Rechtsnormen, sondern gibt lediglich die Umstände an, unter denen eine Rechtsnorm erzeugt werden muß, damit sie Gültigkeit besitzt[227]. Mit dem Ausdruck Geltungsinhalt meint KELSEN nicht den Inhalt des Begriffs der Geltung, sondern den Inhalt der Rechtsnormen, um deren Geltung es geht. Denn würde der Geltungsinhalt nicht bestimmt, so wäre die Diskussion um die Geltung von Rechtsnormen ohne Sinn, da man mangels Kenntnis dessen, was Geltung sei, nicht wüßte, über was man diskutierte. Da sich aus der Grundnorm alle zu der Ordnung gehörige Normen ableiten, entscheidet der Inhalt der Grundnorm, welche Rechtsnormen verbindlich sind.

Die Grundnorm schreibt nun vor, daß diejenigen Rechtsnormen Geltung haben sollen, die der historisch ersten Staatsverfassung entsprechen[228].

---

[224] KELSEN: Reine Rechtslehre, a. a. O., S. 443.

[225] KELSEN: Reine Rechtslehre, a. a. O., S 196.

[226] „Fragt man nach dem Geltungsgrund einer zu einer bestimmten Rechtsordnung gehörenden Rechtsnorm, kann die Antwort nur in der Zurückführung auf die Grundnorm dieser Rechtsordnung, das heißt, in der Aussage bestehen, daß diese Norm der Grundnorm gemäß erzeugt wurde."

KELSEN: Reine Rechtslehre, a. a. O., S. 202.

[227] „Die Grundnorm bestimmt lediglich den Geltungsgrund, nicht den Geltungsinhalt des positiven Rechts."

KELSEN: Reine Rechtslehre, a. a. O., S. 443.

[228] KELSEN: Reine Rechtslehre, a. a. O., S. 204.

KELSEN formuliert die Grundnorm in verkürzter Form: „Man soll sich so verhalten, wie die Verfassung vorschreibt[229]."

Bei der Diskussion des Geltungsbegriffs von KELSEN wurde bereits ausgeführt, daß der Begriff der Geltung bei KELSEN nicht ganz klar und nicht ohne Widersprüche ist. Bei der weiteren Diskussion dieses Begriffes bei KELSEN kamen wir dann zu dem Ergebnis, daß Kelsen mit seinem Geltungsbegriff weitgehend jene Rechtsnormen erfaßt, denen faktische Geltung zukommt. Da KELSEN aber diese Rechtsnormen für verbindlich erklärt, entspricht seine Einstellung der des Positivismus.

Interessant sind noch die Ausführungen, die KELSEN über den Charakter der Grundnorm macht. Es wurde schon erwähnt, daß KELSEN der Grundnorm keinen ethisch-politischen, sondern einen erkenntnistheoretischen Charakter zugesprochen hat. Man braucht jedoch nur zwischen der Eigenart des Begriffs der faktischen Geltung und der Geltungslehre des Positivismus zu unterscheiden, um zu sehen, daß sich zwar der faktischen Geltung ein erkenntnistheoretischer Charakter zusprechen läßt, daß jedoch dem Positivismus ein ethisch-politischer Charakter zukommt. Die Erkenntnistheorie kann keine Sätze liefern, die aussagen, was verbindlich sei. Die Erkenntnistheorie kann zwar Zusammenhänge zwischen Sätzen, denen die Eigenschaft der Verbindlichkeit zugeschrieben wird, formulieren. Sie kann auch die Tatsache, daß jemand Rechtsnormen für verbindlich erklärt, oder daß Rechtstheoretiker Rechtsnormen für verbindlich erklären, zum Gegenstand ihrer Betrachtung machen. Aber sie kann niemals als Ergebnis ihrer Überlegungen einen Satz gewinnen, der aussagt, welche Rechtsnormen verbindlich sind. Sätze, die da lauten: „Diese oder jene Rechtsnormen sind verbindlich" oder „Du sollst dich so verhalten, wie die Verfassung es vorschreibt", haben ethisch-politischen Charakter. Sie sagen nicht aus, wie die Wirklichkeit ist, sondern wie sie dem Willen eines Gesetzgebers entsprechend sein soll.

Den erkenntnistheoretischen Charakter der Grundnorm kann man auch nicht dadurch beweisen, daß man die Grundnorm als gedachte Norm darstellt[230]. Die Grundnorm könnte man als gedachte Norm bezeichnen. Das ist eine Frage der Definition. Macht man aber einen Unterschied zwischen ethisch-politischem und erkenntnistheoretischem Charakter, so kann man nicht jeder gedachten Norm erkenntnistheoretischen Charakter zusprechen,

---

[229] KELSEN: Reine Rechtslehre, a. a. O., S. 204.

[230] „... wenn die Grundnorm nicht eine gewollte Norm sein kann, ihre Aussage aber in dem Obersatz eines Syllogismus für die Begründung der objektiven Geltung von Normen logisch unerläßlich ist, kann sie nur eine gedachte Norm sein."

KELSEN: Reine Rechtslehre, a. a. O., S. 206.

und demnach kann man auf diese Weise auch nicht einen erkenntnistheoretischen Charakter der Grundnorm nachweisen[231].

Um zu zeigen, daß jeder Versuch, die Verbindlichkeit von Rechtsnormen nachzuweisen, zum Scheitern verurteilt ist, soll die folgende Stelle bei KELSEN untersucht werden:

„Die Tatsache, daß irgend jemand irgend etwas befiehlt, ist kein Grund, den Befehl als gültige, das heißt für den Normadressaten verbindliche Norm anzusehen. Nur eine kompetente Autorität kann gültige Normen setzen; und nur auf einer zur Normsetzung ermächtigenden Norm kann solche Kompetenz beruhen[232]."

Es ist leicht zu sehen, daß die Begründung der Verbindlichkeit der Rechtsnormen hier auf einem Zirkelschluß beruht. Nur eine kompetente Autorität kann gültige Normen setzen; und nur auf einer gültigen Norm kann solche Kompetenz beruhen. Aus diesem Zirkelschluß kommt man nur heraus, wenn man mit einer Norm beginnt, deren Gültigkeit nicht mehr dargetan wird. Dies ist aber die große Lücke in der Theorie KELSENS. Die Verbindlichkeit aller Rechtsnormen wird von der Grundnorm abhängig gemacht. Die Grundnorm selbst wird in ihrer Verbindlichkeit nicht erwiesen. Ihr wird nur erkenntnistheoretischer Charakter zugewiesen. Aber dann soll doch diese unverbindliche Grundnorm in der Lage sein, verbindlich zu bestimmen, welche Rechtsnormen Geltung haben sollen.

Auch die Auffassung KELSENS offenbart, daß der Rechtspositivismus nicht Erkenntnis, sondern Bekenntnis ist.

Als eine moderne Form des Positivismus kann die Auffassung von DRATH verstanden werden[233].

DRATH setzt sich zunächst mit den übrigen Vertretern des Rechtspositivismus auseinander. Allgemein kennzeichnet DRATH die Position des juristischen Positivismus als diejenige, die von der formellen Legalität ausgeht und das gesetzte Recht verbindend hält, weil es nach den Regeln der be-

---

[231] Zu der Frage, daß KELSEN auf formalem Wege zu inhaltlichen Ergebnissen gelangt — was den Gesetzen der Logik widerspricht —, hat VON HIPPEL angeführt:

„Den Weg zu einer immanenten Kritik der Kelsenschen Lehren weist dabei eine eigentümliche Beobachtung. Denn obwohl nach KELSEN die Rechtswissenschaft es nur mit der Form zu tun hat, gelangt er auf angeblich formalem Wege doch zu inhaltlichen Ergebnissen. So soll, um nur ein Beispiel zu nennen, die Unmöglichkeit des staatlichen Unrechts rein formal, rein logisch gewissermaßen a priori gelten. Daß diese von KELSEN vertretene Unmöglichkeit jedoch nur Gebot voraussetzungsloser Logik sei, wird schwerlich jemand einzusehen vermögen. Und es erscheint ganz allgemein als unverständlich, wie sich Ergebnisse dieser Art aus logischen Denkformen gewinnen lassen."

VON HIPPEL: Mechanisches und moralisches Rechtsdenken, a. a. O., S. 16.

[232] KELSEN: Reine Rechtslehre, a. a. O., S. 197.

[233] DRATH, MARTIN: Grund und Grenzen der Verbindlichkeit des Rechts, Tübingen 1963.

stehenden Verfassung zustande gekommen ist. Drath hält es als kennzeichnend für den Positivismus, daß die jeweilige Verfassung des Staates die letzte tragende Grundlage für die Antwort auf die Frage nach dem Geltungsgrunde allen anderen Rechtes ist. Nach dem Grunde, auf dem sie selbst gelte, werde rechtstheoretisch nicht gefragt[234].

Als Mangel an der Theorie des Rechtspositivismus kritisiert Drath, daß es rationaler Wissenschaft widerspreche, die Frage nach dem Geltungsgrunde des positiven Rechts irgendwo abzuschneiden. Auch die jeweils geltende Verfassung sei positives Recht und deshalb der Frage nach ihrem Geltungsgrunde unterworfen.

Bei der Kritik an dieser Theorie zeigt sich bereits ein methodologisches Mißverständnis, das bei seinen eigenen Vorstellungen und der Geltung von Rechtsnormen von Bedeutung wird. Drath meint: Werde die Geltung der jeweiligen Verfassung als Prämisse gesetzt, so sei für alles andere auf dieser Verfassung beruhende Recht das Ergebnis der rechtspositivistischen Theorie, nämlich die Verbindlichkeit ohne Rücksicht auf den Inhalt, kein wissenschaftlich auf jene Prämisse gegründetes Ergebnis, sondern in Wahrheit nur eine mit der Prämisse selbst schon mitgesetzte These[235]. Daraus folgt, wenn wissenschaftlich ein Ergebnis auf eine bestimmte Prämisse gegründet wird, daß es mit dieser Prämisse selbst schon mitgesetzt sein muß. Denn nur ein solches Ergebnis läßt sich aus der Prämisse entwickeln, das in dieser bereits enthalten war. Angewandt auf das Problem der Verbindlichkeit heißt dies, wenn die Verbindlichkeit von Rechtsnormen auf andere Sätze gegründet werden soll, so muß die Verbindlichkeit dieser Rechtsnormen in den anderen Sätzen enthalten sein. Wenn aber die Verbindlichkeit der Gesetze mit der Verbindlichkeit der Verfassung mitgesetzt ist, ist es üblich, davon zu sprechen, die Verbindlichkeit der Gesetze sei auf die Verbindlichkeit der Verfassung gegründet. Drath meint jedoch, mit der Ableitung der Verbindlichkeit der Gesetze aus der Verbindlichkeit der Verfassung sei die Verbindlichkeit der Verfassung noch nicht erwiesen. So verstanden ist dem zuzustimmen.

Bevor der eigene Standpunkt von Drath entwickelt wird, soll noch seine Kritik am juristischen Positivismus fortgeführt werden. Denn soweit die Nachprüfung der Auffassung Draths auf eigene Kriterien, die er als Mängel der Theorie des juristischen Positivismus darstellt, gegründet werden kann, läßt sich die Widerlegung vereinfachen und braucht nicht der Verdacht ausgeschlossen zu werden, daß die Auffassung Draths von einem Standpunkt aus beurteilt wird, der von ganz anderen Voraussetzungen ausgeht.

Drath führt aus, seiner Formulierung nach stütze sich der juristische Positivismus immer auf die Legalität. Tatsächlich sei er aber gezwungen,

---

[234] Draht: Grund und Grenzen der Verbindlichkeit des Rechts, a. a. O., S. 5.
[235] Drath: Grund und Grenzen der Verbindlichkeit des Rechts, a. a. O., S. 5 f.

entweder die Legalität mit der erfolgreichen Macht zu identifizieren oder seine Überlegungen überhaupt abzubrechen. Denn an diesem Punkte stehe keine Rechtsnorm mehr zur Verfügung, auf die er noch zurückgreifen könne. Auch das bedeute eine Preisgabe der Legalität an die faktische Macht. Ob expressis verbis oder stillschweigend, immer verlasse der juristische Positivismus seine vermeintliche theoretische Basis, die Legalität. In der Formulierung weise er es nur aus für den Fall einer Revolution oder eines Staatsstreichs, so daß er sich auf zwei verschiedene Prinzipien berufe, die Legalität, falls sie nicht gebrochen werde, und die Macht für den Fall eines Bruches der Legalität[236].

DRATH zieht mit Recht die Konsequenz aus der Position des Positivismus, wenn er sagt, die Chance, die tatsächliche Macht im Staate zu erwerben und damit zugleich das Recht, das künftige Schicksal des Volkes zu bestimmen, sei für denjenigen am größten, der im Kampf um seine Durchsetzung und Behauptung von der Macht am hemmungslosesten Gebrauch mache, der auch das Recht selbst am hemmungslosesten als Dienerin seiner Macht mißbrauche[237].

Die weitere Kritik am juristischen Positivismus, die DRATH zitiert und sich zu eigen macht, sei hier angeführt, da wir auch sie später zur Nachprüfung der eigenen Auffassung von DRATH benutzen werden. Er sagt, der entscheidende Mangel des juristischen Positivismus liege in seiner Prämisse. Hierin sei zwangsläufig begründet, daß eine angebliche Rechtstheorie sich dem kritischen Blick als Lehre von der Macht im Staate offenbare. Eine solche positivistische Theorie vom Recht sei also eine verhüllte Rechtfertigung der Gehorsamspflicht gegenüber dem Staate, d. h. realiter gegenüber den jeweiligen Inhabern der Macht im Staate[238].

DRATH geht davon aus, daß das Miteinanderleben, das „Recht" hervorbringe, eine besondere Intensität habe. Es handele sich nicht um eine kurze Begegnung, nicht einmal um ein Zusammensein von begrenzter Dauer, sondern grundsätzlich um eine Gemeinsamkeit der Existenz, d. h. um ein umfassendes und dauerndes Zusammenleben „in Gesellschaft"[239].

Die Aufmerksamkeit soll hier weniger dem Begriff der Gesellschaft zugewandt werden, der in den weiteren Ausführungen DRATHS eine besondere Rolle spielt, als dem Nebensatz, wonach das Miteinanderleben Recht hervorbringen soll. Hier zeigt sich nicht nur eine kleine Ungenauigkeit, indem auf das Phänomen der Rechtsentstehung nebenbei verwiesen wird, sondern hier wird bereits der Begriff des Rechts, der eigentlich entwickelt werden soll, in die Untersuchung hineingetragen.

---

[236] DRATH: Grund und Grenzen der Verbindlichkeit des Rechts, a. a. O., S. 8.
[237] DRATH: Grund und Grenzen der Verbindlichkeit des Rechts, a. a. O., S. 9.
[238] DRATH: Grund und Grenzen der Verbindlichkeit des Rechts, a. a. O., S. 9.
[239] DRATH: Grund und Grenzen der Verbindlichkeit des Rechts, a. a. O., S. 27.

Man kann nicht einfach sagen, daß der Satz, Miteinanderleben bringe Recht hervor, falsch sei. Denn damit kann gemeint sein, daß das Miteinanderleben zu Organisationsformen geführt hat, zu denen man auch die Rechtsordnung zählen kann. Aber dann müßte man genauer ausführen, daß diese Art des Rechtes, die durch das Miteinanderleben entsteht, nur jenes ist, das aus den Rechtsnormen besteht, denen faktische Geltung zukommt. Da DRATH jedoch über Grund und Grenzen der Verbindlichkeiten des Rechts sprechen will, kann er bei einem Begriff der faktischen Geltung nicht stehen bleiben.

Fast unmerklich sind die Übergänge, mit denen DRATH vom rein Faktischen ins Normative hinüberspielt. Seiner Ansicht nach ist das Zusammenleben in Gesellschaft nicht nur eine rein quantitative Frage, sondern eine qualitative. Leben „in Gesellschaft" ist etwas anderes als Addition von Einzeldasein. Jedes Dasein in Gesellschaft sei qualitativ gekennzeichnet durch seine Gesellschaftlichkeit. Gesellschaftlichkeit sei dadurch bestimmt, daß die Gesellschaft eine ständige Einheit im Innern und nach außen sei. Sie werde von den Gliedern wie von Außenstehenden als solche erlebt, und dementsprechend werde gehandelt[240].

Über weitere Darstellungen rein tatsächlicher Art kommt DRATH dann zu der Folgerung: Keine Gesellschaft könne ihre Existenz und die ihrer Glieder in ihr erhalten, wenn sie sich nicht im Zustand von Ordnung befinde. Das bedinge von den Gliedern aus gesehen, daß ihr Leben nach Umfang und Intensität verschieden weitgehend, jedoch grundsätzlich ein „geordnetes Leben sein müsse", von der Gesellschaft aus gesehen, daß die Ordnung effektiv sein, d. h. daß das Verhalten der Glieder ordnungsgemäß sein müsse. Unverbrüchlichkeit der Ordnung sei für die Gesellschaft existenznotwendig[241].

Auch diese Ausführungen DRATHs lassen sich noch so deuten, daß sie wissenschaftlich unanfechtbar sind. Es ist eine unleugbare Tatsache, daß keine Gesellschaft ihre Existenz und die ihrer Glieder erhalten kann, wenn sie sich nicht im Zustand einer gewissen Ordnung befindet. Dies gilt jedenfalls für den Fall, daß man den Zustand von Ordnung in einem sehr vagen Sinne oder nur im Sinne einer Minimalordnung betrachtet, und daß man an den Begriff der Existenz oder des Existenzminimums nicht allzu strenge Anforderungen stellt.

Auch der Satz, daß hieraus gefolgert wird, daß das Leben der Glieder einer Gesellschaft grundsätzlich ein eingeordnetes Leben sein müsse, kann in einem gewissen Zusammenhang hinreichend genau sein. Geht man nämlich von der Voraussetzung aus, wann ein gewisser Zustand von Ordnung existiere, so kann man sagen, daß die Voraussetzung hierfür ein geordnetes

---

[240] DRATH: Grund und Grenzen der Verbindlichkeit des Rechts, a. a. O., S. 27.
[241] DRATH: Grund und Grenzen der Verbindlichkeit des Rechts, a. a. O., S. 28.

Leben sein müsse, auch daß eine solche Ordnung effektiv sein, d. h., daß das Verhalten der Mitglieder ordnungsgemäß sein müsse. Man kann es weiterhin als eine gewisse Umschreibung dieses Tatbestandes ansehen, wenn die Unverbrüchlichkeit der Ordnung für die Gesellschaft als existenznotwendig angesehen wird.

Auch der weitere Satz von DRATH, bei Sollensordnungen — auch dem Recht — heiße Unverbrüchlichkeit Geltung oder Verbindlichkeit[242], ist für sich alleine genommen, nicht unbedingt fehlerhaft. Man kann die Unverbrüchlichkeit einer Rechtsordnung ihre Geltung oder ihre Verbindlichkeit nennen.

Aber zusammengenommen mit den vorhergehenden Ausführungen, mit denen sie im Zusammenhang steht, sind wir von einer Rechtsordnung, deren rein faktische Geltung dargelegt wurde, zu einer solchen angelangt, der Unverbrüchlichkeit und Verbindlichkeit zugesprochen wird. Hier benutzt der Autor Begriffe, die in der Sprache der Rechtsphilosophie eine bestimmte Bedeutung haben und daher, insbesondere im Zusammenhang mit dem Problem der Rechtsgeltung, nicht mehr willkürlich verwandt werden können, ohne Mißverständnisse heraufzubeschwören. Man kann auch nicht davon ausgehen, daß der Autor einen Begriff, der bereits mit einer bestimmten Deutung belegt ist, in ganz anderem Sinne verwenden wollte. Denn DRATH zeigt in seiner Auseinandersetzung mit anderen Autoren zu dem Problem der Rechtsgeltung, daß er diese Grundbegriffe kennt.

Wir brauchen uns jedoch mit dieser Vermutung nicht zu begnügen, weil der Autor weitere Ausführungen folgen läßt, die seine Vorstellungen von der Geltung von Rechtsnormen näher kennzeichnen. Aber die weiteren Ausführungen sollen nicht nur gebracht werden, weil wir das Ziel haben, die Auffassung DRATHs gewissenhaft zu widerlegen. DRATH geht hier auf soziologische Betrachtungen zurück und tritt damit in eine Problematik ein, die durch den zunehmenden Einfluß soziologischer Ausführungen auf rechtswissenschaftliche Gedankengänge aufgeworfen wird.

DRATH will die Geltungsfrage bis zu einer der Erfahrung zugänglichen tieferen Grundlage fortführen und von da aus beantworten. Die der Erfahrung zugängliche, tiefere Ordnung sieht er in dem Wesen aller menschlichen Gesellschaft als strukturiert und funktionierend und also geordnet. Erfordere das Sein der menschlichen Gesellschaft selbst die Existenz einer der konkreten Seinsweise entsprechenden konkreten Ordnung, so könne es auch der Grund der Entstehung der spezifischen Ordnungsart Recht und seiner spezifischen Verbindlichkeit sein, d. h. der letzte rationalem Erweis zugängliche, der soziale Geltungsgrad des positiven Rechts[243].

Hier soll von dem Sein der menschlichen Gesellschaft auf die Verbindlichkeit einer bestimmten Ordnung geschlossen werden. Hierbei wäre noch

[242] DRATH: Grund und Grenzen der Verbindlichkeit des Rechts, a. a. O., S. 29.
[243] DRATH: Grund und Grenzen der Verbindlichkeit des Rechts, a. a. O., S. 39 f.

zu klären, inwieweit sich das, was DRATH unter Sein der menschlichen Gesellschaft versteht, überhaupt von der Ordnung, deren Verbindlichkeit er daraus erschließen will, unterscheiden läßt. Deutlicher sagt DRATH an anderer Stelle, ihm erscheine das rechtliche Sollen, der Geltungsgrund des Rechts selbst, prinzipiell hervorgegangen aus einer sozialen Notwendigkeit, also aus einem Müssen der Gesellschaft. Was sozial bewirkt werden müsse, sei zunächst der Zustand des Geordnetseins des gesellschaftlichen Lebens. Er lasse sich nur erreichen, wenn auch die Glieder der Gesellschaft den Rechtsgeboten letzten Endes folgen müßten[244].

Hier zeigt sich, wie die Nahtstelle zwischen Sein und Sollen, d. h. zwischen Aussage und Norm, hin- und hergeschoben wird. War es zunächst die Faktizität des Miteinanderlebens, die das Recht entstehen ließ, das den Rechtsgenossen ein Müssen auferlegt, so ist hier der Geltungsgrund des Rechts aus einem Müssen der Gesellschaft selbst hervorgegangen. Wenn es auch unwirklicher ist, von einem Müssen der Gesellschaft zu sprechen, so ist es in anderer Hinsicht jedoch konsequenter, insoweit Müssen nur wieder auf Müssen zurückgeführt werden kann, d. h. Normen wieder auf Normen begründet werden können. Es bleibt natürlich die Frage offen, nicht nur welchen Normen die Gesellschaft unterworfen ist, sondern weshalb und wie es kommt, daß die Gesellschaft überhaupt Normen unterworfen sein soll.

Bereits die formale Schwierigkeit, die Geltung von Rechtsnormen anders als wieder aus geltenden Rechtsnormen zu begründen, meint DRATH mit der Überlegung zu überwinden: Wenn die Zurückführung der Geltung des positiven Rechts auf ein Gebot einer anderen Sollensart denkbar sei, so müsse auch eine Zurückführung auf ein Gebot denkbar sein, das sich aus der Struktur des menschlichen Seins selbst als eines gesellschaftlichen und deshalb geordneten Seins ergebe[245]. Diese Überlegung ist formal gesehen richtig. Doch überwindet sie nicht die Schwierigkeit, die darin liegt, daß sich aus der Struktur des menschlichen Seins keine Norm entnehmen läßt. Auch das Zurückgehen auf das gesellschaftliche und geordnete Sein hilft nicht weiter, da die hieraus entnommenen Normen zwar die Gesetzeswirklichkeit beschreiben, d. h. faktische Geltung besitzen, aber den entscheidenden Schluß auf eine Verbindlichkeit nicht zulassen. Auf die Begründung der Verbindlichkeit kommt es dem Autor aber gerade an.

Aus der Notwendigkeit der Ordnung der menschlichen Gesellschaft die Verbindlichkeit einer bestimmten Rechtsordnung abzuleiten, begegnet nicht nur grundsätzlichen Schwierigkeiten, sondern ist auch dem Einwand ausgesetzt, daß sich aus dieser Notwendigkeit nicht eine bestimmte Ordnung ergibt, sondern sich einander widersprechende Rechtsordnungen aus dieser

---

[244] DRATH: Grund und Grenzen der Verbindlichkeit des Rechts, a. a. O., S. 41.
[245] DRATH: Grund und Grenzen der Verbindlichkeit des Rechts, a. a. O., S. 45.

sogenannten Notwendigkeit — in Wahrheit ist es eine Aufgabenstellung — ableiten lassen. DRATH hat diese Frage gesehen[246].

Er sagt, es könne nicht über die Tatsache hinweggegangen werden, daß das positive Recht nicht abstrakt, sondern nur in Gestalt konkreter Rechtsordnungen auftrete und daß die Erfahrung keine Vermutung dafür abgebe, daß jede konkrete Rechtsordnung den Bedürfnissen der betreffenden Gesellschaft angemessen sei. Im Gegenteil zeige die unterbrochene Tätigkeit des Gesetzgebers eine mehr oder minder große Unangemessenheit[247]. Auf die Frage, ob die These von der Existenznotwendigkeit „des" positiven Rechts haltbar sei, hält DRATH nur die Antwort für möglich, daß das gesellschaftliche Leben regelmäßig auf die bestehende Rechtsordnung eingespielt und diese soweit geordnet sei, daß es im großen und ganzen einigermaßen funktioniere und daß offensichtlich die allgemeine negierende Verbindlichkeit dieser Rechtsordnung die größere soziale Störung darstellen würde, ohne daß damit die Errichtung einer angemessenen Ordnung gewährleistet werde[248].

Diese Ausführungen können für den einzelnen Rechtsgenossen, Richter oder Rechtsgelehrten ein Motiv darstellen, eine bestehende Rechtsordnung zu unterstützen. Es ist auch unbestreitbar, daß der Rechtsfrieden einen hohen Wert besitzt und es nahelegt, unter Umständen eine mangelhafte Rechtsordnung zu unterstützen. Aber es muß daran festgehalten werden, daß dies nur Gründe sind, die jemanden dazu veranlasssen, eine bestimmte Rechtsordnung, d. h. ein System von Rechtsnormen, als zweckmäßige Lösung menschlicher Konflikte zu empfehlen. So dringlich ein einzelner — sei er Rechtsgenosse, Richter oder Rechtsgelehrter — auch die Durchsetzung einer bestimmten Rechtsordnung empfinden mag, es gibt keine wissenschaftliche Methode, die sie zur Verbindlichkeit aufwerten kann. Hier geht es aber um die Rechtfertigung einer bestimmten Rechtsordnung[249].

Dabei ist merkwürdig, in welches zwiespältige Verhältnis der Rechtspositivist zur Logik gerät. Auf der einen Seite beruft er sich gern auf die Regeln des formellen Schlußverfahrens. Diese lassen die Begründung der Verhängung rechtlicher Sanktionen zu, wobei die Richtigkeit der Begründung allein von der Beobachtung der logischen Schlußregeln abhängt. Wei-

[246] „Wird dadurch nicht die These von der Existenznotwendigkeit ‚des' positiven Rechts, wo es besteht, unhaltbar, sobald sie auf die konkrete Rechtsordnung und ihren Inhalt übertragen werden soll?"

DRATH: Grund und Grenzen der Verbindlichkeit des Rechts, a. a. O., S. 54.

[247] DRATH: Grund und Grenzen der Verbindlichkeit des Rechts, a. a. O., S. 54.

[248] DRATH: Grund und Grenzen der Verbindlichkeit des Rechts, a. a. O., S. 55.

[249] „Was wir so aus der Sachlogik des sozialen Lebens als existenznotwendig für die Gesellschaft wie für ihre Glieder erkennen, das Bestehen und der Geltungsanspruch einer objektiven sozialen Ordnung, kann m. E. auch vor der Autonomie des Individuums gerechtfertigt werden."

DRATH: Grund und Grenzen der Verbindlichkeit des Rechts, a. a. O., S. 55.

sen aber die Logiker darauf hin, daß die Entscheidung, ob die eine oder die andere Rechtsnorm als Prämisse benutzt werden solle, nicht mehr logisch fundiert werden könne, so hält man eine solche logische Analyse für unangemessen.

So ist auch DRATH der Auffasssung, möge auch logisch ein Sollen immer nur abgeleitet werden können aus einem anderen Sollen, so handele es sich hier doch nur um reine Logik. Soweit die Philosophie an die logische Ableitbarkeit eines Sollens nur von einem anderen Sollensgebot gebunden zu sein glaube, sehe sie offenbar den Menschen nur als ein Wesen des Geistes und seiner Freiheit. Damit löse sie ihn aber heraus aus der Fülle seines geschichtlichen und also auch sozialen Seins, einer Fülle, die zugleich eine Bindung bedeute, und reduziere ihn auf einen Geist der strengen Logik[250].

Der reinen Logik stellt DRATH die Sachlogik gegenüber[251]. Mittels der Sachlogik glaubt dann DRATH den Geltungsanspruch[252] gegen eine falsch verstandene Autonomie des Individuums zu behaupten. Er glaubt, Autonomie sei aber nicht identisch mit der Fähigkeit zu nur logischem Verhalten, sondern zu sachgerechtem Verhalten, so wie Rationalität sich nicht in bloßer Logik erschöpfe, sondern darüber hinaus verständiges Denken umfasse[253].

Hierzu ist zu sagen, daß mit logischen Ableitungen keinerlei Gehalt gewonnen werden kann, so daß es deshalb aus sich heraus auch kein logisches Verhalten gibt, sondern höchstens ein Verhalten, das einem bestimmten Normensystem entspricht. Weiterhin ist der Begriff sachgerechtes Verhalten, der nicht zu einem bestimmten Normensystem in Beziehung gesetzt wird, eine Leerformel, die von dem, der sie anwendet, mit beliebigem Gehalt gefüllt werden kann.

Wieweit DRATH mit dem Aufgeben der Gesetze der Logik auch die Wissenschaftlichkeit seiner Aussagen aufgibt, zeigen die weiteren Ausführungen, die er dem sachgerechten Verhalten widmet. Er sagt, die Annahme einer Autonomie, die zu verstehen wäre als Freiheit des subjektiv gewollten Verhaltens in der Gesellschaft, würde auf einer ganzen Reihe von Irrationalitäten beruhen[254].

Von den angeführten Irrationalitäten soll nur eine als kennzeichnend hervorgehoben werden. Irrealistisch und deshalb irrational ist nach DRATH die Verkennung der Tatsache, daß das Teilhaben am Leben der Gesellschaft

[250] DRATH: Grund und Grenzen der Verbindlichkeit des Rechts, a. a. O., S. 55 f.

[251] DRATH: Grund und Grenzen der Verbindlichkeit des Rechts, a. a. O., S. 55.

[252] „Was vom Stand der Gesellschaft aus der Geltungsgrund des Rechts ist, erscheint hier vom Standpunkte der Gesellschaftsglieder aus als Geltungsanspruch."

DRATH: Grund und Grenzen der Verbindlichkeit des Rechts, a. a. O., S. 45.

[253] DRATH: Grund und Grenzen der Verbindlichkeit des Rechts, a. a. O., S. 56.

[254] DRATH: Grund und Grenzen der Verbindlichkeit des Rechts, a. a. O., S. 56.

für jedes Gesellschaftsglied Implikationen umfasse[255]. Zu diesen Implikationen und ihrer Bedeutung sagt DRATH:

„Sogar mein geistiges Sein und Tun ist gebunden an sein körperliches Sein und Tun, also an jenes hinreichende Funktionieren in den objektiv geordneten, aktuellen und potentiellen Beziehungen. Diese Beziehungen und ihre Ordnung sind die Voraussetzung auch dafür, daß ich jetzt und hier nur meinen Gedanken ‚ganz für mich allein' mich hingeben kann — selbst wenn ich sie nicht auch für andere außer mir selbst bestimmte, ja selbst, wenn ich sie auf die Widerlegung der Ordnung konzentrieren wollte, in der und von der ich lebe. Das, worauf ich angewiesen bin, setze ich in meiner Existenz und in allem meinem einzelnen Tun und Lassen grundsätzlich voraus[256]."

Nimmt man diese Ausführungen genau und interpretiert sie als wissenschaftliche Aussagen, so sind sie trivial. Nimmt man sie jedoch als Fortsetzung der ausführlichen Erklärungen, in denen uns der Autor davon überzeugen will, daß die Einwendungen gegen seinen Rechtspositivismus nur aus einem falsch verstandenen Begriff der Freiheit herrühren, und nimmt man hinzu, daß er noch kurz vorher sagte, daß man nicht nur in dieser Ordnung, sondern auch dank ihr lebe[257], dann gewinnen diese Ausführungen einen anderen Sinn.

Nachdem es dem Autor mißlungen ist, die Verbindlichkeit des Rechts in wissenschaftlich nachprüfbarer Weise zu erklären, wird von ihm augenscheinlich der Versuch unternommen, das Gefühl der Verbindlichkeit des Rechts zu erzeugen. Wer an der Rechtmäßigkeit der bestehenden Gewaltverhältnisse zweifeln sollte, wird auf einen noch weiteren Widerspruch aufmerksam gemacht.

Nach DRATH ist es irrealistisch und deshalb irrational, die gesellschaftliche Ordnung, deren Existenz und Effektivität man nicht nur zugleich voraussetze, sondern sogar selbst zugleich ständig aktualisiere, indem man in diesen Beziehungen lebe und handele, zu negieren. Leben in gesellschaftlichen Beziehungen bedeute prinzipiell leben nach der gesellschaftlichen Ordnung dieser Beziehungen. Denn mit dieser ihrer Ordnung würden die Beziehungen selbst größtenteils entfallen, im übrigen fundamental erschüttert oder verändert. Man werde die gleiche Ordnung negieren, die man doch befolge[258].

Es ist weder irreal noch irrealistisch, die Möglichkeit anzunehmen, eine Rechtsordnung innerlich abzulehnen, die man äußerlich befolgt. Man denke an den Fall des Lebens in einem totalitären Staat, in dem ein Widerstand nicht oder zur Zeit nicht möglich ist. Rechtsgenossen mit menschlicher Ge-

---

[255] DRATH: Grund und Grenzen der Verbindlichkeit des Rechts, a. a. O., S. 56.
[256] DRATH: Grund und Grenzen der Verbindlichkeit des Rechts, a. a. O., S. 57.
[257] DRATH: Grund und Grenzen der Verbindlichkeit des Rechts, a. a. O., S. 57.
[258] DRATH: Grund und Grenzen der Verbindlichkeit des Rechts, a. a. O., S. 57.

sinnung, die sich in dieser hilflosen Lage befinden, Undankbarkeit und Widersprüchlichkeit zuzuschreiben und ihre Denkweise als Unsinn hinzustellen, heißt die jeweils herrschende Macht nicht nur theoretisch, sondern auch emotional unterstützen.

DRATH ist es entgangen, daß er sich mit der Veröffentlichung seines Vortrags in einen weiteren für einen Rechtspositivisten merkwürdigen Widerspruch verwickelt hat. Mit den Darlegungen, mit denen DRATH die bestehende Rechtsordnung als verbindlich erweisen will, setzt er sich selbst mit dieser Rechtsordnung in Widerspruch.

Gesetzgebung, vollziehende Gewalt und Rechtsprechung sind im Geltungsbereich des Grundgesetzes an das Grundrecht gebunden, jedem das Recht auf die freie Entfaltung seiner Persönlichkeit zu garantieren, soweit er nicht die Rechte anderer verletzt und gegen die verfassungsmäßige Ordnung oder das Sittengesetz verstößt. DRATH versucht aber seinen Rechtspositivismus gerade dadurch zu begründen, daß er diese Rangordnung als falsch darstellt. Er geht nicht aus von der menschlichen Freiheit, sich frei zu entfalten, die dann durch die Bedürfnisse des Zusammenlebens eingeschränkt wird, sondern er geht aus von dem Rechtsgenossen, der sich durch die Sachlogik gebunden fühlt und schon gar nicht nach dem Grund für die Verbindlichkeit einer bestehenden Ordnung fragt.

So sagt DRATH: Sei schon das Abgehen von der Rationalität als dem sachgerechten Denken ein Selbstwiderspruch des ratonalen Individuums, so steigere sich die These von der Autonomie als der vermeintlichen Freiheit zu subjektiv gewolltem Verhalten in der Gesellschaft am Ende zur Usurpation subjektiver Heteronomie gegenüber den anderen, auch ungewollt also zur These der subjektiven Willkür[259].

Wenn man von der Ungenauigkeit der Formulierung absieht, muß man DRATH nur darauf hinweisen, daß es der Wille der heute in der Bundesrepublik herrschenden Verfassung ist, die subjektive Willkür, soweit das Zusammenleben Einschränkungen nicht erfordert, nicht nur zu gestatten, sondern sogar zu garantieren. DRATH meint aber, hier verlöre eine so verstandene Autonomie sogar jede ethische Basis[260].

Auch die Ausgestaltung des Rechtspositivismus, wie wir sie bei DRATH vorfinden, kann in wissenschaftlich haltbarer Weise nicht bewiesen werden. Auch hier zeigt sich, daß, wie weit der Rechtspositivismus zu seiner Begründung auch ausholt, er sich um so weiter von wissenschaftlicher Begründungsweise entfernt, wobei man mitunter den Eindruck hat, daß das Nachdenken über die Geltung von Rechtsnormen, insbesondere der Zweifel am Rechtspositivismus, als Sünde wider den Geist und als besonders rechtsfeindlich hingestellt werden soll.

---

[259] DRATH: Grund und Grenzen der Verbindlichkeit des Rechts, a. a. O., S. 59.
[260] DRATH: Grund und Grenzen der Verbindlichkeit des Rechts, a. a. O., S. 59.

3. Das Naturrecht

Einen anderen Weg, die Verbindlichkeit von Rechtsnormen zu bestimmen, wählt die Geltungslehre des Naturrechts.

Vom Standpunkt der Rechtswissenschaft aus gesehen haben die Naturgesetze den Vorzug, daß sich ein objektives Verfahren angeben läßt, das entscheidet, ob ein Naturgesetz Geltung besitzt oder ob es nicht gilt. Nicht, daß die Geltung der Naturgesetze von der Natur vorgeschrieben wäre. Auch in den Naturwissenschaften ist die Frage, wann ein Naturgesetz gültig ist, nicht eine Frage der Wirklichkeit, sondern zuerst eine Frage der semantischen Festsetzung. Aber hat man sich über den Zweck der Naturwissenschaften geeinigt, nämlich die Beschreibung eines bestimmten Bereichs der Wirklichkeit, oder genauer gesagt, unserer Wahrnehmungen von der Wirklichkeit, so ergibt sich hieraus folgerichtig, daß die Wahrnehmung die letzte Instanz ist, die darüber entscheidet, ob die Beschreibung, die ein Naturgesetz von der Wirklichkeit gibt, adäquat ist.

Es ist nicht nur für die Naturwissenschaften charakteristisch, daß die Aufgabe, die die Aussagen der Naturwissenschaften erfüllen sollen, die Auswahl des Geltungsbegriffes für die Sätze der Naturwissenschaften bestimmt. Auch in der Rechtswissenschaft ist die Zweck-Mittel-Relation für die Auswahl der Begriffe entscheidend. Aber wie noch zu zeigen sein wird, ist die Problematik in der Rechtswissenschaft vielgestaltiger, so daß die Geltungsfragen noch nicht jene Selbstverständlichkeit erhalten haben, die sie in den Naturwissenschaften besitzen.

Zwar darf man sich die Fragen der Geltung der Naturgesetze nicht ganz unproblematisch vorstellen. Die Grundlagenforschung der Naturwissenschaften hat einen großen Umfang angenommen und schwierige Probleme aufgeworfen. Aber es ist doch nicht zu leugnen, daß der größte Bereich der Technik, der sich mit der Anwendung der Naturgesetze beschäftigt, von den schwierigen Fragen der Geltung der Naturgesetze verschont wird. Ein Ingenieur wird selten in die Verlegenheit kommen, Zweifel an der Geltung von Naturgesetzen durch tiefschürfende Überlegungen über diese Frage auszuräumen. So ist der Versuch verständlich, in gleicher Weise für Rechtsnormen Kriterien zu finden, die es ermöglichen, die Geltung von Rechtsnormen mit unverrückbarer Genauigkeit festzustellen.

Gerade nach großen Erschütterungen menschlicher Ordnungen, von denen auch das Recht meist nicht verschont bleibt, erwacht die Sehnsucht des Menschen nach einer Ordnung, die dem Widerstreit der Meinungen entrückt und von dem Ausgang von Interessenkämpfen unabhängig ist. Das Bild einer solchen unverrückbaren Ordnung findet der Mensch in der Natur. Und dann entsteht die Frage nach dem Recht, das mit uns geboren ist.

Aber so wenig wie der Vergleich mit der Natur beweist, daß es ein

Naturrecht gibt, so wenig läßt sich an diesem Vergleich zeigen, daß es ein Naturrecht nicht gibt.

Im folgenden sollen die typischen Formulierungen des Naturrechts untersucht werden.

SÜSTERHENN[261] gibt dem Naturrecht den denkbar weitesten Spielraum. Unter Naturrecht versteht SÜSTERHENN „ein für alle Völker und Zeiten gültiges Idealrecht, das seine Entstehung nicht der Rechtssetzung durch die Staatsgewalt oder eine andere Sozialautorität verdankt, sondern von Natur aus ebenso für den einzelnen wie für den Staat und jede sonstige Gemeinschaft vorgegeben ist[262]". Positives Recht, das sich in Gegensatz zum Naturrecht befindet, ist nach SÜSTERHENN kein Recht, sondern Unrecht und besitzt daher keinerlei verpflichtende Kraft[263]. Andererseits ist das Naturrecht, auch soweit es nicht kodifiziert ist, geltendes Recht:

„Niemand wird diese Verbote, sofern sie nicht kodifiziert sind, als bloße Ideale oder ethische Normen ansehen, deren Befolgung etwa nur Gewissenspflicht wäre, sondern jedermann wird sie als echte Rechtsnormen betrachten, deren Einhaltung auch ohne ausdrückliche Gesetzesvorschrift von der Staatsautorität erzwungen und auch beim Fehlen eines staatlichen Rechtszwanges etwa im Robinsonzustand durch Selbsthilfe bzw. Notwehr durchgesetzt werden kann[264]."

Die Rechtsnormen des Naturrechts sind demnach immer gültig, und nur sie sind immer gültig. Wenn positives Recht gültig ist, so verdankt es dies nur dem Zufall, daß es mit dem Naturrecht übereinstimmt[265]. Diese Konsequenz scheint SÜSTERHENN jedoch nicht gesehen zu haben. Denn bei ihm repräsentieren Naturrecht und positives Recht beide echte, verbindliche Rechtsnormen[266].

Der Nachweis, daß das Naturrecht verbindlich sei, wird nicht schon dadurch erbracht, daß das Naturrecht mit der Natur in irgendeinen Zusammenhang gebracht wird. Auch wenn es tatsächlich so wäre, daß das natürliche Recht aus Natur und Wesen des Menschen und seiner Umweltbeziehungen erwachsen würde und daß es mittels Vernunft von dem Menschen er-

---

[261] SÜSTERHENN, ADOLF: Das Naturrecht, in Naturrecht oder Rechtspositivismus?, herausgegeben von WERNER MAIHOFER, Bad Homburg vor der Höhe 1962, S. 11—26.

[262] SÜSTERHENN: Das Naturrecht, a. a. O., S. 11.

[263] SÜSTERHENN: Das Naturrecht, a. a. O., S. 21.

[264] SÜSTERHENN: Das Naturrecht, a. a. O., S. 18 f.

[265] Hierzu ist die Bemerkung ESSERS treffend:

„Ein solches extremes Naturrechtsdenken (im schulmäßigen Sinn) würde also genau genommen jede positive Gesetzgebung und Bemühung für überflüssig erklären."

ESSER: Einführung in die Grundbegriffe, a. a. O., S. 17.

[266] „Naturrecht und positives Recht repräsentieren also beide echte, verbindliche und grundsätzliche mit Erfüllungszwang ausgestattete Rechtsnormen."

SÜSTERHENN: Das Naturrecht, a. a. O., S. 19.

kannt würde[267], so ist über die Verbindlichkeit noch nichts ausgesagt. In bezug auf die Verbindlichkeit von Rechtsnormen versagt der Verweis auf die Naturgesetze. Denn eine Empfehlung, die Naturgesetze zu respektieren, ist sinnlos. Die Naturgesetze bestehen nicht, weil man sie beachtet. Gegen Naturgesetze kann man nicht sündigen. Naturgesetze gelten immer, ob man sie für gut oder schlecht, ob man sie für wünschenswert hält oder nicht.

Anders ist es mit den Gesetzen des Naturrechts. Schon die Tatsache, daß man für das Naturrecht eintritt, daß das Naturrecht nicht einfach gilt in dem Sinne, daß es wirksam ist und kein Verstoß dagegen möglich ist, zeigt, daß das Naturrecht nicht wie Naturgesetze gilt. Selbst wenn man die Rechtsnormen des Naturrechts aus der Natur ablesen könnte, hätte man für die Verbindlichkeit der Normen noch nichts gewonnen. Der Beweis für die Verbindlichkeit bleibt demnach offen.

Nicht alle Vertreter des Naturrechts teilen die strenge Auffassung Süsterhenns, daß nur das Naturrecht verbindliches Recht sei. Oft versteht man das Naturrecht als jenes überpositive Recht, in dem sich allgemeine Rechtsgedanken finden, die entweder dem positiven Recht gegenüber vorrangig gelten oder auch Lücken im positiven Recht schließen.

Eine ähnliche Haltung nimmt Coing ein:

„Im ganzen möchte ich meine Position dahin umreißen.

1. Wir haben gewisse apriorische ethische Grundeinsichten; auf ihnen beruht das Naturrecht. Sie geben ihm die Ziele; sie haben die Führung in der Entfaltung des Rechts.
2. Wir haben einen Bestand beweisbarer Erfahrungen über die typischen sozialen Probleme und die Möglichkeiten ihrer Lösung im Sinne jener ethischen Werte.
3. Beides zusammen ermöglicht es, ein System von Rechtsgrundsätzen aufzustellen, die überzeitlich gelten[268].“

Aber eine Begründung der Verbindlichkeit solcher überpositiver Rechtsnormen läßt sich auch nicht aus ethischen Grundeinsichten, den Erfahrungen sozialer Probleme oder den Möglichkeiten ihrer Lösungen gewinnen. Der einzelne mag ethische Grundeinsichten haben, die er für verbindlich betrachtet. Aber verbindlich sind sie dann nur für ihn. Und eine allgemeine Verbindlichkeit läßt sich hieraus nicht ableiten.

---

[267] „Der Unterschied zwischen natürlichem und positivem Recht besteht darin, daß das natürliche Recht aus Natur und Wesen des Menschen und seiner Umweltsbeziehungen erwächst und mittels der Vernunft von den Menschen erkannt wird, während das positive Recht durch die Staatsgewalt oder eine andere Sozialautorität gesetzt und bekanntgemacht wird.“

Süsterhenn: Das Naturrecht, a. a. O., S. 18.

[268] Coing, Helmut: Um die Erneuerung des Naturrechts, in Naturrecht oder Rechtspositivismus?, herausgegeben von Werner Maihofer, Bad Homburg vor der Höhe 1962, S. 115.

Aber auch wenn sie nur für den einzelnen selbst verbindlich werden sollen, müssen diese ethischen Grundeinsichten zu Grundeinstellungen werden. Hier zeigt sich die Grenze der Begründung der Verbindlichkeit dieser Rechtsnormen. Aus der Einsicht in die Natur der Dinge und in die Natur ethischer Zusammenhänge läßt sich eine Verbindlichkeit nicht gewinnen.

RADBRUCH, ehemals Vertreter des Rechtspositivismus, ist später auch für das Naturrecht eingetreten[269]. Ausgehend von der Betrachtung der Rechtspraxis des Nationalsozialismus sagt RADBRUCH:

„Die Rechtswissenschaft muß sich wieder auf die jahrtausendalte gemeinsame Weisheit der Antike, des christlichen Mittelalters und des Zeitalters der Aufklärung besinnen, daß es ein höheres Recht gebe als das Gesetz, ein Naturrecht, ein Gottesrecht, ein Vernunftrecht, kurz ein übergesetzliches Recht, an dem gemessen das Unrecht Unrecht bleibt, auch wenn es in die Form des Gesetzes gegossen ist[270]."

RADBRUCHs Eintreten für das Naturrecht steht in engem Zusammenhang mit der Erkenntnis, welche Rolle der Positivismus unter der Herrschaft des Nationalsozialismus gespielt hat. Unmittelbar vor der zitierten Stelle, in der RADBRUCH auf das Naturrecht verweist, schreibt RADBRUCH:

„Die überkommene Auffassung des Rechts, der seit Jahrzehnten unter den deutschen Juristen unbestritten herrschende Positivismus und seine Lehre ‚Gesetz ist Gesetz', war gegenüber einem solchen Unrecht in der Form des Gesetzes wehrlos und machtlos; die Anhänger dieser Lehre waren genötigt, jedes noch so ungerechte Gesetz als Recht anzuerkennen[271]."

Aber wer sich von den Irrtümern des Positivismus fernhält, der braucht auch nicht als Gegengewicht ein Naturrecht. Der gleiche Einwand gegen den Positivismus, daß er die Verbindlichkeit des faktisch geltenden Rechts behauptet, aber nicht beweisen kann, gilt auch gegen das Naturrecht. Auch die Verbindlichkeit des Naturrechts kann nicht bewiesen werden.

Auch MESSNER möchte aus der Ordnung der Natur eine verbindliche Naturrechtsordnung ableiten. Nach MESSNER ist das Naturrecht einerseits das von der Natur als Seinsordnung, also durch die Natur der Sache geforderte, andererseits das von der Natur als Vernunftsordnung, nämlich durch das ihr eigene, daher ursprüngliche sittliche Rechtsgewissen geforderte[272].

MESSNER erklärt weiter, was er unter dieser Formulierung versteht. Er ist der Auffassung, die als Natur der Sache zu ermittelnde Naturordnung erschließe sich in doppelter Weise, einmal durch die (ontologische) Ergrün-

---

269 RADBRUCH, GUSTAV: Die Erneuerung des Rechts, in Naturrecht oder Rechtspositivismus?, herausgegeben von WERNER MAIHOFER, Bad Homburg vor der Höhe 1962, S. 1—10.

270 RADBRUCH: Die Erneuerung des Rechts, a. a. O., S. 2.

271 RADBRUCH: Die Erneuerung des Rechts, a. a. O., S. 2.

272 MESSNER, JOHANNES: Das Naturrecht, 3. Aufl., Innsbruck—Wien—München 1958, S. 265.

dung der Menschen im allgemeinen, außerdem durch die Ergründung der auf die so erkannte Natur des Menschen und der Gesellschaft bezogenen geschichtlich und gesellschaftlich bedingten Verhältnisse im besonderen. Auch die Regel der Vernunft, das Rechtsgewissen, habe eine doppelte Funktion, einmal den Menschen zu leiten bei seinen unmittelbaren Entscheidungen über das die Eigenzuständigkeiten anderer betreffende Verhalten, außerdem für das Recht im ganzen die sittliche Sanktion zu bieten, nämlich die Verbürgung oder Garantie der den natürlichen Rechten gegebenen Zuständigkeiten und Berechtigungen[273].

Soweit MESSNER sein Naturrecht auf die Natur der Sache gründet, können wir auf die vorhergehenden Ausführungen verweisen. Denn unter Natur der Sache versteht MESSNER jenen Ausschnitt der Wirklichkeit, den man zur Erklärung eines bestimmten Interessengegensatzes heranzieht. Ein normatives Element bringt MESSNER in die Begründung seines Naturrechts durch den Hinweis auf die Regel der Vernunft, auf das Rechtsgewissen. Mittels des Rechtsgewissens erhält MESSNER dem Naturrecht die Struktur von Sanktionsnormen. Er sagt, die Verbürgungsgewalt, die im Denken des Juristen für das Recht wesentlich sei, bestehe für das Naturrecht mindestens in gleicher Kraft wie für das Gesetzesrecht. Nur die Art der Zwangsgewalt sei eine verschiedene. Während die Einhaltung der Normen des Gesetzesrechts durch die äußere Zwangsgewalt gesichert sei, sei die Einhaltung der Normen des Naturrechts durch die innere Zwangsgewalt, durch die des Gewissens, gesichert[274].

Erhält hier das Naturrecht auch die Struktur von Sanktionsnormen, so liegt doch ein entscheidender Unterschied in der Art der Zwangsgewalt. Man kann auch sagen, daß die Funktion der Normen des Gesetzesrechts und des Naturrechts in der gleichen Richtung wirkt, nämlich auf die Erzielung eines bestimmten Verhaltens oder auf die Vermeidung eines bestimmten Verhaltens hin. Doch bestehen bereits in der Wirkungsweise starke Unterschiede. Während dem Gesetzesrecht unter normalen Umständen eine hohe Stabilität gesichert werden kann, in dem Sinne, daß sich die faktische Geltung unabhängig von der seelischen Verfassung des einzelnen verwirklichen läßt, ist das Naturrecht auf eine bestimmte ethische Einstellung angewiesen. So wird man den Gewissenlosen mit asozialer Einstellung durch das Naturrecht nicht zwingen können, sich in die Gemeinschaft einzugliedern. Auch in Zeiten, in denen überkommene Wertvorstellungen unsicher werden, in Zeiten also, in denen die Gemeinschaftsordnung nicht bereits im überwiegenden Teil als Selbstverständlichkeit empfunden wird, wird ein Naturrecht den Rechtsfrieden nicht bewahren können.

An dem von MESSNER aufgewiesenen Unterschied zwischen Naturrecht und Gesetzesrecht wird aber auch der vom Standpunkt der Rechtstheorie

[273] MESSNER: Das Naturrecht, a. a. O., S. 266.
[274] MESSNER: Das Naturrecht, a. a. O., S. 267.

aus entscheidende Umstand deutlich, daß dieser Unterschied in der Zwangsgewalt durch gedankliche Operationen nicht mehr aufgehoben werden kann.

Wenn Gesetzesrecht durch äußeren Zwang, Naturrecht durch Gewissenszwang gekennzeichnet ist, so kann Naturrecht nicht Gesetzesrecht und Gesetzesrecht nicht Naturrecht im strengen Sinne sein, sondern eine Kongruenz kann nur darin bestehen, daß das gleiche Verhalten sowohl vom Naturrecht als auch vom Gesetzesrecht zum Anknüpfungspunkt einer Sanktion gemacht wird.

Mit der Begründung des Naturrechts auf das Gewissen ergeben sich noch weitere Schwierigkeiten. Das Gewissen ist zunächst in bezug auf die Tatbestände, auf die es eine Reaktion zeitigt, wie auch in bezug auf die Art und das Ausmaß der Reaktion von Mensch zu Mensch verschieden. Soll das Gewissen die Grundlage für eine Gemeinschaftsordnung abgeben, so muß es von dem rein Subjektiven gelöst werden. So sucht auch MESSNER Gemeinsamkeiten im Gewissenserlebnis, die zu einer intersubjektiven Wirkungsweise dieser Normen gelangen ließe. Hierbei vertritt er die Auffassung, die sich ins Bewußtsein hebenden einfachen Wahrheiten über Recht und Unrecht seien die an die menschlich-gesellschaftliche Grundsituation der Familiengemeinschaft gebundenen, seien die ihre Friedensordnung und ihr Allgemeinwohl betreffenden Prinzipien[275]. Damit sagt MESSNER nur, daß das Gewissen in Art und Ausmaß der Wirkung den Hintergrund widerspiegelt, aus dem es sich gebildet hat. Daß das Gewissenserlebnis an die Grundsituation der Familiengemeinschaft gebunden ist, ist noch kein Beweis, daß es Wahrheiten über Recht und Unrecht gibt. Noch viel weniger ist es eine Erklärung, welche Struktur diese Wahrheiten über Recht und Unrecht haben.

In der Frage der Geltung des Naturrechts kommt auch MESSNER nicht über die Behauptung seiner Gültigkeit hinaus. MESSNER spricht seinem Naturrecht apriorische Gültigkeit zu. Sie soll darauf beruhen, daß sich die Prinzipien als unmittelbar einsichtige, also intuitiv evidenter Art, erweisen[276].

Mit dieser Erklärung MESSNERS ist zwar die Entstehung des Glaubens an das Naturrecht dargetan, nicht jedoch ein Geltungsgrund aufgewiesen, der über diesen Glauben hinausgeht. Auch darf nicht übersehen werden, daß

---

[275] MESSNER: Das Naturrecht, a. a. O., S. 275.

[276] „Die sittlichen und rechtlichen Grundeinsichten sind weder nur begründet auf die Erfahrung des Menschen mit seinem Wertstreben (Glücksstreben), wie die einseitig eudämonistische Ethik annimmt, noch auf eine rein apriorische Werteinsicht (Prinzipieneinsicht), wie die einseitig intuitionistische Ethik behauptet, vielmehr ist die Einsicht in die Prinzpien durch Erfahrung bedingt, jedoch vermittels der Erfahrung zum Bewußtsein gekommen, erweisen sich die Prinzipien als unmittelbar einsichtiger, also intuitiv evidenter Art, daher von apriorischer Gültigkeit."

MESSNER: Das Naturrecht, a. a. O., S. 276 f.

das Evidenzgefühl nicht von sich aus schon intersubjektiv sein muß, sondern sich bei verschiedenen Rechtsgenossen auf ganz verschiedene Normen erstrecken kann. Wenn eine gewisse Übereinstimmung sich jedenfalls bei bestimmten Gruppen erzielen läßt, liegt dies daran, daß einerseits durch die Gemeinsamkeit der kulturellen Entwicklung, andererseits durch eine gewisse Abhängigkeit des Evidenzgefühls von dem Evidenzgefühl anderer eine teilweise Übereinstimmung hervortreten kann. Auch hier gelingt MESSNER eine gewisse Erklärung des Phänomens des Naturrechts, als eine Aufzeigung des Glaubens an das Naturrecht dort, wo er bereits besteht. Aber dort, wo die Normen des Naturrechts nicht als evident empfunden werden, gibt es keine Möglichkeit, diese Evidenz durch wissenschaftlich haltbare Begründung zu ersetzen. Somit läßt sich auch auf diese Weise eine Verbindlichkeit des Naturrechts nicht dartun.

4. Der Gerechtigkeitsgedanke

Die Überlegungen, die im Rahmen des Naturrechts geführt werden, und die Überlegungen, die auf dem Prinzip der Gerechtigkeit beruhen, sind einander verwandt. Doch unterscheiden sich beide Lehren darin, in welcher Art die Verbindlichkeit von Rechtsnormen hergeleitet wird.

Das Naturrecht geht von der Vorstellung aus, daß nicht nur die Natur Gesetzen gehorcht, die in objektiver Weise erkannt und beschrieben werden können, sondern daß es auch für das Zusammenleben der Menschen Gesetzmäßigkeiten gibt, die gleich Naturgesetzen erkannt und beschrieben werden können und aus denen sich die naturgemäße Rechtsordnung ableiten läßt. Das derart erkannte Recht soll seine Verbindlichkeit aus der gleichen Wurzel wie die Naturgesetze beziehen.

Will man aus dem Prinzip der Gerechtigkeit die Verbindlichkeit von Rechtsnormen herleiten, so geht man auch hier von der Vorstellung aus, daß man auf dem Wege der Erkenntnis zu der Entscheidung gelangt, welche Rechtsnormen Geltung besitzen. Aber bei der Herleitung aus dem Prinzip der Gerechtigkeit verweist man nicht auf Naturgesetzlichkeiten, sondern bleibt sich bewußt, daß man normative Systeme nicht gleich Naturgesetzen an der Wirklichkeit ablesen kann.

Wollte man die Herleitung der Verbindlichkeit von Rechtsnormen aus dem Prinzip der Gerechtigkeit auf eine Formel bringen, so müßte man formulieren: Diejenigen, und nur diejenigen Rechtsnormen sind verbindlich, die dem Prinzip der Gerechtigkeit entsprechen. Man kann auch kürzer formulieren: Nur gerechte Rechtsnormen sind verbindlich.

In bezug auf die Herleitung der Verbindlichkeit von Rechtsnormen aus dem Gerechtigkeitsprinzip muß nun zweierlei dargetan werden. Zunächst muß gezeigt werden, daß das Prinzip der Gerechtigkeit Kriterien an die Hand gibt, mit deren Hilfe entschieden werden kann, wann eine Rechtsnorm dem Gerechtigkeitsprinzip entspricht oder wann sie ihm widerspricht. Sodann muß dargetan werden, daß diese Gerechtigkeitsvorstellungen auch verbindlich sind.

Der hier aufgeworfenen Fragen könnten wir entbehren, wenn wir der Meinung von LARENZ folgen könnten. LARENZ ist der Auffassung, es könne nicht nachgewiesen werden, daß es Gerechtigkeit und Recht gebe[277]. LARENZ' Vergleich, man könne so wenig einem Rechtsblinden Gerechtigkeit wie einem Farbblinden Farben nachweisen, krankt an der falschen Voraussetzung, man könne Farbblinden keine Farbe nachweisen. Farbblinde können zwar keine Farben unmittelbar sehen, d. h. sie können nicht mit bloßem Auge entscheiden, um welche Farbe es sich handelt. Es gibt jedoch geeignete Instrumente, mit denen der Farbblinde eine Farbe mit der gleichen Genauigkeit bestimmen kann wie ein Farbsehender. Er braucht nur das gleiche Gerät zu benutzen, das der Farbsichtige verwendet, wenn er die Farbe mit einer Genauigkeit bestimmen will, die mit dem bloßen Auge nicht mehr erreicht werden kann[278].

Aber wir wollen die These von LARENZ nicht an dem nicht ganz zutreffenden Vergleich scheitern lassen. Was an der These zu bemängeln ist, ist die darin implizit enthaltene Behauptung, es gebe Gerechtigkeit, sie lasse sich jedoch dem Uneinsichtigen — diesen meint doch wohl LARENZ mit dem Rechtsblinden — nicht nachweisen.

Eine solche These, wie diejenige von LARENZ, kann weder richtig noch falsch sein. Dies ist in seiner Behauptung selbst enthalten, indem er zu der These hinzufügt, ein Nachweis sei nicht möglich. Will man aber überhaupt eine Unterscheidung zwischen wissenschaftlicher und unwissenschaftlicher Ausdrucksweise gelten lassen, so muß der Unterschied darin gesehen werden, daß wissenschaftliche Behauptungen im Gegensatz zu unwissenschaftlichen Behauptungen nachprüfbar sind. Entzieht demnach LARENZ seine These der Nachprüfbarkeit, so entzieht er sie auch wissenschaftlicher Relevanz.

Wollen wir die Verbindlichkeit der Rechtsnormen aus dem Gerechtigkeitsgedanken ableiten, so ist ein formales Gerechtigkeitskriterium hierzu

---

[277] „Man kann einem Rechtsblinden — und ‚rechtsblind' in diesem Sinne ist auch der extreme ‚Positivist' — so wenig nachweisen, daß es Gerechtigkeit und Recht (als ein Sein des ‚objektiven Geistes') gibt, wie einem Farbblinden, daß es Farbe ‚gibt'."

LARENZ: Methodenlehre der Rechtswissenschaft, a. a. O., S. 355.

[278] Ein solches Instrument wäre etwa ein Spektrometer. Jede Farbe ist durch ihre Stellung im Spektrum eindeutig bestimmt. Mit einem Spektrometer läßt sich jeder von einer Farbe reflektierte Lichtstrahl mit dem Spektrum vergleichen und so die Farbe eindeutig bestimmen.

nicht ausreichend[279]. Es bedarf noch der materialen Ausgestaltung dessen, was unter Gerechtigkeit verstanden wird.

Eine solche Formulierung materialer Gerechtigkeitsforderungen sieht ESSER in dem Grundsatz des suum cuique[280]. Er gibt auch eine Rangordnung der Güter, die geschützt, erhalten und gefördert werden sollen. Zunächst kommen die vitalen Notwendigkeiten, dann die Personalwerte elementarer Art wie Freiheit, Ehre, Arbeitskraft, aber auch die schutzbedürftigen Institutionen der Gemeinschaft werden berücksichtigt[281]. Damit haben wir aber noch keine materiale Ausgestaltung des Gerechtigkeitsprinzips gewonnen. Nicht einmal das Material, das von dem Gerechtigkeitsprinzip geordnet werden soll, ist beschränkt worden. Alle Interessen, die in Konflikt geraten können, können unter irgendeine Kategorie gebracht werden. Selbst eine globale Rangordnung, etwa zwischen ausreichender Nahrung und Freiheit oder Ehre, kann nicht als immer gleichbleibende Rangordnung etabliert werden.

Auch wenn es eine Rangordnung gäbe, so wird sie durch die Forderung ESSERS wieder in Zweifel gezogen mit der Forderung, die Güter dürften nicht einfach in gleichem Umfang, sondern müßten nach der Bedürftigkeit verteilt werden[282]. Darüber hinaus soll auch die Wertschaffung berücksichtigt werden, die die Rechtsgenossen mit den Gütern bewirken[283]. Damit werden

[279] „Das bloß formale Gerechtigkeitsgebot ist also ungenügend. Es wirkt rein begrenzend (limitativ) und sagt uns, was jedenfalls als Ungerechtigkeit auszuschließen ist: Willkür und Unsachlichkeit. Es sagt uns aber bisher noch nichts über die auszulegenden Maßstäbe selbst und nichts darüber, welche Gesichtspunkte in den rechtlich erheblichen ‚Tatbestand' des Gesetzes aufzunehmen sind."

ESSER: Einführung in die Grundbegriffe, a. a. O., S. 14.

Hierzu wäre noch anzumerken, daß das Verbot von Willkür und Unsachlichkeit als Inhalt des formalen Gerechtigkeitsgebots nur die Ersetzung eines formalen Begriffs durch einen andern ist. Was Willkür und Unsachlichkeit ist, bedarf genauso der Konkretisierung wie das Gerechtigkeitsgebot.

[280] ESSER: Einführung in die Grundbegriffe, a. a. O., S. 14.

[281] ESSER: Einführung in die Grundbegriffe, a. a. O., S. 14 f.

[282] ESSER: Einführung in die Grundbegriffe, a. a. O., S. 14 f.

[283] „Einen Kasten Farbstifte an die Geschwister verteilen, indem der genial Begabte wie die sachlich Uninteressierten je 2 Stifte erhalten, ist nicht gerecht. Ein Forschermikroskop aus dem Nachlaß zwecks ‚gerechter' Verteilung der ‚Aktiva' zu versteigern, ist nicht gerecht, wenn einer der Erben ein Forscher ist, in dessen Hand das Stück Segen entfaltet hätte, während ihm die Marktlage keinen Erwerb des Mikroskopes mehr gestattet."

ESSER: Einführung in die Grundbegriffe, a. a. O., S. 15.

Diese Beispiele sind nicht einmal evident. Auch ein nicht verbildetes Rechtsbewußtstein kann sich vorstellen, daß die Voraussetzungen zur Ausübung von Tätigkeiten unabhängig von der Begabung verteilt werden. Es gibt Eltern, die auf dem Standpunkt stehen, gerade diejenigen Kinder, denen es an Begabung mangelt, müßten um so mehr an Ausbildung erhalten.

Im zweiten Beispiel ist es nicht die ideale Lösung des Problems, daß Miterben die notleidende Forschung unterstützen, sondern wenn eine Gemeinschaft den wissenschaftlichen Fortschritt fördern will, so wäre es gerechter, wenn sie die Lasten nicht so zufällig verteilte, sondern etwa aus öffentlichen Mitteln entnähme.

viele Wertgesichtspunkte genannt, aber die materiale Ausgestaltung der Gerechtigkeit verlangt gerade die Rangordnung unter diesen Wertgesichtspunkten, die eine Entscheidung konkreter Interessenkonflikte erlaubt.

Der Hinweis ESSERs, wen diese mangelnde inhaltliche Bestimmtheit enttäusche, der möge bedenken, daß es auch sonst, z. B. in der Mathematik, Grenzwerte gebe, die sich nicht als exakte Zahlen einsetzen ließen, aber gleichwohl die ganze Formel bestimmten[284], kann die Bedenken nicht zerstreuen. Wenn es in der Mathematik Grenzwerte von Zahlenfolgen gibt, die selbst nicht durch eine solche Zahl dargestellt werden können, so ist dieser Grenzwert eine Zahl anderer Art mit wohlbekannten Eigenschaften, und der Wert dieses Grenzwertes liegt eindeutig fest und kann beliebig genau angegeben werden. Aber selbst wenn es anders wäre, könnte daraus nicht viel entnommen werden. Denn das Gerechtigkeitsprinzip muß an der Aufgabe gemessen werden, für die es gebraucht werden soll. Und wie wir hier dargetan haben, ist es — jedenfalls in der vorgehend geschilderten Ausgestaltung — nicht geeignet, Interessenkonflikte in concreto zu entscheiden.

Den Versuch, das Prinzip der Gerechtigkeit derart zu formulieren, daß sich nachprüfbar entscheiden läßt, ob eine Rechtsnorm oder rechtliche Entscheidung der Gerechtigkeit entspricht, hat auch BRECHT[285] unternommen. BRECHT geht davon aus, dem Begriff der Gerechtigkeit entspreche ein universales menschliches Bedürfnis[286].

Um aus der Subjektivität der Gerechtigkeitsvorstellungen herauszukommen, wählt BRECHT „vier Prüfungskontrollen oder Kriterien universaler und invarianter Elemente[287]". Es sind dies: „erstens unsere eigenen subjektiven Evidenzerfahrungen; zweitens das allgemeine und ausnahmslose Eingeständnis anderer, die sich im Ernste äußern, daß auch sie die gleiche Evidenz verspüren; drittens unsere eigene Unfähigkeit, uns einen Standpunkt auch nur vorzustellen, der diese Elemente nicht enthielte; und viertens die Unfähigkeit auch aller anderen, sich solch eine Abweichung vorzustellen[288]."

Mit diesem Kriterium gelänge es, jene Gerechtigkeitsvorstellungen auszuwählen, denen Intersubjektivität zukommt in dem Sinne, daß sie allen

---

[284] ESSER: Einführung in die Grundbegriffe, a. a. O., S. 16.

[285] BRECHT, ARNOLD: Politische Theorie, Tübingen 1961, S. 466 ff.

[286] „In Anbetracht dieser prima vista Anzeichen haben wir guten Grund zu der Annahme, daß der universale Wertbegriff der Gerechtigkeit einem universalen menschlichen Ausdrucksbedürfnis entspricht, und zwar nicht nur unter Bezugnahme auf bestehende Gesetze, sondern auch dann, wenn Gesetze wegen mangelnder Gerechtigkeit kritisiert werden, und daß dieses universale Bedürfnis mit einem Gefühl zusammenhängt, das wenigstens einige allen Menschen gemeinsame Elemente hat. Ferner haben wir guten Grund zu der Annahme, daß diese Elemente für die menschliche Natur sehr wichtig sein müssen, da sie mit so leidenschaftlichen Gefühlen verknüpft sind."

BRECHT: Politische Theorie, a. a. O., S. 470.

[287] BRECHT: Politische Theorie, a. a. O., S. 474.

[288] BRECHT: Politische Theorie, a. a. O., S. 474.

Rechtsgenossen gleichermaßen eigen wären. Damit könnten wir feststellen, welche Gerechtigkeitsvorstellungen dem Prinzip der Gerechtigkeit entsprächen. Aber damit ist noch nicht dargetan, ob es genügend Gerechtigkeitsvorstellungen gibt, die diesen Kriterien standhalten und die alle Fragen, die mit dem Prinzip der Gerechtigkeit beantwortet werden sollen, erledigen können. Wollen wir mit dem Prinzip der Gerechtigkeit die Frage der Verbindlichkeit von Rechtsnormen beantworten, so wäre uns nicht damit gedient, daß wir zu einzelnen Rechtsfragen zu einer intersubjektiven Entscheidung kämen. Wir müßten dartun können, daß Gerechtigkeitsvorstellungen gegenüber diesen Kriterien in solchem Ausmaß Bestand hätten, daß wir Rechtsnormen in einem solchen Umfang damit stützen könnten, der noch das Minimum einer Rechtsordnung ergäbe.

Die Übereinstimmung der Gerechtigkeitsvorstellungen der Rechtsgenossen darf man nicht allzuhoch veranschlagen. Nehmen wir nur eine Frage, über die vielleicht noch am leichtesten eine Übereinstimmung erwartet werden könnte: eine gesetzliche Vorschrift gegen den Mord. Weitgehende Übereinstimmung wird man noch darüber erzielen, daß der Mord verboten werden solle. Aber das Verbot des Mordes ist noch keine Rechtsnorm. Es muß gegen den Mord eine Sanktion verhängt werden. Und bereits hier teilen sich die Meinungen. Es gibt viele, die für Mörder die Todesstrafe fordern, andere, die gegen die Todesstrafe eingestellt sind. Das Prinzip der Gerechtigkeit, das auf der Evidenz von Gerechtigkeitsvorstellungen ruhen sollte, müßte demnach bereits an einer Frage scheitern, die noch jeder der Rechtsgenossen versteht und zu denen er zu einer Stellungnahme in der Lage ist. Aber die Rechtsordnung muß auch Streitigkeiten lösen, deren Problematik die Mehrheit der Rechtsgenossen gar nicht verstehen würde. Eine Gerechtigkeitsvorstellung darüber wäre also schon gar nicht zu erwarten. Und so werden die meisten Rechtsnormen auf die Bestätigung durch die Evidenz der Gerechtigkeitsvorstellungen der Rechtsgenossen verzichten müssen.

Aber auch eine allgemeinere Überlegung zeigt, daß auf die Gerechtigkeitsvorstellungen der Rechtsgenossen wenig Verlaß ist. Eine besonders klare und überzeugte Vorstellung von dem, was gerecht und ungerecht ist, erhält man meist von jenen, die die Problematik des Streitfalles entweder nicht übersehen können oder nicht übersehen wollen. Je größer die Einsicht in die Aufgaben und die Probleme des Rechts sind, desto größer wird die Bedenkzeit sein, die sich der Befragte ausbittet, um eine reife Antwort geben zu können, und je größer werden die Zweifel sein, die bei dem Suchen nach einer Lösung auftreten. Deshalb muß man gerade den evidenten Gerechtigkeitsvorstellungen, speziell wenn sie von Laien herrühren, besonderes Mißtrauen entgegenbringen.

Es muß Brecht jedoch zugegeben werden, daß er einen Weg beschritten hat, der interessante Aufschlüsse über die Rechtsvorstellungen gibt, die die

Vorstellungen der Rechtsgenossen beherrschen und die auf diesem Wege einen wichtigen Einfluß auf das Rechtsleben ausüben. Zu einem Prinzip, das für jede Rechtsnorm die Entscheidung enthält, ob sie gerecht oder ungerecht ist, gelangt man auf diesem Wege jedoch nicht.

Aber selbst wenn es gelungen wäre, ein solches universales Prinzip der Gerechtigkeit zu entwickeln, so stünde immer noch der Nachweis aus, daß dieses Prinzip der Gerechtigkeit auch verbindlich wäre. Nehmen wir wirklich den Fall an, es gäbe eine Gerechtigkeitsvorstellung, die allen Rechtsgenossen evident wäre. Dann fehlte immer noch der Nachweis, daß man aus der Evidenz der Gerechtigkeitsvorstellungen auf ihre Verbindlichkeit schließen dürfe. Und auch BRECHT kommt nicht darüber hinaus, daß er vermittels seiner Kriterien nur die Beschreibung eines menschlichen Phänomens erhält. Aus diesem möglichen Phänomen läßt sich auch dann die Verbindlichkeit nicht erschließen, wenn man es als eine universale, invariante, unentrinnbare Form des menschlichen Denkens und Fühlens, die auf universalen Merkmalen der menschlichen Existenz beruht, charakterisiert[289].

Auch wenn sich wirklich alle Menschen auf eine eindeutige Gerechtigkeitsvorstellung einigen könnten und wenn sie diese Gerechtigkeitsvorstellung universal, invariant und unentrinnbar dächten und fühlten, auch dann wäre über die Verbindlichkeit dieser Rechtsnormen noch nichts gesagt. Hätte diese Art des Denkens und Fühlens zur Folge, daß die Menschen auch derart handelten, erhielten sie zwar den Charakter der Naturgesetzlichkeit, aber dann wäre ein ungerechtes Verhalten der Menschen gar nicht möglich und eine Rechtsordnung, die ungerechtes Verhalten bekämpft, damit überflüssig. Bleibt es aber bei der Möglichkeit, daß die Menschen in ihrem Verhalten den Gerechtigkeitsvorstellungen nicht entsprechen, so bleibt es bei der Lücke, die Verbindlichkeit solcher Vorstellungen für das Verhalten darzutun[290].

---

[289] „Die Zusammenfassung dieser Postulate würde eine Mindestdefinition der Gerechtigkeit ergeben, die den Anspruch erheben kann, mehr zu sein als nur eine willkürliche, zweckmäßige oder konventionelle Definition, aufgestellt für irgendeinen willkürlichen oder konventionellen Zweck, und auch mehr als eine nur historische Definition. Sie soll die genaue Beschreibung eines menschlichen Phänomens sein, einer universalen, invarianten, unentrinnbaren Form des menschlichen Denkens und Fühlens, die auf universalen Merkmalen der menschlichen Existenz beruht."

BRECHT: Politische Theorie, a. a. O., S. 478.

[290] Einen tiefergreifenden Aufschluß über die methodologischen Gründe für das Scheitern der Begründung von Sollenssätzen auf Seinssätze gibt KLUG in KLUG, ULRICH: Die Reine Rechtslehre von HANS KELSEN und die formallogische Rechtfertigung der Kritik an dem Pseudoschluß vom Sein auf das Sollen, in Law, State, and International Legal Order, Essays in Honor of HANS KELSEN, edited by Salo Engel and R. A. Métall, Knoxville 1964, S. 167 f:

„Die Feststellungen von Kausalitäten und sonstigen Determinationen erfordern Seinsaussagen. Selbstverständlich sind solche Feststellungen auch bezüglich des Entstehungsvorganges von Gesetzen und sonstigen Rechtssätzen möglich, denn Sollenssätze können ebenfalls als Fakten untersucht werden. In einer Meta-

5. Die Rechtsidee

Eine Möglichkeit, die Verbindlichkeit von Rechtsnormen zu begründen, wird auch in der Bezugnahme auf die Rechtsidee gesehen[291].

Die Verbindlichkeit eines Rechtsgebotes und die Verantwortlichkeit für eine Rechtsverletzung soll nicht aus bloß empirischen Tatsachen, aus Macht, Zwang, Befehl, Trieb oder Gefühl erklärt werden. Der Schuldner oder Täter soll verantwortlich unabhängig davon sein, ob das Gericht sie findet, oder ob sie sich verpflichtet fühlten, ja sogar grundsätzlich ohne Rücksicht darauf, ob sie nach den natürlichen Umständen leider versagen mußten[292]. Damit ist der Weg der Begründung einer Verbindlichkeit von Rechtsnormen über die Rechtsidee gegenüber einer wie auch immer ausgestalteten faktischen Geltung abgegrenzt.

Die Verbindlichkeit des Rechts wird aber auch vom Rechtsgefühl abgesetzt. Sie soll weder auf dem Glauben an die Unverbrüchlichkeit der Pflicht, noch auf dem Ergebnis sozialer Einflüsse beruhen[293].

Auch auf Naturgesetzlichkeiten soll die Rechtsidee nicht gegründet werden. Ebenso sind Zweckmäßigkeitsgesichtspunkte bei der Begründung auf die Rechtsidee verbannt[294]. Die Gründe, mit denen ESSER Zweckgesichtspunkte ausschließt, sind jedoch nicht für sich alleine ausreichend. Der Einwand, es gebe nichts, was nicht im Einzelfalle und auf andere Weise einmal noch zweckmäßiger sein könne[295], könnte man dadurch ausräumen, daß man die zweckmäßigste Lösung als der Rechtsidee gemäß definieren würde. Auch der Einwand, Rechtfertigungslehren, die vom Standpunkt ausgingen, z. B.

sprache, d. h. in einer Sprache, in der man über eine andere Sprache, die sog. Objektsprache spricht, kann man in der Form von Seinssätzen über objektsprachliche Sollenssätze reden. Einer der Gründe für die häufig zu beobachtende Verwirrung bei der Analyse des Verhältnisses von Sein und Sollen dürfte gerade darin zu suchen sein, daß man im allgemeinen ohne formalen Verstoß metasprachlich vom Sein des Sollens sprechen darf. Aber das ändert nichts daran, daß eine Sollenssatz-conclusio stets mindestens eine Sollenssatz-Prämisse voraussetzt. Um das ohne nochmaliges Eingehen auf die oben unterIII besprochenen logischen Gründe für das soziologische Argument erneut einzusehen, braucht man sich nur klarzumachen, daß aus der Beobachtung einer Bindung vorkommender Rechtsordnungen bestimmter Art an gesellschaftsgesetzliche Vorgänge ohne Hinzunahme mindestens einer Sollensprämisse immer nur abgeleitet werden kann, daß etwas so ist, niemals aber, daß es auch so sein soll, wie es ist."

[291] „Aus der Erfahrung, d. h. aus dem Wissen vom natürlichen und naturnotwendigen Verlauf der Dinge, ergibt sich nichts Bindendes für die Frage, was sein soll. Dieses Bindende (‚Verbindlichkeit') für die Frage dessen, was sein soll, ergibt sich vielmehr aus der Berufung auf Ideen und absolute Werte."

ESSER, JOSEF: Einführung in die Grundbegriffe des Rechtes und des Staates, Wien 1949, S. 5.

[292] ESSER: Einführung in die Grundbegriffe, a. a. O., S. 5.

[293] ESSER: Einführung in die Grundbegriffe, a. a. O., S. 6.

[294] ESSER: Einführung in die Grundbegriffe, a. a. O., S. 6.

[295] ESSER: Einführung in die Grundbegriffe, a. a. O., S. 6.

Recht sei, was dem Volke diene, ende unvermeidbar mit der Anerkennung des Unrechts und laufe nur auf die Legitimierung der jeweiligen Machthaber hinaus[296], bezieht seinen Grund nicht aus der Verwendung von Zweckgesichtspunkten, sondern aus der Verwendung einer Leerformel. Weil die Zwecke zwar berufen, nicht aber konkret angegeben werden, bleibt es dem das Recht Anwendenden vorbehalten, beliebige Zwecke als die selbstverständlichen Ziele einer Gemeinschaft einzusetzen.

Haben wir hier die Gründe untersucht, ob sie für eine Begründung taugen, so können wir jetzt nicht den Schluß daraus ziehen, die Rechtsidee sei in der oder jener Weise zu definieren. Dies soll den Autoren freistehen, die den Begriff verwenden. Nur die Zwangsläufigkeit ihrer Definition wird erschüttert.

Die Verbindlichkeit des Rechts, wie sie aus der Rechtsidee begründet wird, beruht auf der Zugehörigkeit der Rechtsgebote zu jener, außerhalb der Naturgesetze stehenden Welt der geistigen (oder ideellen) Werte. Die Autorisation, verbindliche Gesetze zu erlassen, „kann weder aus der Selbstherrlichkeit (Autonomie) des Einzelgewissens stammen, noch aus der Anerkennung einer Majorität ... noch überhaupt aus der empirischen Überzeugung ..., sondern nur aus der Repräsentation einer in sich überzeugenden (‚evidenten') Wahrheit, die das Sollen aus sich heraus (autonom) begründet[297]".

Hier zeigt sich die Verwandtschaft der Gedankengänge zu den Vorstellungen, die die Naturrechtslehre kennzeichnet, nämlich, daß analog der evidenten Wahrheiten rechtliche Regelungen existieren, die zu finden Aufgabe der Rechtsgelehrten ist. Es ist jedoch festzuhalten, daß es auch in bezug auf die Naturerkenntnis nicht die evidenten Wahrheiten sind, die Zweifelsfragen lösen, sondern daß dann, wenn eine Hypothese nicht evident ist, andere Kriterien herangezogen werden müssen, um die Probleme zu lösen.

Die Frage, ob sich aus der Rechtsidee die Verbindlichkeit von Rechtsnormen ergibt, soll dadurch der Lösung nähergeführt werden, daß der Vergleich von evidenter Wahrheit der Naturbeschreibung mit der „Rechtswahrheit"[298] weitergeführt wird. Esser sagt hierzu: „Es gibt Naturwahrheiten, die dadurch evident sind, daß ihre Leugnung zu eklatanten Mißerfolgen führt: die sog. Naturgesetze. Ebenso gibt es eine Rechtswahrheit, die sich in der Geschichte manifestiert, freilich nicht als Teil der biologischen Gesetze, wie man eine Zeitlang behauptete, sondern als Teil der Wertgesetze menschlichen Seins[299]."

Wenn die Wahrheit der Naturgesetze, wie Esser richtig darstellt, darauf beruht, daß eine Vorhersage gelingt oder mißlingt, dann liegt es nahe,

[296] Esser: Einführung in die Grundbegriffe, a. a. O., S. 6.
[297] Esser: Einführung in die Grundbegriffe, a. a. O., S. 6.
[298] Esser: Einführung in die Grundbegriffe, a. a. O., S. 6.
[299] Esser: Einführung in die Grundbegriffe, a. a. O., S. 6.

auch die Verbindlichkeit gemäß der Rechtsidee darauf beruhen zu lassen, ob ein bestimmter Erfolg gelingt oder mißlingt. Hierbei ist zu berücksichtigen, daß nicht die Naturgesetze aus diesem Wahrheitskriterium der Naturwissenschaften abgeleitet werden, sondern die Hypothesen der Naturwissenschaften an diesen Kriterien geprüft werden. Sind die Rechtswahrheiten aber derart, daß sie angeben, ob eine Rechtsordnung oder Teilrechtsordnung einen bestimmten Erfolg herbeiführt, etwa den friedlichen Ausgleich bestimmter Interessengegensätze, so hat man eine Aussage gewonnen, aber keine Norm. Man hat in einer soziologischen Aussage die Wirkungen beschrieben, welche mit einer bestimmten Rechtsordnung erzielt werden können. Aber damit ist noch nichts über die Frage entschieden, ob die betreffende Wirkung überhaupt erwünscht ist, noch viel weniger die Hauptfrage, warum die Rechtsnormen einer solchen Ordnung denn verbindlich sein sollen.

Wenn die Naturgesetze mit ihrer Brauchbarkeit, Naturkatastrophen zu begegnen, auch ihren Wahrheitsgehalt bestätigen, so bestätigt die Brauchbarkeit von Rechtsnormen, soziale Katastrophen zu vermeiden, noch nicht deren Verbindlichkeit[300]. Man würde die Verbindlichkeit sonst aus Zweckmäßigkeitsgesichtspunkten ableiten, was bei der Erklärung der Rechtsidee jedoch ausgeschlossen wurde.

Wenn der Unterschied zwischen Naturgesetzen und Rechtsnormen darin liegt, daß Naturgesetze eine Beziehung von Voraussetzungen und Folgen (Ursachen und Wirkungen) beschreiben, die unabhängig von jeder Autorität eintreten, und Rechtsnormen solche Beziehungen beschreiben, bei denen eine Rechtsautorität Voraussetzungen und Folgen verknüpft, so läßt sich aus einer analogen Betrachtung beider Arten von Gesetzen nicht der Begriff der Verbindlichkeit dadurch gewinnen, daß man die Unabhängigkeit der Geltung der Naturgesetze von einer Autorität auf die Geltung von Rechtsnormen überträgt. Denn dann werden Rechtsnormen zu Naturgesetzen oder die Rechtsidee zu einer auf unzulässiger Analogie gegründeten Spekulation.

6. Das Rechtsgefühl

Auch auf das Rechtsgefühl kann die Verbindlichkeit der Rechtsnormen nicht gegründet werden. Auch das Rechtsgefühl ist nicht in der Lage, die beiden Anforderungen zu erfüllen: 1. Kriterien anzugeben, mit deren Hilfe entschieden werden kann, ob eine Rechtsnorm verbindlich oder unverbind-

---

[300] „Der Rechtsbrecher entfesselt nicht (unmittelbar) eine Naturkatastrophe, denn er mißachtet nicht die Gesetze der Physik, Chemie oder Biologie. Aber er legt Grund zu einer sozialen Katastrophe, denn er mißachtet die geistig ebenso unverletzlichen Werte und Wertgrundsätze."

Esser: Einführung in die Grundbegriffe, a. a. O., S. 6.

lich ist, und 2. daß dieses durch die Kriterien charakterisierte Rechtsgefühl auch einen Grund für die Verbindlichkeit von Rechtsnormen darstellt.

Dem Rechtsgefühl fehlt es bereits an der nötigen Bestimmtheit. Das Rechtsgefühl unterscheidet sich von Mensch zu Mensch, von Rechtsordnung zu Rechtsordnung[301]. Aber auch innerhalb einer Rechtsordnung wandelt sich das Rechtsgefühl mit den sozialen Verhältnissen[302].

Aber auch wenn wir das Rechtsgefühl der Rechtsgenossen einer einzigen Rechtsordnung und zu einem bestimmten Zeitpunkt untersuchen, werden wir nicht zu einem eindeutigen Ergebnis kommen. Wäre dem so, so müßte das Rechtsgefühl jeden Interessenkonflikt entscheiden können, und jeder Rechtsgenosse müßte die Entscheidung in dem gleichen Sinne treffen. Allein die Tatsache, daß Parteien vor Gericht stehen, von denen jede das Gefühl hat, sie sei völlig im Recht, zeigt, daß es eine Übereinstimmung der Rechtsgefühle der Rechtsgenossen nicht gibt, sondern daß die Rechtsordnung gerade dann zur Erhaltung des Rechtsfriedens erforderlich ist, wenn das Rechtsgefühl von Rechtsgenossen sehr stark und widerspruchsvoll zu einem Interessenkonflikt Stellung nimmt[303].

Aber selbst wenn es das Problem der Bestimmtheit nicht gäbe, so fehlte auch bei dem Rechtsgefühl immer noch die Möglichkeit, von dem Vorhandensein eines bestimmten Rechtsgefühls auf die Verbindlichkeit von Rechtsnormen zu schließen.

Dennoch bezeichnet ESSER das Rechtsgefühl als Erkenntnismittel zur

---

[301] „Nimmt man an, daß das Rechtsgefühl an der Rechtserzeugung wesentlich beteiligt ist, daß also eine positive Rechtsordnung dem Rechtsgefühl der herrschenden Gruppe entspricht, von der die Rechtsordnung ausgeht, dann kann man die Tatsache, daß Rechtsordnungen in Geltung stehen, die so grundsätzlich verschieden sind, wie eine kapitalistische und eine kommunistische, eine demokratische und eine autokratische Rechtsordnung, nur daraus erklären, daß die Rechtsgefühle der Menschen, die diese Rechtsordnungen gestalten, verschieden sind."

KELSEN: Reine Rechtslehre, a. a. O., S. 428.

[302] „Und ähnlich wie mit der Gerechtigkeit verhält es sich mit dem Rechtsgefühl. — Oft wird es für den Urquell allen Rechtes gehalten. Doch ist es weniger ursprünglich, als wir gern glauben möchten. Nach Zeiten und Völkern ist es recht verschieden. Denn in ihm spiegeln sich — uns unbewußt — die eigenen Rechtserlebnisse und damit die Sozial- und Rechtsverhältnisse der eigenen Umwelt wider. Mit ihnen wandelt es sich, doch gleichsam im Takt der Generationen, weshalb es oft konservativer ist als die Gesetze. Wandeln sich aber die sozialen Verhältnisse und Anschauungen schneller als die Gesetze, so schreitet es ihrer Änderung voran."

REHFELDT: Einführung in die Rechtswissenschaft, a. a. O., S. 94.

[303] „Aber immer bleibt es ein Gefühl und darum durch Neigungen und Interessen bestechlich. Und oft fehlt denen, die sich auf dies Gefühl berufen, die Phantasie dazu, sich in die Lage des anderen versetzen zu können. Doch, enes mannes rede ist kenes mannes rede; ir sult sie hören alle bede! Abwägung aller Umstände und Interessen erst führt zum Rechten und vollends auch zur Gerechtigkeit."

REHFELDT: Einführung in die Rechtswissenschaft, a. a. O., S. 94.

Rechtsermittlung[304]. ESSER unterscheidet das Rechtswissen, das sich empirisch erlangen lasse, und die Erkenntnis der Rechtsidee, die nie auf Erfahrung beruhe, sondern auf reiner Anschauung. Diese Anschauung sei in unserem Bewußtsein, das man deshalb gerne als Quelle des Rechtes anspreche[305].

Hiernach wäre zu erwarten, daß das Rechtsgefühl darüber entscheidet, welche Rechtsnormen als Bestandteil des Rechts anzusehen sind. Da das Recht — jedenfalls an einem bestimmten Ort und zu einem bestimmten Zeitpunkt — nicht zugleich gültig und ungültig sein kann, andererseits aber das Rechtsgefühl in einer Mehrzahl von Rechtsgenossen zu dieser Frage unterschiedlich Stellung beziehen kann, läßt sich ein Widerspruch über Geltung oder Nichtgeltung nur vermeiden, wenn das Rechtsgefühl des Rechtsgenossen in gleichem Sinne entscheidet.

Diese Schwierigkeit vermeidet ESSER, indem er es als einen logischen und sachlichen Trugschluß bezeichnet[306], wenn man folgere, Recht sei das, was das Rechtsgefühl im Einzelfall fordere[307]. Diese Auffassung ist sachlich richtig. Das Rechtsgefühl nimmt zu dem Recht, wie es dies vorfindet, Stellung, nicht macht es Rechtsnormen, die nicht Bestandteil einer Rechtsordnung sind, zu Recht[308]. In bezug auf die Auffassung ESSERS über das Wesen des Rechtsgefühls ist es jedoch kein logischer Trugschluß. Denn wenn das Rechtsbewußtsein die Quelle des Rechtes ist, dann ist ein zulässiger Schluß zu folgern, daß Recht ist, was das Rechtsgefühl im einzelnen fordert.

Das Ergebnis ist jedoch richtig, daß sich aus dem Rechtsgefühl keine eindeutige, nicht einmal eine im wesentlichen widerspruchsfreie Rechtsordnung entnehmen läßt.

7. Die Unverbindlichkeit der Verbindlichkeit

In dem Kapitel über die Verbindlichkeit von Rechtsnormen wurde bisher untersucht, ob die angeführten Wege zum Ziele führen. Zu sonstigen Mängeln dieser Begründungsversuche kam hinzu, daß jeweils der entschei-

---

[304] „Rechtsgefühl und Rechtswissenschaft, die wir gemeinsam zur Rechtsermittlung heranziehen, bilden somit unsere Erkenntnismittel."
ESSER: Einführung in die Grundbegriffe, a. a. O., S. 31.

[305] ESSER: Einführung in die Grundbegriffe, a. a. O., S. 31.

[306] ESSER: Einführung in die Grundbegriffe, a. a. O., S. 31.

[307] „Ein Irrtum, der schon durch die tragischen Zusammenstöße des Rechtsfühlens einzelner Persönlichkeiten mit dem der Masse widerlegt wird."
ESSER: Einführung in die Grundbegriffe, a. a. O., S. 31.

[308] Man könnte zwar Recht als die Summe jener Rechtsnormen, die das Rechtsgefühl als gültig ansieht, definieren. Doch abgesehen von dem Zweifel an der Zweckmäßigkeit eines solchen Begriffes würde man sich zum bestehenden Sprachgebrauch in Widerspruch setzen.

dende Schritt, nämlich von der Existenz dieser Rechtsnormen auf die Verbindlichkeit nicht vollzogen werden konnte[309]. Hier soll nun geprüft werden, ob es möglich ist nachzuweisen, daß die Verbindlichkeit von Rechtsnormen wissenschaftlich nicht begründet werden kann.

Will man die Verbindlichkeit von Rechtsnormen begründen, so muß man Sätze haben, aus denen sich die Verbindlichkeit ableiten läßt. Aber es bedarf nicht nur des Bestehens eines Deduktionszusammenhangs. Die Sätze, aus denen die Verbindlichkeit abgeleitet werden soll, müssen selbst gültig sein. Fragen wir nun, welcher Art die Geltung sein muß, die jene Prämissen besitzen müssen.

Die faktische Geltung wird nicht ausreichen, um die Verbindlichkeit von Rechtsnormen herleiten zu können. Mit dem Begriff der faktischen Geltung läßt sich darstellen, welche Sanktionen auf welche Tatbestände folgen. Diese Geltung kommt demnach keinem Satz zu, der sagt, daß eine bestimmte Rechtsnorm verbindlich sei.

Auch aus Sätzen, denen eine verfassungsmäßige Geltung zukommt, kann eine Verbindlichkeit nicht abgeleitet werden. Man kann zwar den Satz auf-

---

[309] Über dieses Bemühen der Rechtsphilosophie zu einer Verbindlichkeit zu gelangen, sagt EMGE, der, um der Unmittelbarkeit der Formulierung willen, im Zusammenhang zitiert werden soll:

„Wie jedoch aus ‚Norm' im Sinne von ‚Anmaßung der Machthaber' eine ‚Norm im verbindlichen Sinne' werden könne, wie der Sprung aus dem einen: dem Tatsächlichen, ins andere: das Verbindliche ‚logisch möglich' wird, das kann man in der Tat als die ‚verfluchte Frage der Rechtsphilosophie' bezeichnen. So hat wohl nicht nur die Religionsphilosophie, sondern jede ‚Bindestrichphilosophie' ihre verfluchte Frage. Sie zielt auf das entscheidende grundlegende Moment bei der entsprechenden Einzelwissenschaft. Unsere verfluchte Frage ist die rechte Crux, an die der positivistische Jurist geschlagen werden muß, wenn er Aussicht auf Seligkeit gewinnen soll. Dieser Positivist, der zunächst ja nur zu bluffen sucht, indem er Zauberkunststücke vormacht. Solange bis der mißtrauische Rechtsphilosoph feststellt, daß der Gaukler gar nicht auf der Leiter in den Himmel gelangt ist, sondern, schmunzelnd und schmauchend, nach wie vor am Boden sitzt, tief auf dem Sand. Den Hokuspokus bei diesen Verwandlungskunststückchen machen dabei die Interpretationsmätzchen aus, womit seit alters her unsere Positivisten sich zu entlasten suchen. Sie verdanken ihre Geltung durchaus nicht der Logik, sondern dem Interesse der jeweiligen Machthaber, die sich durch diese positivistischen Geschäftsallüren besonders gut bedient fühlen. Auf dem Aushänge- und Reklameschild davor aber steht meistens nur ein Wort: ‚Sicherheit'. Ein Schlagwort, dessen Unbestimmtheit die Rechtsphilosophie längst aufgedeckt hat. Man braucht ja eigentlich nur zu fragen: Sicherheit für wen und inwiefern? Sicherheit vor wem? Schließlich: Sicherheit wozu? Und Sicherheit inwieweit? — Die ‚verfluchte Frage': welche logischen Gründe nötig wären, damit aus Normen im Sinne von Anmaßungen, entsprungen aus einer höchsten Gewaltkonstellation, in irgendwelchem Erfahrungsbereich, schließlich Normen im Sinne maßgeblicher Pflichten werden, müssen wir an dieser Stelle ungelöst lassen."

EMGE, CARL AUGUST: Über das Verhältnis von „normativem Rechtsdenken" zur „Lebenswirklichkeit", Wiesbaden 1956, S. 89 f.

stellen, Rechtsnormen, die verfassungsmäßige Geltung besitzen, sind verbindlich. Doch ist das Problem damit nicht gelöst. Entweder läßt man die Frage durch diesen Satz beantwortet sein, dann ist dieser Satz jedoch eine Definition. Dann ist diese Verbindlichkeit von Rechtsnormen ein anderer Ausdruck für die verfassungsmäßige Geltung von Rechtsnormen.

Dies entspräche jedoch nicht der üblichen Auffassung von der Verbindlichkeit von Rechtsnormen. Will man mit dem oben zitierten Satz jedoch sagen, die Rechtsnormen, die verfassungsmäßige Geltung besitzen, hätten auch die Eigenschaft, daß sie verbindliche Rechtsnormen seien, so bleibt die Aufgabe bestehen, diesen Satz nun weiter zu begründen. Es bleibt demnach nachzuweisen, daß verfassungsmäßige Rechtsnormen auch verbindliche Rechtsnormen sind.

Es könnte nun auch sein, daß eine Verfassung den Satz enthält, auf bestimmte Weise gekennzeichnete Rechtsnormen seien verbindlich. Damit hat man zwar eine Verbindlichkeit, wie sie die Verfassung vorschreibt, aber die Verbindlichkeit dieser Verbindlichkeit bleibt weiter darzutun. Die Verbindlichkeit dieser Vorschrift hängt von der Verbindlichkeit der Verfassung ab. Die Verfassung selbst besteht aus Rechtsnormen, die man bei dem Begriff der verfassungsmäßigen Geltung als Ausgangspunkt wählt. Aber damit hat man nur einen Maßstab gewonnen, um Rechtsnormen auf ihre Vereinbarkeit mit jenem Ausgangspunkt, mit jenen Prämissen, nachzuprüfen. Die Verbindlichkeit der Prämissen selbst ist damit noch nicht dargetan. Demnach führt auch der Begriff der verfassungsmäßigen Geltung nicht zum Ziele.

Nach unserer Einteilung der Geltungsbegriffe ist die Verbindlichkeit von Rechtsnormen demnach nur noch ableitbar aus Sätzen, denen ideelle Geltung zukommt. Dies bedeutet, daß die Verbindlichkeit aus Sätzen abgeleitet wird, die von irgendeinem Autor als gültig empfohlen sind. Damit ergibt sich als Inhalt des Satzes „diese oder jene Rechtsnorm ist verbindlich“ die bescheidene Bedeutung „diese oder jene Rechtsnorm empfehle ich, der Regelung von Interessenkonflikten zugrunde zu legen“.

Damit führt der Begriff der Verbindlichkeit auf die Aussagen dessen zurück, der die Verbindlichkeit untersucht. Verfolgt man den Gedankengang, so zeigt sich, daß die Verbindlichkeit nur die psychologische Wirkung hat, daß die Lösung eines Interessenkonfliktes nicht nur die Meinung eines Autors sei oder nicht nur verfassungsmäßige Geltung oder nur faktische Geltung besitze, sondern darüber hinaus auch verbindlich sei. Geht man der Begründung dieser Verbindlichkeit nach, so zeigt sich, daß auch die Behauptung, dieser Lösungsvorschlag sei verbindlich, selbst wieder eine unverbindliche Empfehlung ist.

Es ist interessant, daß eine solche Art der Begründung schon durch die Gesetze der Logik ausgeschlossen ist. Behauptet man, bestimmte Sätze seien verbindlich, und verlangt man, daß auch jene Sätze, aus denen die Verbindlichkeit abgeleitet werden soll, wieder verbindlich seien, so haben wir Sätze, die über sich selbst etwas aussagen. Dies würde bedeuten, daß dieser Satz sowohl der Objektsprache als auch der Metasprache angehört. Ein solcher Satz ist jedoch zu vermeiden, da er zu semantischen Autonomien führen kann.

Abgesehen von dieser rein logischen formellen Begründung haben wir gesehen, daß der Begriff der Verbindlichkeit schon daran scheitert, daß er selbst nicht verbindlich ist. Und deshalb sind alle Begründungsversuche, die die Verbindlichkeit von Rechtsnormen dartun wollen, zum Scheitern verurteilt. Als Folgerung hieraus ergibt sich, daß der Begriff der Verbindlichkeit von Rechtsnormen wissenschaftlich unbrauchbar ist[310].

Der Begriff der Verbindlichkeit von Rechtsnormen erhält eine Funktion nur aus seiner Suggestionskraft. Wer die Verbindlichkeit von Normen in einen großen Begründungszusammenhang stellt und hierbei den Begriff der Verbindlichkeit nicht relativiert oder als Abkürzung für einen anderen Ausdruck der Geltungslehre gebraucht, verläßt hierdurch den Bereich wissenschaftlicher Untersuchung und damit den Bereich der Rechtswissenschaft.

VI. Die Relativität der Geltungsbegriffe

1. Die Relativität der Werte

Im vorhergehenden Kapitel über die Verbindlichkeit von Rechtsnormen wurde im letzten Punkt die Unverbindlichkeit dieses Begriffes der Verbindlichkeit dargelegt und kurz bewiesen. Da aber der Gedanke der Verbindlichkeit des Rechts in den rechtsphilosophischen und rechtstheoretischen Überlegungen immer wieder zum Gegenstand von Untersuchungen gemacht wird, sollen nun die Ausführungen zu dieser Frage in einen weiteren Zusammenhang gestellt werden.

Mit der Entwicklung der Sozialwissenschaften entstand den Disziplinen dieses Wissenschaftsbereiches ein bedeutungsvolles Problem. Es handelt sich um das Wertproblem. Im Ergebnis dürfte dieses Problem als gelöst angesehen werden. Dies jedenfalls in dem Sinne, daß derjenige, der die Lösung kennt, dieses Ergebnis seinen weiteren Forschungen zugrunde legt.

Die entscheidende Frage des Wertproblems kann nicht dahingehend lauten, ob überhaupt Werte in wissenschaftlichen Aussagen enthalten sein dürfen. Werte sind ein Phänomen, das sich möglicherweise anders formulieren läßt, das aber insbesondere bei der Untersuchung sozialer Beziehungen immer wieder auftaucht. Werte können demnach zum Gegenstand wissenschaftlicher Aussagen gemacht werden. Es bereitet wissenschaftlich keine Schwierigkeiten, Werte in ihren Abhängigkeiten zueinander zu untersuchen, Wertsysteme zusammenzustellen und auf ihre Eigenschaften zu untersuchen.

---

[310] "... I reject the idea of a specific a priori 'validity' which raises the law above the world of facts, and reinterpret validity in terms of social facts."
Ross, Alf: On Law and Justice, London 1958, S. IX.

Auch die Frage, ob Werturteile wissenschaftlich begründbar sind, kann nicht einfach verneint werden. Es lassen sich Werturteile aus anderen Werturteilen ableiten. Entscheidend aber ist die Frage, ob die Prämissen, aus denen Werturteile begründet werden, selbst bewiesen werden können. Und diese Frage muß mit nein beantwortet werden.

Man stellt die Frage oft auch so, daß man fragt, ob es absolute Werte gebe. Diese Art der Formulierung ist insofern ungeschickt gewählt, als man sie nicht mit ja oder nein beantworten kann. Man kann weder beweisen, daß es absolute Werte gibt, noch kann man beweisen, daß es keine gibt. Aber aus dieser Unentscheidbarkeit ergeben sich Folgerungen für die Zulässigkeit der Verwendung absoluter Werte in wissenschaftlichen Abhandlungen. Läßt sich die Existenz absoluter Werte nicht beweisen, so reicht dies völlig aus, um ihnen in wissenschaftlichen Systemen und der Rechtsbegründung den Charakter der Notwendigkeit zu nehmen. Der Begriff der absoluten Werte ist — jedenfalls in unserem Problemzusammenhang — nur die Bezeichnung für jene Prämissen, aus denen sich die übrigen Werturteile ableiten lassen. Es hat wenig Sinn, nach der Existenz dieser Prämissen zu fragen, sondern die Frage lautet, wie diese Prämissen begründet werden können. Lassen sich aber die Prämissen nicht begründen, so kommt ihnen auch kein Wertcharakter in dem Sinne zu, daß aus ihnen andere Werturteile begründet werden könnten, ohne auf weitere Werturteile zurückzugreifen als diejenigen, die als absolute Werte bezeichnet werden.

Daß sich Werte also nur begründen lassen, in dem Sinne, daß sie sich nur auf andere Werte zurückführen lassen, so daß der Begründungszusammenhang seinen Ausgangspunkt immer von Werten nimmt, die sich nicht selbst wieder begründen lassen, sei mit dem Begriff der Relativität der Werte gemeint.

Eine Untersuchung, die vom Standpunkt des wissenschaftlichen Wertrelativismus ausgeht[311], kann demnach einzelne Wertsysteme beschreiben,

---

[311] „Kurz formuliert lehrt der wissenschaftliche Wertrelativismus (oder Alternativismus) daß:

1. die Frage, ob etwas „wertvoll“ ist, wissenschaftlich nur beantwortet werden kann unter Bezugnahme

a) auf ein Ziel oder einen Zweck, zu deren Verfolgung es nützlich (wertvoll) ist oder nicht, oder

b) auf Vorstellungen, Ideen oder Meinungen (alles englisch durch das eine Wort „ideas“ ausgedrückt), die ein Einzelner oder eine Gruppe von Personen darüber hat, was wertvoll oder nicht wertvoll ist; und daß infolgedessen

2. unmöglich ist, wissenschaftlich festzustellen, welche Ziele und Zwecke „wertvoll“ sind, ohne Bezugnahme

a) auf den Wert, den sie für die Verfolgung anderer Ziele und Zwecke haben, oder

b) auf Vorstellungen, Ideen oder Meinungen, die jemand über erstrebenswerte — insbesondere „mittelbar verfolgte“ (ulterior) oder „letzte“ (ultimate) — Ziele und Zwecke hat.“

Brecht: Politische Theorie, a. a. O., S. 139 f.

sie kann auch neue Wertsysteme entwickeln, sie kann die Brauchbarkeit dieser Wertsysteme untersuchen, aber sie kann nicht entscheiden, welchem Wertsystem absolute Geltung in dem Sinne zukomme, daß ihm ein Vorrang gebühre, ohne daß auf einen bestimmten Zweck, d. h. auf einen höchsten Wert, Bezug genommen würde.

Man darf hieraus nicht die Folgerung ziehen, daß dann die Auffassung des Wertrelativismus' nicht brauchbar sei und man eine andere Theorie entwickeln müsse. Der Wertrelativismus mag eine Reihe von Problemen aufwerfen, die insbesondere für die Rechtswissenschaft nur schwer zu lösen sind, aber keine Auffassung und keine Theorie kann an der Tatsache vorbeigehen, daß höchste Werte oder absolute Werte intersubjektiv nicht nachprüfbar sind.

Wenn das Wertproblem in der Rechtswissenschaft noch nicht jene breite Diskussion wie in anderen Wissenschaften ausgelöst hat, so mögen hierfür zwei Gründe angeführt werden. Zunächst ist die Rechtswissenschaft, insbesondere auch in ihrer Einstellung zu den Rechtsproblemen, der Rechtspraxis stark verhaftet. Aufgabe des Richters ist es aber, Werturteile zu fällen. Und die Rechtswissenschaftler, zum Teil aus qualifizierten Richtern hervorgegangen, behalten oft die gleiche Einstellung zu Rechtsproblemen, wie Gerichte sie innehaben. Diese Stellungnahme wird von ihnen auch oft erwartet. Dennoch leisten sie hier die Funktion des Richters, nicht des Rechtswissenschaftlers. Will der Rechtswissenschaftler wissenschaftlich einwandfreie Aussagen machen, so muß er das Wertproblem in gleicher Weise gelöst haben, wie das für andere Wissenschaften gilt.

Vielleicht gibt es noch einen anderen Grund, weshalb das Wertproblem nicht diese umkämpfte Rolle gespielt hat, wie dies bei den anderen Sozialwissenschaften der Fall war. Ausgangspunkt für die Bedeutung des Wertproblems ist die Gefahr, daß der Wissenschaftler, der dieses Problem nicht gelöst hat, sich zum parteilichen Verfechter irgendwelcher Interessen macht. Mag für den Wissenschaftler, der von seinem Ausgangspunkt aus nach Wahrheit strebt, die Gefahr groß sein, ein Interesse mit der Wahrheit zu verwechseln und statt der Wahrheit einen bestimmten Interessenstandpunkt zu vertreten, der Rechtswissenschaftler, der zu einem Interessenkonflikt Stellung nimmt, wird selbst dann, wenn er sich des Wertproblems nicht bewußt ist, im allgemeinen nicht mit gleicher Blindheit einem Interessenstandpunkt verfallen. Der Rechtswissenschaftler, der eine solide Ausbildung in der Lösung von Interessenkonflikten erhalten hat, hat es gelernt, mit Interessenkonflikten umzugehen. Macht er deshalb Aussagen, die nicht frei von Wertungen sind, so bewahrt ihn seine Erfahrung und sein Rechtsgefühl vor besonders krassen Fehlern. In vielen Fällen wird die Lösung, auf diese Art gewonnen, sich mit den Erfordernissen des Einzelfalles decken. Doch darf man die Gefahren nicht übersehen, daß eine mehr pragmatische Objektivität in ungleich größerem Ausmaß der Verfälschung durch unsachliche Argumentation ausgesetzt ist als es eine wissenschaftlich exakte Methode sein kann.

2. Die Rolle apriorischer Geltungsbegriffe

Wir haben gesehen, daß der Inhalt des Begriffs der Geltung von Rechtsnormen durch eine Definition bestimmt wird und daß daher dieser Begriff nur in bezug auf einen Zweck als zweckmäßig oder unzweckmäßig, jedoch nicht als richtig oder falsch, verbindlich oder unverbindlich, bewertet werden kann. Nicht nur, daß ein solches Urteil wissenschaftlich nicht begründbar ist; es macht schon Schwierigkeiten, die Maßstäbe des Geltungsbegriffes von richtig oder unrichtig, verbindlich oder unverbindlich, hinreichend zu präzisieren. Da aber in der rechtsphilosophischen und rechtstheoretischen Literatur in verschiedener Ausgestaltung Geltungsbegriffe, denen die Eigenschaften absolut, verbindlich oder alleingültig zugeschrieben werden, vorgestellt werden, soll untersucht werden, welche Funktion jene Geltungsbegriffe leisten.

Bei der Begründung rechtlicher Sätze — seien es nun rechtliche Entscheidungen oder Rechtsnormen — stößt man auf eine Mindestbasis von Rechtsnormen, die logisch nicht weiter begründet werden können. Von der Auswahl dieser Mindestbasis hängt es ab, welchen Inhalt eine bestimmte Rechtsordnung erhält. Da die übrigen Sätze aus der Mindestbasis ableitbar sind, läßt sich die Geltung dieser Sätze auf die Geltung der Rechtsnormen, die zur Mindestbasis gehören, zurückführen. Das Problem, die Auswahl einer bestimmten Mindestbasis von Rechtsnormen zu begründen, kann dadurch gelöst werden, daß man einer solchen Mindestbasis apriorische Geltung zuschreibt.

Unter apriorischer Geltung soll der Umstand verstanden werden, daß Rechtsnormen als gültig angesehen werden, ohne daß auf weitere Begründungen zurückgegriffen wird. Da die Eigenschaften von Rechtsnormen, wie Verbindlichkeit, absolute Geltung, Richtigkeit, nur willkürliche Festsetzungen sind, so sind auch alle Rechtsnormen, die auf diese Festsetzungen hin als gültig angesehen werden, als solche von apriorischer Geltung anzusehen.

Eine einfache und die Kritik möglichst fernhaltende Methode besteht darin darzutun, daß etwas anderes als jene Normen, die als apriorisch gültig eingeführt werden sollen, gar nicht Recht heißen könne[312]. Diese Methode

---

[312] Ein besonders deutliches Beispiel gibt Bergbohm:

„Spricht man aber von jenem Recht im objektiven Sinne und bezeichnet es dann näher als das ‚geltende' oder ‚positive' Recht, so ist die häufige Wiederholung dieses Zusatzes angesichts der oftmals sehr nahen Möglichkeit eines Mißverständnisses nicht nur gerechtfertigt, sondern sogar geboten. Die Prädizierung des Rechts als ‚geltendes' oder ‚positives' enthält ohne Zweifel einen Pleonasmus."

Bergbohm, Karl: Jurisprudenz und Rechtsphilosophie, Leipzig 1892, S. 49.

Um zu zeigen, wie selbstverständlich die Ausschließung der Benennung anderer Rechtsnormen als Recht auch die Verwerfung solcher Rechtsnormen zur Folge muß in dem Maße, in dem sich die Erkenntnis durchsetzt, daß Benennungen willkürliche Festsetzungen sind, an Wirksamkeit verlieren. Die Möglichkeiten, Rechtsgenossen und auch Organen der Rechtspflege bestimmte Rechtsnormen als solche mit apriorischer Geltung ins Bewußtsein zu bringen, sollen hier nicht im einzelnen vorgeführt werden. Da alle mit den gleichen Überlegungen widerlegt werden können und alle auf die gleiche typische Weise ihre Wirksamkeit entfalten, kann darauf, ohne die Vollständigkeit des Beweisgangs einzuschränken, verzichtet werden.

Das Aufstellen eines apriorischen Geltungsbegriffs entfaltet eine spezifische Wirksamkeit, aus der sich eine Reihe weiterer Folgen ergibt. Da das Aufstellen eines apriorischen Geltungsbegriffs einen Verstoß gegen wissenschaftliche Methodik darstellt, liegt die Wirksamkeit eines solchen apriorischen Geltungsbegriffes auch zuletzt im Bereich wissenschaftlicher Auseinandersetzung.

In welcher Weise apriorische Geltungsbegriffe wirksam werden, läßt sich dadurch nachweisen, daß man die Fragen sucht, auf die diese Begriffe Antwort geben.

Wer Rechtsnormen für verbindlich erklärt, will damit zum Ausdruck bringen, daß Rechtsgenossen ihr Verhalten danach auszurichten haben und daß Richter die darin vorgeschriebenen Sanktionen verhängen müssen. Der apriorische Geltungsbegriff leistet demnach die Funktion, daß er eine bestimmte rechtliche Ordnung als allein gültig erklärt und die Pflicht unterstellt, jeder habe sich dieser Ordnung zu unterwerfen.

Wie weittragend die Auswirkungen apriorischer Geltungsbegriffe sein können, zeigt die Tatsache, daß ein solcher Begriff selbst dann seine Wirksamkeit behält, wenn er einer Rechtsordnung zugeschrieben wird, die einem Teil der Rechtsgenossen sogar das Recht auf Leben streitig macht. Die Rolle des apriorischen Geltungsbegriffs liegt darin, daß der Begriff der rechtlichen Ordnung an eine einzige Ausgestaltung aller Möglichkeiten geknüpft wird und daß jeder Versuch, eine andere Rechtsordnung zu entwerfen, als reine Spekulation entwertet oder gar als verwerflich erklärt wird. Damit wird die Ausgestaltung der rechtlichen Ordnung zur Sache anderer Mächte, meist der herrschenden Staatsgewalt, gemacht und dieser alleine vorbehalten. Ein apriorischer Geltungsbegriff bewirkt so eine Knebelung des menschlichen Verstandes und erschwert die Erkenntnis des Wirkungsgefüges rechtlicher Ordnungen. Wäre die Unverbindlichkeit apriorischer Geltungsbegriffe Ge-

---

haben muß, seien die Bemerkungen BERGBOHMs zu der Verwendung dieses angeblichen Pleonasmus wiedergegeben:

„Ein schlagender Beweis für die Erbärmlichkeit der Zustände in der rechtsphilosophischen Terminologie, als die Tatsache, daß selbst der Gebrauch der genannten oder ähnlicher Epitheta nicht gegen Mißverständnisse und Verdrehungen schützt, wird sich kaum finden lassen."

BERGBOHM: Jurisprudenz und Rechtsphilosophie, a. a. O., S. 49.

meingut wenigstens der Gebildeten, die im Dritten Reich lebten, gewesen, es hätte nicht zu jener Gewissensnot kommen können, in der sich die aufrichtigen Charaktere des Widerstandes gegen das Dritte Reich oft befanden.

Man hat aus diesen Erfahrungen die Lehren gezogen und den Positivismus entthront, aber man sah den Fehler nicht in der Struktur der Geltungslehre, sondern glaubte an einen Fehlgriff bei der Auswahl des Geltungsbegriffes. Man wählte jetzt andere apriorische Geltungsbegriffe, so zum Beispiel das Naturrecht, dem nun eine besondere Rolle zukam. Aber der Versuch, einen befriedigenden Geltungsbegriff dieser Art zu gewinnen, ist — wie wir dargelegt haben — nicht nur zum Scheitern verurteilt, er verstellt auch den Zugang zu der Lösung der großen rechtstheoretischen und rechtsphilosophischen Fragen, die heute nicht nur wissenschaftliche, sondern auch politische Aktualität besitzen.

So scheint mitunter das Verhältnis des Juristen zur herrschenden Macht die Soziologen mehr zu interessieren als die Juristen selbst. Die Tatsache, daß der Richter heute sehr oft mit Gesetzen zu tun hat, die nicht, wie etwa das Bürgerliche Gesetzbuch, das Ergebnis langer Bemühungen auch der Rechtswissenschaft seiner Zeit sind, sondern das Ergebnis einer Auseinandersetzung um die Durchsetzung meist wirtschaftlicher Interessen, beraubt den Richter oft des Gefühls, Sachwalter der Bestrebung zu sein, eine menschlich vertretbare dauerhafte und den Rechtsfrieden sichernde Lösung eines Interessenkonflikts zu geben. Auch die breite Diskussion der Hintergründe und des Entstehens von Gesetzen und die Anteilnahme der Bevölkerung an dem Ausgang von Rechtsstreitigkeiten bringen Rechtsgelehrten und Richtern immer wieder die Verdächtigung ein, aus welchen Gründen auch immer die Interessen einer bestimmten Gruppe zu fördern.

Man darf die Gründe für das Entstehen solcher Schwierigkeiten nicht einfach in Schwächen unserer Rechtsordnung suchen, sondern muß in Rechnung stellen, in welchem Maße die Aufgaben des Rechts angewachsen sind. Da dies noch zusammentrifft mit der Entwicklung, daß es keine Werteordnung mehr gibt, die in dem Denken der Rechtsgenossen vorherrscht, sondern daß sich auch in den Wertordnungen ein Pluralismus entwickelt, der der Rechtswissenschaft und der Rechtspraxis eine Anlehnung etwa an gute Sitten erschwert, zeigt sich, daß Rechtswissenschaft und Rechtspraxis nur dann diese große Aufgabe meistern können, wenn die Grundlegung tiefer gelegt wird.

3. Der Einfluß des Irrationalen auf die Stabilität einer Rechtsordnung

Haben wir gesehen, daß es nicht möglich ist, mit wissenschaftlich einwandfreier Methode die Verbindlichkeit von Rechtsnormen nachzuweisen, so muß doch untersucht werden, ob nicht der Glaube der Rechtsgenossen an eine Verbindlichkeit von Rechtsnormen eine Funktion ausübt, die der Stabilität einer Rechtsordnung dienlich ist. Solche Einflüsse, die aus Überzeugungen herrühren, die nicht begründbar sind, sollen im Gegensatz zu denen, die auf bestimmte Zielsetzungen zurückgeführt werden können, als irrational bezeichnet werden.

Vergleichen wir die Überzeugung von der Verbindlichkeit von Rechtsnormen mit den wissenschaftlichen Einsichten zu diesem Problem, so ergibt sich, daß es sich um eine Überzeugung von etwas handelt, das es gar nicht gibt. Das schließt jedoch nicht aus, daß von dieser Überzeugung ein starker Einfluß auf die Rechtswirklichkeit ausgeht. Oder wenn man genauer formulieren will, die Überzeugung von der Verbindlichkeit von Rechtsnormen gehört selbst zur Rechtswirklichkeit.

Der Glaube an die Verbindlichkeit von Rechtsnormen erleichtert es dem Rechtsgenossen, eine rechtliche Regelung auch dann zu akzeptieren, wenn sie von ihm eine starke Einschränkung seiner Interessen verlangt. Der Glaube an die Verbindlichkeit des Rechts gibt den rechtlichen Lösungen das Gefühl des Unabänderlichen, gegen das eine Auflehnung im Grunde sinnlos ist. Man kann sich auch gegen eine solche Regelung auflehnen, aber man bleibt sich bewußt, daß man gegen die Anforderung des Rechtes verstoßen hat und daß es vielleicht verborgen bleiben kann, daß man gegen diese Norm verstoßen hat, daß es aber unzweifelhaft ist, daß ein Verstoß vorliegt.

Der Glaube an die Verbindlichkeit des Rechts wird stark gefördert durch die Hoffnungen auf das, was man von dem Recht erwartet. Soll die Rechtsordnung den Menschen vor der Willkür schützen, so würde dieses Ziel am besten dadurch erreicht, daß diese Rechtsordnung eine unverrückbare Ordnung wäre, daß sie von weiteren Begründungen und Zielsetzungen nicht mehr abhängen würde.

Relativiert man den Geltungsbegriff oder genauer gesagt, weist man nach, daß der Geltungsbegriff nur relativ zu dem Zweck, dem dieser Begriff dienen soll, beurteilt werden kann, so könnte die Gefahr entstehen, daß die Überzeugung von der Verbindlichkeit des Rechts erschüttert und als Folge hiervon die Anerkennung und Unterstützung der Rechtsordnung durch die Rechtsgenossen untergraben wird. Eine solche Erschütterung könnte jedoch letzten Endes nur dann erwartet werden, wenn es keine andere Grundhaltung gäbe, die fähig ist, eine Rechtsordnung zu tragen.

4. Die Bedeutung rationaler Rechtstheorien

Die Auswirkungen der Auffassungen über den Begriff der Rechtsgeltung, die im vorhergehenden dargestellt wurden, zeigen, daß die vorliegende Untersuchung nicht nur eine Untersuchung über die Rechtswirklichkeit darstellt, sondern daß sie selbst auf die Rechtswirklichkeit einwirkt. Diese Rückkoppelung von Untersuchung und Untersuchungsgegenstand tritt zwar auch gelegentlich in den Naturwissenschaften auf, ist aber kennzeichnend für Untersuchungen über sozialwissenschaftliche oder rechtliche Problembereiche.

Man kann zunächst fragen, ob eine rationale Rechtstheorie nicht geeignet ist, den Bestand jeder Rechtsordnung überhaupt zu untergraben. Da diese Frage empirischer Natur ist, wird sie sich nur mit einer gewissen Unbestimmtheit ohne weitergehende empirische Untersuchungen beantworten lassen. Aber man wird so viel doch sagen können, daß derjenige, der die Relativität der Geltungsbegriffe von Rechtsnormen durchschaut, auch die Einsicht hat, daß nur eine beständige Rechtsordnung ein Leben garantiert, das dem Minimum dessen entspricht, was man als menschenwürdiges Dasein bezeichnen kann. Eine Gefahr für den Bestand der Rechtsordnung kommt, wie die Vergangenheit lehrt, eher aus der entgegengesetzten Richtung, indem die Wertgläubigkeit der Menschen mißbraucht wird, um Maßnahmen zu organisieren, die einen tieferen Fall in Barbarei beinhalten als eine Lokkerung der Gesetzestreue bewirken könnte.

Formuliert man die Frage dahingehend, ob von einer rationalen Rechtstheorie nicht eine Bedrohung für die Stabilität einer Rechtsordnung ausgeht, so ist zunächst zu fragen, in welchem Umfang eine solche Rechtstheorie überhaupt auf die Überzeugungsbildung einwirkt. Eine Rechtstheorie wird über den Kreis der Juristen hinaus noch von einer kleinen Gruppe Gebildeter erreicht und verstanden, deren Loyalität gegenüber Gesetz und Recht ohnehin nicht auf Wertgläubigkeit, sondern auf Einsicht beruht. Was die Rechtspraxis anbetrifft, so könnte die Relativierung des Geltungsbegriffs wenigstens für die Übergangszeit eine gewisse Unsicherheit hervorbringen. Doch wäre es wünschenswerter, wenn man den Richter in die ganze Problematik der Geltung von Rechtsnormen einweihte, als ihn mit Vereinfachungen zu beruhigen, die ihn zwar vor vielen rechtlichen Problemen bewahren, ihm deren Lösung jedoch auch verstellen.

Die rationale Betrachtung von rechtlichen Erscheinungen ist aber auch bereits eingeführt. Die Auseinandersetzung politischer Parteien und Interessenverbände um die eine oder andere Lösung rechtlicher Fragen drängt ohnehin dem Bewußtsein die Vorstellung auf, daß Rechtsnormen nicht absolute Geltung besitzen, sondern daß sie als Ergebnis von Interessenkämpfen entstehen. Diese Entwicklung zwingt geradezu die Rechtswissenschaft, eine Rechtstheorie zu entwickeln, die es dem Verstande ermöglicht, die Rechtswirklichkeit so zu erfassen, wie sie sich dem unvoreingenommenen Betrachter darbietet.

VII. Die Anwendungsmöglichkeiten der Geltungsbegriffe

1. Rechtsnormen als Prognose für die Rechtsgenossen

Für jeden Rechtsgenossen ist es interessant, wenigstens in seinem eigenen Lebensbereich zu wissen, welche Tatbestände welche Rechtsfolgen auslösen. Dieses Wissen kann aus den verschiedensten Gründen gesucht werden.

Motiv für die Frage, auf welche Tatbestände welche Rechtsfolgen eintreten werden, kann der Wunsch sein, sich gesetzmäßig zu verhalten. Eine solche Frage darf man nicht schon mit der Begründung als überflüssig ablehnen, daß das Rechtsgefühl diese Funktion übernehme. Zwar wird sich der billig und gerecht Denkende im Regelfall auf sein Rechtsgefühl verlassen können, doch wird es auch Fälle geben, die komplizierter gelagert sind, so daß das Rechtsgefühl keine eindeutige Antwort gibt. In solchen Fällen wird gerade der gewissenhafte Rechtsgenosse nicht auf seine Vorahnung vertrauen, sondern sich genau darüber informieren, welchen Rechtsnormen der vorliegende Sachverhalt unterliegt.

Die Frage, auf welche Tatbestände welche Rechtsfolgen eintreten, kann jedoch auch zu dem Zwecke gestellt werden, zu erfahren, wie groß das Übel ist, das man bei einer Gesetzesübertretung in Kauf nimmt. Die Frage mag zu dem Zweck erfolgen, zu überlegen, ob sich ein gesetzwidriges Verhalten, gemessen an dem daran geknüpften Übel, lohnt[313].

Fragt man, welche Rechtsfolgen auf welche Tatbestände zu erwarten sind, so fragt man nach den Maßnahmen, die die Organe der Rechtspflege verhängen werden. Sätze, die die Beziehungen zwischen den Maßnahmen der Organe der Rechtspflege und den Bedingungen, unter denen die Maßnahmen durchgeführt werden, beschreiben, haben die Form von Rechtsnormen. Und solche Rechtsnormen, die die Beziehungen zwischen Voraussetzungen und Maßnahmen in der Weise, daß sie der Wirklichkeit entsprechen, beschreiben, entsprechen den Rechtsnormen, denen faktische Geltung zukommt. Denn die faktische Geltung war gerade dadurch erklärt, daß sie jenen Rechtsnormen zukommt, die das Wirken des Sanktionsapparates adäquat beschreiben.

Bei der Verwendung des Begriffs der faktischen Geltung zur Prognose der Rechtsfolgen, die durch einen bestimmten Sachverhalt ausgelöst werden,

---

[313] Diese Frage darf nicht schon deshalb ausgeschlossen werden, weil die Fragestellung bereits die Einstellung einschließe, möglicherweise unter Inkaufnahme der Sanktionen, den Gesetzen entgegenzuhandeln. Von allgemein wissenschaftlichem Interesse abgesehen, kann auch für den gemeinschaftsbejahenden Rechtsgenossen die Situation eintreten, eine Gesetzesübertretung in Erwägung zu ziehen. Man denke an den Konflikt von Gesetzestreue und mitmenschlicher Anteilnahme oder an den Fall des Widerstands gegen einen Mißbrauch der Staatsgewalt.

ist jedoch der Zwiespalt zu überbrücken, daß die Rechtsnormen, denen faktische Geltung zukommt, jeweils den Zustand beschreiben, der zu einem bestimmten Zeitpunkt gilt, daß aber die Prognose eine Aussage darüber verlangt, welche Rechtsfolgen auf einen bestimmten Sachverhalt hin zu erwarten sind. Es ist das Problem, das bei jeder Prognose entsteht, da sie aus den Erfahrungen der Vergangenheit auf die Zukunft schließen muß.

Ein Grund, aus dem sich rechtfertigen läßt, von dem Verhalten des Sanktionsapparates in der Vergangenheit auf das Verhalten in der Zukunft zu schließen, ist die zeitliche Invarianz im Verhalten des Sanktionsapparates. Sind in der Vergangenheit auf bestimmte Tatbestände hin immer bestimmte Rechtsfolgen verhängt worden, so läßt sich erwarten, daß die gleichen Rechtsfolgen auch in der Zukunft verhängt werden. Diese Verbindung von vergangenen und zukünftigen Ereignissen beruht nicht auf einer apriorischen Annahme, sondern beruht wieder selbst auf dem Erfahrungssatz, daß zu früheren Zeitpunkten die Prognosen in dem gleichen Sinne stets durch die eingetretenen Ereignisse bestätigt wurden.

Zeitliche Invarianz kommt jedoch der Gesamtheit der Rechtsnormen, die die Maßnahmen der Rechtspflege beschreiben, nicht zu. In gleichem Maße sind demnach diese Rechtsnormen nicht in der Lage, eine Grundlage für die Prognose für die Verhängung von Sanktionen abzugeben. Dieser Fehler, der sich aus der Veränderung des Verhältnisses von Tatbestand und Rechtsfolge ergibt, kann jedoch in dem Maße beseitigt werden, indem es gelingt, die Veränderung selbst zu beschreiben, und so das künftige Verhalten der Organe der Rechtspflege vorauszusehen.

Versucht man nun zu einem bestimmten Sachverhalt diejenigen Rechtsnormen zu finden, denen faktische Geltung zukommt und die für eine Voraussage der Rechtsfolgen erheblich sind, so wird man zunächst auf die einschlägige Rechtsprechung verwiesen. Man wird jedoch feststellen, daß in den Fällen, in denen noch keine höchstrichterliche Rechtsprechung vorliegt, die Rechtsprechung einzelner Gerichte voneinander abweichen kann. Selbst dann, wenn eine höchstrichterliche Rechtsprechung zu einer Frage vorliegt, kann, da die Gerichte an Präzedenzentscheidungen nicht gebunden sind, ein unteres Gericht von der höchstrichterlichen Spruchpraxis abweichen. Solche Entscheidungen werden zum mindesten dann von Bedeutung sein, wenn sie durch ein Rechtsmittel nicht beseitigt werden können. Es zeigt sich also, daß die faktische Geltung von Rechtsnormen sich von Gericht zu Gericht, ja von Richter zu Richter ändern kann, so daß sich eine einheitliche faktische Geltung nur mit einer gewissen Annäherung aufstellen läßt. Will man diese Fehler vermeiden, so muß man genauer angeben, vor welchem Gericht, eventuell vor welchem Senat, vor welcher Kammer oder vor welchem Einzelrichter eine Sache verhandelt wird, um möglichst genau voraussagen zu können, welche Rechtsfolgen zu erwarten sind.

Man mag diese weitere Relativierung des Begriffs der faktischen Geltung nach Ort und Zeit für eine Erschwerung in der Handhabung dieses Begriffes ansehen. Doch liegen die Schwierigkeiten, die sich bei der Anwendung dieses Begriffes ergeben, nicht in dessen theoretischer Ausgestaltung, sondern in der Rechtswirklichkeit begründet. Ist die Rechtsanwendung selbst zersplittert, so muß jede Beschreibung dieser Rechtswirklichkeit, die diese Rechtsaufsplitterung nicht nachzeichnen kann, als mangelhaft beurteilt werden. Der Begriff der faktischen Geltung in der Art, daß er allen Schwankungen und Differenzierungen der Rechtswirklichkeit unterworfen ist, beweist in dieser Eigenschaft demnach gerade seine Zweckmäßigkeit.

Es stellt sich nun weiterhin die Frage, ob sich aus der Summe der einzelnen Entscheidungen eine Beschreibung der Rechtswirklichkeit entnehmen läßt. Dies wird um so mehr der Fall sein, je besser diese Entscheidungen begründet sind. In dem Maße, in dem die Gerichtsentscheidungen die allgemeinen Rechtsgedanken angeben, aus denen die Entscheidung abgeleitet ist — seien diese allgemeinen Rechtsgedanken in einem Gesetz zu finden oder nicht —, in dem gleichen Maße ist aus den Gerichtsentscheidungen die Gesamtheit der Rechtsnormen aufzustellen, die die Rechtswirklichkeit abbilden.

Aber auch bei großer Ergiebigkeit der Gerichtsentscheidungen für die Gewinnung echter tragender Gründe kann es immer noch Bereiche geben, über die sich keine Voraussage gewinnen läßt. Es ist sogar wahrscheinlich, daß immer Rechtsfragen offen bleiben, die durch Präjudizien noch nicht berührt worden sind. In solchen Fällen dürfte der Wortlaut des Gesetzes die wahrscheinlichste Beschreibung der Maßnahmen sein, die von den Organen der Rechtspflege zu erwarten sind[314].

Der Grund liegt zunächst darin, daß die Organe der Rechtspflege zu allererst dem Gesetz verpflichtet sind, diese Verpflichtung im allgemeinen auch ernst nehmen und nur davon abweichen, wenn sie ernste Gründe hierfür erkennen. Solche Gründe hinwiederum werden um so unwahrscheinlicher vorliegen, je seltener ein solcher Interessenkonflikt zur Entscheidung

[314] Dies ist jedoch nur eine Vermutung, die einen gewissen Wert der Wahrscheinlichkeit besitzt. Letztlich kann nur die Übung der Gerichte selbst die Grundlage für eine Feststellung der faktischen Geltung abgeben. Nur soweit eine Gesetzmäßigkeit der Gesetzestreue in bestimmten Bereichen festzustellen ist, sind die Rechtsnormen der verfassungsmäßigen Geltung eine Annäherung der Rechtsnormen faktischer Geltung.

Hierzu auch die Stelle bei Alf Ross:

"The decisive factor determining that the prohibition is valid law is solely the fact that it is effectively upheld by the courts where breaches of the law are brought to light and prosecuted. It makes no difference whether the people comply with or frequently ignore the prohibition. This indifference results in the apparent paradox that the more effectively a rule is complied with in extrajudicial legal life, the more difficult it is to ascertain whether the rule possesses validity, because the courts have that much less opportunity to manifest their reaction."

Ross, Alf: On Law and Justice, a. a. O., S. 37 f.

steht. Denn je seltener ein Interessenkonflikt vorkommt, desto weniger wahrscheinlich ist es, daß er die Vitalinteressensphäre des Menschen berührt, und je weniger dies der Fall sein wird, desto weniger stark wird sich das Rechtsgefühl der billig und gerecht Denkenden gegen eine Lösung, so wie sie im Gesetz enthalten ist, auflehnen.

Kenntnisse über die Veränderungen der bestehenden Rechtsordnung müßten sich eigentlich aus den Auslegungsgrundsätzen gewinnen lassen. Diese Vermutung wird jedoch enttäuscht. Die Auslegungsgrundsätze, die heute in der Rechtspraxis gelehrt werden und anzutreffen sind, lassen jedes Auslegungsergebnis zu, so daß sich eine Voraussage, welches Auslegungsergebnis demnächst zu erwarten ist, damit nicht machen läßt. Kenntnisse über die Entwicklung etwa der Rechtsprechung lassen sich nur aus der Kenntnis der Entwicklungsgeschichte der Entscheidungen zu einzelnen Rechtsfragen gewinnen.

Die Herausarbeitung solcher Entwicklungstendenzen ist häufig Gegenstand rechtswissenschaftlicher Lehrbücher, Aufsätze und Kommentare. Was solche Veröffentlichungen jedoch oft in ihrem Erkenntniswert zur Frage der faktischen Geltung mindert, ist die mangelnde Unterscheidung dessen, ob es sich um eine Voraussage künftiger Entwicklung oder um die Darlegung einer Rechtsauffassung zu dem Zweck handelt, die künftige Rechtsprechung zu beeinflussen.

Die Entwicklung der künftigen Rechtsprechung wird sich auch nicht allein aus einer Extrapolation bereits ergangener Entscheidungen ergeben, sondern bei der Voraussage künftiger Maßnahmen der Organe der Rechtspflege wird es zweckmäßig sein, die Rechtsauffassung anerkannter Rechtslehrer zu berücksichtigen. Besonders bei der Berücksichtigung größerer Entwicklungszeiträume wird sich der Einfluß der Rechtsauffassungen der Rechtslehrer stärker bemerkbar machen.

2. Rechtsnormen als Anweisung an die Staatsgewalt

Ein anderes Anwendungsgebiet von Rechtsnormen mündet in die Frage, welche Rechtsnormen die Organe der Rechtspflege ihren Entscheidungen zugrunde legen sollen.

Gegen diese Frage kann man einwenden, daß sie unbestimmt ist, zum mindesten, daß sie sich nicht eindeutig beantworten läßt.

Wenn die Organe der Rechtspflege diese Frage stellen, so wird die Antwort hierauf davon abhängen, an wen die Frage gerichtet ist. Wir wollen demnach zunächst untersuchen, an wen diese Frage gerichtet werden kann.

Man könnte zunächst den Fall betrachten, daß der Richter denjenigen fragt, welche Rechtsnormen er seiner Entscheidung zugrunde legen soll, der ihm den Auftrag gegeben hat, das Amt in der Rechtspflege zu übernehmen.

Aber hier eröffnet sich schon wieder eine Reihe von Möglichkeiten. Kommt es auf die Auffassung der Beamten der Anstellungsbehörde an, kommt es auf die Auffassung der Regierung an, von der sich der Auftrag der Anstellungsbehörde ableitet, oder kommt es auf die Meinung der Rechtsgemeinschaft an, von der — im Falle des Geltungsbereichs des Grundgesetzes — alle staatliche Gewalt ausgeht.

Die Entscheidung fällt jedoch insofern leicht, als nur eine dieser Instanzen zur Frage der Anwendung von Rechtsnormen Vorschriften erlassen hat. Solange sich Anstellungsbehörde und Regierung an ihren verfassungsmäßigen Auftrag halten, werden sie sich selbst einer Antwort auf die Frage, welche Rechtsnormen rechtlichen Entscheidungen zugrunde zu legen sind, enthalten und auf die Antwort verweisen, die das Grundgesetz zu dieser Frage gibt.

Den Richtern, die im Bereiche des Grundgesetzes ihr Amt ausüben, gibt das Grundgesetz demnach die Antwort auf die aufgeworfene Frage. Ein Richter, der eine andere Rechtsordnung durchzusetzen berufen ist, wird aus der Verfassung jener Ordnung Antwort auf die Frage suchen, welche Rechtsnormen er seinen Entscheidungen zugrunde zu legen hat. Und wie bereits der Begriff der verfassungsmäßigen Geltung inhaltlich davon abhängig war, auf welche Verfassung Bezug genommen wurde, so wird auch die Antwort an die Richter auf ihre Frage, welche Rechtsnormen sie zugrunde zu legen haben, davon abhängen, welchen Verfassungsgeber sie befragen.

Man kann nun nicht weiter fragen, an welche Verfassung der Richter eine Frage richten soll; denn wissenschaftlich läßt sich darauf keine Antwort mehr geben. Das ist nicht die Folge dessen, daß die Wissenschaft einer Entscheidung ausweicht, sondern das Ergebnis dessen, daß die Wissenschaft nicht entscheiden kann, welche Verfassung die richtige oder welche die unrechtmäßige Verfassung ist.

Hieraus läßt sich für die Ausbildung des Juristen eine Folgerung ziehen. Es reicht nicht aus, den angehenden Richter mit wissenschaftlich sauberen Methoden vertraut zu machen, sondern es ist auch erforderlich, in ihm ein Ethos zu bilden.

Welches Ethos man von den Organen des Sanktionsapparates zweckmäßigerweise verlangt, versteht sich nicht von selbst, sondern ist ein Problem eigener Art. Wir haben gesehen, daß dieses Problem jedenfalls nicht mit wissenschaftlichen Scheinbegründungen gelöst werden darf, ein Weg, den Rechtspositivismus, Naturrecht und andere Richtungen beschreiten, indem sie die Verbindlichkeit von Rechtsnormen mit wissenschaftlichen oder pseudowissenschaftlichen Begründungen dartun wollen. Wie immer dieses Ethos im einzelnen beschaffen sein mag, es wird jedenfalls in der Richtung zu suchen sein, daß sich der Jurist heute besser der Tragweite bewußt werden muß, die von seinen Handlungen ausgeht[315].

3. Rechtsnormen als Empfehlung zur Lösung von Interessenkonflikten

Der Begriff der verfassungsmäßigen Geltung ist nicht die einzige Antwort auf die Frage, welche Rechtsnormen einer Lösung von Interessenkonflikten zugrunde gelegt werden sollen. Wir haben bereits dargetan, daß die Antwort unter anderem davon abhängt, an wen die Frage gerichtet wird. Kommt auch der Frage an die Verfassung eine besondere Bedeutung zu, so reicht es dennoch nicht aus, sich hierauf zu beschränken. Nicht nur, daß ein Vergleich der Lösung, die der Verfassung entspricht, mit anderen möglichen Lösungen fruchtbar ist, besonders in dem Falle, in dem die verfassungsmäßige Geltung das Rechtsgefühl nicht befriedigt, es kann schon erforderlich werden, die Frage, welche Rechtsnormen zur Lösung von Interessenkonflikten zugrunde gelegt werden sollen, auch an andere Autoren als den Gesetzgeber zu richten, weil die Gesetze etwa eine Entscheidung — sei sie positiv oder negativ — nicht enthalten.

Gibt ein bestimmter Autor eine Antwort auf diese Frage und schlägt er bestimmte Rechtsnormen vor, die die Lösung von Interessenkonflikten enthalten, so kommt jenen Rechtsnormen ideelle Geltung zu.

Eine Antwort auf die Frage, welche Rechtsnormen zur Lösung von Interessenkonflikten herangezogen werden sollen, läßt sich auf zwei Wegen erreichen.

Der eine Weg geht von dem Interessenkonflikt aus. Er untersucht die Lösungsmöglichkeiten, unter denen er eine bestimmte auswählt und, möglichst unter Angabe der Gründe, als ideale Lösung empfiehlt. Diese Arbeit fällt mehr in den Forschungsbereich derjenigen rechtswissenschaftlichen Autoren, die ein positiv-rechtliches Fach zum Gegenstand ihrer Untersuchung machen. Man könnte diesen Lösungsweg die materielle Methode nennen.

---

[315] Brecht ist der Ansicht, in der Nachhitlerzeit seien die Bemühungen in eine falsche Richtung gelenkt worden. Die Juristen hätten wieder angefangen, wissenschaftlich feststellbare moralische Naturgesetze zu suchen, statt eine juristische Tradition des Inhalts zu legen, bestimmten Rechtsprinzipien auch gegenüber abweichenden Regierungsbefehlen zu folgen. Brecht siedelt dieses Problem im Gebiet der juristischen Geltungslehre an.

Brecht: Politische Theorie, a. a. O., S. 193.

Doch ist dies nach Brechts eigener Auffassung inkonsequent, da hier eine Verbindlichkeit von Rechtsnormen wissenschaftlich nicht begründet werden kann, also auch eine juristische Geltungslehre darauf keine Antwort geben könnte. Man muß diese Frage aus der Geltungslehre herausnehmen, und als eigenes Problem zur Diskussion stellen und nach geeigneten Lösungen suchen.

Die andere Möglichkeit, die Rechtsnormen auszuwählen, die der Lösung bestimmter Interessenkonflikte dienen sollen, könnte darin bestehen, in einem mehr abstrakten Verfahren die Rechtsnormen zu bestimmen. Mit dieser Methode würden nicht die Rechtsnormen selbst angeführt, die zur Lösung der Interessenkonflikte empfohlen werden, sondern die Rechtsnormen werden durch eine bestimmte Eigenschaft gekennzeichnet mit der Empfehlung, daß in allen Interessenkonflikten jene Rechtsnormen zur Lösung heranzuziehen seien. Diesen Lösungsweg könnte man einem juristischen Sprachgebrauch der Begriffe materiell — formell folgend, die formelle Methode nennen.

Da der Weg über die formelle Art der ideellen Geltung das Problem von der grundsätzlichen Seite her lösen muß, ist diese Art der Lösungsversuche für uns besonders interessant.

Als eine formelle Lösung könnte man den gemäßigten Positivismus betrachten. Ihm entspräche die Empfehlung, zur Lösung von Interessenkonflikten nur die verfassungsmäßig zustandegekommenen Gesetze heranzuziehen. Diese Auffassung unterscheidet sich von dem radikalen Positivismus dadurch, daß die ausschließliche Anwendung verfassungsmäßig zustandegekommener Gesetze nicht als einzig richtige Möglichkeit des Verhaltens behauptet, sondern nur als eine Möglichkeit der Lösung dieses Problems empfohlen wird.

Der Vorteil dieser Auffassung liegt darin, daß sie der Anforderung der Rechtssicherheit in hohem Maße entgegenkommt. Die genaue Festlegung des Gesetzgebungsverfahrens läßt eine klare Entscheidung zu, ob eine Rechtsnorm ein Gesetz im Sinne der Verfassung ist oder nicht. Damit läßt sich die Rechtsordnung in hohem Maße rationalisieren, jedenfalls dann, wenn man sich einer logisch einwandfreien Basis zur Formulierung der Rechtsnormen bedient. Die Nachteile dieser Auffassung bestehen darin, daß die Entscheidungen in Härtefällen, selbst solche, die der Gesetzgeber nicht beabsichtigt, aber formuliert hat, von den Organen der Rechtspflege nicht mehr korrigiert werden können. Man mag theoretisch für möglich halten, daß sich der Gesetzgeber in diesen Fällen korrigiert, die Einhaltung der vielen formellen Vorschriften des Gesetzgebungsverfahrens und die Fülle solcher Korrekturfälle machen eine derart geschmeidige Anpassung der Gesetzgebung an die eigenen Wertvorstellungen des Gesetzgebers jedoch unmöglich. Der Einwand, der Positivismus mache die Organe der Rechtspflege gegen menschenunwürdiges Recht und gegen eine Diktatur wehrlos, kann gegen diese Art des Positivismus aber nicht mehr gebracht werden. Denn da diese Lösung expressis verbis nur die Empfehlung eines Autors darstellt, kann diese Empfehlung widerrufen werden, wenn diese Lösung die Erwartungen, die man in sie gesetzt hat, nicht mehr erfüllt.

Ein anderer Weg, auf formelle Weise die Anwendung von Rechtsnormen zu empfehlen, könnte dahin gehen, ein bestimmtes Naturrecht der Lösung von Interessenkonflikten zugrunde zu legen. Man muß gegen diese Auffassung zunächst einwenden, daß es bisher kein System des Naturrechts gibt, das die Entscheidung aller oder auch nur aller dringlichen einschlägigen Rechtsfragen enthält. Doch wäre es denkbar, daß ein Autor ein solches System entwickelt und zur Anwendung empfiehlt.

Ein anderer Weg, auf formelle Art die Rechtsnormen auszuwählen, die der Lösung von Interessenkonflikten zugrunde gelegt werden sollen, wäre die, die Auswahl der Rechtsnormen bestimmten Institutionen zu überlassen, im Falle der Gerichtsentscheidungen der höchstrichterlichen Rechtsprechung. Zu dem Gehalt dieser Lösung wäre zu sagen, daß damit die Organe der Rechtspflege materiell keiner Rechtsnorm verpflichtet wären. Es bliebe lediglich die Bindung an das Verfahren, die Entscheidung in bestimmter Weise zu begründen.

Es ist interessant zu untersuchen, welche Rolle die Rechtslehre dadurch übernimmt, daß sie gemäß dem Begriff der ideellen Geltung für die Lösung von Interessenkonflikten Rechtsnormen vorschlägt. Die Rechtsnormen mit ideeller Geltung sind nur Empfehlungen, so daß nur ein mittelbarer Zusammenhang zu einer rechtlichen Entscheidung der Organe der Rechtspflege besteht. Dennoch kommt der Rechtswissenschaft eine bedeutende Funktion bei der Schaffung, Erhaltung und Weiterentwicklung einer Rechtsordnung zu.

Schon die Gesetzgebung ist auf die Mitwirkung der Rechtswissenschaft angewiesen. Soll die Gesetzgebung ihre Aufgabe erfüllen und außer den besonderen Zielen des betreffenden Gesetzes auch einen dauerhaften Rechtsfrieden verwirklichen, so muß sie sich wissenschaftlicher Untersuchungen bedienen, um die Lösungsmöglichkeiten zu finden und gegeneinander abzuwägen. Aber noch stärker als von den Einzelproblemen her erzwingt die Tatsache, daß jedes Gesetz in eine bereits bestehende umfangreiche Rechtsordnung eingefügt werden muß, die Beachtung der Interdependenzen zu den übrigen rechtlichen Vorschriften, insbesondere die Beachtung der Grundstruktur der betreffenden Rechtsordnung.

Weitere Aufgaben werden der Rechtswissenschaft von den Organen, die das Recht anwenden, der Exekutive und insbesondere von der Rechtsprechung, gestellt. Die Frage, welche Entscheidung einer gesetzlichen Regelung entnommen werden kann, kann einen solchen Schwierigkeitsgrad erreichen, daß sie von einem Verwaltungsbeamten oder Richter alleine nicht bewältigt werden kann. Solche Probleme zu lösen ist dann Aufgabe der Rechtswissenschaft. Aber diese Frage gehört insoweit nicht in den Rahmen der ideellen Geltung, als die rechtliche Entscheidung mit Mitteln der Sprachlogik aus den gesetzlichen Bestimmungen entnommen werden kann. Kann die Entscheidung jedoch nicht mehr mit logischen Mitteln erreicht werden, dann entsteht die Frage, welche Lösung gewählt werden soll. In einem solchen Falle ist es Sache der Wissenschaft, die Lösungsmöglichkeiten zu entwickeln und diese

Möglichkeiten einander gegenüberzustellen. Da die Gegenüberstellung verschiedener rechtlicher Lösungsmöglichkeiten stets ein Zurückgehen auf allgemeine Rechtsgrundsätze und rechtspolitische Zielsetzungen verlangt, ist die Durchführung solcher Forschungsarbeiten für das Niveau der Rechtsprechung von großer Bedeutung. Der Idealzustand wäre der, daß der Richter die für einen Rechtsstreit erheblichen Rechtsprobleme in bezug auf Möglichkeiten und Konsequenzen in der Rechtswissenschaft ausgebreitet vorfände und sich für diejenige Möglichkeit entscheiden könnte, die ihm als die optimale Lösung erscheint.

Wenn der Richter nicht eindeutig an das geschriebene Recht gebunden ist, sondern auch Rechtsnormen des überpositiven Rechts seinen Entscheidungen zugrunde legen darf, bleibt ihm eine gewisse Freiheit in der Auswahl der Rechtsnormen, aus denen er seine Entscheidung ableiten will. Dieser Entscheidungsspielraum wird um so mehr der Willkür und dem Einfluß von Vorurteilen entrückt, je weiter die Wissenschaft die betreffenden Rechtsprobleme untersucht und geklärt hat. In dem Maße, in dem die rechtswissenschaftlichen Forschungen nicht nur einzelne Lösungsmöglichkeiten aufweisen, sondern sich ausschließende Regelungen an allgemeinen Rechtsprinzipien messen, in dem Maße wird sich für die Lösung eines bestimmten Rechtsproblems die Auswahlmöglichkeit auf eine einzige Lösung verdichten.

VIII. Die Lehre von der Auslegung auf der Grundlage der Lehre von der Rechtsgeltung

1. Die Beziehung der Lehre von der Auslegung zur Lehre von der Rechtsgeltung

Die Lehre von der Auslegung hat den Zweck, Verfahren anzugeben, mit denen feststellbar ist, welchen Inhalt eine Rechtsnorm besitzt. Der Inhalt eines allgemeinen Satzes wird nun bestimmt durch die Gesamtheit jener Individualsätze, die aus ihnen ableitbar sind. Angewandt auf die Rechtsnormen heißt dies, die Frage stellen, ob eine rechtliche Entscheidung aus einer bestimmten Rechtsnorm ableitbar ist. So entspringt die Lehre von der Auslegung dem praktischen Bedürfnis, durch nachprüfbare Methoden festzustellen, ob eine rechtliche Entscheidung von bestimmten Rechtsnormen getragen wird.

Für das Verfahren der Auslegung lassen sich viele Methoden angeben, einschließlich jener Methode, die im materiellen Sinne gar keine Methode ist, sondern Freiheit der Auslegungsmethoden und damit Willkür in der

Antwort auf die Frage nach dem Inhalt von Rechtsnormen bedeutet[316]. Wird aber überhaupt nach der Zulässigkeit der Auslegung und nach den zulässigen Verfahren der Auslegung gefragt —, und sinnvoll gefragt werden kann nur dann, wenn das Ergebnis einer Auslegung von der Art der Auslegung abhängt[317] —, so kann es offenbar nicht der Willkür überlassen bleiben, welches Verfahren der Auslegung gewählt wird[318]. Solange man in der Auswahl der Verfahren der Auslegung frei ist und es hinreichend Verfahren der Auslegung gibt, die jedes Ergebnis gewinnen lassen, kommt es auf die Auslegung in Wirklichkeit nicht an[319]. Denn stehen alle Verfahren

---

[316] Nur wenn man von der Freiheit in der Wahl der Auslegungsmethode ausgeht, kommt man zu der Auffassung VIEHWEGS:

„Denn es ist ohne weiteres ersichtlich, daß die Interpretation geeignet erscheint, die Strenge des Deduktivsystems empfindlich zu stören."

VIEHWEG, THEODOR: Rechtsphilosophie als Grundlagenforschung, in Archiv für Rechts- und Sozialphilosophie, Neuwied und Berlin 1961, S. 527.

[317] „Soll die Auslegung nicht dem Gutdünken des Auslegers überlassen bleiben, sondern in einer gesicherten, nachprüfbaren Weise, also methodisch, vor sich gehen, so bedarf es bestimmter Kriterien, nach denen der Auslegende sich zu richten hat."

LARENZ: Methodenlehre, a. a. O., S. 241.

[318] Unter Willkür muß auch die Willkür der herrschenden Meinung der Auslegenden angesehen werden:

„... die Feststellung, ein Text sei nicht auslegungsbedürftig, kann letztlich nur behaupten, daß über die einschlägige Interpretation zur Zeit Einigkeit herrsche."

VIEHWEG: Rechtsphilosophie als Grundlagenforschung, a. a. O., S. 523.

[319] Nach SAX scheint dieses Verfahren der Rechtsanwendung durch die Natur der Sache vorgezeichnet zu sein:

„In vielen Fällen jedoch ermöglicht diese einfache Subsumtion, obgleich ihr an sich nichts im Wege stünde, nicht die intuitiv als richtig (zweckmäßig, gerecht) erfaßte Entscheidung ... Dann wendet sich auch der Richter der Rechtssatzbereitung, also bewußt der Gesetzesauslegung zu. Da aber ihre Richtung und ihr Ausmaß im gekennzeichneten Sinne durch den zu entscheidenden Fall bestimmt sind, bedient sich der Richter desjenigen der scheinbar alternativ sich anbietenden Auslegungskriterien, das ihn zu dem intuitiv vorgefaßten Ergebnis hinführt. Bald ist es die grammatikalische Wort- oder die logische Rechtssatzanalyse, bald der ‚Wille des Gesetzgebers' oder der ‚Wille des Gesetzes' oder die ‚ratio legis', die den Rechtssatz im gewünschten Sinne bereiten. Nur in seltenen Fällen hat der Richter Veranlassung, ... zur alleinigen Maßgeblichkeit eines der zahlreichen Auslegungskriterien Stellung zu nehmen.

Mit dieser Darstellung des Verfahrens der Praxis ist seine — immanente — Kritik um so weniger beabsichtigt, als uns dieses Verfahren durch die ‚Natur der Sache' vorgezeichnet zu sein scheint."

SAX, WALTER: Das strafrechtliche „Analogieverbot", Eine methodologische Untersuchung über die Grenze der Auslegung im geltenden deutschen Strafrecht, Göttingen 1953, S. 49 f.

Hier zeigt schon die Berufung auf die Natur der Sache, wie wenig sich die Praxis einer Rechtsanwendung begründen läßt, die ein Verfahren benutzt, das für das Ergebnis irrelevant ist. Wie SAX selbst ausführt, soll auch gar nicht ein Ergebnis gewonnen, sondern nur irgendwie begründet werden.

der Auslegung offen, so entscheidet gar nicht die Auslegung über das Ergebnis, sondern irgend ein anderes Kriterium, und dieses auf andere Art gewonnene Ergebnis wird nur durch Unterschieben von Auslegungsfragen zum Schein begründet.

Die Wahl der Mittel der Auslegung ist deshalb nicht frei, weil die Auslegung über den Geltungsumfang von Rechtsnormen entscheidet[320]. Da aber eine Geltungslehre nicht nur über den Geltungsgrund, sondern auch über den Geltungsumfang, will sie nicht unvollständig sein, entscheiden muß, so muß sich die Lehre der Auslegung nach der Lehre der Rechtsgeltung richten. Dies hat in dem Sinne zu geschehen, daß die Lehre der Rechtsgeltung, soll sie tatsächlich in der Lage sein, die Probleme der Formulierung einer Rechtsordnung hinreichend genau zu beschreiben, die Lehre der Auslegung implizieren muß[321].

---

[320] Unbefriedigend ist der Zustand, wie ihn COING als für die Situation der Jurisprudenz eigentümlich beschreibt:

„Das Charakteristische für die Situation der Jurisprudenz ist nun, daß diese Gesichtspunkte, obwohl sie vom Katheder aus oft mit monistischer Reinheit verfochten werden, in der Praxis alle nebeneinander auftauchen."

COING, HELMUT: Die juristischen Auslegungsmethoden und die Lehren der allgemeinen Hermeneutik, Köln und Opladen 1959, S. 12.

Optimistisch meint MAURACH:

„Das früher häufig geübte Verfahren, dem Richter einzelne Auslegungsmittel an die Hand zu geben und ihm dann letzten Endes die Wahl zwischen der ‚grammatischen' (worterklärenden), der ‚logisch-systematischen', der ‚geschichtlichen' oder endlich der ‚zweckberücksichtigenden' (teleologischen) Auslegung zu überlassen, kann heute als überwunden gelten."

MAURACH, REINHART: Deutsches Strafrecht, Allgemeiner Teil, 2. Aufl., Karlsruhe 1958, S. 80.

Wenn schon mehrere Auslegungsmethoden in Frage kommen, so scheint „die erste und für den Juristen häufig schwierigste ... Frage zu sein, welche Auslegungsgrundsätze man anzuwenden hat."

PETERS, HANS in COING: Die juristischen Auslegungsmethoden und die Lehren der allgemeinen Hermeneutik, a. a. O., S. 35.

[321] Diese Abhängigkeit der Auslegung von der Geltung ist eine andere als diejenige, die SAX meint:

„Die Auslegung, als ‚Sinndeutung des Rechts' zunächst einmal hingenommen, führt in ihrem abstrakt-begrifflichen Gehalt als Rechts-Auslegung zunächst zu der Frage hin, ob diejenige Gegebenheit, deren Sinn gedeutet werden soll, Recht ist, als Recht Geltung hat, also zum Problem der Rechtsgeltung, diese nicht im empirischen Sinne als ‚Positivität des Rechts' verstanden, die auf Gesetz, Gewohnheit und Richterspruch als die empirischen Entstehungs-, ‚Positivitätsgründe des Rechts' hinweist, sondern gemeint als die Frage nach den letzten, womöglich transzendenten Kriterien seiner Geltung als Recht."

SAX: Das strafrechtliche Analogieverbot, a. a. O., S. 37.

SAX will hier nicht die Ungebundenheit der herrschenden Auslegungsmethoden überwinden, indem er die Auslegung auf die Geltung zurückführt, sondern er öffnet einer Bestimmung der Auslegung durch Einführung unbestimmter oder

Diese Gründung der Lehre von der Auslegung auf die Lehre von der Rechtsgeltung ist nicht nur eine Bindung, die freier Rechtsanwendung Schranken setzt, sondern gibt auch die Möglichkeit, die Lehre von der Auslegung in die Rechtstheorie einzuordnen[322]. Eine Lehre der Auslegung, die sich dieser Bindung entziehen würde, bliebe in der Struktur der Rechtslehre ein Fremdkörper und würde durch ungehemmte Wucherung in Begriffsbildung und logischer Ableitung jede Präzisierung der Rechtssprache untergraben. Würde man die Lehre von der Auslegung aus der Lehre von der Rechtsgeltung aussparen, dergestalt, daß die Lehre von der Rechtsgeltung die Lehre von der Auslegung nicht implizierte oder man die Lehre von der Auslegung expressis verbis herausnähme, so wäre die Lehre von der Rechtsgeltung wertlos. Soll die Lehre der Rechtsgeltung nicht zur Spekulation werden, so muß sie in ihren Erklärungen den ganzen Weg von der Rechtsnorm bis zur Rechtsanwendung einbeziehen. Andernfalls könnte jedes System von Rechtsnormen, das sich an der Lehre der Rechtsgeltung orientiert hätte, durch Hinzunahme geeigneter Auslegungsmethoden verändert werden, und ganz allgemein könnte die Präzisierung der Rechtssprache, die von der Lehre der Rechtsgeltung ausgehen würde, durch Aufnahme einer fremden Auslegungslehre zunichte gemacht werden.

2. Die Auslegung bei faktischer Geltung

Auch bei einem Normensystem mit faktischer Geltung kann das Problem der Auslegung vorkommen. Da die Rechtsnormen faktischer Geltung die Tätigkeit des Sanktionsapparates und damit also die Wirklichkeit beschreiben sollen, kann die Frage entstehen, ob die Existenz eines bestimmten

---

ungenauer Begriffe „womöglich transzendenter Kriterien" gerade einen neuen, noch weiteren Spielraum.

Zwar will Sax dieses Problem aus seiner Untersuchung ausklammern (Sax: Das strafrechtliche Analogieverbot, a. a. O. S. 36 ff.), doch klammert er damit die Möglichkeit aus, für eine Begründung der Auslegung feste Grundlagen zu gewinnen.

[322] Das setzt jedoch eine Rechtstheorie voraus, die noch einen Bezug zur Rechtswirklichkeit hat, nicht aber Theorien, die sich schon selbst als rechtsphilosophisch von der Problematik praktischer Rechtsanwendung abwenden:

„Die Klärung des Rechtsgeltungsgrundes bzw. des Wesens des Rechts ist ein rechtsphilosophisches Anliegen, das sich für jedes Recht ungeachtet seines konkreten Inhalts stellt. Die Auslegung dagegen wendet sich der Aufgabe der Deutung hic et nunc geltender Rechtssätze bestimmten Inhalts zu, setzt also die Bejahung der Frage nach seiner womöglich in transzendenten Gründen ruhenden Geltung, nach seinem Wesen als Recht voraus."

Sax: Das strafrechtliche Analogieverbot, a. a. O., S. 63.

Man kann die Frage, ob eine Rechtsnorm gelte, von der Frage, welchen Inhalt, das heißt Geltungsumfang, sie habe, trennen. Aber die Antwort auf beide Fragen kann nicht unabhängig voneinander gegeben werden. Ein Begriff der Geltung muß beide Fragen beantworten. Damit ist die Bestimmung der Auslegung in einem vollständig angegebenen Geltungsbegriff enthalten.

Ereignisses oder die Erwartung eines solchen aus dem Normensystem abgeleitet werden kann.

Im Gegensatz zu den juristischen Auslegungslehren gibt es weniger Streit, welche Auslegungsmethode hier die richtige ist. Die Rechtsnormen mit faktischer Geltung sind in ihrer Struktur Naturgesetze und in ihrer Problematik den Gesetzen der Physik sehr viel ähnlicher als etwa den Rechtsnormen mit verfassungsmäßiger Geltung. Dies zeigt sich gerade hier bei der Auslegung. Der Streit, ob aus einem Naturgesetz ein Ereignis abzuleiten ist oder nicht, wird nicht durch ein Pochen auf die Richtigkeit oder den Irrtum in der Wahl der Auslegungsmethode entschieden, sondern durch Beobachten der Wirklichkeit. Damit ist ein Regulativ gegeben, das falsche Auslegungsmethoden stets von selbst ausscheidet, weil es bei dem Beharren auf einer falschen Methode zu ständigem Konflikt mit der Wirklichkeit käme.

Nicht anders liegt das Problem bei den Rechtsnormen mit faktischer Geltung. Eine Vorhersage, daß unter den und den Bedingungen der Sanktionsapparat in bestimmter Weise tätig werde, wird durch die Tatsachen entschieden. Ein Streit über die Auslegungsmethoden wird, wenn es auf die Auslegungsmethoden ankommt, durch die Tatsachen mitentschieden.

3. Die Auslegung bei verfassungsmäßiger Geltung

Die ganze Tragweite der juristischen Geltungslehre entfaltet sich bei den Rechtsnormen verfassungsmäßiger Geltung. Auch die Auslegungslehren der Literatur wenden sich implizit oder explizit den Problemen der Auslegung bei Rechtsnormen mit verfassungsmäßiger Geltung zu[323].

---

[323] Zweifel entstehen bei Larenz, wenn er sagt:

„Der ‚normative Gesetzessinn', den die Auslegung zu ermitteln hat, wird ebensosehr durch den Willen des Gesetzgebers als ein historisches ‚Faktum' wie durch objektive, in der Sache gelegene Momente konstituiert. Er beruht auf einem Willensakt, der aber selbst nicht als schlechthin willkürlich und beliebig gedacht werden darf.

Der subjektive ‚Wille' des Gesetzgebers zielt auf ein objektiv Sinnvolles, und dieses wiederum setzt sich dank der ihm eigenen ‚Evidenz' bis zu einem gewissen Grade auch gegen die beschränkte Einsicht und Absicht des Gesetzgebers durch."

Larenz: Methodenlehre, a. a. O., S. 241.

Hier kommen Vorstellungen zur Auswirkung, die davon ausgehen, daß rechtliche Regelungen nicht Festsetzungen, etwa des Gesetzgebers, sind, sondern daß eine gesetzliche Regelung „objektive, in der Sache gelegene Momente" enthält.

Selbst wenn man annehmen könnte, dies sei richtig, könnte für die Auslegung hiermit wenig gewonnen werden. Denn entweder drücken sich diese objektiven, in der Sache gelegenen Momente in der gesetzlichen Regelung aus, dann kann sich die Auslegung mit den sprachlogisch faßbaren Auslegungsregeln zufriedengeben, oder sie sind nicht sichtbar, dann ist es nicht möglich, sie mit Auslegungs-

Das, was die juristische Geltungslehre zu jenem bedeutungsvollen Problem macht, ist der Umstand, daß es die Kontrolle durch die Wirklichkeit wie bei den Naturgesetzen nicht gibt. Eine rechtliche Entscheidung, die aus einem Normensystem mit verfassungsmäßiger Geltung begründet wird, kann nicht als richtig oder falsch durch Hinweis auf Tatsachen beurteilt werden. Damit soll nicht gesagt werden, daß eine objektive Nachprüfung rechtlicher Entscheidungen in bezug auf Normensysteme nicht möglich sei. Aber diese Möglichkeit ist nur dann gegeben, wenn die Auslegungsmethoden adäquat fixiert sind. Die Auslegungsregeln lassen sich am Endergebnis nicht mehr testen, sondern sie sind die Voraussetzungen, unter denen die Rechtsnormen formuliert werden müssen.

Auch bei den Rechtsnormen mit verfassungsmäßiger Geltung bleibt die Beziehung zwischen rechtlicher Entscheidung, d. h. Individualsatz, und Rechtsnorm, d. h. allgemeinem Satz, erhalten. Der Inhalt der Rechtsnormen kann sinnvollerweise nur als die Gesamtheit aller rechtlichen Entscheidungen, die in irgendeiner Weise der Rechtsnorm zugeordnet werden, erklärt werden[324]. Aber der Verstoß gegen diese Zuordnung, die sich in den Regeln der Auslegung niederschlägt, ist im Falle der Naturgesetze für jedermann sichtbar, im Falle der Rechtsnormen nur dann sichtbar, wenn die Auslegungsregeln festgelegt waren. Legt man eine Auslegungslehre zugrunde, die im Grunde das Verfahren der Auslegung nicht festlegt, sondern dem Auslegenden die Wahl freigibt, so fehlt es an der Zuordnung der rechtlichen Entscheidungen zu den Rechtsnormen, und dann gibt es auch keine Kon-

---

regeln allein sichtbar zu machen. Die Auslegung führt demnach auch hier zur Auslegung von Rechtsnormen mit verfassungsmäßiger Geltung.

Zu der Frage, ob zwischen dem Willen des Gesetzgebers und dem des Gesetzes unterschieden werden kann, sagt Rehfeldt:

„Nun aber entwickelt sich in allen Staaten, sobald die Priester ihre Macht verloren haben, eine eigenartige Zunft, die ständig vom ‚Willen des Gesetzes' spricht, den allein zu kennen sie als ihr Privileg beansprucht und von dem manche schließlich sogar bemüht sind darzutun, daß es ein vom ‚Willen des Gesetzgebers' verschiedener sei. — Und in der Tat ist der ‚Wille des Gesetzgebers' in irgendeiner (wenn vielleicht auch noch so kümmerlichen) Form Realität; der ‚Wille des Gesetzes' aber ist es nur dann, wenn er mit jenem zusammenfällt. Sonst ist er eine Fiktion, geschaffen als Bezugspunkt der großen und kleinen Autoritäten jener Zunft, die ihn zu diesem Zwecke erfunden haben. Denn oft sind sie es, die sich dahinter verstecken und ihren Willen als den ‚des Gesetzes' ausgeben, vermittels eines Verfahrens, welches sie ‚Auslegung' nennen."

Rehfeldt, Bernhard: Die Wurzeln des Rechts, Berlin 1951, S. 32.

[324] Dann bleibt allerdings keine Möglichkeit mehr des Nachdenkens, wie es Larenz versteht:

„Schon indem der Interpret nie Gedanken des Urhebers des Gesetzes nur ‚nach-denkt', verhält er sich nicht lediglich passiv; er denkt und formuliert sie in einem neuen gedanklichen Zusammenhang, auf eine dem Urheber selbst so nicht bewußt gewesene Weise."

Larenz: Methodenlehre, a. a. O., S. 276.

trolle, ob eine rechtliche Entscheidung aus einer Rechtsnorm abgeleitet ist oder nicht.

Diese Überlegungen können nicht durch den Einwand entkräftet werden, selbst bei einer solchen mangelhaften Auslegungslehre bestehe eine Zuordnung von rechtlichen Entscheidungen und Rechtsnormen, denn eine Zuordnung brauche nicht explizit in logisch sauberer Weise gegeben zu sein, sondern könne auch in anderer Weise geschaffen werden.

Eine gewisse Stetigkeit in der Verwendung von Rechtsnormen kann sich durch institutionelle Mittel erreichen lassen. Schon das System der Zentralisierung höchstrichterlicher Entscheidungen bei einem obersten Gericht sorgt dafür, daß eine einheitliche Auffassung durchgesetzt wird. Selbst wenn das Gericht aus verschiedenen Senaten besteht, sorgt das Verantwortungsgefühl für die Einheitlichkeit der Rechtsprechung, für die Würde des Gerichts, auch kollegiale Beziehungen dafür, daß eine gewisse Stetigkeit in der Rechtsanwendung vorhanden ist. Aber man darf nicht übersehen, daß in einem solchen Falle die Rechtsanwendung nicht durch die Rechtsnormen fixiert ist, sondern durch personelle Organisation.

Die Mängel eines solchen Verfahrens sind offenbar. Solange die Rechtsordnung auf das Wohlwollen eines Standes angewiesen ist, wird diese Rechtsordnung, jedenfalls in der betreffenden Ausgestaltung, mit dem Wohlwollen bestehen, aber auch mit dessen Fehlen zugrunde gehen. Es soll hier nicht grundsätzlich entschieden werden, welche Art der Rechtsordnung und der Sicherheit der Rechtsordnung vorgezogen werden soll, sondern es soll hier theoretisch untersucht werden, welche Möglichkeiten bestehen, eine Rechtsordnung durch das Medium der Sprache so zu formulieren, daß möglichst wenig Funktionen anderen Institutionen übertragen werden müssen.

Ist eine Lehre von der Auslegung in der Verfassung oder einem sonstigen Gesetzgebungswerk nicht enthalten, so entsteht die Frage, ob nicht implizite, weil selbstverständlich, von bestimmten Vorstellungen bei der Auslegung von Rechtsnormen ausgegangen werden kann.

Ganz allgemein läßt sich vermuten, daß bei der Verwendung einer Sprache, die auch in anderen Bereichen Verwendung findet, solange die allgemeinen Sprachregeln gelten, wie nicht eigene Sprachregeln formuliert sind. Dies entspricht auch den Vorstellungen aller, die an der Formulierung einer Rechtsordnung mitarbeiten. Man geht davon aus, daß man die Sprache in der üblichen Weise gebraucht und versteht, jedenfalls solange sich nicht Unstimmigkeiten und Zweifel ergeben. Man drückt es so aus, daß vom Wortlaut einer gesetzlichen Bestimmung, d. h. einer Rechtsnorm, auszugehen ist. In dieser Vorstellung vom Wortlaut verbirgt sich jedoch ein ganzes System von Sprachregeln, die im Normalfalle, d. h. im Falle unkomplizierter Anwendung, auch dann richtig gehandhabt wird, wenn diese Sprachregeln demjenigen, der die Anwendung vornimmt, nicht namentlich bekannt sind.

Aber über den Wortlaut hinaus und auch neben dem Wortlaut sind weitere Auslegungsregeln entwickelt worden, die den festen Boden wieder lokkern und die Möglichkeit eröffnen, sich vom Wortlaut wieder zu entfernen. Wie immer auch die Auslegung bei der Anwendung von Rechtsnormen mit verfassungsmäßiger Geltung geübt wird, von einer Rechtsordnung mit verfassungsmäßiger Geltung läßt sich nur dann im präzisen Sinne sprechen und eine solche Rechtsordnung läßt sich nur dann von Rechtsordnungen anderer Geltungsart im Einzelfalle abgrenzen, wenn auch die Auslegungsregeln klar formuliert sind und die Zuordnung rechtlicher Entscheidungen zu den Rechtsnormen nicht derart aufgelöst ist, daß eine Ableitung rechtlicher Entscheidungen aus den Rechtsnormen verfassungsmäßiger Geltung im strengen Sinne nicht mehr möglich ist.

4. Die Auslegung bei ideeller Geltung

Für die Auslegung bei ideeller Geltung gilt ähnliches wie für die Auslegung bei verfassungsmäßiger Geltung. Auch hier fehlt es an der Möglichkeit, den Geltungsumfang von Rechtsnormen ideeller Geltung an der Wirklichkeit zu überprüfen. Dies gilt jedoch nur insoweit, als es an der objektiven Möglichkeit fehlt, den Geltungsumfang ein für allemal fest zu umreißen. Eine Nachprüfung über den Geltungsumfang ist jedenfalls insoweit möglich, als der Autor, der die betreffende Rechtsnorm zur Lösung eines Interessenkonfliktes benannt hat, über den näheren Geltungsumfang befragt werden kann. Besteht diese Möglichkeit nicht, so ist man auch insoweit auf die Auslegungsmethoden angewiesen.

Das Problem der Auslegung bei Rechtsnormen ideeller Geltung stellt sich jedoch nicht so dringlich wie dasjenige der Auslegung bei verfassungsmäßiger Geltung. Zwar werden wir Wert darauf legen müssen, daß die Autorität, die eine Rechtsnorm von ihrem Autor ableitet, tatsächlich besteht und nicht unterschoben worden ist. Auch muß man dem Autor selbst das Recht zugestehen, sich gegen den Mißbrauch seines Namens zu wehren. Doch da es sich hier nur um eine Empfehlung handelt, ist die Tragweite falscher Auslegungsregeln nicht derart weit wie bei der Auslegung bei verfassungsmäßiger Geltung.

Wenn auch die Folgen für die Rechtssicherheit bei einer unzulänglichen Auslegung bei ideeller Geltung nicht oder nicht in gleichem Maße vorhanden sind wie bei der Auslegung bei verfassungsmäßiger Geltung, so machen sich doch andere Mängel bemerkbar. Wenn sich die Auslegung bei Rechtsnormen ideeller Geltung zu großer Freiheit bedient, wird der Wert von Rechtsnormen ideeller Geltung stark herabgemindert. Nicht nur, weil nunmehr die Autorität des Rechtsautors auch für Rechtsnormen in Anspruch genommen wird, die er in dieser Ausgestaltung gar nicht empfohlen hat, sondern auch die Genauigkeit solcher Lösungsvorschläge wird illusorisch, wenn solche Rechtsnormen durch Interpretation in ihrem Geltungsumfang verändert werden können. Ein Feilen an den Vorschlägen zu solchen Lösungen von Interessenkonflikten wäre wenig sinnvoll, wenn solche Rechtsnormen nachher doch in recht subjektiver Weise interpretiert würden.

Es ist kennzeichnend, daß man bei den Meinungen von Rechtsautoren nicht die gleiche Freiheit in der Auslegung gewährt wie etwa bei der Auslegung von Rechtsnormen verfassungsmäßiger Geltung. Dies mag weniger in der größeren Achtung, die man den Rechtsnormen ideeller Geltung im Gegensatz zu den Rechtsnormen verfassungsmäßiger Geltung entgegenbringt, begründet sein, sondern liegt zunächst daran, daß sich Rechtsautoren gegen Mißdeutungen ihrer Ausführungen zur Wehr setzen können und auch, da sie meist nicht nur knappe Formulierungen zu Papier bringen, sondern umfangreiche Systeme entwerfen, vor Mißdeutungen besser geschützt sind. Zum anderen zeigt sich in diesem Unterschied der Behandlung der Interpretation, daß man sich doch im Grunde der Unterscheidung von Auslegung und Rechtsschöpfung bewußt ist, ihn aber bei der Interpretation von Rechtsnormen verfassungsmäßiger Geltung weniger wahrhaben möchte als bei der Interpretation der Texte von Rechtsautoren.

5. Die Unterscheidung von Auslegung, Präzisierung und Rechtsschöpfung

Eine klare Unterscheidung von Auslegung und Rechtsschöpfung ist für eine Begründung der Lehre von der Auslegung durch die Lehre von der Rechtsgeltung erforderlich. Dabei muß die Grenze zwischen Auslegung und Rechtsschöpfung gerade da gezogen werden, wo die Begründung der Auslegung auf eine bestimmte Art der Rechtsgeltung versagt.

Von Auslegung wollen wir dann sprechen, wenn es sich um ein Verfahren handelt, mit Hilfe dessen man entscheiden kann, ob eine rechtliche Entscheidung noch aus einem System von Rechtsnormen ableitbar ist. Der Normalfall der Auslegung betrifft die Frage, ob eine rechtliche Entscheidung aus den Rechtsnormen verfassungsmäßiger Geltung ableitbar ist. Ist die rechtliche Entscheidung ableitbar, so ist sie mittels Auslegung gewonnen. Ist eine rechtliche Entscheidung aus Rechtsnormen verfassungsmäßiger Geltung nicht mehr abzuleiten und soll sie dennoch begründet werden, so verbleibt nur der Weg der Rechtsschöpfung.

Die Unterscheidung von Auslegung und Rechtsschöpfung ist noch durch einen weiteren Umstand gekennzeichnet. Da es sich bei der Auslegung um die Frage der Zuordnung von rechtlichen Entscheidungen zu Rechtsnormen handelt, sind Fragen der Auslegung letztlich aus den Regeln der Sprachlogik zu beantworten. Hierbei sind nicht die allgemeinen Sätze der sogenannten reinen Sprachlogik gemeint, deren Aufgabe es ist, die Möglichkeiten der Ausgestaltung von Sprachsystemen zu entwickeln, sondern ein Fall der historischen Sprachlogik, dessen Aufgabe es ist, die Sprachregeln einer lebenden Sprache aufzuzeichnen.

Fragt man nun, nach welchen Regeln der Sprache, ob nach denen im Zeitpunkt der Entstehung der Rechtsnormen oder denen im Zeitpunkt der Anwendung die Auslegung sich zu richten hat, so ist aus der Funktion der Sprache zu entnehmen, daß nur der Zeitpunkt der Entstehung der Rechtsnormen maßgebend sein kann. Wird eine Rechtsnorm zu einem bestimmten Zeitpunkt formuliert, so wird, wenn keine eigene logische Basis entwickelt und angegeben wird, auf jene Bezug genommen, die dem allgemeinen Sprachgebrauch zur Zeit der Entstehung entspricht. Würde man eine Auslegung nach dem Sprachgebrauch zum Zeitpunkt der Anwendung der Rechtsnormen vornehmen, so wären solche Ergebnisse nicht mehr auf die Rechtsnormen in dem Sinne, wie sie sein Autor verstanden hat, gestützt. Solche Ergebnisse wären dann aus Normen abgeleitet, die in dieser abgewandelten Bedeutung von niemandem formuliert wurden, sondern durch Veränderung des Sprachgebrauchs entstanden sind[325].

Gegen die Anwendung der Rechtsnormen auf der Basis eines gewandelten Sprachgebrauchs spricht ein weiteres. Nimmt man an, daß der Sprachgebrauch sich zufällig — mindestens in bezug auf die betreffende Rechtsnorm zufällig — ändert, dann bedeutet eine Zugrundelegung des gewandelten Sprachgebrauchs die Zugrundelegung von Rechtsnormen, die niemand in diesem Sinne formuliert oder gewollt hat. Damit entschiede der Zufall über den Inhalt der rechtlichen Regelung. Nimmt man an, daß sich der Sprachgebrauch in bezug auf die betreffende Rechtsnorm nicht zufällig, sondern aufgrund rechtlicher Überlegungen geändert hat, oder besser gesagt, geändert worden ist, so wurde aus der ursprünglichen Norm aus irgendwelchen rechtspolitischen Gesichtspunkten eine neue Norm entwickelt. Dies ist nicht mehr Auslegung, sondern Rechtsschöpfung[326].

---

[325] Es ist deshalb falsch, wenn die Meinung vertreten wird:

„Das Gesetz trägt, als der ausgesprochene Wille des Gesetzgebers, die Züge seiner Zeit, aber es wandelt sich auch, als jetzt geltendes, mit der Zeit ...

... beiden hat die Auslegung Rechnung zu tragen."

Larenz: Methodenlehre, a. a. O., S. 240.

Wenn das Gesetz als der Wille des Gesetzgebers aufgefaßt wird, dann ist es der Wille zu dem Zeitpunkt, zu dem sich der Gesetzgeber mit dem Gesetz befaßt hat. Dieser Wille ist eine historische Tatsache und eine solche kann sich nicht wandeln. Selbst wenn man der Vorstellung folgen sollte, daß sich der Willensinhalt des Gesetzgebers in bezug auf die Regelung eines Bereichs änderte, wäre nicht einzusehen, weshalb der Willensinhalt des Gesetzgebers dem mehr oder weniger zufälligen Sprachgebrauch automatisch folgen sollte. Für den Fall, daß eingewandt würde, der Sprachgebrauch werde bewußt auf das Ergebnis hin geändert, wird damit zugleich zugegeben, daß der Gesetzesinhalt also geändert wird.

[326] Als Gründe für den Bedeutungswandel gibt Larenz an:

„Gründe für einen Bedeutungswandel der Norm können sich ergeben aus einem Wandel des allgemeinen oder des rechtswissenschaftlichen Sprachgebrauchs; aus einem Wandel derjenigen tatsächlichen Verhältnisse, auf die hin die

Auch wenn ein Bedeutungswandel im Sinne einer rechtsgeschichtlichen Betrachtung nicht als rein zufällig erscheinen sollte, indem sich Entwicklungstendenzen im Wandel der Bedeutung aufzeigen lassen und diese Entwicklung noch in soziologische und geistesgeschichtliche Zusammenhänge gestellt werden könnte, vom Standpunkt der Geltungslehre aus betrachtet ist auch dies zufällig. Denn mit der Feststellung einer nach Gesetzmäßigkeiten ablaufenden Entwicklung ist noch keine Stellungnahme des Gesetzgebers geschaffen[327]. Den Bedeutungswandel dem Gesetzgeber als dessen Willen zu unterschieben, verstößt gegen die Wahrheitspflicht des Rechtswissenschaftlers. Damit ist gar nichts gegen die Einführung neuer Gedanken in Rechtswissenschaft und Rechtsanwendung gesagt, nur eine Methode, mit der dies geschehen soll, wird als unzulässig ausgeschlossen[328].

Norm geschaffen wurde, der ‚Normsituation'; endlich aus einem Wandel der ‚objektiven Kriterien', insbesondere der als maßgeblich erachteten Rechtsprinzipien und Bewertungsgrundsätze, wie er sich aus der Gesamtrichtung der Rechtsentwicklung (Gesetzgebung und Rechtsprechung), letzthin aus der Entwicklung des ‚allgemeinen Rechtsbewußtseins' ergeben kann."

LARENZ: Methodenlehre, a. a. O., S. 262.

Hier zeigt sich wieder der Einfluß des Ansatzes der Geltungslehre. Da sich in dem einzigen Geltungsbegriff Bestandteile der faktischen Geltung mit solchen der verfassungsmäßigen Geltung finden, werden auch die voneinander unabhängigen Gesichtspunkte bei der Betrachtung eines Phänomens nicht voneinander geschieden. Die Rechtsnormen faktischer Geltung mögen den Bedeutungswandel mitmachen und alte Normen werden mitunter, mit dem neuen Inhalt versehen, die Wirklichkeit besser beschreiben; fragt man aber nach Rechtsnormen, die von jemandem als rechtliche Regelungen geschaffen wurden, können Änderungen von Begriffsinhalten nicht die Tatsache ändern, daß die betreffenden Rechtsnormen früher in einem bestimmten Sinne verstanden wurden.

[327] Hierzu sagt PETERS (Diskussionsbeitrag zu dem Problem der Auslegung):

„Für die stärkere Berücksichtigung soziologischer Verhältnisse durch die Rechtswissenschaft habe ich an sich viel übrig. Der Rechtssatz steht gewöhnlich objektiv fest; aber die gesellschaftlichen Verhältnisse, die mit dem Maßstab des Rechtssatzes zu beurteilen sind, können sich ändern. Dann pflegen manche Juristen es sich mit der Interpretation allzu leicht zu machen, indem sie behaupten, mit den soziologischen Verhältnissen ändere sich automatisch der Rechtssatz."

PETERS, HANS in COING: Die juristischen Auslegungsmethoden und die Lehren der allgemeinen Hermeneutik, a. a. O., S. 36.

[328] Wie wenig man auf diese unzulässige Methode verzichten möchte, zeigt LEISNER in LEISNER, WALTER: Grundrechte und Privatrecht, München 1960, S. 1, indem die Einleitung seiner Arbeit mit den Worten beginnt:

„Eine Erörterung der Wirkung der Freiheitsrechte im nichthoheitlichen Bereich kommt kaum ... über eine vorwiegend behauptende dogmatische Polemik hinaus, solange die Grundrechte als eine — hic et nunc festliegende — einfache Reihe positiver Rechtsnormen gewertet werden. Je ‚allgemeiner' Rechtsnormen sind, um so unumgänglicher ist es, ihre ‚Dynamik', ihre Entstehung und ihre Bedeutungswandlungsfähigkeit zu beachten. Dies allein gestattet eine Feststellung des jeweiligen konkreten Norminhalts, der oft nur durch eine erneute ‚Bedeutungswandlung' erschlossen werden kann. Diese muß in ihren beschränkten Möglichkeiten aus dem gesicherten Raum geschlossener Rechtstradition ins

Rein theoretisch wäre es denkbar, daß der Verfassungsgesetzgeber die Regeln der Sprachlogik der Sprache, die er zur Formulierung der Rechtsnormen verwendet, in bestimmter Weise modifiziert. Dies wäre der Fall, wenn der Verfassungsgesetzgeber Vorschriften für die Auslegung von Rechtsnormen erlassen würde. Ein Beispiel, daß Verfassungsgesetzgeber die Regeln des Auslegungsverfahrens hinreichend formuliert hätten, ist nicht bekannt. Wohl sind gewisse Ansätze bei Gesetzeskodifikationen vorhanden, wie etwa Art. 1 des Schweizerischen Zivilgesetzbuches. Doch auch in diesem Fall handelt es sich nicht um die Festlegung des Auslegungsverfahrens, sondern nur um die Formulierung eines gewissen Programms. Des weiteren betrifft dieses Programm nicht den engeren Bereich der Auslegung, sondern behandelt die Rechtsschöpfung.

Solange sich die Auslegung an die Verwendungsregeln der Sprache hält, solange besteht die Zuordnung von rechtlicher Entscheidung zur Rechtsnorm. Nur in dem Falle einer derart festgelegten Auslegung läßt sich sagen, daß eine rechtliche Entscheidung einem Normensystem, etwa dem Normensystem mit verfassungsmäßiger Geltung bezogen auf eine bestimmte Verfassung, entspricht. Wird dieses Verfahren nicht eingehalten, und werden die Auslegungsregeln nach ihrer Brauchbarkeit zur Erlangung bestimmter Ergebnisse frei entwickelt, dann ist die Gewähr nicht mehr gegeben, daß eine rechtliche Entscheidung einem bestimmten Normensystem entspricht. Es besteht sogar die Vermutung, daß oft dann, wenn von Auslegung, insbesondere von juristischer Auslegung, explizite die Rede ist, wo also die Ableitbarkeit der rechtlichen Entscheidung aus den Rechtsnormen zweifelhaft ist, der Gebrauch sogenannter Auslegungsregeln zur Verwischung des Unterschiedes von Auslegung und Rechtsschöpfung dient.

Mit der genauen Unterscheidung von Auslegung und Rechtsschöpfung haben wir jedoch auch die Unsicherheit beseitigt, welche Auslegungsverfahren zulässig sind. Das Kriterium besteht darin, daß es sich nur dann um Auslegung handelt, wenn die Zuordnung von rechtlicher Entscheidung und Rechtsnorm klargelegt, es sich insbesondere dann nicht um Auslegung handelt, wenn diese Zuordnung nicht besteht.

Könnte man davon ausgehen, daß die Ausdrucksfähigkeit der verwendeten Sprache hinreichte, die rechtlichen Regelungen genau zu fassen, und daß der Gesetzgeber jede Rechtsnorm nach jeder Richtung hin genau durchdächte, so würde eine Unterscheidung von Auslegung und Rechtsschöpfung das Problem ausreichend klären. Da es aber auch ungenaue gesetzliche

---

aktuelle Bewußtsein gehoben werden. So allein kann ‚Willkür der Logik' vermieden werden."

Leisner ist zuzugestehen, daß er die Willkür in der Annahme und der Schaffung eines Bedeutungswandels durch Hervorhebung der Entwicklung der zugrundeliegenden Gedanken einschränken will. Doch geht er im Grunde von der Wandlungsfähigkeit von Rechtsnormen aus. Würde dieser Begriff der Wandlungsfähigkeit präzisiert, würde sich dieses Problem auflösen.

Regelungen gibt, genügt es nicht, nur Kriterien anzugeben, ob ein Gesetzgeber eine bestimmte Wertentscheidung getroffen hat oder nicht. Es ist dann auch möglich, daß eine Regelung zwar vorliegt, aber die Entscheidung nicht entnommen werden kann, in welchem Sinne der Gesetzgeber den Konflikt entscheiden wollte.

In diesem Falle spricht man besser von Präzisierung. Ist die Präzisierung auch insofern der Rechtsschöpfung verwandt, als die Rechtsanwendung auf die entsprechenden Rechtsnormen allein nicht mehr gestützt werden kann, so ist der Unterschied zur Rechtsschöpfung doch bedeutsam, gerade in bezug auf das Geltungsproblem, da in diesem Falle der Gesetzgeber nicht geschwiegen hat, sondern eine Regelung geben wollte, die Regelung aber nicht hinreichend genau formuliert ist.

6. Der Deduktionszusammenhang

Mit der Erklärung des Deduktionszusammenhangs läßt sich das Problem der Auslegung näher einkreisen. Der Deduktionszusammenhang regelt die Beziehung zwischen Rechtssätzen derart, daß aus der Geltung bestimmter Rechtssätze die Geltung anderer Rechtssätze erschlossen werden kann. Das für die Praxis der Rechtsanwendung bedeutendste Beispiel ist die Ableitung einer rechtlichen Entscheidung aus Rechtsnormen[329]. Aber auch die Gewinnung neuer Rechtsnormen aus anderen Rechtsnormen, genauer gesagt, die Bestätigung von Rechtsnormen aus der Geltung anderer Rechtsnormen, wird durch Bestehen eines Deduktionszusammenhangs ermöglicht oder durch Nichtbestehen eines solchen verneint.

Die Frage des Deduktionszusammenhangs muß derart gelöst werden, daß stets entscheidbar ist, ob ein Deduktionszusammenhang besteht oder ob er fehlt. Diesen Zusammenhang stellt man dadurch her, daß man geeignete Regeln aufstellt, nach denen die Geltung der einen Sätze aus der Geltung der anderen Sätze bestätigt werden darf[330].

---

[329] „Die Grundform des juristischen Schlusses ist nun dadurch gekennzeichnet, daß der Obersatz die generelle gesetzliche Direktive enthält, während im Untersatz der konkrete Sachverhalt subsumiert wird. Der Schlußsatz ergibt als Folgerung aus den beiden Prämissen das konkrete Sollensurteil."

Klug: Juristische Logik, a. a. O., S. 49.

[330] Die Frage des Deduktionszusammenhangs wird im wesentlichen das umfassen, was Coing unter systematischer Interpretation versteht:

„Die systematische Interpretation bedeutet die Auslegung des juristischen Einzelsatzes aus einem wissenschaftlich ausgearbeiteten System übergeordneter Allgemeinbegriffe. Man legt das positive, konkrete Gesetz aus, indem man zurückgreift auf ein überpositives, von dem Einzelgesetz unabhängiges allgemeines juristisches Begriffssystem."

Coing, Helmut: Die juristischen Auslegungsmethoden und die Lehren der allgemeinen Hermeneutik, Köln und Opladen 1959, S. 9.

Diese Art der Interpretation ist jedoch nur dann noch Auslegung, wenn die herangezogenen Begriffe nicht unabhängig von den auszulegenden Rechtsnormen

Die Schlußregeln, die man der Rechtssprache zugrunde legt, können nicht irgendwie frei gewählt werden, sondern müssen dem Deduktionszusammenhang entsprechen, der in der lebenden Sprache üblich ist[331].

Der Deduktionszusammenhang, wie er in der wissenschaftlich präzisierten Sprache verwendet wird, wird durch die Einsetzungsregel und die Grundschlußregel adäquat beschrieben.

Die Einsetzungsregel bestimmt, daß man in einem allgemeinen Satz die Variablen durch Individualkonstanten, die dem Bereich der Variablen angehören, ersetzen darf[332]. Will man aus einer Rechtsnorm eine rechtliche Entscheidung gewinnen, so hätte man bei dem Verfahren der Einsetzung die Gattungsnamen durch die entsprechenden Eigennamen zu ersetzen.

Die Grundschlußregel bestimmt, daß man aus der Geltung einer Implikation und deren Vordersatzes auf die Geltung des Nachsatzes schließen darf[333]. Hierbei kann die Implikation auch mehrere Vordersätze haben. Der Schluß auf den Nachsatz ist in diesem Fall nur dann erlaubt, wenn alle Vordersätze gelten. Will man eine rechtliche Entscheidung aus einer Rechtsnorm ableiten und bedient man sich der Grundschlußregel, so entspricht dies dem Verfahren, aus der Geltung der Rechtsnorm und der Wahrheit der Sätze, die die Tatbestandsvoraussetzungen beschreiben, auf die Rechtsfolge zu schließen[334].

---

sind, sondern in dem Sinne verstanden werden, den ihnen der Autor zugelegt hat. Andernfalls wird die Folgerung Coings berechtigt, eine solche Methode führe zur Begriffsjurisprudenz.

Coing: Die juristischen Auslegungsmethoden und die Lehren der allgemeinen Hermeneutik, a. a. O., S. 9 f.

[331] Formallogische Schlußweisen sind nicht Wertungen, wie Sax meint:

„Die rein formal-logische Schlußweise, auf der eine solche Fallentscheidung aufbaut, enthält in Wirklichkeit zwei Wertungen. Einmal die selbstverständliche und bewußte Entscheidung, daß der Rechtssatz, seinem gesetzlichen Wortlaut nach genommen, der vom Richter intuitiv erfaßten Regelungsbedürftigkeit des zu entscheidenden Lebenssachverhalts voll zu entsprechen vermag, zum andern aber auch die Entscheidung, daß sich der dem Rechtssatz immanente Sinn mit der Folgerung deckt, die der Richter zur richtigen Lösung seines Falles aus dem Gesetzeswortlaut zieht."

Sax: Das strafrechtliche Analogieverbot, a. a. O., S. 49 FN 2.

Die Wertungen, die Sax hier anführt, gehören nicht zur formallogischen Schlußweise. Man kann bei der Rechtsanwendung außer einer formallogischen Ableitung auch Wertungen einfügen. Man kann die formallogische Schlußweise auch durch Wertungen ersetzen. Aber dann beruht eine solche Rechtsanwendung nicht auf einer formallogischen Schlußweise.

[332] Klug: Juristische Logik, a. a. O., S. 38.

[333] Klug: Juristische Logik, a. a. O., S. 38.

[334] Dieses Schließen muß nicht stets in genauer Kenntnis der einzelnen Schritte der Schlußoperation geschehen, sondern kann auch pragmatisch erlernt sein:

7. Die deskriptiven Bestandteile der Rechtsnormen

Eine Rechtsnorm ist ein allgemeiner Satz in der Form der Implikation, in dem Tatbestand und Rechtsfolge verknüpft sind. Tatbestand und Rechtsfolge lassen sich in Sätzen beschreiben, mittels derer entschieden werden kann, wann ein Tatbestand vorliegt und worin die Rechtsfolgen bestehen sollen. Diese Feststellungen betreffen die Struktur der Rechtsnormen. Sie sind in den Grundzügen bereits in dem Kapitel über die Darstellung der Rechtsnormen dargelegt. Sie sollen im Folgenden zusammengefaßt und ergänzt werden.

Solange ohne Schwierigkeiten die Frage beantwortet werden kann, ob ein Sachverhalt dem Tatbestand einer Rechtsnorm entspricht oder welche Maßnahmen von der Rechtsfolge erfaßt werden, bedarf es eines besonderen Verfahrens der Auslegung nicht. Damit soll nicht gesagt werden, daß das subjektive Empfinden über die Notwendigkeit der Auslegung, also darüber entscheidet, ob die Verfahren der Auslegung heranzuziehen sind. Entscheidend dafür ist, ob das Ergebnis bei Heranziehung der Verfahren der Auslegung ohne bewußte Anwendung der Auslegungsregeln übersehen werden kann.

Die Merkmale eines Tatbestandes einer Rechtsnorm werden gewöhnlich in deskriptive und normative unterschieden. Bei den deskriptiven Merkmalen ist von vornherein zu ersehen, daß es sich um die Beschreibung der Wirklichkeit handelt. Weniger deutlich ist die Struktur bei den normativen Merkmalen. Normenlogisch sind die normativen Merkmale deshalb interessant, weil hier die Frage entsteht, inwieweit die normative Entscheidung eines Interessenkonfliktes durch die Rechtsnorm vorgenommen wurde und inwieweit sie noch vorgenommen werden muß.

Solange sich normative Merkmale dahingehend verstehen lassen, daß das Vorhandensein oder Fehlen des normativen Merkmals das Bestehen oder Nichtbestehen eines Rechtsverhältnisses darstellt, besteht im Ergebnis kein Unterschied zu den deskriptiven Merkmalen. Die Entscheidung, ob ein normatives Merkmal vorhanden ist, wird dann von den materiellen Rechtsnormen geliefert, die die Vorschriften über das Bestehen oder Nichtbestehen von Rechtsverhältnissen enthalten. Diese Vorschriften geben ihrerseits die deskriptiven Merkmale an, die für das Bestehen oder Nichtbestehen eines Rechtsverhältnisses vorhanden sein müssen, so daß sich die normativen Merkmale als Abkürzung für bestimmte im Gesetz bereits an anderer Stelle zusammengefaßte Gruppen deskriptiver Merkmale darstellen.

„Die Anwendung der Grundform des juristischen Schlusses pflegt in der juristischen Praxis keine nennenswerten Probleme aufzuwerfen. Der Praktiker braucht sich infolgedessen seiner logischen Struktur häufig nicht einmal bewußt zu werden."

KLUG: Juristische Logik, a. a. O., S. 101.

Der Gesetzgeber verwendet jedoch auch Merkmale, die sich nicht eindeutig deskriptiven Merkmalen zuordnen lassen, sondern aus Begriffen bestehen oder Begriffe enthalten, deren Feststellung das Vorhandensein oder Nichtvorhandensein einer Wertung voraussetzt, die durch das Gesetz selbst nicht getroffen ist, sondern dem, der die Rechtsnorm anwendet, überlassen bleibt. Solche normativen Merkmale enthalten demnach die Ermächtigung an denjenigen, der die Rechtsnorm anwendet, in gewissem Umfange zu entscheiden, ob der Tatbestand gegeben ist. Die normativen Merkmale haben jedoch meist einen Inhalt, der über eine solche Ermächtigung hinausgeht. Da eine Rechtsnorm, die normative Merkmale enthält, nur dann ihren Sinn behält, wenn sie selbst eine Wertentscheidung darstellt, so muß der Spielraum, innerhalb dessen die Rechtsanwendung zu erfolgen hat, begrenzt sein. So enthalten normative Merkmale meist zugleich deskriptive Bestandteile, die dem Ermessen dessen, der die Rechtsnorm anwendet, entzogen sind.

Deskriptive Merkmale sind nicht immer aus sich heraus verständlich, sondern können die Frage aufwerfen, ob ein bestimmter Sachverhalt von einem deskriptiven Merkmal erfaßt wird. Diese Frage ist nur dann lösbar, wenn die Beschreibung des Sachverhaltes und die Formulierung der deskriptiven Merkmale auf eine gemeinsame Wurzel zurückgeführt werden können[335]. Da der Sachverhalt nur durch direkte oder indirekte Beobachtung erforscht werden kann, muß auch die Frage, welchen Inhalt ein deskriptives Merkmal besitzt, auf die Beobachtung der Wirklichkeit zurückführen[336]. Dies bereitet dann keine Schwierigkeiten, wenn die deskriptiven Merkmale beobachtbar sind. Ist dies jedoch nicht der Fall, so muß die Frage lauten, welchen beobachtbaren Merkmalen das deskriptive Merkmal entspricht.

Dieser Zusammenhang zwischen deskriptiven Merkmalen und beobachtbaren Merkmalen kann auf zweierlei Art gegeben werden: durch den Sprachgebrauch und durch Definitionen.

---

[335] Bartholomeyczik spricht von übersetzen:

„Besteht die Kunst der wörtlichen Anwendung des Gesetzes in der Unterordnung eines Lebenssachverhalts unter seinen Tatbestand, so hilft es zunächst, den Tatbestand des Gesetzes in spezifisch juristischer Arbeitsweise subsumtionsfähig zu machen, um jedem Wort Subsumtion zu sichern. Die Worte des Gesetzes müssen in den Sachverhalt übersetzt werden."

Bartholomeyczik, Horst: Die Kunst der Gesetzesauslegung, 2. Aufl., Frankfurt am Main 1960, S. 22.

[336] „Die geschilderte Ersetzung rechtlicher Begriffe durch bestimmte tatsächliche Begriffe darf nicht verwechselt werden mit dem Übergang vom gesetzlichen Begriff zur Tatsache selbst.

Tatsachenbegriff und Tatsache sind zweierlei. Durch noch so differenzierte tatsächliche Beschreibung eines Falles gelange ich nicht zur Tatsache selbst.

Jene tatsächliche Beschreibung ist eine gedankliche Operation, während die Feststellung der Tatsache selbst letztlich aufgrund der Wahrnehmung erfolgt."

Engisch: Logische Studien zur Gesetzesanwendung, a. a. O., S. 101.

8. Die semantische Bestimmung durch Definitionen

Eine Möglichkeit, die deskriptiven Merkmale mit beobachtbaren Merkmalen zu verknüpfen, besteht in der Verwendung von Definitionen[337]. Durch Definitionen lassen sich Ausdrücke einander zuordnen[338]. Diese Zuordnung ist formaler Art und läßt sich in beliebiger Weise verwenden. Über Definitionen läßt sich nicht aussagen, daß sie wahr oder falsch sind[339], sondern über Definitionen kann nur gesagt werden, ob sie festgesetzt wurden und ob diese Festsetzung zweckmäßig war[340].

Definitionen müssen nicht derart angelegt sein, daß sie nicht beobachtbare mit beobachtbaren Merkmalen direkt verknüpfen. So lassen sich ganze Definitionsketten aufstellen, deren Anfangsglied und Endglied beliebige Arten von Ausdrücken sein können. Will man jedoch nicht beobachtbare Merkmale auf beobachtbare zurückführen, so wird man die Definitionskette derart wählen müssen, daß auf der rechten Seite des letzten Gliedes der Definitionskette nur beobachtbare Merkmale stehen.

Für die Auslegung spielt eine besondere Rolle die Legaldefinition. Legaldefinitionen sind Definitionen, die der Gesetzgeber selbst festgelegt hat. Will man den Inhalt einer gesetzlichen Regelung ermitteln, wie sie vom Gesetzgeber gewollt ist, so ist es selbstverständlich, daß Ausdrücke in

---

[337] Über die Bedeutung der Definitionen in der Rechtswissenschaft sagt KLUG: „Für die juristische Logik sind sie zur genauen Fixierung des Ausgangsmaterials von entscheidender Bedeutung. Erst die präzise Definition der in den Prämissen vorkommenden Begriffe gestattet das Anknüpfen überprüfbarer Folgerungen."

KLUG: Juristische Logik, a. a. O., S. 89.

Dies gilt sowohl für den Deduktionszusammenhang zwischen Rechtsnormen und rechtlichen Entscheidungen, als auch für das Aufstellen von Lehren über irgendeinen Gegenstand.

[338] KLUG: Juristische Logik, a. a. O., S. 91.

[339] „Derartige Konventionen können grundsätzlich willkürlich getroffen werden. Sie sind in logischer Hinsicht prinzipiell nicht gebunden, denn es gibt kein Wahrheitskriterium für explizite Definitionen. Und ... dasselbe gilt auch für implizite Definitionen, für Definitionen durch Abstraktion und für Zuordnungsdefinitionen."

KLUG: Juristische Logik, a. a. O., S. 94.

Um für die Rechtsfindung Mißverständnisse zu vermeiden, soll die Einschränkung hinzugefügt werden, daß diese Freiheit in der Wahl der Definition nur vor dem Gebrauch der Ausdrücke besteht. Wird ein Ausdruck, der in einer Rechtsnorm vorkommt, etwa erst nach Erlaß einer Rechtsnorm definiert, dann hat diese Definition eine andere Bedeutung. Sie macht aus der ursprünglichen Rechtsnorm eine andere.

[340] „Daß der Definierende gleichwohl nicht völlig willkürlich verfahren kann, widerspricht dem Gesagten keineswegs, denn die Bindungen, an die man hier zu denken hat, sind teleologische. Der Definierende ist an Zweckmäßigkeitsgesichtspunkte gebunden."

KLUG: Juristische Logik, a. a. O., S. 94.

Rechtsnormen, für die eine Legaldefinition besteht, stets in diesem Sinne zu verwenden sind.

Bestehen Legaldefinitionen für bestimmte Ausdrücke nicht, so können diese auch nicht durch Auslegung ersetzt werden. Die Redeweise im Verfahren der Auslegung, es müsse ein bestimmter Begriff definiert werden, kennzeichnet eine falsche Vorstellung. Der Sinn, in welchem ein Ausdruck verwandt wird, wird von demjenigen festgelegt, der den Ausdruck gebraucht, oder wird in dem Sinne verwandt, wie er in anderer Weise festgelegt ist. Wenn derjenige, der die Rechtsnorm anwendet, einen Begriff definiert, hält er sich nur dann im Rahmen der Auslegung, wenn er eine Zuordnung, die bereits besteht, lediglich formuliert[341]. Schafft er eine neue Zuordnung, so schafft er eine neue Bedeutung. Und legt er einem Ausdruck in einer Rechtsnorm diese Bedeutung unter, so schafft er eine neue Rechtsnorm.

Da Legaldefinitionen nur für einen kleinen Teil der Ausdrücke bestehen, die der Gesetzgeber verwendet, ist zu fragen, wie der Bedeutungsgehalt der übrigen Ausdrücke zu ermitteln ist. Es versteht sich von selbst, daß ein Bedeutungsgehalt nur ermittelt werden kann, wenn er bereits in irgendeiner Weise festgelegt ist. Soweit von dem Normenautor Definitionen nicht angegeben werden, verbleibt als einzige Möglichkeit der Bestimmung der Bedeutung eines Ausdrucks der Sprachgebrauch.

9. Die semantische Bestimmung durch den Sprachgebrauch

In allen Fällen, in denen die Bedeutung eines Ausdrucks nicht besonders festgelegt ist, ist auf den Sprachgebrauch[342] zurückzugehen[343]. Der Aus-

---

[341] „Der einen gesetzlichen Sprachgebrauch feststellende Richter definiert nicht, sondern vollzieht eine Zeichenerklärung. Deshalb ist es sinnvoll zu fragen, ob seine Feststellung wahr oder falsch ist."

KLUG: Juristische Logik, a. a. O., S. 95.

[342] Unter Sprachgebrauch ist nicht nur die sogenannte Wortbedeutung zu verstehen, sondern auch der Satzzusammenhang, wie COING es ausdrückt: Wortauslegung und grammatisch-philologische Auslegung.

COING: Die juristischen Auslegungsmethoden und die Lehren der allgemeinen Hermeneutik, a. a. O., S. 7.

[343] Ein Beispiel hierfür gibt KLUG:

„So ist zum Beispiel der fundamentale Begriff der Strafe im StGB nirgends explizit (im engeren Sinne) definiert. Der Gesetzgeber gebraucht ihn gleichwohl fortgesetzt. Insofern als nun die Bedeutung des Ausdrucks dadurch bestimmt wird, daß die Bedeutung von Wort- und Satzkomplexen angegeben wird, in denen er auftritt ... kann man von einer Gebrauchsdefinition dieses Begriffes sprechen."

KLUG: Juristische Logik, a. a. O., S. 96.

Soweit es sich um den spezifischen Sprachgebrauch des Gesetzgebers handelt, nennt es KLUG Gebrauchserklärungen. Die Ermittlung des allgemeinen Sprachgedrucksbereich einer lebenden Sprache kennt eine Reihe von Ausdrücken, die den Möglichkeiten unserer Wahrnehmung entspricht. Diese beobachtbaren Merkmale können in vielfältiger Kombination zusammen auftreten, und viele typische Konstellationen werden durch eigene Ausdrücke gekennzeichnet. Diese nicht beobachtbaren Merkmale können nur dann verstanden werden, wenn die Zuordnung auf die beobachtbaren Merkmale bekannt ist.

Die Ausdrücke einer lebenden Sprache sind nicht alle in der Weise in ihrem Bedeutungsgehalt festgelegt, daß eine eindeutige Zuordnung zu den beobachtbaren Merkmalen bestünde. Viele Ausdrücke sind nur vage an der Wahrnehmung orientiert und verdanken ihre Verwendbarkeit oft gerade dieser Unbestimmtheit. So gibt es Ausdrücke, die bestimmte Vorstellungen nur anklingen lassen, andere, die sich einer Vorstellung überhaupt in starkem Maße entziehen und in direkter Weise auf die Gefühlswelt einwirken. Je weiter die klare Zuordnung zu beobachtbaren Merkmalen phantasievoller Unbestimmtheit weicht, um so mehr entfernen wir uns von der nüchternen Sachsprache in den Bereich der Kunstsprache.

So vorteilhaft die Unbestimmtheit der Sprache für das sprachliche Kunstwerk auch sein kann, für eine wissenschaftliche Fachsprache ist sie ein Mangel. Und alle Gestaltungsmittel, die auf dem Gebiet des sprachlichen Kunstwerks ein Zeichen der Meisterschaft bedeuten, sind für die wissenschaftliche Sprache verhängnisvoll, wenn sie Funktionen übernehmen sollen, die die Regeln der Sprachlogik zu leisten haben.

Nicht, daß die ästhetische Schönheit einer Sprache an sich der wissenschaftlichen Sprache abträglich wäre. Ganz im Gegenteil. Soweit es die Sprachgesetze der Wissenschaftssprache erlauben, sind ästhetische Vorzüge für die Verständlichkeit und damit für die Brauchbarkeit auch dieser Sprache von großem Vorteil. Doch abgesehen davon, daß einer Verwendung von ästhetischen Kunstmitteln bei der wissenschaftlichen Sprache Grenzen gesetzt sind, ist der Ersatz der Verwendungsregeln der Sprache, wie sie die Sprachlogik stellt, durch ästhetische Kunstmittel nicht möglich. Die großen und folgenschweren Irrtümer der Rechtsphilosophie, wie sie im Zusammenhang mit dem Rechtspositivismus, etwa in den letzten Jahrzehnten, eine Rolle gespielt haben, sind nicht denkbar ohne jene Eigentümlichkeit des Sprachstils, der die Sprache jener Rechtsphilosophie kennzeichnet. Das Kennzeichnende an jenem Sprachstil ist nicht die Unbestimmtheit der Aus-

---

brauchs nennt KLUG Zeichenerklärungen, womit deren logische Funktion gekennzeichnet wird:

„Beispiele für Zeichenerklärungen bietet jedes Gerichtsurteil, in dem untersucht wird, was der Gesetzgeber unter irgendeinem bestimmten, zur Debatte stehenden Begriff verstanden wissen will. Da der Gesetzgeber den Sprachgebrauch nur in relativ seltenen Fällen ausdrücklich festgelegt hat, laufen Feststellungen von der genannten Art häufig darauf hinaus, zu ermitteln, was kraft stillschweigender oder ausdrücklicher Konvention als Sprachgebrauch fixiert ist."

KLUG: Juristische Logik, a. a. O., S. 98.

drücke, denn viele Wissenschaftsbereiche sind, jedenfalls zu Beginn, auf unbestimmte Ausdrücke angewiesen, sondern die Neigung, an jenen unbestimmten, gefühlsbetonten Ausdrücken festzuhalten und damit einer nüchternen Betrachtung der Probleme den Weg zu versperren. Von dem Stand der Wissenschaft zur damaligen Zeit aus gesehen, wäre es durchaus möglich gewesen, über diese Fehler der Rechtsphilosophie hinauszukommen. Aber nicht zuletzt die Zähigkeit, mit der man den Sprachstil gegen eine genauere Betrachtung der Problematik verteidigte, verhinderte die schnelle Aufklärung dieser Irrtümer.

Ein Teil der Arbeit der Gesetzesauslegung besteht nun darin, die Zusammenhänge zwischen nichtbeobachtbaren und beobachtbaren Merkmalen zu beschreiben[344]. Die hierbei angeschriebenen Definitionen sind jedoch nicht die willkürliche Setzung von Zuordnungen, sondern lediglich die Formulierung von Zuordnungen, wie sie bereits im Sprachgebrauch bestehen.

Der Sprachgebrauch ist nicht nur insofern von Bedeutung, als die Sprache eines Normenautors nicht hinreichend Definitionen enthält. Die Ausdrücke einer Sprache lassen sich nicht alle durch Definitionen erklären, sondern die Zurückführung der Ausdrücke endet vor einem sogenannten Mindestwortschatz, der selbst nicht mehr durch Definitionen erklärt werden kann. Für die Rechtssprache ist es zweckmäßig, als diesen Mindestwortschatz die beobachtbaren Merkmale zu wählen, die sich in der lebendigen Sprache vorfinden. Damit wird gesichert, daß möglichst wenig Ungenauigkeiten von der lebendigen Alltagssprache in die Fachsprache der Rechtswissenschaft verschleppt werden. Denn die für die Rechtswissenschaft gefährlichste Ungenauigkeit befindet sich in der ungenauen Zuordnung der nicht beobachtbaren auf beobachtbare Merkmale.

10. Ungenauigkeit im Ausdruck

Da der Sprachgebrauch der lebenden Sprache mitunter recht unbeständig ist, kann sich in dem Fall, in dem der Gesetzgeber keine Definitionen angibt, die Ungenauigkeit auf die Rechtsnorm übertragen. Die Auslegung kann demnach zu der Frage kommen, welche der möglichen Bedeutungen der Normenautor gebraucht hat.

Die herrschende Auslegungslehre gibt für diese Frage zwei Lösungswege, deren erster den Willen des Gesetzgebers für entscheidend hält, ge-

---

[344] „Wo die Ersetzung der gesetzlichen Begriffe durch klare natürliche realitätsbezogene Begriffe glückt, dort vollzieht sich dann die Tatsachenfeststellung durch Verarbeitung der Wahrnehmung mit Hilfe dieser Begriffe, und ein Heranziehen der vom Gesetz gemeinten Fälle ist bei der Tatsachenfeststellung nicht mehr nötig."

ENGISCH: Logische Studien zur Gesetzesanwendung, a. a. O., S. 105.

nannt die subjektive Auslegungstheorie[345], deren zweiter den Wortlaut der Rechtsnorm für entscheidend hält, genannt die objektive Auslegungstheorie[346].

Bei der Abwägung von objektiver und subjektiver Theorie wird die Überlegung herangezogen, daß es schwierig sei, insbesondere bei dem parlamentarischen Gesetzgeber einen Willensinhalt zu ermitteln, wo doch eine Vielzahl von Abgeordneten, Ausschüssen und Fraktionen ihre Vorstellungen und Wünsche bei der Gesetzesberatung zum Ausdruck bringen. Diese Schwierigkeit, die im Grunde die Schwierigkeit der Abgrenzung von Wunschvorstellungen und Willensinhalt ist, entsteht jedoch nicht aus der Fragestellung, die dem Problem zugrunde liegt, sondern aus der Ungenauigkeit der Lösungswege[347].

Für die Frage, wie eine Rechtsnorm auszulegen ist, braucht man nicht auf den Willen des Gesetzgebers zurückzugreifen, sondern nur auf die Vorstellungen, die er mit einem Ausdruck verknüpft hat[348]. Denn die objektive Theorie ist insoweit richtig, als es auf die gesetzliche Regelung an-

---

[345] KLUG: Juristische Logik, a. a. O., S. 145.

[346] KLUG: Juristische Logik, a. a. O., S. 145.

[347] Noch ungenauer ist die Synthese, die SAX aus Teilen dieser Auffassungen gewinnen will:

„Der Sinn ist nun weder identisch mit den subjektiven Zielen und Zwecken, die der Schöpfer bei seiner Schöpfung verfolgte, noch ist er etwas, was dem Geschaffenen gleichsam als Eigenschaft objektiv anhaftete und sich dem bloß rezeptiven Schauen und Erkennen ohne Rückgriff auf die Intention des Schöpfers erschlösse, noch auch fällt er mit demjenigen zusammen, was der Deuter im Deutungsakt in das Geschaffene selbst ‚hineinlegt'. Der Sinn ergibt sich vielmehr erst aus einer Wechselbeziehung zwischen allen drei Gliedern, in der sie alle geben, sich gegenseitiges Geben vereinigt und untrennbar auf einer höheren Ebene, der Sinnebene, zusammenfügt. Sinnerfassung ist ‚deutende Bearbeitung' der auf ihren Sinn betrachteten Gegebenheit, eine Bearbeitung, die zugleich beziehend, einordnend und stellungnehmend ist, indem sie die Gegebenheit zu anderen in Beziehung setzt, sie in einen größeren Gesamtzusammenhang einordnet und bewertend zu ihr Stellung nimmt. Im Akt der Sinnerfassung sind daher Erkennen, Werten, Würdigen und Beurteilen untrennbar verquickt."

SAX: Das strafrechtliche Analogieverbot, a. a. O., S. 63 f.

[348] In diesem Sinne ist auch BVerfGE 1, 312 zu verstehen:

„Maßgebend für die Auslegung einer Gesetzesvorschrift ist der in dieser zum Ausdruck kommende objektivierte Wille des Gesetzgebers, so wie er sich aus dem Wortlaut der Gesetzesbestimmung und dem Sinnzusammenhang ergibt, in den diese hineingestellt ist.

Nicht entscheidend ist dagegen die subjektive Vorstellung der am Gesetzgebungsverfahren beteiligten Organe oder einzelner ihrer Mitglieder über die Bedeutung der Bestimmung. Der Entstehungsgeschichte einer Vorschrift kommt für deren Auslegung nur insofern Bedeutung zu, als sie die Richtigkeit einer nach den angegebenen Grundsätzen ermittelten Auslegung bestätigt oder Zweifel behebt, die auf dem angegebenen Weg allein nicht ausgeräumt werden können."

kommt, so wie sie der Gesetzgeber erlassen hat[349]. Auf die einzelnen Wunschvorstellungen, Strebungen und Willensinhalte[350] der Mitglieder einer gesetzgebenden Versammlung kann es hierbei nicht ankommen[351]. An der subjektiven Theorie ist die Vorstellung richtig, daß es für den Inhalt der Ausdrücke, die der Gesetzgeber gewählt hat, nur auf die Vorstellungen des Gesetzgebers ankommen kann.

Denn ein sprachlicher Ausdruck ist immer so zu verstehen, wie ihn der Betreffende gemeint hat[352]. Eine Berufung auf den objektiven Erklärungsinhalt würde bedeuten, jemandem eine Erklärung bewußt zu unterschieben, die er nicht hat abgeben wollen[353].

---

[349] „Führt die Anwendung eines Gesetzes aus sich selbst heraus zu einem eindeutigen Ergebnis, so kann der abweichende sogenannte Wille des Gesetzgebers regelmäßig keine Beachtung finden, zumal es kein verläßliches Mittel gibt, das seine zweifelsfreie Feststellung ermöglicht."

BGH Str. 1, 76.

Gibt der Wortlaut zu keinen Zweifeln Anlaß, so hat sich der Gesetzgeber klar ausgedrückt. Ein entgegenstehender Wille könnte sich nur noch auf die rechtspolitische Zielsetzung erstrecken, die aber bei der Auslegung im strengen Sinne nicht berücksichtigt werden kann. Sie hat ihre Aufgabe bei der Präzisierung und bei der Rechtsschöpfung.

[350] Zu diesem Irrtum kommt es leicht, wenn zu sehr psychologische Gesichtspunkte im Zusammenhang mit dem Begriff des Willens in die Erörterung hereingezogen werden:

„Da das Gesetz ein Willensakt ist, muß sich sein Zweck aus dem Willen des Gesetzgebers erschließen, und zwar aus dem Zweck, der bei der Setzung vorhanden war, also aus dem geschichtlichen Willen des Gesetzgebers, der uns einen Einblick in die Berücksichtigung und Bewertung aller Interessen, Rechtswertung und Richtigkeitsgedanken gibt, die von der Regelung berührt werden."

Bartholomeyczik: Die Kunst der Gesetzesauslegung, a. a. O., S. 42.

Auf diesem Wege kommt man zu sehr von der Ausgangsfrage, der Inhaltsbestimmung einer Rechtsnorm, ab.

[351] „Die Gerichte können einen solchen etwaigen inneren Willen des Gesetzgebers, der im Gesetz keinen Ausdruck gefunden hat, angesichts des klaren Wortlauts der Bestimmung, der einen seinem Inhalt nach festumrissenen und allgemein gültigen Begriff des Strafrechts verwendet, nicht berücksichtigen."

BGH Str. 1, 316.

[352] Über die Bedeutung dieser Art der Auslegung im römischen Recht sagt Coing:

„Dieser Gesichtspunkt der Auslegung, der vom Wort zur Meinung des Urhebers des Wortes zurückgeht, ist entwickelt von der griechischen Rhetorik, weitergebildet in der lateinischen Rhetorik und sodann von den Juristen übernommen worden. Er wird in der spätantiken Entwicklung des Römischen Rechts der leitende Auslegungsgesichtspunkt."

Coing: Die juristischen Auslegungsmethoden und die Lehren der allgemeinen Hermeneutik, a. a. O., S. 7 f.

[353] Larenz sagt hierzu:

„Was wir als den ‚Willen des Gesetzgebers' zu bezeichnen berechtigt sind, das sind also in der Regel nur die Zwecke und die grundlegenden rechtspolitischen Entscheidungen, die durch das Gesetz verwirklicht werden sollen.

Hieraus sollte man jedoch nicht die Vorstellung ableiten, es handele sich hier um eine gemischt objektiv-subjektive Theorie. Denn es wurde dargelegt, daß weder die subjektive noch die objektive Theorie zu einer Erklärung fähig ist, weil beide für die Lösung des Problems einen ungenauen Ansatz wählen. Beläßt man die Fragestellung so, wie sie ursprünglich war, nämlich nach dem Bedeutungsinhalt eines Ausdrucks, und verschleiert man ihn nicht durch die daraus abgeleitete Frage nach dem Willensinhalt des Gesetzgebers, so wird man folgerichtig zu der Frage geführt, welche Vorstellung der Gesetzgeber mit einem bestimmten Ausdruck verbunden hat[354].

11. Irrtum in der Wahl des Ausdrucks

Die Probleme eines Irrtums in der Wahl des Ausdrucks durch den Gesetzgeber sind die gleichen wie bei der Ungenauigkeit im Ausdruck. Auch hier kann man fragen, ob die Rechtsnorm so auszulegen ist, wie sie dem Sprachgebrauch entspricht, oder ob man den Vorstellungen des Gesetzgebers folgen will. Bleibt man sich bewußt, daß bei der Anwendung einer Rechtsnorm die Geltung der rechtlichen Entscheidung auf einer Wert-

---

Von ihnen, so darf man annehmen, haben die zustimmenden Abgeordneten in der Tat ein deutliches Bewußtsein gehabt. Ihnen wollten sie durch ihre Zustimmung zu dem Gesetz Wirklichkeit verschaffen.

Darüber hinaus mögen sie sich eine genauere Vorstellung über einzelne Bestimmungen gebildet haben, die vorher umstritten waren oder über die eine Diskussion im Parlament stattgefunden hat.

Im übrigen haben sie lediglich den Text, nicht eine bestimmte Auslegung des Textes gebilligt."

Larenz: Methodenlehre, a. a. O., S. 248.

Dies ist dahingehend zu präzisieren, daß sie nicht ein Ergebnis einer bestimmten juristischen Auslegungsregel gebilligt haben. Aber irgendeine Vorstellung haben sie mit dem Text verbunden und diese Vorstellungen sind, soweit sie erkennbar sind, für den Inhalt des Textes entscheidend. Haben sie keine Auslegung im technischen Sinne gebilligt, so haben sie auch keine Freiheit in der Auslegung mitgegeben.

[354] Kelsen kann nicht gefolgt werden, wenn er schreibt:

„Sich unter Vernachlässigung des Wortlautes an den mutmaßlichen Willen des Gesetzgebers zu halten oder den Wortlaut streng zu beobachten und sich dabei um den — meist problematischen — Willen des Gesetzgebers nicht zu kümmern, ist — positivrechtlich — durchaus gleichwertig."

Kelsen: Reine Rechtslehre, a. a. O., S. 350.

Es ist nicht gleichwertig, ob man den Wortlaut eines Gesetzes, der einen bestimmten Willen ausdrückt, oder einen ‚mutmaßlichen', also im Gesetz nicht ausgedrückten Willen zugrundelegt. Wenn man vorgibt, vom Gesetz auszugehen, kann man keine Wahl zwischen dem Gesetz und der Willensvermutung des Auslegenden geben. Das Problem läßt sich durch die Unterscheidung von Bedeutungsinhalt und Willensinhalt vermeiden.

entscheidung beruhen soll, die ein eigens dafür geschaffenes Organ, der Gesetzgeber, gefällt hat, so folgt hieraus, daß es nicht auf die Formulierung des Gesetzes ankommen kann, wie sie zufällig etwa durch einen Irrtum in der Wahl des Ausdrucks entstanden ist, sondern daß sie als Ausdruck der Wertentscheidung des Gesetzgebers aufzufassen ist. Hat sich der Gesetzgeber im Ausdruck geirrt, sei es durch einen Fehler, der darin besteht, daß ein Ausdruck verwendet wurde, der gar nicht verwendet werden sollte, sei es durch einen, der darin besteht, daß ein Ausdruck zwar von dem Gesetzgeber bewußt zugrunde gelegt wurde, der aber in seinem Bedeutungsinhalt verkannt wurde, so würde eine rechtliche Entscheidung, die die Rechtsnorm entsprechend dem Fehler interpretierte, sich auf den Irrtum, nicht aber auf die Wertentscheidung des Gesetzgebers berufen.

Der Streit um subjektive oder objektive Theorie muß in dem Maße an Bedeutung verlieren, in dem man sich vor Augen führt, daß es einen objektiven Ausdrucksgehalt nicht gibt. Der Bedeutungsgehalt eines Ausdrucks ist entweder durch Definition festgelegt; dann ist es selbstverständlich, daß diejenige Definition anzuwenden ist, die derjenige gegeben hat, der auch die Norm gesetzt hat. Oder es ist keine Definition gegeben; dann besteht lediglich die Vermutung, daß der Normenautor den gleichen Bedeutungsgehalt seinen Ausdrücken zugrunde gelegt hat, wie er von anderen Sprachgenossen gebraucht wurde. Steht fest, daß der Normenautor von dem üblichen Sprachgebrauch abgewichen ist, so hieße es ihn bewußt mißverstehen, wollte man seiner Formulierung einen anderen Bedeutungsgehalt unterschieben als den, den er selbst mit dem Ausdruck verbunden hat.

12. Die Grenzen der Auslegung

Wie bereits dargelegt wurde, können Auslegungsmethoden nicht beliebig gewählt werden. Insbesondere können sie nicht nach dem Ergebnis der Auslegung ausgerichtet werden, sondern sind aus dem Begriff der Rechtsgeltung abzuleiten, der für die Geltung der Rechtsnormen zugrunde gelegt wurde.

Damit ist das Verfahren der Auslegung eindeutig bestimmt, und es besteht keine Möglichkeit, durch Auslegung unbefriedigende rechtliche Regelungen abzuändern oder von einem bestimmten Standpunkt aus als fehlend empfundene Rechtsnormen durch geeignete Regelungen zu ersetzen.

Die Auslegung hatte zur Aufgabe, Verfahren anzugeben, mit denen der Inhalt einer Rechtsnorm ermittelt werden kann. Jede Auslegungsmethode, die mehr an Bedeutung aus einer Rechtsnorm herausholen kann als in sie hineingelegt wurde, oder die eine größere Genauigkeit des Ausdrucks erzielt als sie der Normenautor gebrauchte, ist demnach fehlerhaft[355]. Was für die Sprachlogik gilt, gilt auch für die Auslegung; durch kein logisches Verfahren kann zusätzlicher Gehalt gewonnen werden[356].

Diese Beschränkung der Auslegung soll nicht eine Beschränkung der Rechtsanwendung sein. Hier wird keine Aussage in dem Sinne gemacht, daß nur die hier angegebenen Auslegungsregeln anwendbar seien, und daß andere Verfahren zur Gewinnung rechtlicher Entscheidungen unzulässig seien. Hier wird nur der Unterschied zwischen Auslegung einerseits, Präzisierung und Rechtsschöpfung andererseits, klar gezogen. Ob Präzisierung oder gar Rechtsschöpfung erlaubt ist, ist keine Frage, die vom wissenschaftlichen Standpunkt aus nicht beantwortet werden kann. Die Rechtswissenschaft hat lediglich anzugeben, daß sich die Verfahren der Auslegung der Präzisierung und der Rechtsschöpfung grundlegend unterscheiden und daß sich dieser Unterschied durch die Lehre von der Rechtsgeltung klar angeben läßt.

Die Regeln der Auslegung lassen die Zuordnung rechtlicher Entscheidungen zu bestimmten Rechtsnormen bestehen. Regeln der Präzisierung und der Rechtsschöpfung geben einer rechtlichen Entscheidung eine andere Grundlage. Die Frage selbst, ob sich eine Rechtsanwendung mit der Auslegung begnügen muß oder die Präzisierung oder die Rechtsschöpfung heranziehen darf, ist eine Frage, die nur in bezug auf ein neues Wertesystem oder Normensystem beantwortet werden kann. Es ist nicht Sache der Wissenschaft, solche Normen selbst zu setzen.

IX. Die Präzisierung von Rechtsnormen auf der Grundlage der Lehre von der Rechtsgeltung

1. Die inhaltliche Unbestimmtheit von Rechtsnormen

Mittels der sprachlogischen Auslegung ist man im allgemeinen in der Lage zu ermitteln, welchen Inhalt der Normenautor den sprachlichen Aus-

[355] „So ist schon die Gesetzesauslegung durch die Gerichte ebenso wie die ‚Konkretisierung' eines ‚unbestimmten' Maßstabes in seiner Anwendung, vom Ergebnis her gesehen — wenn auch nicht ihrer Absicht nach — eine (verdeckte) Rechtsfortbildung."

Larenz: Methodenlehre, a. a. O., S. 274.

Dies mag für die Konkretisierung eines unbestimmten Maßstabes gelten; die Gesetzesauslegung ist, solange sie Auslegung bleibt, nicht Gesetzesfortbildung.

[356] Deshalb ist Engisch nur als wirkungsvolle Zuspitzung, nicht aber für die Interpretation wörtlich zu nehmen, wenn er sagt:

„Zu unserer Erheiterung bemerken wir, daß also vom objektiven Standpunkt aus nicht nur das Gesetz klüger sein kann als sein Verfasser, sondern auch der Interpret klüger als das Gesetz selbst."

Engisch: Einführung in das juristische Denken, a. a. O., S. 105.

drücken zugelegt hat. Aber auch bei Ausschöpfung aller Möglichkeiten, den Inhalt von Rechtsnormen zu ermitteln, ist nicht gewährleistet, daß eine rechtliche Entscheidung stets aus diesen Rechtsnormen gewonnen werden kann[357].

Durch das Verfahren der sprachlichen Auslegung läßt sich beantworten, welchen Inhalt der Normenautor den Ausdrücken der Rechtsnorm beigelegt hat, nicht jedoch ist damit geklärt, ob der Normenautor klar zum Ausdruck gebracht hat, welche Fälle dem Tatbestand entsprechen und welche die Rechtsfolge nicht mehr auslösen sollen[358]. Es handelt sich hier insbesondere um die Grenzfälle, die dort liegen, wo der sprachliche Ausdruck nicht mehr die Entscheidung zuläßt, ob ein Sachverhalt dem Tatbestand entspricht oder ob der Tatbestand als nicht erfüllt anzusehen ist[359].

Der Grund für diese Unbestimmtheit der Rechtsnormen kann in den Mängeln des sprachlichen Mediums liegen, in dem die rechtliche Regelung formuliert ist. Die Rechtssprache besteht hauptsächlich aus der Alltagssprache, deren Ausdrücke in ihrem Bedeutungsgehalt schwanken, sowohl was Ort und Zeit angeht als auch in der Verwendung von Autor zu Autor.

Die spezifischen Rechtsbegriffe, die in der Rechtssprache Verwendung finden, wären zwar grundsätzlich einer Präzisierung fähig. Von dieser Möglichkeit ist aber in bezug auf eindeutige Begriffsbestimmung nur in begrenztem Umfange Gebrauch gemacht. Der Grund liegt zunächst darin, daß sich die Begriffe nicht recht fassen lassen, solange das Deduktionsgerüst der Rechtssprache nicht auf die Gesetze der Sprachlogik festgelegt wird. Sodann liegt es in dem Mangel, bei der Diskussion rechtlicher Probleme die Meinungen nur mehr oder weniger einander gegenüberzustellen,

---

[357] „Rechtswissenschaftliche Interpretation muß auf das sorgfältigste die Fiktion vermeiden, daß eine Rechtsnorm stets nur eine, die ‚richtige' Deutung zuläßt. Das ist eine Fiktion, deren sich die traditionelle Jurisprudenz zur Aufrechterhaltung des Ideals der Rechtssicherheit bedient. Angesichts der Vieldeutigkeit der meisten Rechtsnormen ist dieses Ideal nur annäherungsweise realisierbar."

KELSEN: Reine Rechtslehre, a. a. O., S. 353.

[358] „Nicht nur im Bereich der Anwendung von Bewertungsmaßstäben, sondern auch schon in dem der einfachen Subsumtion unter einen unscharfen Gegenstands- oder Relationsbegriff sowie der durch soziale Erfahrungen vermittelten Urteile gibt es also gewisse Grenzen der Erkennbarkeit."

LARENZ: Methodenlehre, a. a. O., S. 223.

[359] „Es gibt schlechthin keine — als positiv-rechtlich charakterisierbare — Methode, nach der von mehreren sprachlichen Bedeutungen einer Norm nur die eine als ‚richtig' ausgezeichnet werden könnte; vorausgesetzt natürlich, daß es sich um mehrere mögliche, das heißt: im Zusammenhang mit allen anderen Normen des Gesetzes oder der Rechtsordnung mögliche Sinndeutungen handelt."

KELSEN: Reine Rechtslehre, a. a. O., S. 349.

Berücksichtigt man, daß KELSEN im Rahmen einer reinen Rechtslehre den Ausdruck positivrechtlich in einem weiteren Sinne versteht, so entspricht dies der hier angestellten sprachlogischen Betrachtung.

statt sie auf einen gemeinsamen Nenner zu bringen und ihr Verhältnis zueinander zu klären. Da dieser Meinungsstreit, auch wenn er sich auf die Zweckmäßigkeit einer rechtlichen Regelung bezieht, oft in die Frage nach dem Wesen rechtlicher Institutionen oder rechtlicher Begriffe gekleidet wird, folgt dann aus der Vielzahl der Lösungsmöglichkeiten die Vielzahl der Begriffe. Diese Folge wäre zu vermeiden, würde man die Diskussion über die Zweckmäßigkeit von Rechtsbegriffen und die Zweckmäßigkeit rechtlicher Regelungen sauber trennen.

Der weitere Grund für die Unbestimmtheit rechtlicher Begriffe ist ganz allgemein die Vorliebe von Juristen, Begriffe möglichst so zu wählen, daß bei der Rechtsanwendung der Schein der Gesetzestreue gewahrt werden kann. Dies läßt sich dadurch erreichen, daß man den Rechtsbegriffen eine gewisse Unbestimmtheit beläßt, um später durch sogenannte Auslegung ein in anderer Weise als durch Ableitung gewonnenes Ergebnis zu begründen, statt eventuell gezwungen zu sein, sich von einer gesetzlichen Regelung zu lösen und die Entscheidung auf andere Gründe zu stützen.

Diese Unbestimmtheit von Rechtsnormen läßt sich durch sprachliche Mittel nicht beseitigen[360]. Denn der Normenautor, der die Ausdrücke in dieser Unbestimmtheit benutzt hat, kann seine Vorstellungen damit nicht genauer ausgedrückt haben als die Präzision der verwendeten Begriffe zuläßt.

Außer der Unbestimmtheit von Rechtsnormen, die durch die Ausdrucksfähigkeit der Rechtssprache begrenzt ist, kann sich eine weitere Unbestimmtheit daraus ergeben, daß der Normenautor eine gesetzliche Regelung nur in unbestimmter Weise durchdacht hat. In diesem Falle würde die Ausdrucksfähigkeit der Sprache eine genauere Formulierung zulassen, doch wird sie nicht ausgeschöpft, weil die einzelnen Fälle, die von den Ausdrücken erfaßt werden, nicht auf ihre Folgerungen hin überprüft worden sind.

In diesen Fällen entsteht die Frage, wie festgestellt werden kann, ob der Normenautor die sprachlichen Ausdrücke unbestimmter gebraucht hat als sie dem sonstigen Sprachgebrauch entsprechen. Im allgemeinen wird diese Unbestimmtheit aus der Rechtsnorm selbst nicht zu entnehmen sein. Wenn sich aber aus dem Verhältnis zu anderen Normen Widersprüche ergeben, ist zu vermuten, daß es sich um Ungenauigkeiten in der Überlegung der rechtlichen Regelung handelt. Hier bedarf es keiner besonderen Schlußfolgerung, die aus diesen Widersprüchen die Unbestimmtheit der Rechtsnorm folgerte,

[360] „Denn die Notwendigkeit einer ‚Interpretation' ergibt sich gerade daraus, daß die anzuwendende Norm oder das System von Normen mehrere Möglichkeiten offen läßt, d. h. aber: noch keine Enscheidung darüber enthält, welches der im Spiele stehenden Interessen das höherwertige ist, diese Entscheidung, diese Rangbestimmung der Interessen vielmehr einem erst zu setzenden Akt der Normenerzeugung — dem richterlichen Urteil z. B. — überläßt."

KELSEN: Reine Rechtslehre, a. a. O., S. 350.

sondern der Grundsatz, daß nur ein widerspruchsfreies System von Rechtsnormen Sinn haben kann, zwingt zu der Schlußfolgerung, daß widersprüchliche Regelungen sich gegenseitig aufheben und damit den Bereich der Unbestimmtheit abgrenzen.

Ein besonderer Fall der Unbestimmtheit von Rechtsnormen finden sich bei Rechtsnormen mit einem Ermessensspielraum. Vom normenlogischen Standpunkt aus sind sie nicht in dem Sinne unbestimmt, daß sie die Bedeutung, in der sie gebraucht wurden, nicht erkennen ließen. Solche Normen können wohlbestimmt formuliert sein, wobei dann auch der Ermessensspielraum genau abgegrenzt sein muß. Diese Art von Normen müssen nicht präzisiert werden, weil der Gesetzgeber dem, der die Norm anwendet, in dem entsprechenden Spielraum die Wahl läßt. Dies jedenfalls vom Standpunkt dieser Norm aus. Er kann durch andere Normen, etwa Verfahrensvorschriften, zu beachtende Grundsätze, diese Freiheit weiter einengen. Aber die betreffende Rechtsnorm selbst braucht nicht präzisiert zu werden.

Dennoch werden oft aus diesen Rechtsnormen einzelne Fallgruppen herausgenommen und die Lösung in präzisierten Rechtsnormen formuliert. Damit wird auch ein Beitrag zur Weiterentwicklung des Rechts geleistet. Diese Tätigkeit fällt jedoch aus dem Rahmen der vorgeschriebenen Präzisierung heraus. Sie kann sich ungehemmt durch Regelungen der verfassungsmäßigen Geltung entfalten und gehört in den Bereich der ideellen Geltung.

2. Die Präzisierung von Rechtsnormen mit faktischer Geltung

Da die Rechtsnormen faktischer Geltung die Tätigkeit des Sanktionsapparates beschreiben, bedeutet die Präzisierung von Rechtsnormen hier eine präzisere Beschreibung dieses Bereiches der Wirklichkeit. Soweit sich Kommentare und Lehrbücher um die Darstellung der Tätigkeit des Sanktionsapparates, d. h. die Rechtsnormen faktischer Geltung aufzuzeichnen, bemühen, bedeutet eine Weiterentwicklung dieser Darstellung eine Präzisierung jener Rechtsnormen.

Besondere rechtstheoretische Probleme entstehen bei diesem Vorgehen nicht. Da es sich um eine Beschreibung der Wirklichkeit handelt, wird lediglich der Poblemkreis der allgemeinen Logik, nicht jedoch das Gebiet der Normenlogik berührt. Die Präzisierung von Rechtsnormen mit faktischer Geltung hat lediglich faktisch die Auswirkung, daß damit die Möglichkeit gewonnen wird, daß ein kompliziert organisierter Sanktionsapparat differenzierter beschrieben wird.

3. Die Präzisierung von Rechtsnormen verfassungsmäßiger Geltung

Die eigentliche Tragweite erhält die Frage der Präzisierung von Rechtsnormen bei einer solchen von Rechtsnormen verfassungsmäßiger Geltung. Auch hier ist davon auszugehen, daß eine Rechtsnorm nur diejenige rechtliche Regelung enthält, die der Normenautor durch sie hat ausdrücken wollen. Deshalb geht eine Präzisierung solcher Rechtsnormen über die Auslegung, die den Inhalt dieser Normen ermitteln soll, hinaus. Jede Präzisierung von Rechtsnormen verfassungsmäßiger Geltung ist demnach eine Veränderung dahingehend, daß eine differenzierte Regelung an die Stelle einer ungenauer gefaßten gesetzt wird[361].

Da wir unter Rechtsnormen verfassungsmäßiger Geltung solche Rechtsnormen verstanden haben, denen von der Verfassung Rechtsgeltung zugelegt wurde, läßt sich die von einer bestimmten Verfassung ausgestaltete Art der Rechtsgeltung derart wählen, daß den Organen der Rechtsanwendung die Freiheit gegeben wird, die von dem verfassungsmäßigen Gesetzgeber erlassenen Rechtsnormen zu präzisieren. Damit wären alle Rechtsnormen, die im Bereich der Unbestimmtheit von in der Verfassung festgelegten Organen präzisiert wurden, Rechtsnormen mit verfassungsmäßiger Geltung.

Eine solche Ermächtigung braucht nicht ausdrücklich gegeben zu sein, sie kann sich auch aus einem Auftrag ergeben, der diese Freiheit voraussetzt. Legt eine Rechtsordnung dem Richter die Pflicht auf, einen Rechtsstreit unter gewissen formellen Voraussetzungen stets zu entscheiden, und verwehrt er ihm die Berufung darauf, es sei keine einschlägige Rechtsnorm vorhanden, so ist ein solcher Auftrag nur dann möglich, wenn man dem Richter erlaubt, die Rechtsnorm zu präzisieren. Dies jedenfalls unter der Voraussetzung, daß man außerdem den Richter verpflichtet, seine Entscheidung aus allgemeinen Rechtssätzen zu begründen[362].

---

[361] Deshalb gilt nur für den Fall der Präzisierung, was Geiger von Auslegung ganz allgemein sagt:

„Aus dem allem folgt aber: es liegt im Normsatz nicht ein geltender Inhalt von gegebenem und durch Auslegung nur ‚richtig' abzugrenzendem Bedeutungsumfang vor, unter den dann gründlich untersuchte und ihren Sachmerkmalen nach ‚richtig' diagnostizierte Tatbestände fallen. Indem vielmehr der Richter einen konkreten Tatbestand auf den Begriffsinhalt des Normsatzes bezieht, verleiht er diesem Begriffsinhalt erst einen Bedeutungsumfang im Hinblick auf die sozialen Lebensverhältnisse. Das heißt aber: erst in der Anwendung des Normsatzes gestaltet sich die subsistente Norm, gestaltet sich der nicht abstrakt-begriffliche, sondern konkretinbegriffliche Typus, der für den wirklichen sozialen Geschehensablauf maßgebend ist."

Geiger: Vorstudien zu einer Soziologie des Rechts, a. a. O., S. 193.

Auch hier zeigt sich die Zweckmäßigkeit, ja Notwendigkeit, einer Unterscheidung zwischen Auslegung und Präzisierung.

[362] Kelsen geht davon aus, daß in jedem Fall diese Ermächtigung vorliegt: „In allen diesen Fällen beabsichtigter oder unbeabsichtigter Unbestimmtheit

Tatsächlich gehört es fast zu den Selbstverständlichkeiten unter den Grundsätzen der Rechtsanwendung, daß sich ein Richter auf die Unklarheit des Gesetzes nicht berufen darf. Da es weiter zu den Selbstverständlichkeiten gehört, daß der Richter sein Urteil nicht willkürlich fällen darf, bei höherentwickelten Rechtsnormen sich auch nicht lediglich auf sein Rechtsgefühl berufen darf, so wird der Richter gezwungen, unklare Rechtsnormen zu differenzieren. Eine Rechtsanwendung, die diesen Erfordernissen in befriedigendem Maße nachkommt, leistet sogleich einen wichtigen Beitrag zur Weiterentwicklung des Rechts.

Ist diese Tätigkeit der Präzisierung von Rechtsnormen auf der einen Seite nicht mehr Auslegung, weil sie über die Feststellung des Inhalts einer Rechtsnorm hinausgeht, so ist sie auf der anderen Seite noch nicht Rechtsschöpfung, jedenfalls nicht Rechtsschöpfung in dem Sinne, daß eine rechtliche Regelung geschaffen wird, die der Gesetzgeber selbst nicht vorgesehen hat. Denn die Rechtsnorm, die präzisiert werden soll oder präzisiert werden darf, ist bereits vorhanden, nur daß noch nicht entschieden ist, ob bestimmte Grenzfälle in dem einen oder anderen Sinne zu entscheiden sind.

Es ist eine Frage der Definition, was man unter Rechtsschöpfung verstehen will. Doch ist es zweckmäßig, das Verfahren der Rechtsschöpfung, das neue Normen entwickelt, von dem Verfahren der Präzisierung, das bestehende Normen im Bereich ihrer Unbestimmtheit differenziert, zu unterscheiden. Diese Unterscheidung ist schon deshalb erforderlich, weil bei der Beschreibung bestehender Rechtsordnungen die Unterscheidung von Präzisierung und Rechtsschöpfung deshalb erforderlich ist, weil Kodifikate im Zugeständnis der Präzisierung durchweg großzügig, in der Gewährung der Freiheit der Rechtsschöpfung jedoch meist zurückhaltender sind.

---

der niederen Stufe bieten sich der Rechtsanwendung mehrere Möglichkeiten. Der vollziehende Rechtsakt kann so gestaltet werden, daß er der einen oder der anderen der verschiedenen sprachlichen Bedeutungen der Rechtsnorm, daß er dem irgendwie festzustellenden Willen des Normsetzers oder aber dem von ihm gewählten Ausdruck, daß er der einen oder der anderen der beiden einander widersprechenden Normen entspricht oder daß so entschieden wird, als ob sich die beiden widersprechenden Normen gegenseitig aufgehoben hätten. Das anzuwendende Recht bietet in allen diesen Fällen nur einen Rahmen, innerhalb dessen mehrere Möglichkeiten der Anwendung gegeben sind, wobei jeder Akt rechtmäßig ist, der sich innerhalb dieses Rahmens hält, den Rahmen in irgendeinem möglichen Sinn ausfüllt.“

Kelsen: Reine Rechtslehre, a. a. O., S. 348.

Dies ist nur unter den angeführten Voraussetzungen der Fall. Es ließe sich denken, daß eine verfassungsmäßige Geltungsanordnung die Vorschrift enthält, eine Verurteilung dürfe nur dann erfolgen, wenn der Sachverhalt einem gesetzlich formulierten Tatbestand entspricht. Insbesondere im Strafrecht kann man sich ein Verbot der Präzisierung vorstellen.

4. Die Präzisierung von Rechtsnormen ideeller Geltung

Rechtsnormen ideeller Geltung waren solche Rechtsnormen, die von einem Autor zur Lösung von Interessenkonflikten vorgeschlagen wurden. Solche Rechtsnormen weiter zu präzisieren würde heißen, die rechtliche Regelung weiter zu differenzieren, indem etwa Rechtsgedanken in immer kompliziertere Fragestellungen hinein verfolgt werden.

Die Rechtsnormen, die durch die Präzisierung von Rechtssystemen ideeller Geltung entstehen, sind wieder Rechtsnormen ideeller Geltung. Doch kann es sein, daß ein Rechtssystem nicht von dem Autor, der es entworfen hat, sondern von einem anderen Autor präzisiert wird. In diesem Falle muß man unterscheiden zwischen dem ursprünglichen Rechtssystem ideeller Geltung, das dem ursprünglichen Verfasser zugeschrieben werden muß, und dem präzisierten Rechtssystem, dessen ideelle Geltung auf den Autor bezogen werden muß, der die Präzisierung vorgenommen hat. Zwar kommt bei dieser Kennzeichnung die Urheberschaft des Rechtssystems nicht genau zur Geltung, doch soll der Begriff der ideellen Geltung nicht die Urheberschaft an Rechtsnormen angeben, sondern nur kennzeichnen, wer diesen Vorschlag für die Lösung eines Interessenkonfliktes gemacht hat.

5. Die Präzisierung von Rechtsnormen durch Heranziehung der ratio legis

Sollen Rechtsnormen präzisiert werden, so wird man das Augenmerk vor allem auf die Möglichkeiten richten, aus den Rechtsnormen oder dem System von Rechtsnormen selbst Anhaltspunkte für die Präzisierung zu gewinnen. Reicht der Gesetzeswortlaut nicht aus, um eine Frage in bezug auf die Anwendung der betreffenden Rechtsnorm zu lösen, so liegt es nahe, auf den Zweck der Rechtsnorm zurückzugreifen[363].

[363] Die Frage der Berücksichtigung des Gesetzeszweckes kann demnach erst auftauchen, wenn das Verfahren der Auslegung abgeschlossen ist. Deshalb ist es falsch, mit einer teleologischen Auslegungsmethode zu beginnen, wie MAURACH es vorschlägt:

„Die bisherige Kritik hatte nicht nur die Unzulänglichkeit der nicht zweckbestimmten Auslegungsmethoden klargestellt, sondern auch schon den Ausgangspunkt richtiger Arbeit erkennen lassen. Eine solche wird nur geleistet werden können, wenn mit der teleologischen Methode begonnen wird, mit der Frage nach dem Sinn des Strafrechts im Allgemeinen und nach dem Zweck des einzelnen in Betracht kommenden Strafrechtssatzes im Besonderen."

MAURACH: Deutsches Strafrecht, Allgemeiner Teil, a. a. O., S. 82.

Auch, daß Einigkeit bestehe, das entscheidende Instrument der Rechtsauslegung sei die Frage nach dem Zweck des Strafrechtssatzes (MAURACH: Deutsches Strafrecht, Allgemeiner Teil, a. a. O., S. 80), scheint nicht ganz richtig zu sein.

So geben KOHLRAUSCH-LANGE als richtige Reihenfolge an: 1. der Lebenssprachgebrauch, 2. der Gesetzessprachgebrauch, 3. die Absicht des Gesetzgebers, 4. den Systemzusammenhang.

KOHLRAUSCH, EDUARD und RICHARD LANGE: Strafgesetzbuch, 43. Auflage, Berlin 1961, § 2 Anm. III B, S. 38 f.

Will man eine Präzisierung auf den Gesetzeszweck stützen[364], so ergibt sich zunächst die Frage, ob es einen Gesetzeszweck gibt. Ist der Gesetzgeber ein einzelner Mensch, so wäre es denkbar, zu den Rechtsnormen, die er erläßt, auch das Motiv oder die Motive kennenzulernen. Nehmen wir aber den Fall einer gesetzgebenden Versammlung, in der sich eine Vielzahl von Interessenstrebungen vorfindet, die alle versuchen, auf die Ausgestaltung einer gesetzlichen Regelung Einfluß zu nehmen, so dürfte es schon schwierig sein, in jedem Falle einen eindeutigen Gesetzeszweck aufzufinden[365]. Noch schwerer dürfte es sein, diesen nachzuweisen. Nicht nur, daß sich eine Fülle widersprechender Äußerungen verschiedener Gruppen wird finden lassen, sondern es wäre noch zu berücksichtigen, daß ein Teil seine Interessen aus irgendwelchen Rücksichten verleugnet oder daß Interessengruppen ihre wahren Interessen verschleiern und andere Motive als Gesetzeszweck vorschieben.

Müssen wir somit davon ausgehen, daß sich nicht in jedem Falle ein Gesetzeszweck ermitteln läßt, so ist es dennoch möglich, daß in bestimmten Fällen der Zweck einer gesetzlichen Regelung klar zu Tage tritt. Man könnte dann bei grundsätzlicher Bereitschaft, die ratio legis zur Präzisierung von Rechtsnormen heranzuziehen, die Verwendung der ratio legis auf diese Fälle beschränken.

Einer Verwendung der ratio legis sind jedoch Grenzen gesetzt. Mit einer ratio legis läßt sich vermeiden, daß eine gesetzliche Vorschrift zweckentfremdet wird oder daß sie möglicherweise sogar so angewendet wird, daß sie den Übelstand, den sie beseitigen soll, noch verstärkt. In allen Fällen jedoch, in denen es darum geht, abzuwägen, bis zu welchem Grad ein bestimmtes Rechtsgut geschützt werden soll, ist mittels der ratio legis keine Präzisierung zu erreichen. Denn die ratio legis gibt nur an, welchen Zweck das Gesetz erreichen wollte, nicht in welchem Umfange andere Interessen dem Gesetzeszweck weichen sollen.

---

[364] Ungenau BARTHOLOMEYCZIK:

„Die eigentliche Auslegung deutet den Sinn des Gesetzes aus seinem rechtspolitischen Zweck, richtiger aus seiner rechtspolitischen Zwecksetzung."

BARTHOLOMEYCZIK: Die Kunst der Gesetzesauslegung, a. a. O., S. 40.

Da BARTHOLOMEYCZIK nicht zwischen Auslegung und Präzisierung unterscheidet, zieht er Fragen der Präzisierung in den Bereich der Auslegung hinüber.

[365] „Die Absicht des Gesetzgebers ist nur insoweit mit hinreichender Sicherheit faßbar, als sie in dem von ihm geschaffenen Recht zum Ausdruck kommt."

KELSEN: Reine Rechtslehre, a. a. O., S. 253.

X. Die Lehre von der Rechtsschöpfung auf der Grundlage der Lehre von der Rechtsgeltung

1. Der Begriff der Rechtsschöpfung

Will man die Frage nach dem Begriff der Rechtsschöpfung beantworten, so könnte man nach den vorhergehenden Untersuchungen zu der Auffassung kommen, daß dies nicht allzu große Schwierigkeiten bereiten könne. Nachdem wir bereits die Begriffe der Auslegung und der Präzisierung von Rechtsnormen klargelegt hätten, müsse sich die Rechtsschöpfung gewissermaßen als Begriffsrest ergeben. Diese Vorstellung ist auch insoweit richtig, als in der herrschenden Lehre der Rechtsanwendung von den Verfahren der Rechtsanwendung nur der Komplex übrig bleibt, den man gemeinhin mit Rechtsschöpfung bezeichnet. Die Ungenauigkeit in den Vorstellungen über die Rechtsanwendung, die sich in den herrschenden Auslegungstheorien ausdrückt, überträgt sich aber auch auf den Begriff der Rechtsschöpfung. So wenig wie eine Theorie der Auslegung ist eine Behandlung der Rechtsschöpfung ohne Zurückgreifen auf die Lehre von der Rechtsgeltung möglich.

Versucht man zunächst die Gedankenassoziationen hervorzukehren, die sich mit dem Begriff der Rechtsschöpfung verbinden, so denkt man zunächst an die Schaffung neuen Rechts, sei es, daß ein Recht aus einem Vorrat geschöpft wird, sei es, daß Recht ganz neu geschaffen wird[366]. Aber nachdem

---

[366] Larenz ist der Auffassung, es bedürfe heute keiner Ausführung mehr, daß jede richterliche Tätigkeit, auch wenn sie nur in der schlichten Anwendung der Gesetzesnorm auf den Sachverhalt bestehe, ein schöpferisches Moment enthalte, weil sowohl die Auswahl der „zutreffenden" Norm wie die Würdigung des Sachverhalts nach den in der Norm angegebenen Kriterien eine nicht lediglich mechanische Denktätigkeit erfordere.

Larenz, Karl: Wegweiser zu richterlicher Rechtsschöpfung, in Festschrift für A. Nikisch, Tübingen 1958, S. 275.

Dem ist insoweit beizupflichten, als die Entscheidung, ob man überhaupt eine Norm anwenden solle, über das Verfahren der Subsumtion hinausgeht und demnach nicht lediglich mechanische Denktätigkeit erfordert. Aber es entspricht doch nicht dem Sprachgebrauch, in dem Verzicht auf Rechtsschöpfung ein schöpferisches Moment zu sehen. Daß ein solcher Sprachgebrauch auch gar nicht sinnvoll wäre, zeigt sich darin, daß Larenz mit einer solchen Aussage in eine Antinomie gerät. Entschließt sich ein Richter und führt er es durch, nichtschöpferisch tätig zu werden, so ist er damit sowohl nichtschöpferisch tätig, als auch, da hierin ein schöpferisches Moment liegen soll, schöpferisch tätig. Wenn Larenz dem entgegenhalten sollte, er habe sich derart zugespitzt nicht ausdrücken wollen, seine Aussage sei mit dem gesunden Menschenverstand zu lesen, so müßte man dem entgegenhalten, daß in diesem Sinne der Satz falsch ist. Denn ein schöpferisches Moment könnte nur darin gesehen werden, daß zu den bestehenden Entscheidungen in Form von Rechtsnormen oder Einzelentscheidungen eine Entscheidung geschaffen würde, die nicht aus den bisherigen Entscheidungen ableitbar wäre. Aber gerade dies ist bei der reinen Rechtsanwendung nicht der Fall. Auch dann nicht, wenn sich der Richter bewußt auf Rechtsanwendung beschränken will.

wir die Lehre von der Rechtsgeltung von dem Begriff des Rechts an sich abgehoben haben und den Begriff des Rechts in seiner Ungenauigkeit der Alltagssprache, der Sprache des gebildeten Laien, und der künstlerischen Sprache belassen haben, ist durch diese Antwort der Begriff der Rechtsschöpfung nicht erklärt.

Verstehen wir Rechtsschöpfung in dem Sinne, wie er allgemein verstanden wird, so bedeutet Rechtsschöpfung die Tätigkeit der Organe des Sanktionsapparates gemäß einer Rechtsnorm, die keine verfassungsmäßige Geltung besitzt. Normenlogisch gesehen sind die Normen, die auf Rechtsschöpfung beruhen, die Restmenge der Rechtsnormen faktischer Geltung, die nicht verfassungsmäßige Geltung besitzen.

In dem Begriff der Rechtsschöpfung klingt der Gedanke an, daß die Organe des Sanktionsapparates Recht schaffen könnten. Diese Vorstellung resultiert jedoch aus der Ungenauigkeit der Vorstellungen über die Rechtsgeltung. Solange man von der Vorstellung ausging, daß Recht Recht sei, in dem Sinne, daß es nur einen einzigen Begriff der Rechtsgeltung gäbe, für welchen Begriff man sich auch immer entschieden habe oder welcher Begriff auch immer der richtige sei, war man gezwungen, jene Übung der Organe des Sanktionsapparates, die nicht auf Rechtsnormen verfassungsmäßiger Geltung beruhte, in den Begriff des Rechts einzubeziehen, und bezeichnete diesen Vorgang mit Rechtsschöpfung.

Rechtsschöpfung ist demnach nichts anderes als die Änderung der Übung des Sanktionsapparates, die nicht durch Rechtsnormen verfassungsmäßiger Geltung gedeckt ist.

2. Das Problem der Gesetzeslücke

Mit der Erklärung des Begriffs der Rechtsschöpfung sind jedoch nicht alle Probleme, die sich um das Phänomen der Rechtsschöpfung lagern, gelöst. Die Rechtstheorie kann sich nicht nur mit der Frage befassen, wie das Phänomen der Rechtsschöpfung adäquat zu beschreiben wäre. Die Rechtstheorie hat auch die Frage zu klären, welche Funktion der mit Rechtsschöpfung bezeichnete Vorgang haben kann, welche Funktion er hat oder welche Funktion er zweckmäßigerweise erfüllen könnte.

Die Erklärung der Funktion der Rechtsschöpfung setzt oft bei einem Gedanken an, den man das Problem der Gesetzeslücke nennt.

Der Begriff der Gesetzeslücke selbst ist jedoch sehr problematisch[367]. Wenn wir fragen, ob eine Gesetzeslücke besteht, so gewinnen wir nicht

[367] „Die rein erkenntnismäßige Interpretation der Rechtswissenschaft ist daher auch unfähig, angebliche Lücken im Recht auszufüllen. Die Ausfüllung einer sogenannten Lücke im Recht ist eine rechtserzeugende Funktion, die nur von einem rechtsanwendenden Organ geleistet werden kann."

Kelsen: Reine Rechtslehre, a. a. O., S. 353.

Damit ist das Problem der Lücke jedoch noch nicht erschöpft.

ohne weiteres eine neue Erkenntnis, sondern stellen nur fest, daß eine Erscheinung der Beschreibung entspricht, die wir Gesetzeslücke genannt haben. Je nachdem, was wir unter Gesetzeslücke verstehen, würde das dann die Grundlage der Rechtsschöpfung abgeben[368]. Eine Ausgangsbasis für dieses Problem wäre deshalb nur dann gewonnen, wenn sich der Begriff der Gesetzeslücke von selbst verstünde.

Behauptet man eine Gesetzeslücke nicht in dem Sinne, daß eine Rechtsnorm unklar ist, sondern in dem Sinne, daß eine rechtliche Regelung gänzlich fehlt, so behauptet man damit, daß eine Rechtsnorm fehlt, die besagt, daß auf einen bestimmten Tatbestand eine bestimmte Rechtsfolge eintreten solle. Wir wollen hier nicht fragen, ob diese Behauptung richtig oder falsch ist. Die Untersuchung soll einen Schritt vorverlegt werden, indem gefragt wird, ob diese Frage überhaupt mit wahr oder falsch beantwortet werden kann. Würde sich nämlich herausstellen, daß überhaupt nicht entscheidbar ist, ob diese Behauptung richtig oder falsch ist, so wäre die Behauptung sinnlos, und der Begriff der Lücke müßte aus rechtswissenschaftlichen Untersuchungen und rechtlichen Begründungen verbannt werden.

Die Behauptung, es bestehe eine Gesetzeslücke, will nicht nur sagen, daß eine Rechtsnorm fehlt, aus der sich eine bestimmte Rechtsfolge ableiten ließe. Diese Behauptung wäre trivial, weil dann alle denkbaren Rechtsnormen, die nicht zur betreffenden Rechtsordnung gehörten, zur Lücke gehören würden. Die bildhafte Bezeichnung Lücke wäre deshalb irreführend, weil die unübersehbare Fülle von Möglichkeiten rechtlicher Regelungen einen Hintergrund abgäbe, auf dem sich die Rechtsnormen einer bestimmten Rechtsordnung wie Inseln abheben würden. Mit der Behauptung, es bestehe eine Gesetzeslücke, soll demnach auch behauptet werden, nicht nur fehle eine Regelung, sondern diese Regelung müsse eigentlich vorhanden sein.

Um zu begründen, daß in einer Rechtsordnung eine bestimmte rechtliche Regelung fehle, muß man diese Rechtsordnung beurteilen. Aus der Rechtsordnung selbst ist diese Frage jedoch nicht mehr zu entscheiden. Sonach kann die Behauptung nicht als richtig oder falsch dargetan werden. Einen Sinn kann der Behauptung, es bestehe eine Gesetzeslücke, nur dadurch gegeben werden, daß man darunter die Empfehlung versteht, die Rechtsordnung durch bestimmte Rechtsnormen zu ergänzen. Dieser Ausdrucksweise haftet jedoch dann immer noch der Mangel an, daß sie nicht erkennen läßt, daß es sich um die Empfehlung eines Rechtsautors handelt, sondern daß der Anwendung etwa von Rechtsnormen, die nicht verfassungsmäßige Geltung besitzen, eine Quasi-Notwendigkeit beigelegt wird.

---

[368] „Im einzelnen werden mancherlei Arten von Lücken unterschieden, wobei allerdings die systematischen und die genetischen Merkmale oft nicht genau genug auseinandergehalten werden."
KLUG: Rechtslücke und Rechtsgeltung, a. a. O., S. 71.

Die Möglichkeit von Gesetzeslücken kann auch nicht aus einem Begriff der Vollständigkeit der Rechtsordnung hergeleitet werden. Bei der Vorstellung der Vollständigkeit der Rechtsordnung geht man davon aus, daß der Richter jeden Rechtsstreit, der die Prozeßvoraussetzungen erfüllt, entscheiden muß. Auch wenn der Richter jeden Rechtsstreit entscheiden muß, heißt es nicht, daß es zu jeder Rechtsfrage auch Rechtsnormen gibt, die einen Anspruch bejahen oder verneinen. Die Rechtsordnung stellt den Sanktionsapparat unter bestimmten Voraussetzungen zur Verfügung. Liegen nun solche Voraussetzungen nicht vor, so können die Sanktionen aufgrund von Rechtsnormen mit verfassungsmäßiger Geltung nicht verhängt werden. Ist also ein Anspruch gesetzlich nicht gegeben, so ist gemäß dieser Rechtsordnung, wenn nicht Rechtsschöpfung eingreift, ein demgemäßer Antrag abzuweisen. Eine andere Möglichkeit, eine Rechtsnorm zu formulieren, ist gar nicht gegeben, denn es ist unmöglich, alle denkbaren Ansprüche durch formelle Gesetze zu negieren.

Auch wer das Bestehen oder Nichtbestehen von Gesetzeslücken annimmt, wird nicht auf den Gedanken kommen, in Erwägung zu ziehen, einen skurrilen Anspruch nur deshalb zuzusprechen, weil er in keinem Gesetz verneint ist. Aber schon die Unterscheidung, ob es sich um abwegige oder berechtigte Ansprüche handelt, wäre bereits eine Wertentscheidung, die sich aus dem Gesetz nicht mehr entnehmen ließe, und die, wenn von einem Richter vorgenommen, Rechtsschöpfung darstellte, wenn sie von einem Rechtsgelehrten vorgenommen würde, als Empfehlung zur Lösung des betreffenden Interessenkonfliktes anzusehen wäre.

Es bedarf keiner weiteren Begründung, daß es schon technisch unmöglich ist, alle möglichen Tatbestände zu erfassen und mit allen möglichen Rechtsfolgen in Beziehung zu setzen. Deshalb wählt man bei der Formulierung einer Rechtsordnung den Weg, daß man grundsätzlich nur das Tätigwerden des Sanktionsapparates zu den entsprechenden Tatbeständen in Beziehung setzt und das Untätigbleiben des Sanktionsapparates nur dann formuliert, wenn man einen allgemeinen Rechtssatz, der ein Tätigwerden enthält, einschränken will. Damit ist jede Rechtsordnung als System von Rechtsnormen so zu verstehen, daß die angeführten Rechtsnormen die Tätigkeit des Sanktionsapparates vollständig beschreiben.

Wendet man diese Überlegung auf die einzelnen Arten der Rechtsgeltung an, so läßt sich leicht zeigen, daß es bei den Rechtsnormen faktischer Geltung Gesetzeslücken geben kann. Da die Rechtsnormen faktischer Geltung die Tätigkeit des Sanktionsapparates, so wie sie sich in der Wirklichkeit abspielt, beschreiben sollen, ist es möglich, daß ein System von Rechtsnormen, das eine solche Beschreibung vornehmen will, insofern lückenhaft ist, als es die Tätigkeit des Sanktionsapparates nicht vollständig beschreibt. In diesem Falle kann man von Lücke sprechen. Doch trifft dieser Fall nicht das, was man unter dem Problem der Gesetzeslücke versteht.

Das eigentliche Problem der Gesetzeslücke ist bei den Rechtsnormen verfassungsmäßiger Geltung angesiedelt.

Bei einem System von Rechtsnormen verfassungsmäßiger Geltung würde eine Gesetzeslücke bedeuten, daß eine Rechtsnorm fehlt, die eigentlich vorhanden sein müßte. Gehen wir aber davon aus, daß das System von Rechtsnormen die Tätigkeit des Sanktionsapparates angeben soll, und daß eine Tätigkeit, die nicht beschrieben wird, in dem Entwurf dieses Rechtssystems auch nicht vorgesehen war, so zeigt sich, daß hier eine Lücke strenggenommen nicht gesehen werden kann. Solange wir ein Rechtssystem verfassungsmäßiger Geltung als Inbegriff der Rechtsnormen ansehen, die gemäß der Verfassung Geltung haben sollen, so haben Rechtsnormen nur dann den Charakter verfassungsmäßiger Geltung, wenn sie von der Verfassung hierzu bestimmt sind[369]. Für eine Gesetzeslücke ist in diesem Sinne kein Platz.

Der Begriff der Gesetzeslücke ist demnach so zu fassen, daß eine Rechtsnorm fehlt, deren Vorhandensein erwartet wird[370]. Eine Gesetzeslücke ist demnach nur feststellbar, wenn man ein Normensystem an einem anderen Normensystem mißt. Gewöhnlich wird der Maßstab ein gedachtes Normensystem sein, das man zur Regelung einer Rechtsmaterie für geeigneter hält, und man wird eine Lücke in dem Sinne empfinden, daß es zweckmäßiger wäre, ein bestimmtes Normensystem um eine Rechtsnorm zu ergänzen[371].

---

[369] Unklar bleibt bei LARENZ die Rolle des schöpferischen Erkenntnisprozesses, der die Lücke schließen soll:

„Es ist das Vorurteil des Positivismus, zu meinen, Recht könne nur durch ‚Setzung' entstehen. Der die Lücke ausfüllende Satz wird vielmehr in einem schöpferischen Erkenntnisprozeß hervorgebracht, der seinen Ausgang von der Rechtsordnung, meist sogar vom Gesetze nimmt und, wie jeder Erkenntnisakt, ‚richtig' zu sein beansprucht.

Der so gewonnene Satz ist zwar nicht schon vorher ‚vorhandenes' Recht, aber er beansprucht, fortan beachtet zu werden, weil und sofern er in der Rechtsordnung seine ‚Grundlage' findet und aus ihr in der ‚richtigen' Weise abgeleitet ist — man kann auch sagen, weil er als ‚potentielles Recht' in der Rechtsordnung angelegt und aus ihr ‚entwickelt' ist.

Sein Geltungsanspruch (als ‚aktuelles' Recht) gründet sich, nicht anders, als der einer bestimmten Interpretation, auf die Behauptung, daß die zu ihm hinführende Erkenntnis auf methodisch richtige Weise gewonnen und daher für jeden einsetzbar sei, nicht aber auf die ‚Autorität' einer rechtsetzenden Instanz."

LARENZ: Methodenlehre, a. a. O., S. 301 f.

Entweder läßt sich der betreffende Rechtssatz aus dem Normensystem ableiten, also erkennen, dann besteht keine Lücke, oder der Rechtssatz entsteht durch Rechtsschöpfung, dann kann er nicht in der richtigen Weise abgeleitet sein.

[370] KLUG: Rechtslücke und Rechtsgeltung, a. a. O., S. 71.

[371] „Sieht man länger zu, so zeigt sich, daß die Existenz einer ‚Lücke' nur dann angenommen wird, wenn der Mangel einer solchen Rechtsnorm von dem rechtsanwendenden Organ als rechtspolitisch unerwünscht angesehen und daher die logisch mögliche Anwendung des geltenden Rechts aus diesem rechtspolitischen Grunde abgelehnt, weil von dem rechtsanwendenden Organ als unbillig oder ungerecht angesehen wird."

KELSEN: Reine Rechtslehre, a. a. O., S. 251 f.

Hier zeigt sich jedoch die ganze Subjektivität, die dem Begriff der Gesetzeslücke anhaftet[372], die sich aber in dem Ausdruck Gesetzeslücke nicht niedergeschlagen hat. So geht man stets von der Vorstellung aus, daß man eine Gesetzeslücke nicht empfindet, sondern findet, d. h. daß eine Gesetzeslücke objektiv existiere, die man festzustellen habe[373]. Wie im vorhergehenden dargelegt, ist dies jedoch eine irreführende Vorstellung, da die Feststellung einer Gesetzeslücke nichts anderes ist als der Vergleich eines Rechtssystems, das die durch Rechtsschöpfung einzuführenden Rechtsnormen enthält, mit dem Rechtssystem, das mittels der Rechtsschöpfung angereichert werden soll. Genaugenommen läßt sich demnach eine Gesetzeslücke erst feststellen, wenn der gedankliche Vorgang der Rechtsschöpfung abgeschlossen ist. Es ist deshalb methodisch falsch, bei dem Verfahren der Rechtsschöpfung die Feststellung der Gesetzeslücke an den Anfang zu setzen[374] und alsdann die Rechtsschöpfung anzuschließen. Denn gedanklich — vorausgesetzt, daß man konsequent gedacht hat — muß die Rechtsschöpfung schon stattgefunden haben, ehe sich eine Lücke feststellen läßt[375].

Wir kommen so zu dem Ergebnis, daß der Begriff der Lücke, so wie er zur Erklärung des Phänomens der Rechtsschöpfung verwendet wird, unge-

---

[372] „Die Annahme des Gerichtes, daß ein Fall vom Gesetzgeber nicht vorausgesehen wurde und daß der Gesetzgeber das Recht anders gestaltet hätte, wenn er den Fall vorausgesehen hätte, beruht zumeist auf einer nicht beweisbaren Vermutung."

Kelsen: Reine Rechtslehre, a. a. O., S. 253.

[373] Mit Recht macht Kelsen darauf aufmerksam, daß eine Rechtsordnung mit der gleichen Berechtigung als mangelhaft anzusehen ist, die eine Rechtsnorm zuviel enthält, indem er schreibt:

„Aber als unbillig oder ungerecht kann die Anwendung der geltenden Rechtsordnung nicht nur dann angesehen werden, wenn diese keine generelle Norm enthält, die dem Beklagten oder Angeklagten eine bestimmte Pflicht auferlegt, sondern auch, wenn sie eine solche Rechtsnorm enthält."

Kelsen: Reine Rechtslehre, a. a. O., S. 252.

Ebenso Klug: Rechtslücke und Rechtsgeltung, a. a. O., S. 48 f.

Bartholomeyczik: Die Kunst der Gesetzesauslegung, a. a. O., S. 83.

Man käme dann konsequent zu Rechtsordnungen, die eine Lücke-Lücke aufweisen würden, das heißt, bei denen eine Lücke fehlen würde.

[374] So etwa Bartholomeyczik bei der Anwendung der Analogie:

„Daher ist der erste Schritt zur Analogie die Feststellung einer Gesetzeslücke."

Bartholomeyczik: Die Kunst der Gesetzesauslegung, a. a. O., S. 81.

[375] Richtig sieht Kegel den Begriff der Lücke, wie er bisher verwendet wurde, als solchen aus dem psychologischen Bereich:

„Die Lücke ist eigentlich ein Begriff nicht, würde ich sagen, aus dem ontologischen Bereich im Juristischen, sondern aus dem psychologischen Bereich: sie ist eine Frage des juristischen Denkvorgangs. Stehe ich vor einer Lücke, dann schließe ich sie, und nachher ist keine Lücke mehr da ... Der Begriff der Lücke muß also mit einem gewissen Fragezeichen versehen werden."

Kegel, Gerhard in Coing: Die juristischen Auslegungsmethoden und die Lehren der allgemeinen Hermeneutik, a. a. O., S. 31.

eignet ist, weil er auf subjektiven Merkmalen beruht. Der Begriff der Lücke wird erst fruchtbar, wenn er auf objektive Merkmale gegründet wird[376].

KLUG benutzt für seine Analyse den Begriff der Isomorphie[377]. Er geht aus von den drei Definitionen:

a) N = def. eine geordnete endliche Klasse von Normen.

b) S_N = def. die endliche Klasse von Sachverhaltenstypen, die durch N geregelt sind.

c) S_W = def. die endliche Klasse der in der räumlich und zeitlich abgegrenzten Wirklichkeit vorkommenden Sachverhaltenstypen[378].

Damit läßt sich der Begriff des umfassenden oder totalen Normensystems erklären, indem diese Eigenschaft einem Normensystem N_T dann und nur dann zukommt, wenn S_N und S_W isomorph sind. Im Gegensatz hierzu ist N_{-T} ein nicht umfassendes Normensystem dann und nur dann, wenn S_N und S_W nicht isomorph sind [379].

Betrachten wir S_T als eine (nicht-leere) Teilklasse von S_W, so können wir den Begriff des partiellen Normensystems einführen, indem wir mit KLUG festsetzen, daß N_P dann und nur dann ein partielles Normensystem ist, wenn S_N mit einer Teilklasse S_T von S_W isomorph ist[380].

Nunmehr können wir mit KLUG den Begriff des lückenlosen und lückenhaften Normensystems definieren, indem wir das partielle Normensystem N_P ein lückenloses oder geschlossenes Normensystem N_G nennen, wenn zu den Elementen von N_P die Norm gehört, daß außer S_N keine weiteren Sachverhaltstypen durch N_P geregelt werden sollen.

Ein partielles Normensystem N_P nennt KLUG ein autonom-lückenhaftes Normensystem N_{AL}, wenn zu den Elementen von N_P die Norm gehört, daß außer den zu S_N zählenden Sachverhaltstypen noch mindestens ein weiterer Sachverhaltstyp S_t durch N_P geregelt werden soll[381].

Ein partielles Normensystem N_P nennt KLUG ein heteronom-lückenhaftes Normensystem N_{HL}, wenn es ein mit N_P nicht identisches Normen-

[376] „Zunächst ist zu fragen, unter welchen Voraussetzungen von einem objektiven Lückenbegriff im Recht gesprochen werden kann. Dabei sind Begriffsmerkmale, die mit Erwartungen, Wünschen, Billigungen, Mißbilligungen, Kritik, Absichten, rechtspolitischen Wertungen, Verschulden, Anschauungen u. ä. zusammenhängen, als nichtobjektive, vorwiegend psychologische Merkmale, die nur zu einem subjektiven hier nicht interessierenden Lückenbegriff führen können, auszuschalten."

KLUG: Rechtslücke und Rechtsgeltung, a. a. O., S. 80.

[377] „Geeignet für die Definition eines objektiven Lückenbegriffs ist der relationslogische Begriff der Isomorphie."

KLUG: Rechtslücke und Rechtsgeltung, a. a. O., S. 80.

[378] KLUG: Rechtslücke und Rechtsgeltung, a. a. O., S. 80.

[379] KLUG: Rechtslücke und Rechtsgeltung, a. a. O., S. 80.

[380] KLUG: Rechtslücke und Rechtsgeltung, a. a. O., S. 81.

[381] KLUG: Rechtslücke und Rechtsgeltung, a. a. O., S. 81.

system MN gibt, zu dessen Elementen die Norm gehört, daß außer den durch N_P geregelten Sachverhaltstypen noch mindestens ein weiterer Sachverhaltstyp S_t durch N_P geregelt werden soll[382].

Und KLUG kann dann den Begriff der Lücke auch explizit angeben, indem er festsetzt, eine Lücke im Recht bestehe stets dann, wenn das betreffende Recht ein Element von ALN oder von HLN sei. Im ersten Fall kann man von autonomen und im zweiten Fall von heteronomen Lücken sprechen[383].

Diese neuere Analyse des Lückenproblems durch KLUG zeigt, daß sich ein Begriff der Lücke auch objektiv entwickeln läßt und daß sich mit diesem Begriff Einsichten in die Struktur von Normensystemen gewinnen lassen.

Aus dieser Analyse geht jedoch auch hervor, daß sich hieraus kein Verfahren entwickeln läßt, das sich zur Lösung des Problems der Rechtsschöpfung eignet. Materielle Lösungen von Interessenkonflikten, die einem bestehenden Normensystem hinzugefügt werden sollen, können mit dem sogenannten Verfahren der Lückenausfüllung weder gewonnen, noch gerechtfertigt werden.

3. Die gesetzliche Ermächtigung zur Rechtsschöpfung

Gesetzestechnisch könnte man die vom Gesetzgeber formulierten Rechtsnormen eines bestimmten Rechtsbereichs dadurch erweitern, daß man die Organe der Rechtsanwendung oder bestimmte Organe der Rechtsanwendung, etwa die Richter, ermächtigt, die getroffene gesetzliche Regelung durch neue Rechtsnormen zu ergänzen oder zu verändern.

Es entsteht nun die Frage, ob man die solcher Art geschaffenen Rechtsnormen als durch Rechtsschöpfung entstanden bezeichnen will. Diese Rechtsnormen kann man nur dann als durch Rechtsschöpfung entstanden ansehen, wenn unter Schöpfung neuen Rechts der technische Vorgang der Rechtsschöpfung, nicht jedoch eine anders geartete Form der Rechtsgeltung verstanden wird. Rechtsschöpfung ist dann der Vorgang, neue Rechtsnormen zu formulieren.

4. Die verfassungsmäßige Ermächtigung zur Rechtsschöpfung

Die verfassungsmäßige Geltung kann von einem Verfassungsgesetzgeber so formuliert werden, daß nur Rechtsnormen, die von einem verfassungsmäßig bestellten Gesetzgeber erlassen sind, verfassungsmäßig gültig sein sollen. In diesem Falle sind Rechtsnormen, die durch Rechtsschöpfung entstehen, nicht mehr verfassungsmäßig gültig. Der Verfassungsgesetzgeber kann die Frage der verfassungsmäßigen Geltung von Rechtsnormen jedoch

[382] KLUG: Rechtslücke und Rechtsgeltung, a. a. O., S. 81.
[383] KLUG: Rechtslücke und Rechtsgeltung, a. a. O., S. 82.

auch so lösen, daß er den Organen der Rechtsanwendung die Ermächtigung gibt, selbst Rechtsnormen zu entwickeln und anzuwenden.

Gibt ein Verfassungsgesetzgeber die generelle Ermächtigung zur Rechtsschöpfung, so werden damit alle Rechtsnormen faktischer Geltung zu solchen auch verfassungsmäßiger Geltung. In diesem Falle wird jedoch die gesetzgeberische Funktion stark entwertet. Rechtsnormen, die der verfassungsmäßig bestellte Gesetzgeber erläßt, sind dann nur Richtlinien, die von den Organen der Rechtsanwendung in beliebiger Weise abgeändert und ergänzt werden können, d. h. praktisch außer Acht gelassen werden können. Deshalb müßte die Ermächtigung zur Rechtsschöpfung an gewisse Voraussetzungen gebunden werden, um zu verhindern, daß die einzige Bindung der Organe der Rechtsanwendung die freiwillige Unterwerfung unter das Gesetz und die Loyalität zu einer Rechtsordnung darstellt. Denn eine solche Regelung hat den Nachteil, daß sie gerade dann versagt, wenn die Berufung auf das Recht am dringlichsten ist. In Zeiten gesunder staatlicher Entwicklung ist der Schutz durch eine unerschütterliche Rechtsordnung nicht in gleichem Maße erforderlich wie in Zeiten, in denen ein starker Mißbrauch rechtlicher Institutionen droht.

5. Rechtsgrundsätze als Kriterium für die Rechtsschöpfung

Da sich die Rechtsschöpfung kaum dadurch eingrenzen läßt, daß man bestimmte Bereiche rechtlicher Regelungen aus der Ermächtigung zur Rechtsschöpfung herausnimmt, wird man nach anderen Mitteln suchen müssen, die die Ermächtigung zur Rechtsschöpfung nicht zur Auflösung jeder Bindung an Rechtsnormen, die durch die gesetzgeberische Gewalt formuliert sind, werden lassen. Ein Mittel hierzu könnten Rechtsgrundsätze darstellen, die schon deshalb eine gewisse Eignung vermuten lassen, weil sie schon stets als Richtschnur faktisch geltenden oder verfassungsmäßig geltenden Rechts herangezogen wurden.

Da Rechtsgrundsätze in beliebiger Weise formuliert werden können, sollen hier zunächst Eigenschaften entwickelt werden, die Rechtsgrundsätze als besonders vorteilhaft auszeichnen. Als erstes gehört hierzu, daß Rechtsgrundsätze möglichst wenig auf verschwommene Wertungen zurückgreifen[384]. Rechtsgrundsätze sollten möglichst weitgehend auf solche Merkmale

[384] Dazu gehört etwa die neue Lebenswertung durch die herrschende Kulturschicht:

„Auch an einer neuen Lebenswertung im Rechtssinne durch die herrschende Kulturschicht eines Volkes darf der Richter nicht vorbeigehen, soweit der Gesetzgeber sich ihr nicht willentlich widersetzt."

Bartholomeyczik: Die Kunst der Gesetzesauslegung, a. a. O., S. 38.

Rechtliche Entscheidungen auf eine solche Lebenswertung einer herrschenden Kulturschicht stützen, heißt die Gefahr heraufbeschwören, daß die Rechtsordnung zum Werkzeug des Kulturkampfes wird. Es gibt möglicherweise Probleme, die zurückgreifen, die möglichst genau und möglichst einfach aufgrund von Tatsachenbeobachtungen festgestellt werden können. Weiterhin sollten Rechtsgrundsätze derart formuliert werden, daß sie von möglichst vielen Rechtsgenossen verstanden werden. Sollen Rechtsgrundsätze als Maßstab für die Rechtsschöpfung dienen, so werden sie zum Maßstab der Rechtsordnung selbst. Je breiter solche Rechtsgrundsätze in dem Rechtsbewußtsein der Rechtsgenossen verankert sind, um so schwieriger wird es sein, daß irgendeine Interessengruppe unter Außerachtlassung der Aufgabe der Rechtsordnung zur Schaffung und Wahrung des Rechtsfriedens eigene Interessen verfolgt und so möglicherweise eine Rechtsordnung untergräbt.

Eine Festlegung des Verfahrens der Rechtsschöpfung versucht LARENZ. LARENZ sieht Wegweiser zu richterlicher Rechtsfindung in der Natur der Sache, der Fallvergleichung, der entwickelten Lehre, den Grundsätzen und Prinzipien des historischen Rechtsganzen und der Rechtsidee[385].

Unter Natur der Sache versteht LARENZ nicht eine von dem Lebensverhältnis, für das sie gelten soll, schon abgelöste in Gebotsform gebrachte Regel, sondern in gewisser Weise das Lebensverhältnis selbst, freilich als ein in sich sinnvolles und bereits in sinnvoller Weise geordnetes[386].

Auf der anderen Seite meine die Natur der Sache aber nicht nur die tatsächlichen Gegebenheiten als solche, an denen keine Rechtsordnung vorbeigehen könne, wie etwa die Begrenztheit des menschlichen Lebens, die Geschlechtsverschiedenheit, die Hilfsbedürftigkeit des Kindes, die verschiedenen Triebe, wie den Geltungstrieb, den Machttrieb, den Erwerbstrieb, die sich in allen menschlichen Verhältnissen geltend machen. Denn aus solchen Gegebenheiten lasse sich noch keine Ordnung gewinnen. Ordnung sei im Vergleich zu dem, was geordnet werde oder sich in Ordnung befinde, etwas Geistiges, nicht Stoffliches[387].

Wir können LARENZ nur zustimmen, soweit er sagt, daß sich aus Gegebenheiten noch keine Ordnung gewinnen läßt. Um zu zeigen, wie wenig Aussicht besteht, aus irgendeiner Natur der Sache eine rechtliche Regelung abzulesen, sei der Umstand erwähnt, daß es nicht darauf ankommt, aus der Betrachtung der Dinge die Inspiration für den Entwurf irgendeiner Ord-

---

man damit andeuten kann. Aber wenn es sich um Probleme der Ordnung des Zusammenlebens handelt, die nach dem Gleichheitsgrundsatz gelöst werden sollen, dann ist das Problem, aus den sachlichen Gesichtspunkten heraus, zu lösen. Auf die Lebenswertung einer herrschenden Schicht kann es nicht ankommen. Es könnte nur sein, daß eine solche Lebenswertung zufällig auch eine brauchbare Lösung enthält. Aber das entscheidende Kriterium ist die sachliche Brauchbarkeit der Lösung, nicht ihre Ableitbarkeit aus einer solchen Lebenswertung der herrschenden Kulturschicht. Dabei soll die Frage nach den Begriffen Kulturschicht und herrschender Schicht und dem delikaten Verhältnis beider als sicherlich vielschichtige Frage noch ganz ausgeklammert werden.

[385] LARENZ: Wegweiser zu richterlicher Rechtsschöpfung, a. a. O., S. 281.

[386] LARENZ: Wegweiser zu richterlicher Rechtsschöpfung, a. a. O., S. 287.

[387] LARENZ: Wegweiser zu richterlicher Rechtsschöpfung, a. a. O., S. 287 f.

nung zu gewinnen, sondern daß die Natur der Sache eine Entscheidung zwischen zwei widerstreitenden Entwürfen einer Ordnung liefern muß. Und für den Fall, daß die beiden sich widerstreitenden Ordnungsvorstellungen gleichermaßen diskutabel sind, wird sich erweisen, daß die Vorstellung der Natur der Sache auch schon psychologisch versagt, eine solche Entscheidung herbeizuführen. Wenn man den Begriff der Natur der Sache wenigstens juristischen Wert abgewinnen will, so muß man ihn in die Nähe eines gewissen Evidenzerlebnisses für die Schlichtung eines Interessenkonfliktes ansiedeln[388]. Nach LARENZ erschließt sich die Natur der Sache, eben weil es sich dabei nicht um empirische Gegebenheiten handeln soll, nicht einem Denken, das die Fakten miteinander vergleicht, sondern verlangt eine Deutung, eine Auslegung des Sinns des Seins[389]. Damit gilt für die Natur der Sache das gleiche, was REHFELDT über das Naturrecht sagt, daß es seinen Namen, nicht aber seinen Inhalt der Natur entnehmen kann[390].

Für die Fallvergleichung gilt das gleiche wie für die Natur der Sache. Es lassen sich aus ihr Anregungen entnehmen, nicht aber läßt sich ein Maßstab gewinnen[391].

Für die Entwicklung der Lehre gilt, daß sie tatsächlich einen Wegweiser zu richterlicher Rechtsschöpfung darstellt, aber nicht in dem Sinne, daß man ihr nur zu folgen brauche, um zur geeigneten Lösung zu kommen. Je verwickelter eine Lehre zu einem bestimmten Rechtsproblem ist, desto mehr Möglichkeiten der Lösung des Interessenkonfliktes werden entfaltet und desto mehr verliert diese Lehre den Charakter des Wegweisers. Die Lehre gibt zwar dem Richter mehr als etwa der Hinweis auf die Natur der Sache oder auf das Verfahren der Fallvergleichung, die nichts anderes tun als den Richter auf die Tatsache zurückwerfen, die er doch schließlich selbst kennt und an die er nun eine Lösung herantragen muß. Aber die Lehre breitet nur die Möglichkeiten von Lösungen aus und zeigt die Konsequenzen, die mit einer bestimmten Lösung zusammenhängen. Die Entscheidung aber, welche der entwickelten Lösungen, den Interessenkonflikt zu regeln, dienen soll, bleibt bei dem Richter, der den Fall entscheiden muß. Die entwickelte Lehre nimmt ihm diese Entscheidung nicht ab. Entsprechend sind die Rechtsnormen, die die Lehre entwickelt hat, durch einen anderen Geltungsbegriff gekennzeichnet, nämlich den der ideellen Geltung. Für die Frage des Richters, welche Rechtsnormen er anwenden muß, ist aber die verfassungsmäßige Geltung entscheidend. Ein Verweis auf Rechtsnormen mit ideeller Geltung kann demnach die Frage, ob diesen Rechtsnormen auch verfassungsmäßige Geltung zukommt, nicht entscheiden.

Die Grundsätze und Prinzipien des historischen Rechtsganzen sind schon

---

[388] KLUG: Pseudoschluß vom Sein auf das Sollen, a. a. O., S. 161.
[389] LARENZ: Wegweiser zu richterlicher Rechtsschöpfung, a. a. O., S. 289.
[390] REHFELDT: Einführung in die Rechtswissenschaft, a. a. O., S. 110.
[391] LARENZ: Wegweiser zu richterlicher Rechtsschöpfung, a. a. O., S. 292.

aus logischen Gründen ungeeignet, dem Richter zu zeigen, welche Rechtsnormen er im Wege der Rechtsschöpfung der Lösung eines Interessenkonfliktes zugrunde legen soll. LARENZ selbst ist der Ansicht, die Prinzipien stünden nicht widerspruchslos nebeneinander oder ließen sich gar in logisch widerspruchsloser Weise auseinander ableiten, vielmehr gehöre zum Wesen der lebendigen Rechtsordnung auch der Prinzipienwiderstreit[392]. Ein Kennzeichen widersprüchlicher Systeme besteht darin, daß sich aus ihnen jede Lösung ableiten läßt, woraus der Logiker den Schluß zieht, daß Systeme nur soweit als sinnvoll zu betrachten seien, soweit sie keine Widersprüche enthalten.

Auch die Rechtsidee erweist sich nicht als Wegweiser, um den Begriff der verfassungsmäßigen Geltung gemäß dem Grundgesetz weiter zu entwickeln. Da die Rechtsidee zu den bisher betrachteten Wegweisern der Natur der Sache, der Fallvergleichung, der entwickelten Lehre und den Grundsätzen und den Prinzipien des historischen Rechtsganzen nicht einfach als ein weiterer hinzukommt, sondern ihnen allen vielmehr schon immanent ist[393], so ist mit der Untersuchung der bisher betrachteten Wegweiser auch die Rechtsidee auf ihre Brauchbarkeit zur näheren Festlegung richterlicher Rechtsschöpfung geprüft.

Es besteht unverkennbar ein starkes Bedürfnis für die richterliche Rechtsschöpfung, Verfahren zu entwickeln, die dem Richter auf der einen Seite Wege zeigen, auf welchen er zu geeigneten Rechtsnormen kommt, auf der anderen Seite die Wege soweit abstecken, daß sich der rechtschöpfende Richter nicht an Zufallslösungen verliert oder im Labyrinth der Interessen die Orientierung verliert. Es scheint jedoch so, daß das Ziel nicht in so direkter Weise erreicht werden kann. Solange nicht die Grundlagen der Rechtstheorie tiefer gelegt sind, drohen die Ausführungen zu richterlicher Rechtsschöpfung sehr viel schwächer und unbefriedigender auszufallen als die Ergebnisse richterlicher Rechtsfindung, die ohne ein solches Verfahren gewonnen werden.

6. Die Rechtswissenschaft als Quelle von Rechtsnormen ideeller Geltung

Gehen wir davon aus, daß die Rechtswissenschaft eine Wissenschaft ist, so ergibt sich daraus, daß ihr Ziel Erkenntnis ist. Den Bereich dessen, was die Rechtswissenschaft erforscht, könnte man als das Recht und alles dessen, was mit dem Recht in Beziehung tritt, bezeichnen. Da es im allgemeinen wenig sinnvoll ist, Wissenschaften bis ins Detail gegeneinander abzugrenzen, sondern wissenschaftliche Fragen so weit vorzutreiben, soweit man sich brauchbare Ergebnisse verspricht, soll hier über die weitere Abgrenzung der

[392] LARENZ: Wegweiser zu richterlicher Rechtsschöpfung, a. a. O., S. 301.
[393] LARENZ: Wegweiser zu richterlicher Rechtsschöpfung, a. a. O., S. 304.

Rechtswissenschaft zu anderen Wissenschaften nicht gesprochen werden[394]. Wichtig ist jedoch, über den Charakter der Sätze Bescheid zu wissen, die als Aussagen der Rechtswissenschaft erarbeitet werden.

Die Rechtswissenschaft kann nun darüber Aussagen machen, wie sich die Rechtswirklichkeit abspielt. Hierbei werden solche Aussagen im Mittelpunkt stehen, die die Tätigkeit des Sanktionsapparates beschreiben. Die Rechtswissenschaft kann jedoch auch Normensysteme entwerfen, von denen sie feststellt, daß sie etwa von einem bestimmten Verfassungsgesetzgeber erlassen sind. Die mehr produktive Seite der Rechtswissenschaft betrifft jedoch die Aufgabe, für die Schlichtung von Interessenkonflikten Lösungsmöglichkeiten zu erarbeiten.

Da wir die Lösungsmöglichkeiten von Interessenkonflikten als Rechtsnormen ideeller Geltung angesehen haben, besteht in dieser Aufgabe demnach die Schaffung neuer Rechtsnormen ideeller Geltung.

Da die ideelle Geltung ihren Wert von dem Autor bezieht, der die betreffenden Rechtsnormen als Lösungsmöglichkeit vorschlägt, nimmt die Rechtswissenschaft bei der Entwicklung von Rechtsnormen ideeller Geltung eine besondere Stellung ein. Und weil die Rechtswissenschaftler ihrer Vorbildung und auch ihrer Interessensphäre nach sich mit der Erforschung bestimmter rechtlicher Bereiche beschäftigen, sind sie in der Regel besonders in der Lage, Lösungsmöglichkeiten einschlägiger Interessenkonflikte zu erarbeiten. Solche Vorschläge besitzen dann den Vorzug, die Vermutung für sich zu haben, daß sie einen gewissen Grad der Reife und Brauchbarkeit erlangt haben.

XI. Grundfragen der Ausgestaltung der verfassungsmäßigen Geltung

1. Die Bedeutung des Problems der Ausgestaltung der verfassungsmäßigen Geltung

Will man eine bestehende Rechtsordnung beurteilen oder eine Rechtsordnung entwerfen, so ist die Ausgestaltung der Geltungsanordnung von besonderer Bedeutung. Die Geltungsanordnung entscheidet über die Wirkungsweise, in der die Rechtsordnung das Gemeinschaftsleben gestaltet.

Der Geltungsbegriff, der einer Grundverfassung einer Rechtsordnung zugrunde gelegt ist, ist nicht nur eine Frage unverbindlicher rechtsphilo-

---

[394] "There are, in my opinion, no definite principles determining the province of jurisprudence—as inner criteria that determine where the doctrinal study of law ends and jurisprudence begins. Tradition and personal inclinations will largely decide the question."
Ross: On Law and Justice, a. a. O., S. X.

sophischer Spekulation, sondern greift in jeden Fall der Rechtsanwendung irgendeines Organs der Rechtspflege ein, indem er angibt, in welchem Umfang welche Rechtsnormen die Entscheidung des einzelnen Falles bestimmen. Damit rückt die Geltungsanordnung an den Anfangspunkt der Ausgestaltung einer Rechtsordnung. Wenn die Geltungsanordnung über den Umfang entscheidet, in dem eine Rechtsordnung auf die Rechtswirklichkeit einwirkt, so kann die Lösung eines konkreten Rechtsproblems erst vorgenommen werden, wenn die Wirkungsweise der Rechtsnormen, die den Interessenkonflikt lösen sollen, festgelegt ist.

Ist somit die Geltungsanordnung ein zentrales Problem einer Rechtsordnung, so kann eine Rechtsordnung nur dann beurteilt werden, wenn die Möglichkeiten der Ausgestaltung der verfassungsmäßigen Geltung bekannt sind. Insbesondere für die Stellungnahme dessen, der bei der Verwirklichung einer Rechtsordnung mitwirkt, zu der Frage, ob und bis zu welchem Grade eine Rechtsordnung auch innere Unterstützung verdient, ist es wichtig zu wissen, in welcher Weise eine Geltungsanordnung ausgestaltet werden kann.

Auch für die Weiterentwicklung einer Rechtsordnung ist es wichtig, die Möglichkeiten zu entwickeln, in welcher Weise Rechtsnormen zur Gestaltung der Rechtswirklichkeit verwendet werden können, um die zweckmäßigste Auswahl treffen zu können. Gerade dann, wenn einer Rechtsordnung eine neue Grundlage gegeben wurde, ist eine Weiterentwicklung so lange möglich und so lange fruchtbar, solange die geistige Auseinandersetzung über den Ausbau dieser Grundlegung noch nicht abgeschlossen ist. Die Kenntnis der Probleme der Rechtsgeltung kann einer Diskussion um den weiteren Ausbau einer Rechtsordnung die Verwendung solcher Begriffe ersparen, die mehr rechtsphilosophischer Spekulation als einer Fragestellung aus Problemen der Rechtswirklichkeit her entspringen. In vorhergehenden Kapiteln der Untersuchung wurde gezeigt, in welchem Maße gerade der Begriff der Rechtsgeltung mit offenen oder versteckten Wertungen belastet ist. Dort wurde die Lehre von der Rechtsgeltung auf die wissenschaftlich haltbaren Aussagen zurückgeführt. Hier soll nun die Nutzanwendung der Entwicklung geeigneter Geltungsbegriffe weitergeführt werden.

Die Entwicklung der Möglichkeiten, die verfassungsmäßige Geltung auszugestalten, ist aber auch dann erforderlich, wenn die bestehende Verfassung keine hinreichend genaue Regelung darüber enthält, welcher Begriff der bestehenden Ordnung zugrunde liegt. Aber auch dann, wenn sich der Verfassungsgesetzgeber Gedanken darüber gemacht hat, welche Geltungsanordnung er den Rechtsnormen seiner Rechtsordnung mitgeben wollte, ist es möglich, daß er die Geltungsanordnung nicht bereits in jener Klarheit formuliert hat, die denjenigen, der die Frage an den Verfassungsgesetzgeber richtet, die Antwort ohne weiteres verstehen läßt.

Die Ausführungen über die Möglichkeiten der Ausgestaltung der verfassungsmäßigen Geltung entwickeln demnach nicht nur den Weitblick in der Beurteilung von Fragen der Rechtsgeltung, sondern bereiten auch die im darauf folgenden Kapitel zu beantwortende Frage vor, welche Geltungsanordnung das Grundgesetz der Bundesrepublik Deutschland enthält.

2. Die materielle Bindung als Zuordnung von Rechtsnormen und rechtlichen Entscheidungen

Sagt die Geltungsanordnung einer Verfassung, bestimmte Rechtsnormen sollten gelten, das heißt, seien derart anzuwenden, daß, wenn die in ihnen enthaltenen Voraussetzungen gegeben seien, die darin angeordnete Sanktion zu verhängen sei, so ist der Wirkungsgrad dieser Anordnung von dem Zusammenhang abhängig, der mit den rechtlichen Entscheidungen besteht.

Ist in einer Verfassung das Verfahren der Gesetzgebung genau geregelt, so ist damit die Geltungsanordnung noch nicht gegeben. Erst die Rolle, die den solcherart entstandenen Rechtsnormen zugewiesen wird, entscheidet über den Inhalt der Geltungsanordnung.

Die Geltungsanordnung von Rechtsnormen entspricht demnach dem Problem der Bindung an Rechtsnormen. Denn die Geltungsanordnung legt fest, in welcher Weise die Rechtsnormen auf die Rechtswirklichkeit einzuwirken haben.

Eine Verfassung kann die Bedeutung von Rechtsnormen dahingehend festsetzen, daß die Rechtsnormen Vorschriften für die Organe des Sanktionsapparates sind.

In diesem Falle legen die Rechtsnormen die Tätigkeit des Sanktionsapparates fest. Eine solche Art der Bindung der Organe der Rechtspflege an Rechtsnormen soll mit materieller Bindung bezeichnet werden. Materiell gebunden sind die betreffenden Organe deshalb, weil die Tätigkeit des Sanktionsapparates nicht nur nach einem bestimmten Verfahren, sondern auch inhaltlich durch Rechtsnormen bestimmt wird.

Eine solche materielle Bindung wird technisch verwirklicht durch die Verwendung der sprachlogischen Beziehung zwischen Rechtsnormen und rechtlichen Entscheidungen und der Festlegung der Rechtsnormen, aus denen diese Entscheidungen abzuleiten sind. Als Beziehung zwischen Rechtsnorm und rechtlichen Entscheidungen gilt der Deduktionszusammenhang, der je nach dem Ausmaß der Präzision einer Sprache in größerer oder geringerer Genauigkeit die Zuordnung von rechtlichen Entscheidungen zur Rechtsnorm angibt.

Im allgemeinen formuliert eine Rechtssprache den Deduktionszusammenhang nicht in eigener Weise, wie es etwa in künstlichen Sprachen der Fall ist, sondern sie benutzt den Zusammenhang, der in der Alltagssprache besteht. Nur dann, wenn der Sprachgebrauch der Alltagssprache den Zusammenhang nicht zweckentsprechend darstellt, wird er durch eigene Festsetzungen der Rechtssprache korrigiert.

Die Kennzeichnung der Rechtsnormen, an die die Tätigkeit des Sanktionsapparates gebunden wird, muß hinzukommen, soll eine materielle Bindung in dem Sinne wirksam werden, daß die Tätigkeit des Sanktionsapparates durch die Rechtsnorm festgelegt ist. Diese Kennzeichnung kann vorgenommen werden, indem auf bereits formulierte Rechtsnormen verwiesen wird, oder dadurch, daß einem bestimmten Organ die Befugnis eingeräumt wird, Rechtsnormen zu erlassen, denen verfassungsmäßige Geltung zukommt. Im allgemeinen wird die Geltungsanordnung einer Verfassung von beiden Möglichkeiten Gebrauch machen.

Will eine Geltungsanordnung Rechtsnormen Geltung in dem Sinne zulegen, daß sie die Tätigkeit des Sanktionsapparates beschreiben sollen, so muß sie den Weg der materiellen Bindung wählen. Gibt sie den Organen des Sanktionsapparates die Möglichkeit, von den Rechtsnormen abweichende Entscheidungen zu fällen, so wird in diesem Umfange die Tätigkeit des Sanktionsapparates von den Rechtsnormen nicht mehr gedeckt. Ob eine Regelung im Sinne der materiellen Bindung zur Regelung einer Rechtsmaterie zweckmäßig ist, oder ob sie sich als zu starr erweist, ist eine Frage, die nicht an dieser Stelle und zweckmäßigerweise nicht für eine gesamte Rechtsordnung beantwortet werden kann. Hier sollte nur die Möglichkeit einer bestimmten Geltungsanordnung untersucht werden.

3. Die formelle Bindung als Methode der Rechtsanwendung

Die Geltungsanordnung einer Verfassung kann auch vorsehen, daß die Organe des Sanktionsapparates von den Vorschriften bestimmter Rechtsnormen abweichen dürfen. Hierbei ist nicht an die Fälle gedacht, in denen eine Rechtsnorm den Organen der Rechtspflege in bestimmtem Umfang das Recht einräumt, frei von Vorschriften zu verfahren, sondern an den Fall, daß die Geltungsanordnung grundsätzlich die Freiheit gibt, ungebunden an bestimmte Rechtsnormen zu entscheiden.

Eine solche grundsätzliche Entscheidung, ob die Organe des Sanktionsapparates an Rechtsnormen gebunden sind, ist mit der Frage, ob eine materielle Bindung gewählt wird oder eine solche verneint wird, entschieden. Es ist jedoch möglich, die Organe des Sanktionsapparates dadurch von willkürlichen Entscheidungen fernzuhalten, daß ein bestimmtes Verfahren vorgeschrieben wird, wie die rechtlichen Entscheidungen zu gewinnen seien.

Eine solche Möglichkeit besteht in der Vorschrift, rechtliche Entscheidungen müßten stets in der Weise begründet werden, daß Rechtsnormen angegeben werden, aus denen die rechtliche Entscheidung folgt. Ein solches Verfahren hat den Vorteil, daß die Wertungen, die der Entscheidung zugrunde liegen, hervortreten. Damit wäre sichergestellt oder wenigstens eine gewisse Vorsorge getroffen, daß die einzelne Entscheidung eines Organs des Sanktionsapparates auf Wertentscheidungen beruht, die dem Erfordernis entsprechen, eine allgemein gültige Regelung des Interessenkonfliktes abzugeben.

Setzt man dieses Verfahren mit dem Verfahren der materiellen Bindung in Beziehung, so bietet sich als Kennzeichnung der Begriff der formellen Bindung an. Der Unterschied beider Verfahren läge darin, daß eine Ableitung der rechtlichen Entscheidung aus Rechtsnormen in beiden Fällen gefordert wird, daß aber bei der materiellen Bindung die in Frage kommenden Rechtsnormen ausschließlich bestimmt sind, während bei der formellen Bindung der Kreis der in Frage kommenden Rechtsnormen offen ist.

Bei der formellen Bindung ist eine Bindung noch insoweit gegeben, als die rechtliche Entscheidung auf einer Rechtsnorm beruhen muß, so daß gewährleistet ist, daß der Interessenkonflikt tatsächlich gelöst wird und nicht in emotionalen Wertungen, die sich an die Umstände des einzelnen Falles anhängen, steckenbleibt. Eine Bindung wird auch bei der formellen Bindung insoweit bestehen bleiben, als nicht jede beliebige Rechtsnorm als adäquate Lösung eines Interessenkonfliktes vorgestellt werden wird. Die Autorität eines Organs würde auf das Empfindlichste getroffen werden, wenn eine Wahl von Rechtsnormen veröffentlicht würde, die dem Rechtsfrieden nicht mehr dienen könnte.

Die Wirkung einer formellen Bindung dürfte auch stärker sein als die einer vorgegebenen materiellen Bindung, die durch unzulässige Auslegungsregeln, das heißt Auslegungsregeln, die die Zuordnung von Rechtsnormen und rechtlichen Entscheidungen verwischen, ausgehöhlt wird. Eine solche Pseudobindung wird in den Begründungen dazu verführen, den Schein einer Ableitung aus dem Gesetz zu wahren, statt die außerhalb des Gesetzes stehende Regelung, die man der Entscheidung zugrunde legt, aus ihrer Brauchbarkeit zu begründen.

4. Rechtsunsicherheit als Folge des Fehlens der materiellen Bindung

Unter Rechtssicherheit wollen wir verstehen, daß es möglich ist, die Entscheidungen der Organe des Sanktionsapparates vorauszusagen.

Über die Bedeutung von Rechtssicherheit und Rechtsunsicherheit für die Ordnung einer menschlichen Gemeinschaft kann hier nicht in aller Ausführlichkeit gesprochen werden. Dies ist auch nicht erforderlich, da es nur gilt darzulegen, daß Rechtsunsicherheit ein Nachteil für die Ordnung eines Gemeinschaftswesens darstellt.

Rechtssicherheit ist eine Anforderung an eine Rechtsordnung, ohne daß sie als Zweck des Rechts angesehen werden kann. Sie ist aus dem Zwecke einer Rechtsordnung selbst wieder ableitbar. Wenn wir als Zweck einer Rechtsordnung die Vermeidung und Schlichtung von Interessenkonflikten ansehen[395], so ergibt sich die Rechtssicherheit bereits hieraus als Anforderung an eine solche Rechtsordnung. Denn nur in dem Ausmaß, in dem die Rechtsgenossen die Ordnung kennen, in dem sie die Tätigkeit des Sanktionsapparates voraussehen können, können sie ihr Verhalten auf eine bestimmte Ordnung einrichten[396].

Trotz dieser zentralen Bedeutung, die die Rechtssicherheit für die Ausgestaltung einer Rechtsordnung einnimmt, muß doch die Grenze ihrer Gültigkeit als Anforderung an eine Ausgestaltung der Bindung an Rechtsnormen beachtet werden. Die Rechtssicherheit darf nicht aus ihrem rationalen Zweck-Mittel-Zusammenhang gelöst werden, soll nicht die ansonsten vorzügliche Eigenschaft der Rechtssicherheit zum Werkzeug der Blendung der Organe der Rechtspflege gegenüber dem Mißbrauch einer Rechtsordnung werden. Denn wenn der Zweck der Rechtsordnung entfällt, entfallen auch die aus diesem Zweck abgeleiteten Erfordernisse[397].

Im Folgenden soll davon ausgegangen werden, daß die Rechtssicherheit eine Eigenschaft ist, die einer Rechtsanwendung zum Vorteil gereicht, und daß das Ausmaß der Rechtssicherheit in positiver Korrelation zu der Möglichkeit der Schaffung einer klaren Zweck-Mittel-Relation steht.

Es soll nun weiter ausgeführt werden, in welchem Zusammenhang Rechtssicherheit bzw. Rechtsunsicherheit mit dem Fehlen der materiellen Bindung steht.

Die Entscheidungen der Organe des Sanktionsapparates wären dann voraussagbar, wenn sie im einzelnen alle festgelegt wären. Eine solche Katalogisierung der Maßnahmen ist jedoch nicht möglich, da die zukünftigen Ereignisse, denen sich die Organe des Sanktionsapparates gegenübersehen, nicht vorausgesagt werden können. Als Möglichkeit, die Entscheidungen

---

[395] Es kommt hier nicht darauf an, alle möglichen Funktionen des Rechts zu beschreiben, sondern es reicht die Angabe jener Aufgaben aus, aus denen sich die Rechtssicherheit als Erfordernis ableiten läßt.

[396] Cardozo, Benjamin: Lebendiges Recht, München 1949, S. 10.

[397] Ein besonders kennzeichnendes Beispiel einer solchen Umkehrung des Zweck-Mittel-Verhältnisses ist die Auffassung Radbruchs:

„Aber wie ungerecht immer das Recht seinem Inhalt nach sich gestalten möge — es hat sich gezeigt, daß es einen Zweck stets, schon durch sein Dasein, erfüllt, den der Rechtssicherheit. Der Richter, indem er sich dem Gesetze ohne Rücksicht auf seine Gerechtigkeit dienstbar macht, wird also trotzdem nicht bloß zufälligen Zwecken der Willkür dienstbar. Auch wenn er, weil das Gesetz es so will, aufhört, Diener der Gerechtigkeit zu sein, bleibt er noch immer Diener der Rechtssicherheit."

Radbruch: Rechtsphilosophie, a. a. O., S. 182.

Der einzige Bereich, aus dem Radbruch mit dieser Auffassung die Willkür ausgeschlossen hat, ist der, daß sich ein Richter weigert, der Willkür seinen Arm zu leihen. Damit wird jedoch die Gefahr einer Willkür im Gebrauch des Sanktionsapparates noch verschärft, indem die Willkür des Mißbrauchs der Rechtsordnung gegen die Abwehr durch Nichtanwendung des Gesetzes gesichert wird.

jener Organe vorauszusagen, bleibt, jene Organe an ein System von Rechtsnormen zu binden, aus denen die einzelnen Entscheidungen ableitbar sind.

Ein hoher Grad der Rechtssicherheit wäre erreicht, wenn die Tätigkeit der Organe der Rechtspflege an bestimmte Rechtsnormen gebunden wäre. Dies könnte geschehen, indem die Bindung an formell zustande gekommene Gesetze erfolgt und die Berücksichtigung anderer Rechtsnormen ausgeschlossen wird. In diesem Falle wäre die Rechtssicherheit nur noch durch die Ausdrucksfähigkeit der Rechtssprache begrenzt.

Fehlt es an dieser strengen materiellen Bindung, so können die einzelnen Entscheidungen nicht mehr abgeleitet werden. Dies darf jedoch nicht dahingehend verstanden werden, daß sich nunmehr reine Willkür in Rechtsprechung und Verwaltung ausbreiten müßte. Außer einer strengen Bindung durch die Rechtsvorschriften gibt es noch weitere Wege, eine gewisse Voraussagbarkeit rechtlicher Entscheidungen zu erreichen.

Eine Möglichkeit, auch bei dem Fehlen einer materiellen Bindung eine gewisse Ordnung in die Mannigfaltigkeit rechtlicher Entscheidungen zu bringen, besteht in der Schaffung einer gewissen Konformität in der Tätigkeit der Organe des Sanktionsapparates. Selbst bei gerichtlichen Entscheidungen, die durch unabhängige Richter erlassen sind, läßt sich eine Konformität dadurch erreichen, daß eine höchste Instanz das Urteil korrigieren kann. Damit ist im Ergebnis eine Bindung an die Auffassung der höchstinstanzlichen Gerichte erzielt. Dies ist nicht nur die Folge davon, daß ein abweichendes Urteil durch Anrufung der höheren Instanz abgeändert werden kann, sondern die Erwartung, daß ein abweichendes Urteil einer unteren Instanz die höhere Instanz nicht zu einer Änderung ihrer Auffassung veranlassen wird, wird in einem solchen Falle in der Regel durch Anpassung an die Auffassung der höheren Instanz antizipiert[398].

Ist schon eine starke Konformität dadurch erzielt, daß sich der Erlaß von Entscheidungen nach der Auffassung einer kleineren Gruppe von Richtern ausrichtet, so wird diese Konformität noch dadurch verstärkt, daß die höchstinstanzlichen Gerichte, aus welchen Gründen auch immer, nach Stetigkeit in ihren Entscheidungen streben. Was im Zusammenhang mit unserer Fragestellung hier interessiert, ist die Tatsache, daß auch bei Fehlen einer materiellen Bindung eine gewisse Voraussagbarkeit der Entscheidungen der Organe des Sanktionsapparates durch die Organisation dieses Apparates erreicht wird.

---

[398] „Es würde für den Richter ebenso beunruhigend und belastend wie gewissenlos und sozialschädlich sein, wenn er von den Urteilen seiner Kollegen, zumal von denen der oberen Gerichte, keine Notiz nehmen wollte. Er würde Zeit, Kraft und Geld der rechtsuchenden Parteien vergeuden, wenn er ohne besondere, schwerwiegende (und in seiner Urteilsbegründung eingehend darzulegende!) Gründe Entscheidungen fällte, bei denen er damit rechnen müßte, daß die höhere Instanz sie wieder aufheben würde."

REHFELDT: Einführung in die Rechtswissenschaft, a. a. O., S. 142.

Das Ausmaß der so erzielten Rechtssicherheit darf jedoch nicht überschätzt werden. Da nicht alle Entscheidungen zwecks Überprüfung vor eine letzte zentrale Instanz gebracht werden können, besteht die Möglichkeit, in diesen Fällen voneinander abweichende Entscheidungen zu erlassen. Und in der Tat zeigen die Veröffentlichungen solcher Entscheidungen mitunter starke Abweichungen in Ergebnis und Begründung.

5. Der Einfluß subjektiver Wertvorstellungen als Folge des Fehlens der materiellen Bindung

Eine weitere Folge des Fehlens der materiellen Bindung besteht darin, daß subjektive Wertvorstellungen der Organe des Sanktionsapparates deren Entscheidungen bestimmen oder mitbestimmen. Damit soll nicht gesagt sein, daß der Einfluß subjektiver Wertvorstellungen stets zu unbefriedigenderen Entscheidungen führen müßte als sich bei strenger Bindung an Rechtsnormen ergeben würde.

Als Nachteil muß jedoch angesehen werden, daß überhaupt rechtliche Entscheidungen den subjektiven Wertvorstellungen der Betreffenden, die diese Entscheidung fällen, preisgegeben sind.

Der Richter oder Verwaltungsbeamte, der die Entscheidung erläßt, soll hierbei sine ira et studio verfahren. Doch kommt er aus einem bestimmten Lebenskreis, der ihn in vielen Interessenkonflikten, in denen er die Stelle des unparteiischen Richters einnehmen soll, selbst innerlich Partei ergreifen läßt[399].

Selbst in dem Fall, in dem der Richter bewußt bestrebt ist, seine eigene Interessentenstellung zu verdrängen, bleibt dennoch ein gewisses Ungleichgewicht dadurch, daß er die Belastungen in einem Interessenkonflikt von seinen Interessen her besser kennt und lebhafter empfindet, während er bei der Interessenlage der Gegenpartei diese nur schwieriger nachempfinden kann. Hinzu kommt, daß ein Richter oder Verwaltungsbeamter gar nicht in allen Bereichen, in denen er Entscheidungen zu fällen hat, jene Reife und Weite der Ordnungsvorstellung entwickeln kann, die eine adäquate Lösung des Interessenkonfliktes garantieren. Deshalb ist es zweck-

---

[399] Was LARENZ über die Begriffsbestimmung vom Ergebnis her sagt, gilt auch hier. LARENZ sagt:

„Freilich besteht hier zweifellos in besonderem Maße die Gefahr, daß ein Richter, zumal wenn er sich nicht darüber klar ist, daß er wertet, unsachlichen Erwägungen oder Gefühlen Raum gibt, etwa einer persönlichen Sympathie oder Antipathie, einem generellen Vorurteil (z. B. gegenüber allen Autofahrern oder Vermietern), einem politischen oder sozialen Ressentiment. Niemand ist von derartigen Voreingenommenheiten völlig frei, die sich im ‚Unterbewußtsein' auch dann geltend machen können, wenn der Richter subjektiv überzeugt davon ist, ‚gerecht' zu urteilen."

LARENZ: Methodenlehre, a. a. O., S. 224 f.

mäßig, rechtliche Entscheidungen wenigstens dann den subjektiven Wertvorstellungen dessen, der entscheidet, zu entziehen, wenn ein Interessenkonflikt auf breiter Grundlage diskutiert, in einer Rechtsnorm formuliert und in Kraft gesetzt worden ist.

Ein Richter oder Verwaltungsbeamter, der sich bewußt der Parteilichkeit fern hält, ist auch vor einem anderen Fehler nicht geschützt, der in seine Wertvorstellungen eingeht. Menschliche Werturteile werden nicht nur durch bewußte Zielsetzungen, sondern auch durch bewußte Steuerung geprägt. Es bedarf nicht nur des guten Willens der Unparteilichkeit, sondern auch einer langen Übung, verbunden mit einer scharfen Selbstbeobachtung, den eigenen Interessenstandpunkt aus der Beurteilung eines Interessenkonfliktes herauszuhalten. Und nicht nur, daß es auch in diesem Falle mitunter mißlingt, der Richter oder Verwaltungsbeamte hat selten die Zeit und die Energie, jede Aufgabe mit dieser Sorgfalt anzugehen.

Aber nicht nur die Lebensumstände, aus denen der, der die Entscheidungen fällt, kommt, sind für die subjektiven Wertvorstellungen bestimmend. Die Grundentscheidungen eines Menschen, seine Weltanschauung, üben einen starken Einfluß auf seine Wertvorstellungen aus. Sie verleihen bestimmten Entscheidungen oft den Charakter der Notwendigkeit, obwohl es sich nur um die Auszeichnung einer von vielen Möglichkeiten handelt[400]. Es ist nicht anders zu erwarten, daß solche Wertvorstellungen oft in der Form von Prinzipien besonders dort Eingang finden, wo eine materielle Bindung nicht vorliegt. Und oft ist sich der Betreffende des Charakters der Subjektivität seiner Wertvorstellungen gar nicht bewußt, insbesondere wenn er diese Vorstellungen in das sogenannte Wesen einer Institution hineindeutet.

Die Nachteile des Einflusses subjektiver Wertvorstellungen werden nicht dadurch ausgeräumt, daß sie mit bestem Wissen und Gewissen an die Stelle einer materiellen Bindung gesetzt werden. Oft sind es gerade starke und aufrichtige Charaktere, die ihre subjektiven Wertvorstellungen für die bestmögliche Ordnung der Welt halten, und Härten, die sich bei ihrer Durchsetzung ergeben, als Schicksalsfügung ansehen.

6. Anpassungsfähigkeit als Folge des Fehlens der materiellen Bindung

Fehlt die materielle Bindung, so gewinnt der, der eine rechtliche Entscheidung fällt, nicht nur die Freiheit, subjektive Wertvorstellungen dem Urteil zugrunde zu legen, sondern er gewinnt damit auch eine Anpassungsfähigkeit, einer Beeinflussung von außen nachzugeben.

[400] „Gerade jene innersten Elemente der ‚Persönlichkeit', die höchsten und letzten Werturteile, die unser Handeln bestimmen und unserem Leben Sinn und Bedeutung geben, werden von uns als etwas ‚objektiv' Wertvolles empfunden."

Weber, Max: Gesammelte Aufsätze zur Wissenschaftslehre, 2. Aufl., Tübingen 1951, S. 152.

Eine geringere Rolle spielt in diesem Zusammenhang die offenkundige Bestechung. Das offene Versprechen oder Gewähren von Vorteilen für die Gegenleistung, eine bestimmte rechtliche Entscheidung zu treffen, dürfte in der Gerichtsbarkeit selten sein und spielt auch in der Verwaltung, wo sie etwas häufiger anzutreffen sein wird, für unsere Fragestellung eine geringe Rolle, weil dort die Bestechung mehr auf die Gewinnung wirtschaftlicher Vorteile abzielt.

Subtiler sind die Mittel, die Rechtsanwendung zu beeinflussen, wenn an die Willfährigkeit, die Rechtsanwendung nach bestimmten Grundsätzen und bestimmten Interessenlagen auszurichten, ein ganzes System von Vorzügen geknüpft wird. Die Mittel können sein: Beförderung, Versetzung in interessante Aufgabenbereiche, Gewähren von Gelegenheit, sich besonders zu bewähren, Verleihung von Orden, ganz allgemein Wohlwollen bei solchen Entscheidungen, die die Person des Betreffenden zum Gegenstand haben und die nicht durch eine bindende Rechtsvorschrift eingeengt sind[401]. Dieser Katalog von Möglichkeiten, die Interessen dessen, der rechtliche Entscheidungen zu fällen hat, anzusprechen, überbietet bei weitem die Möglichkeiten des Gebens und Nehmens, die bei der klassischen Bestechung gegeben sind. Fehlt nun die materielle Bindung, so erhalten diejenigen, die rechtliche Entscheidungen zu fällen haben, eine große Anpassungsfähigkeit, jenem sanften Druck nachzugeben. Um zu zeigen, wie groß die Gefahr ist, die in dieser Anpassungsfähigkeit liegt, soll einmal die Fragestellung geändert werden und nicht nach Möglichkeiten gesucht werden, Verbiegungen der Rechtsordnung nachzuweisen, sondern es soll davon ausgegangen werden, daß ein solcher Druck besteht und nun nach Gegenkräften gesucht werden, die einem Nachgeben entgegenwirken.

Der einzige Grund, solchen Beeinflussungen Stand zu halten, kann hier noch im Charakter dessen, der die Entscheidungen fällt, liegen. Aber man darf diese Möglichkeiten nicht überschätzen. Wenn eine Gemeinschaft denjenigen, der Charakter zeigt, bestraft und die Charakterlosen belohnt, und wenn eine Gemeinschaft wenig Neigung zeigt, durch geeignete Organisation der Rechtsordnung solche Fehlerquellen von vornherein auszuräumen, dann besteht die Befürchtung, daß auch starke Charaktere einem lang anhaltenden Druck mehr oder weniger nachgeben. Es ist auch eben schon sehr fraglich, ob es überhaupt noch eine Frage des guten Charakters ist, einer so allge-

---

[401] Hierzu Coing:

„Daß unkontrollierte Macht, mißbraucht wird, ist eben ‚une expérience éternelle‘.

Daß ein Richter, der — aus sittlichen Gründen — unabhängig richten soll, auch wirtschaftlich unabhängig sein muß, insbesondere von der Regierung, weil er sonst nicht frei urteilen kann, ist eine zweite solche Erfahrung."

Coing, Helmut: Um die Erneuerung des Naturrechts, in: Naturrecht oder Rechtspositivismus, herausgegeben von Werner Maihofer, Bad Homburg 1962, S. 114.

meinen Tendenz nicht nachzugeben. Wer hier die Anpassung an das neue Ideal der Anpassungsfähigkeit versäumen würde, könnte in die Lage kommen, sich nur noch auf den eigenen Geschmack berufen zu können, während seine Berufung auf guten Charakter deshalb problematisch wäre, weil der Maßstab, dem diese Beurteilung zugrunde liegt, von dem Bewußtsein der Rechtsgemeinschaft nicht mehr getragen wäre.

Diese Überlegungen zeigen, daß die Anpassungsfähigkeit an Einflüsse von außen einer Rechtsordnung die Fähigkeit nehmen kann, in dem Kampf aller gegen alle, auch wenn er nur mit den Mitteln des modernen Lobbyismus geführt wird, einen Rechtsfrieden zu geben, der ein Minimum an Sicherheit nicht nur gegen Gewaltanwendung, sondern auch gegen Übervorteilung bietet.

Die Anpassungsfähigkeit kann jedoch nicht nur unter negativen Vorzeichen, sondern muß auch unter positivem Aspekt gesehen werden.

Wird die Rechtsanwendung dahingehend gebunden, daß die rechtlichen Entscheidungen aus bestimmten Rechtsnormen in bestimmter Weise abgeleitet werden müssen, so treten Gefahren auf, die sowohl die Zweckmäßigkeit einer Rechtsordnung als auch die Organisation einer solchen Ordnung in Mitleidenschaft ziehen können.

Bei der Formulierung der Rechtsnormen kann dem Gesetzgeber ein Irrtum im Ausdruck unterlaufen sein, der sich nachträglich nicht mehr nachweisen läßt. Die Rechtsnormen würden damit den Sanktionsapparat zu Tätigkeiten veranlassen, die weder der Gesetzgeber, noch sonst jemand gewollt hat.

Sodann kann der Gesetzgeber zwar eine bestimmte Formulierung bewußt und in Kenntnis der Bedeutung der Ausdrücke formuliert haben, das rechtspolitische Ziel, das mit diesen Rechtsnormen erreicht werden sollte, kann aber verfehlt werden. Im ungünstigsten Falle kann eine solche Rechtsnorm einen Zustand, den sie bessern sollte, noch verschlimmern. In diesem Falle würde der Sanktionsapparat seine Tätigkeit zwar gemäß den Vorstellungen des Gesetzgebers entfalten, er würde aber auf ein Ziel hinwirken, das der Gesetzgeber selbst mißbilligte.

Eine ähnliche Situation kann auch dann auftreten, wenn Wirkungszusammenhänge zwischen den Rechtsnormen und der Gestaltung des Rechtslebens nunmehr bekannt werden, die der Gesetzgeber nicht gekannt hat, und die ihn veranlaßt hätten, diese Rechtsnormen nicht oder nur in abgeänderter Form zu erlassen.

In diesen Fällen, in denen die Vorstellung des Gesetzgebers zu seinen Willensäußerungen kontrastiert, besteht zunächst die theoretische Möglichkeit, daß der Gesetzgeber die Rechtsnormen korrigiert. Dieser Anpassung der erlassenen Rechtsnormen an den jeweiligen Willen des Gesetzgebers stellen sich jedoch Hindernisse in den Weg, die die Frage aufwerfen, ob diese Anpassung in allen Fällen praktisch wirksam werden kann.

Zunächst bedarf es für die Durchführung des Gesetzgebungsverfahrens einer nicht unbedeutenden Zeitspanne, die nicht nur nach den nötigen Zeiten für Beratung und Abstimmung zu bemessen ist, sondern sich vor allem dadurch verlängert, daß sich vor die Verbesserung eines Gesetzeswerks viele andere Aufgaben drängen, die als dringlich empfunden werden. Zum anderen ist ein gewisser Schwellwert der Überzeugung von der Notwendigkeit einer Gesetzesänderung erforderlich, um den Gesetzgeber zu veranlassen, überhaupt in dieser Sache tätig zu werden.

Aber selbst wenn man von den Fällen, die bereits an diesen Hindernissen scheitern, absieht, stellt sich die Frage, ob der Gesetzgeber überhaupt in der Lage ist, die Ausgestaltung der rechtlichen Regelung eines bestimmten Lebensbereiches bis in jene feinen Verästelungen voranzutreiben, deren Problematik nur dem offen liegt, der sich täglich mit diesen Problemen beschäftigt.

Eine weitere Gefahr, die sich aus einer strengen Bindung der Rechtsanwendung an das Gesetz ergeben könnte, besteht in der Möglichkeit des Gesetzgebers, sich der Aufgabe, eine dauerhafte Rechtsordnung mit möglichst harmonischem Ausgleich der Interessen zu schaffen, zu entziehen, und sich in radikaler Weise zum Vollstrecker von Gruppeninteressen zu machen. Bei einer starren Bindung wäre es den Organen des Sanktionsapparates schwer möglich entgegenzuwirken, es sei denn, daß sie auf höherrangige Rechtsnormen zurückgreifen könnten.

7. Beschränkung der materiellen Bindung auf bestimmte Bereiche

Die Gefahren einer materiellen Bindung an das Gesetz könnte man dadurch verringern, daß man zwar grundsätzlich eine materielle Bindung ausspricht, jedoch Rechtsnormen formuliert, die einfachen Gesetzen vorgehen und den Organen der Rechtspflege die Möglichkeit einräumen, einfache Gesetze von der Anwendung auszuschließen. Ein solches Stufensystem von Rechtsnormen ist in der heute geltenden Rechtsordnung auch verwirklicht. Auf der einen Seite stehen die im normalen Gesetzgebungsverfahren erlassenen Gesetze, auf der anderen Seite stehen die Verfassungsnormen, die alle einfachen Gesetze, die ihnen entgegenstehen, derogieren. Man könnte auf dem Gebiet des Verwaltungsrechts das Stufensystem vielleicht noch weiter führen, indem man die Stufenleiter nach unten über die Rechtsnormen bis zu den Verfügungen weiterführt. Eine Rangordnung wäre darin zu sehen, daß einfache Gesetze Rechtsverordnungen, soweit sie diesen Gesetzen entgegenstehen, nichtig machen, und weiterhin, daß Verfügungen, die entgegen ordnungsgemäß erlassenen Rechtsverordnungen ergehen, rechtswidrig sind. Diese Weiterführung der Stufenbildung ist in unserer Fragestellung aber insoweit nicht von Interesse, als es um das Prinzip geht, die Bindung an Rechtsnormen durch höhere Rechtsnormen zu lockern.

Bei der Erörterung der Möglichkeiten einer solchen Lockerung ergibt sich aber die Frage, ob sich die materielle Bindung überhaupt lockern läßt, ohne sie nicht wieder im ganzen aufzugeben. Formuliert man eine höherrangige Rechtsnorm, die ein bestimmtes Grundrecht enthält, und tritt diese Rechtsnorm mit einem einfachen Gesetz in Konflikt, so ist das einfache Gesetz nichtig und bringt das Organ der Rechtspflege gar nicht zu der Frage, ob es dieses aus höherrangigen Gesichtspunkten her anwenden oder ihm die Anwendung versagen soll. Höherrangige Rechtsnormen können demnach die materielle Bindung materiell gar nicht einengen, sondern können nur Verfahren freigeben, in welcher Weise von einer materiell abgeleiteten Entscheidung abgewichen werden kann. Gibt man aber formell einen Weg, von der materiellen Bindung freizukommen, so kann man diese Bindung in einem gewissen Ausmaß nur dann erhalten, wenn man die Möglichkeiten der Korrektur des Gesetzgebers auf ganz bestimmte materiell begrenzte Gebiete beschränkt.

Eine solche Beschränkung der materiellen Bindung könnte erreicht werden, indem man die einzelne Rechtsnorm dahingehend kennzeichnet, ob sie einer materiellen Bindung unterworfen ist oder ob das Organ der Rechtspflege ermächtigt ist, den in dieser Rechtsnorm ausgedrückten Rechtsgedanken bis zu Ende zu denken, d. h. ihn in einem bestimmten Verfahren zu präzisieren oder abzuändern.

Dieser Gedanke hat bereits Vorläufer etwa in der Unterscheidung von jus strictum und jus dispositivum. Zwar ist die Unterscheidung nicht die gleiche, da das jus dispositivum als solches gekennzeichnet ist, das von den Parteien geändert werden kann, während in unserem Falle die Rechtsnorm durch die rechtsanwendenden Organe abänderbar sein soll. Doch ist der gleiche Gedanke auch in der Unterscheidung zwischen jus strictum und jus dispositivum enthalten, denn auch hier geht es im Grunde um die Unterscheidung zwischen Rechtsnormen, die die Rechtsgenossen in unterschiedlichem Maße binden.

Man könnte zunächst einmal die großen Bereiche der Rechtsordnung, wie Zivilrecht, Strafrecht und übriges öffentliches Recht, daraufhin untersuchen, inwieweit sich eine materielle Bindung an die Rechtsnormen empfiehlt oder sich als unzweckmäßig erweist.

Für das Privatrecht bestünden meines Erachtens am wenigsten Bedenken, die Rechtsanwendung von einer materiellen Bindung freizustellen. Die Staatsgewalt tritt hier im Normalfalle als Schlichter privater Interessenkonflikte auf, und das Interesse der Inhaber der Staatsgewalt wird sich selten in einem Selbstinteresse über das Ordnungsinteresse hinaus geltend machen. Soweit weltanschauliche Interessengegensätze auf das Privatrecht übergreifen und etwa im Familienrecht zu Härten führen könnten, dürfte eine Abwehr besser durch Unterlassen als durch Einführung der materiellen Bindung erreicht werden. Hier gilt, was für den ganzen Bereich des Privatrechts gilt: Die lange Tradition und verfeinerte Ausgestaltung des Privatrechts und ihre eingehende Vermittlung an die zukünftigen Organe der Rechtspflege in Verbindung mit der Unmittelbarkeit der menschlichen Ausstrahlung des Konfliktes der Parteien auf den Richter gewährleisten eine hohe Wahrscheinlichkeit für Entscheidungen, die dem Rechtsfrieden dienen.

Auch für das Strafrecht läßt sich in seiner Gesamtheit eine Lösung angeben. Aufgabe und Wirkungsweise des Strafrechts legen es nahe, hier eine materielle Bindung auszusprechen.

Für die Gebiete des Zivilprozeßrechts und des Strafprozeßrechts wird man die Regelung des entsprechenden materiellen Rechts heranziehen können. Der Grundgedanke ist hierbei der, daß man das Verfahren auf dem Gebiet der Zivilrechtspflege nicht stärker als die Anwendung des materiellen Rechts zu binden braucht und daß auf dem Gebiet der Strafrechtspflege der Schutz durch die materielle Bindung im materiellen Strafrecht nicht durch Willkür im Verfahren in seiner Wirksamkeit beeinträchtigt werden darf.

Auf dem Gebiet des öffentlichen Rechts wird man keine einheitliche Lösung geben können. Man wird hier zwischen den einzelnen Bereichen unterscheiden und eine unterschiedliche Bindung aussprechen müssen, wenn man eine optimale Regelung erhalten will. Die Schwierigkeiten insbesondere der Inhomogenität der einzelnen Normengruppen lassen die kurze Skizzierung eines Ergebnisses auf diesem Gebiet nicht zu. Deshalb soll es bei der Aufzeigung und Einordnung der Fragestellung bewenden.

Eine scheinbare Verteilung von Bindung und Freiheit gibt LARENZ, wenn er die Bindung nur an die Gesamtheit der Rechtsordnung ausspricht, den Richter von der Bindung an die Einzelnorm jedoch befreit[402].

Was an dieser Formulierung den Schein des Richtigen hat, ist die Tatsache, daß das Problem, wie einerseits eine Bindung wenigstens an bestimmte Grundprinzipien der Rechtsordnung bewirkt, andererseits aber auch die Mängel einer starren Bindung vermieden werden könnten, formuliert wird. Aber dem Problem wird nicht die Lösung, sondern eine Scheinlösung hinzugefügt. Dies wird bei der näheren Angabe der Art der Bindung deutlich. LARENZ nimmt auf einen Sinn Bezug und unterstellt die Voraussetzung, daß es einen objektiven und dazu eindeutigen Sinn gibt[403].

---

[402] „Dadurch wird ... die Bindung des Richters an das Gesetz nicht verneint oder durchbrochen, sondern nach ihrem vernünftigen Sinn begriffen als eine Bindung an das gesetzte Recht als Ganzes, dessen immanenten vernünftigen Sinngehalt der Richter entfalten und anwenden, nötigenfalls aber auch gegen eine dem widersprechende, daher willkürliche und ungerechte Einzelnorm eines seine Schranken verkennenden Gesetzgebers zur Geltung bringen soll."

LARENZ: Das Problem der Rechtsgeltung, a. a. O., S. 40.

[403] „Die Bindung an das Recht als Ganzes schließt die Bindung an die Einzelnorm nur insoweit ein, als sich diese dem Ganzen sinnvoll eingliedert, sie bedingt insofern gerade auch die Freiheit des Richters gegenüber der Einzelnorm — eine Freiheit, die ihr Maß und Ziel eben in der Bindung findet."

LARENZ: Das Problem der Rechtsgeltung, a. a. O., S. 40.

LARENZ selbst erkennt, daß hier „die Stellung des Richters gegenüber dem Gesetz wieder nur dialektisch, in der ‚Aufhebung' des Gegensatzes von Freiheit und Bindung zu begreifen"[404] sei. Wenn aber der Gegensatz von Freiheit und Bindung aufgehoben wird, so wird damit auch die Bindung aufgehoben. Dialektisch kann nunmehr jedes Ergebnis als das allein gültige nachgewiesen werden. Dieser Ansatz ist demnach für die Lösung des Problems der Bindung an Rechtsnormen nicht möglich.

8. Die Sanktionierung der Verletzung von Geltungsanordnungen

Eine Verfassung kann die materielle Bindung an Rechtsnormen vorschreiben. Eine solche Anweisung ist jedoch noch keine vollständige Rechtsnorm, da sie zwar den Wunsch des Verfassungsgesetzgebers nach einem bestimmten Verhalten der Organe des Sanktionsapparates zum Ausdruck bringt, jedoch keine Rechtsfolge für den Fall statuiert, daß ein Organ des Sanktionsapparates diesem Wunsch nicht nachkommt. Die materielle Bindung wird demnach nur dann Bestandteil einer Rechtsvorschrift, wenn an die Verletzung der Geltungsordnung von Rechtsnormen Rechtsfolgen geknüpft werden. Eine Möglichkeit der Schaffung solcher Rechtsfolgen besteht in dem Erlaß von Strafbestimmungen.

Das Strafrecht hat die Verletzung der Geltungsanordnung von Rechtsnormen in dem Tatbestand der Rechtsbeugung normiert und zum Gegenstand einer Strafbestimmung gemacht (§ 336 StGB). Rechtsbeugung läßt sich in objektiven Merkmalen jedoch nur dann umschreiben, wenn eine materielle Bindung der Organe des Sanktionsapparates an Rechtsnormen gegeben ist. Man könnte fragen, ob es hierzu einer ausdrücklichen Bestimmung der Verfassung bedarf. Auch aus der Tatsache, daß Rechtsbeugung unter Strafe gestellt wird, könnte gefolgert werden, daß eine materielle Bindung gewollt ist. In einem solchen Fall müßte aber der Wille des Gesetzgebers für die Schaffung einer solchen materiellen Bindung an Rechtsnormen durch Sanktionierung der Rechtsbeugung vorhanden sein.

Schwieriger wäre die Lage, wenn der Gesetzgeber einfach von der Vorstellung ausginge, es gebe eine materielle Bindung, und eine Strafnorm dafür schüfe. Dies könnte daher kommen, daß eine Kommission, die ein Strafgesetzbuch formuliert, eine Strafbestimmung für Rechtsbeugung aufnimmt, ohne in Rechnung zu stellen, daß etwa der Verfassungsgesetzgeber eine materielle Bindung nicht gegeben hat. In diesem Falle kann dem Gesetzgeber, der mit den Vorschlägen der Kommission auch deren Irrtum übernimmt, auch nicht der Wille unterstellt werden, eine materielle Bindung erst zu schaffen, die er nun zu sanktionieren gedenkt. Grundsätzlich wird man davon ausgehen müssen, daß ein Gesetzgeber, der ein Strafgesetzbuch schafft und Probleme der Rechtsgeltung gar nicht erörtert, eine Bestimmung

---

[404] LARENZ: Das Problem der Rechtsgeltung, a. a. O., S. 40.

dieser Art, die von tiefer Bedeutung für die Organisation der gesamten Rechtsordnung ist, nicht geben will.

Damit ist nur gesagt, daß sich objektiv der Tatbestand der Rechtsbeugung nicht ohne Festsetzung einer materiellen Bindung formulieren läßt. Eine Bestrafung ist auch in diesem Falle durchführbar. Aber die Feststellung, daß ein Täter Rechtsbeugung begangen hat, kann sich dann nicht danach richten, ob er von Rechtsnormen abgewichen ist, ob er die Anwendung von Rechtsnormen abgelehnt hat, sondern sie muß von dem Strafrichter unter Würdigung aller Umstände des Einzelfalles, etwa als hartnäckiger Verstoß gegen das Rechtsgefühl der Mehrzahl der Bevölkerung, der Richter oder des urteilenden Strafrichters, erfolgen.

Eine weitere Möglichkeit, die Geltungsanordnung von Rechtsnormen durchzusetzen, ist eine Norm, die denjenigen, der der Geltungsanordnung zuwiderhandelt, für den Schaden verantwortlich macht, der aus dieser Verletzung entsteht.

Die Schwierigkeit, eine solche Sanktion einzuführen, liegt in der lähmenden Wirkung einer solchen Vorschrift. Die Organe des Sanktionsapparates werden nur zögernd und nur dann eine Maßnahme ergreifen, wenn sie sicher sind, keinen Fehler in der Anwendung von Rechtsnormen zu begehen.

Eine gewisse Abhilfe wird die Einschränkung schaffen, nur für Vorsatz und grobe Fahrlässigkeit haften zu lassen. Da es aber eine Wertungsfrage ist, wo die Grenze zwischen leichter und grober Fahrlässigkeit zu ziehen ist und man diese Grenze nicht genau vorher bestimmen kann, besteht auch bei der Beschränkung der Haftung auf grobe Fahrlässigkeit ein Risiko bei der Gesetzesanwendung.

Es erscheint somit fraglich, ob es zweckmäßig ist, eine Haftung für die Verletzung der Geltungsanordnung von Rechtsnormen durch grobe Fahrlässigkeit zu normieren. Schon eine Unterscheidung zwischen leichter und grober Fahrlässigkeit ist bei der Rechtsanwendung schwierig, da in Fragen der Sprachlogik die Beachtung der leges artis, wenn man sie einmal beherrscht, meist einfach ist, wenn man sie nicht beherrscht, diesen Mangel auch nicht einfach durch Sorgfalt ersetzen kann.

Da die Tätigkeit des Sanktionsapparates weitgehend von Berufsbeamten ausgeübt wird, besteht auch die Möglichkeit, deren Tätigkeit durch disziplinarische Maßnahmen in erheblichem Maße zu kontrollieren. Diese Einwirkungsmöglichkeit ist sogar in mancher Beziehung wirksamer, mindestens aber anpassungsfähiger als eine Verhängung von Kriminalstrafe und Zivilhaftung.

Aber gerade in der starken Beeinflußbarkeit der Organe der Rechtspflege durch disziplinarische Maßnahmen liegen andererseits die Bedenken gegen diese Möglichkeit der Durchsetzung der Geltungsanordnung von Rechtsnormen. Wie bereits ausgeführt, besteht ohnehin die Gefahr einer freiwilligen Anpassung an den Willen der Exekutive, da sie auch außerhalb disziplinarischer Maßnahmen eine breite Skala von Einwirkungsmöglichkeiten auf die Interessenssphäre des Berufsbeamten besitzt. Gibt man selbständige disziplinäre Mittel, so verstärkt man hierdurch noch die Möglichkeit des Drucks der Exekutive auf die Organe der Rechtspflege.

Die Frage, in welcher Weise die Geltungsanordnung einer Verfassung sanktioniert werden kann und soll, kann hier nicht gelöst werden. Sie macht umfangreiche Untersuchungen auf den einschlägigen Gebieten erforderlich. Die Probleme sollten hier nur in den Zusammenhang gestellt werden, um den Fragenkreis der Möglichkeiten einer Ausgestaltung der verfassungsmäßigen Geltung möglichst weit zu umfassen.

Damit sollen die Betrachtungen über die Möglichkeiten der Ausgestaltung der verfassungsmäßigen Geltung abgeschlossen werden. Im Folgenden soll das Grundgesetz der Bundesrepublik Deutschland daraufhin betrachtet werden, welche Geltungsanordnungen darin enthalten sind.

XII. Die Ausgestaltung der verfassungsmäßigen Geltung im Grundgesetz für die Bundesrepublik Deutschland

1. Zum Verfahren der Ermittlung des Inhalts der Regelung im Grundgesetz

Bei der Ermittlung des Inhalts der Bestimmungen, die das Grundgesetz zur Frage der Geltung von Rechtsnormen enthält, mag es nahe liegen, mittels Auslegungsregeln den Inhalt dieser Vorschriften auszuschöpfen.

Die Auslegungsregeln, jedenfalls soweit man ihrer bedarf, beantworten die Frage, ob in einem Zweifelsfalle eine Rechtsnorm anzuwenden ist oder ob sie einen bestimmten Fall nicht umfaßt. Damit sagen sie etwas über den Umfang der Geltung von Rechtsnormen aus. Machen sie aber Aussagen über die Geltung von Rechtsnormen, so dürfen sie nicht für die Bestimmung jener Vorschriften herangezogen werden, aus denen man selbst überhaupt erst die Frage nach der Geltung von Rechtsnormen beantworten will[405]. Nicht die Auslegungsregeln können über den Inhalt der Vorschriften über die Anwendung von Rechtsnormen entscheiden, sondern umgekehrt die Vor-

---

[405] Auf dieses Problem stößt auch Sax bei der Auslegung des Art. 103 Abs. 2 GG:

„Mit dieser Fragestellung wird offensichtlich bereits in die Deutung von Sinn und Tragweite des Art. 103 Abs. 2 GG eingetreten, also seine Auslegung begonnen und damit ein Verfahren bereits angewendet, dessen Kriterien im folgenden erst ihrem methodologischen Gehalt nach erarbeitet werden sollen."

Sax: Das strafrechtliche Analogieverbot, a. a. O., S. 33.

schriften der Verfassung über die Anwendung von Rechtsnormen entscheiden über die Zulässigkeit oder Unzulässigkeit der Auslegungsregeln[406].

Wir kommen so zu dem Ergebnis, daß für die Bestimmung des Inhalts der hier in Frage stehenden Vorschrift der Verfassung juristische Auslegungsmethoden unzulässig sind. Damit sind wir jedoch nicht aller Hilfsmittel beraubt, den Inhalt von Rechtsnormen zu bestimmen.

Jeder Versuch, eine Rechtsordnung zu formulieren, muß unter dem Verzicht auf spezifisch juristische Begriffe und Verfahren beginnen. Dies ist auch möglich, indem man an den Sprachgebrauch anknüpft. Demnach muß auch die Interpretation einer Verfassung vom Sprachgebrauch der Ausdrücke ausgehen, die bei der Formulierung der Verfassung verwendet wurden. Unter diesem Gesichtspunkt sollen nun die Vorschriften über die Anwendung von Rechtsnormen untersucht werden.

2. Artikel 20 Absatz 3

Die grundlegende Vorschrift, die das Grundgesetz zu der Frage der Geltung von Rechtsnormen gibt, enthält Art. 20 Abs. 3 GG. Er lautet: „Die Gesetzgebung ist an die verfassungsmäßige Ordnung, die vollziehende Gewalt und die Rechtsprechung sind an Gesetz und Recht gebunden."

Die Bindung an Gesetz und Recht ist derart zu verstehen, daß eine

---

[406] SAX hält das Verfahren, die Auslegung durch Auslegung zu bestimmen, für unschädlich:

„Denn einmal hat das bereits begonnene konkrete Auslegungsverfahren die Stufe der an den Gesetzeswortlaut anknüpfenden bloßen Fragestellung noch nicht überschritten, eine Stufe, die jedwedes Auslegungsverfahren als erste beschreiten muß, die daher das erst zu findende Ergebnis nicht präjudiziert."

SAX: Das strafrechtliche Analogieverbot, a. a. O., S. 33.

Das Ergebnis würde nur dann nicht präjudiziert, wenn nicht nur zu Beginn, sondern für die ganze Untersuchung juristische Auslegungsmethoden ausgeschlossen wären.

Als weiteren Grund führt SAX an:

„Zum anderen ist die Frage nach der Reichweite des Strafgesetzes offenbar die Frage nach der Grenze der strafrechtlichen Auslegung als solcher, führt also gleich zu Anbeginn — eine Klärung fordernd — zu dem Komplex von Prinzipien in ihrem theoretischen Gehalt hin, deren Lösung alsdann ihre bereits begonnene praktische Verwertung bei der Deutung des Gehalts von Art. 103 Abs. 2 GG bestimmen wird."

SAX: Das strafrechtliche Analogieverbot, a. a. O., S. 33.

Dazu ist zunächst festzustellen, daß das Zurückgehen auf Prinzipien mit theoretischem Gehalt, die im Ergebnis die Auslegung bestimmen, gar nicht zulässig ist. Denn Art. 103 Abs. 2 GG, dessen Auslegungsgrenzen zu ermitteln sind, haben das Ergebnis zu bestimmen. Ergebnisse von solchen Prinzipien sind deshalb nur dann für den Inhalt bedeutsam, wenn sie in Art. 103 Abs. 2 GG enthalten sind. In diesem Falle braucht man sie aber nicht erst heranzuziehen. Dieses Verfahren ist demnach überflüssig oder aber es verstößt gegen den Grundsatz, daß durch Deduktion kein Gehalt gewonnen werden kann.

rechtliche Entscheidung durch Gesetz und Recht bestimmt sein muß. Da sich Gesetz und Recht stets in Rechtsnormen formulieren lassen, bedeutet Bindung an Gesetz und Recht demnach, daß eine Beziehung zwischen den entsprechenden Rechtsnormen und den rechtlichen Entscheidungen bestehen muß. Beziehungen zwischen Rechtsnormen und rechtlichen Entscheidungen, die einen Zusammenhang zwischen Rechtsnormen und Entscheidungen nicht nur behaupten, sondern auch festlegen, lassen sich jedoch nur mittels der Gesetze der Logik herstellen. Demnach heißt Bindung rechtlicher Entscheidungen an Rechtsnormen Verknüpfung dieser beiden Arten von Rechtssätzen mittels der Beziehungen der Logik.

Die Auffassung, eine solch strenge Bindung, wie sie die Bindung durch die Gesetze der Logik darstellt, habe Art. 20 Abs. 3 GG nicht vorgeschrieben, scheitert schon daran, daß sich eine andere echte Bindung nicht angeben läßt[407].

---

[407] Dafür spricht auch die Tatsache, daß die Kommentare keine Angaben darüber enthalten, worin die Bindung bestehen soll:

Wernicke schreibt in Kommentar zum Bonner Grundgesetz, Hamburg ab 1950, Art. 20 III, S. 9:

„Daß die Gesetzgebung an die verfassungsmäßige Ordnung ‚gebunden' ist, bedeutet, daß sie sich nur innerhalb der Grenzen dieser Ordnung frei bewegen kann. Überschreitet sie dagegen diesen Rahmen, so liegt eine grundgesetzwidrige Ausübung der Staatsgewalt vor."

Damit gibt Wernicke eine Umschreibung der Tatsache, daß eine Bindung vorliegt. Worin die Bindung liegt, ist nicht erklärt.

von Mangoldt-Klein sagen über die Bindung des Art. 20 Abs. 3 GG:

„‚Gebunden' im Sinne dieses Absatzes bedeutet hinsichtlich aller drei Einzelgewalten, daß nicht nur die Gewalten als solche, sondern auch die jeweiligen, die betreffende Funktion ausübenden Gewaltträger der Bindung unterliegen und daß bei Überschreiten des Rahmens der verfassungsmäßigen Ordnung bzw. von Gesetz und Recht eine grundgesetzwidrige Ausübung der Staatsgewalt vorliegt."

von Mangoldt, Hermann und Friedrich Klein: Das Bonner Grundgesetz, 2. Aufl., Berlin und Frankfurt am Main 1957, Art. 20 Anm. VI 4 d.

Es handelt sich um die gleiche Auffassung wie die von Wernicke, auf die auch von Mangoldt-Klein verweisen. Hierzu gilt auch das Gleiche wie das zu Wernicke Gesagte.

Maunz-Dürig schreiben in Maunz, Theodor und Günter Dürig: Grundgesetz, Kommentar, München und Berlin ab 1959, Art. 20 Anm. 85:

„In Art. 20 III kehrt der Gewaltenteilungsgrundsatz, der in Abs. II Satz 2 seinen eigentlichen Standort hat ... wieder.... ‚Gebunden' bedeutet im speziellen Zusammenhang der Gewaltenteilung vor allem, daß die eine Gewalt als Grenze ihrer eigenen Gewalt den rechtmäßigen Bereich der anderen Gewalt beachten muß."

Auch wenn man der Meinung von Maunz-Dürig folgt, gewinnt man aus der Erklärung keine Vorstellung, wo denn die Grenzen seien, die zu beachten sind. Bereits an der Ausdrucksweise der Kommentare wird deutlich, wie sich mit immer weiterführender Abwandlung der Begriffe die Möglichkeit einer klaren Lösung des Problems der Bindung verstellt.

Zwar streifen Maunz-Dürig das Problem der Bindung nochmals bei dem Begriff der Gesetzmäßigkeit:

Man kann auch nicht sagen, die Bindung an Gesetz und Recht bestünde nur in der Begründung. Denn eine Begründung, die sich nicht an die Gesetze der Logik hält, sondern ungebunden und frei verfährt, bedeutet keine Bindung, sondern ist eine Scheinbindung. Diese Auffassung verbirgt das Begründungsverfahren und verleitet dazu, daß die Probleme der Begründung zwar formuliert, aber nicht gelöst werden[408].

Soweit eine Bindung an das Gesetz ausgesprochen ist, hat die Vorschrift einen bestimmten Inhalt. Aus dem Grundgesetz selbst geht hervor, welche Rechtsnorm als Gesetz im Sinne der Verfassung anzusehen ist. Das Grundgesetz enthält einen Abschnitt über die Gesetzgebung, so daß Kriterien vorhanden sind, um feststellen zu können, wann ein Gesetz vorliegt. Diese Genauigkeit wäre jedoch dann wieder aufgehoben, wenn unter Gesetz nicht

---

„Der Grundsatz der Gesetzmäßigkeit erschöpft zwar nicht den Rechtsstaatsbegriff, ist aber doch eines seiner wesentlichen Elemente. Danach müssen sich alle staatlichen Handlungen außerhalb der Gesetzgebung, seien sie nun Akte der Regierung, der Verwaltung oder der Gerichtsbarkeit, unmittelbar auf die Verfassung selbst (etwa Art. 13 III) oder auf ein Gesetz im formellen Sinn zurückführen lassen.... ‚Zurückführen' auf ein Gesetz bedeutet, daß die staatliche Handlung auf ein Gesetz gegründet sein muß, also nur ‚aufgrund' eines Gesetzes ergehen kann."

Maunz-Dürig, Grundgesetz, Kommentar, a. a. O., Art. 20 Anm. 124, 126.

Doch ist auch hier die Art der Zurückführung nicht angegeben, es wäre denn, man wollte eine Zurückführung oder Bindung durch die Gesetze der Sprachlogik als selbstverständlich verstehen.

[408] Darmstädter geht auch auf die Bindung durch rational nachprüfbare Verfahren ein, wenn auch ohne sie konkret zu bezeichnen:

„Da es sich bei diesem Inhalt um den eines Gesetzessatzes, also um das Produkt eines rational begründeten und rational aufgebauten Denkaktes handelt, so besteht der Zugang zu diesem Inhalt in einem oder einer Anzahl von Denkakten, insbesondere logischen Schlüssen, die dazu bestimmt sind, das, was die ratio in den Gesetzesinhalt hineingelegt hat, mittels der ratio wieder herauszuholen."

Darmstädter, F.: Der Begriff „Recht" in Art. 20 Abs. 3 des Grundgesetzes, in NJW 1957, S. 770.

Doch fügt er den nachprüfbaren Verfahren nicht nachprüfbare hinzu:

„Daß daneben ... auch wertende und emotionale Akte der Rechtsprechung in Frage kommen und welche dies sind, ist allgemein bekannt und bedarf deshalb nicht der Darlegung."

Darmstädter: Der Begriff „Recht" in Art. 20 Abs. 3 des Grundgesetzes, a. a. O., S. 770.

Es bedürfte sehr wohl der Darlegung, wie mit emotionalen Akten ein Inhalt, der in das Gesetz gelegt wurde, wieder herausgeholt werden kann. Wenn Wertungen der Rechtsprechung zugelassen werden, dann kann dies nur dadurch geschehen, daß man Freiheit in der Auswahl der anzuwendenden Rechtsnormen gibt. Läßt man bei der Ermittlung des Gesetzesinhalts emotionale Akte zu, so läßt man die rechtlichen Entscheidungen unmittelbar zu emotionalen Akten werden.

die Rechtsnormen zu verstehen wären, die in der im Grundgesetz festgelegten Weise zustande gekommen sind [409].

Für die Deutung des Begriffes Gesetz in Art. 20 Abs. 3 GG als gemäß dem Grundgesetz bestehende oder gemäß Art. 80—82 GG zustandegekommene Rechtsnormen spricht zunächst die Verwendung dieses Begriffs zur Kennzeichnung des VII. Abschnittes des Grundgesetzes. Auch die Gegenüberstellung von Gesetz und Recht legt es nahe, daß hier der Gegensatz zwischen gesetztem und sonstigem Recht gemeint ist. Diese Gegenüberstellung entspricht auch ganz der Problematik, die dem, der Recht anzuwenden hat, in der Form gegenübertritt, daß er zu entscheiden hat, ob er von einem Gesetzesbefehl, einer gesetzten Rechtsnorm, abweichen kann oder nicht.

Demnach kann eine abweichende Auffassung weniger dem Sprachgebrauch, sondern höchstens eigenen rechtstheoretischen Vorstellungen folgen[410]. Wäre die Auffassung richtig, das Begriffspaar Gesetz und Recht sei nur ein Hinweis auf die ewige Spannung zwischen Gesetz im Sinne von positivem Recht[411] und Recht im Sinne von materieller Gerechtigkeit[412], so

---

[409] Die Kommentare zu dieser Frage sind nicht einheitlich:

„Die rechtliche Bedeutung dieses doppelten Bindungsmittels ist daher nur schwer erkennbar."

Wernicke in Bonner Kommentar, a. a. O., Art. 20 II 3 e, S. 10.

„Die vielfach anzutreffende Deutung der Formel ‚Gesetz und Recht' dahin, daß sie einmal auf den Gegensatz zwischen geschriebenem (gesetztem) geltendem Recht (= Gesetz) und ungeschriebenem (ungesetztem) geltendem Recht (= Gewohnheitsrecht), zum anderen auf den möglichen Widerstreit zwischen Gesetz und Recht im Sinne von positivem Recht und materieller Gerechtigkeit hinweise ... ist zwar nicht begrifflich unmöglich, wird jedoch durch die Entstehungsgeschichte des Abs. 3 nicht gedeckt. Danach erscheint es richtiger, in dem Begriffspaar einen Hinweis nur auf die ewige Spannung zwischen Gesetz im Sinne von positivem Recht und Recht im Sinne von materieller Gerechtigkeit zu sehen, die sich bis zum vollen Widerspruch verdichten kann."

von Mangoldt-Klein: Das Bonner Grundgesetz, a. a. O., Art. 20 Anm. VI 3 f, S. 603.

Maunz-Dürig nehmen zur Bestimmung des Begriffes Gesetz nicht direkt Stellung, weil ihrer Ansicht nach die Frage in diesem Zusammenhang keine Bedeutung hat:

„Wenn man der hier vertretenen Auffassung folgt, daß der materielle Inhalt des Rechtsstaatsbegriffs seine positivrechtliche Ausprägung vornehmlich in den Grundrechten erfahren hat, kann es solange kaum ein Auseinanderklaffen von ‚Gesetz' und ‚Recht' ... geben, solange der Staat in allen seinen Erscheinungsformen den positivrechtlichen Gesetzesbefehl (Verfassungsbefehl) zur Grundrechtsverwirklichung befolgt."

Maunz-Dürig: Grundgesetz, Kommentar, a. a. O., Art. 20 Anm. 72.

[410] Zustimmend:

Wernicke in Bonner Kommentar, a. a. O., Art. 20 II 3 e, S. 9 f.

Maunz-Dürig: Grundgesetz, Kommentar, a. a. O., Art. 20 Anm. 72.

[411] Hier zeigt sich wieder die Mehrdeutigkeit des Begriffes positives Recht. Teils versteht man darunter faktisch geltendes, teils verfassungsmäßig geltendes Recht.

enthielte diese Bestimmung des Grundgesetzes zwar eine rechtsphilosophische These, aber keine Geltungsanordnung für Rechtsnormen. Denn die Schilderung einer Spannung zwischen Normen und Werten gibt keine Antwort auf die entscheidende Frage, welche Rechtsnormen mit dem Begriff Gesetz bezeichnet sind. Gebunden sind die vollziehende Gewalt und die Rechtsprechung nicht an eine Spannung, sondern an mehr oder weniger genau bestimmte Rechtsnormen.

Damit soll die Erörterung des Begriffes Gesetz in Art. 20 Abs. III GG abgeschlossen und zur Untersuchung des Begriffes Recht übergegangen werden.

Wenn eine Bindung an das Recht vorgeschrieben wird, ohne daß näher das, was Recht sein soll, umschrieben wird, so enthält dieser Rechtssatz nur dann einen bestimmbaren Inhalt, wenn der Sprachgebrauch eine solche Bestimmung zuläßt. Die Bestimmung hätte demnach nur dann einen klaren Inhalt, wenn es „das" Recht gäbe. Es gibt jedoch keinen Sprachgebrauch des Begriffes Recht, aus dem die Merkmale entnommen werden könnten, anhand derer sich feststellen ließe, ob eine Rechtsnorm den Charakter von Recht besitzt[413]. Deshalb ist es nicht möglich, die Bindung an das Recht aus der Verfassung selbst heraus weiter zu bestimmen, indem eine Kennzeichnung dessen, was Recht sein soll, gewonnen werden könnte.

Wie immer man auch den Inhalt dieses Begriffes Recht mit anderen Hilfsmitteln interpretieren mag, die Verfassung selbst enthält keine Bestimmung, was unter Recht zu verstehen ist, so daß sich die Bindung an das Recht als Leerformel erweist.

Hierfür ist unwesentlich, ob der Verfassungsgesetzgeber von der Vorstellung ausging, das, was Recht sei, sei nicht näher bestimmt, oder ob er davon ausging, es gebe ein objektiv feststellbares Recht außerhalb der Normen, die in verfassungsmäßiger Weise zustande gekommen sind. Denn ging der Verfassungsgesetzgeber davon aus, der Ausdruck Recht sei inhaltlich un-

---

[412] von Mangoldt-Klein: Das Bonner Grundgesetz, a. a. O., Art. 20 Anm. VI 3 f., S. 603.

Dieser Gegensatz, der dann von von Mangoldt-Klein in die Formel gekleidet wird „Gesetz-Positivität ohne Wertgehalt", „Recht — Wertgehalt ohne Positivität" (von Mangoldt-Klein: Das Bonner Grundgesetz, a. a. O., Art. 20 Anm. VI 3 f, S. 603) bildet keinen Kontrast der Wirklichkeit ab, sondern löst zwei Eigenschaften von Rechtsnormen ab und stellt sie einander gegenüber. Eine Rechtsnorm kann in verfassungsmäßiger Weise zustandegekommen sein oder ihr kann diese Eigenschaft fehlen. Eine Rechtsnorm kann, gemessen an einem bestimmten Wertmaßstab, einen bestimmten Wertgehalt haben oder nicht haben. Ob zwischen beiden eine Spannung herrschen wird, entscheiden nicht die Begriffe Positivität und Wertgehalt, sondern die Geltungsanordnung der Vorschrift, deren Inhalt von Mangoldt-Klein mit ihrer Kommentierung erst erfassen wollen.

[413] Zu dem Problem, daß Recht in einer höherentwickelten Rechtsordnung nur in Rechtsnormen beschrieben werden kann, sei auf das Kapitel über die Darstellung von Rechtsnormen verwiesen.

bestimmt, so hat er damit bewußt eine Leerformel gegeben. Ging der Verfassungsgesetzgeber davon aus, es gebe Recht, das man erkennen könne, so hat er sich über die Existenz solchen Rechtes geirrt. Auch in diesem Falle hat er eine Bindung an ein bestimmtes Recht nicht gegeben, und der Ausdruck Recht wird, in diesem Falle ungewollt, zur Leerformel[414].

Ist der Ausdruck Recht als Leerformel erwiesen, so kann man ihm keine Bedeutung mehr „geben". Wie in vorhergehenden Ausführungen dargetan, kann mit keinem Auslegungsverfahren dem Ausdruck Recht ein Inhalt gegeben werden.

Damit ist die Berufung auf irgendwelche bestimmte außerpositive Normen unbegründet[415]. Auch ein Verweis auf in der Verfassung fundierte grundlegende Wertentscheidungen geht fehl[416]. Denn einerseits fehlt jeder Anhaltspunkt, daß der Begriff Recht ein Hinweis auf irgendwelche Grundentscheidungen der Verfassung enthält, andererseits wäre eine solche Deutung des Begriffes Recht wirkungslos. Die in den Grundrechten und sonstigen Bestimmungen des Grundgesetzes niedergelegten Wertentscheidungen müssen bereits bei der Feststellung dessen, was verfassungsmäßig gültige Gesetze sind, berücksichtigt werden. Ein Gesetz, das gegen eine solche Wertentscheidung verstößt, wird insoweit durch die entsprechende höherrangige Norm des Grundgesetzes aufgehoben[417].

Wertentscheidungen, die in keiner Norm der Verfassung enthalten sind, sind vom Verfassungsgesetzgeber auch nicht gesetzt worden. Zwar gibt es Wertentscheidungen, die aus in Grundgesetznormen enthaltenen Wertent-

---

[414] Das Ergebnis ist das gleiche, ob Gesetz und Recht Gegenteiliges oder Unterteiliges darstellen (a. A. Darmstädter, F.: Der Begriff „Recht" in Art. 20 Abs. 3 des Grundgesetzes, in NJW 1957, S. 769). Denn sind sie Gegenteiliges, so hebt sich eine materielle Bindung auf. Sind sie Unterteiliges, bleibt der Kreis anwendbarer Rechtsnormen wegen der Unbestimmtheit des Begriffes Recht offen.

[415] „In der wissenschaftlichen Auslegung wird diesem Begriff ‚Recht' im allgemeinen eine metaphysische Deutung gegeben. So versteht man darunter insbesondere ‚vorstaatliche Normen', ‚überstaatliche Normen', ‚Naturrechtssätze' u. ä. Daß der Verfassungsgeber aber solche — das Recht metaphysizierende — Deutung wirklich gewollt habe, muß bezweifelt werden."

Wernicke in Bonner Kommentar, a. a. O., Art. 20 II 3 e, S. 10.

Soweit Wernicke angibt, was nicht unter Recht verstanden werden darf, kann seinen Ausführungen gefolgt werden, nicht jedoch seiner positiven Deutung.

[416] „Zur positiven Deutung des Wertbegriffs ‚Recht' im Sinne des Halbs. 2 ist festzustellen, daß hierunter im wesentlichen grundsätzliche, die Verfassung fundierende Wertentscheidungen des Verfassungsgebers zu verstehen sind, wie sie im BGG — besonders deutlich in den aktualisierten GR — zum Ausdruck gelangt sind."

Wernicke in Bonner Kommentar, a. a. O., Art. 20 II 3 e, S. 11.

[417] Möglicherweise sind Maunz-Dürig durch diesen Zusammenhang zu der Auffassung verleitet worden, ein Auseinanderklaffen von Gesetz und Recht könne es nicht geben.

Maunz-Dürig: Grundgesetz, Kommentar, a. a. O., Art. 20 Anm. 72.

scheidungen abgeleitet werden können. Aber abgeleitete Wertentscheidungen sind damit auch in den Grundgesetznormen enthalten und werden durch Negierung entgegenstehender Gesetze wirksam. Mögen auch bei der Schaffung bestimmter Normen des Grundgesetzes philosophische oder speziell rechtsphilosophische Theorien und Systeme die Basis für Überlegungen abgegeben haben. Mit den Normen sind nicht auch die philosophischen Systeme oder Theorien Bestandteil der Verfassung geworden. Demnach können nicht mehr Wertentscheidungen aus der Verfassung entnommen werden als der Verfassungsgesetzgeber hineingelegt hat.

Wenn demnach die Auslegung versagt, könnte man fragen, ob eine Präzisierung dessen, was Recht bedeutet, vorgenommen werden kann.

Das Verfahren der Präzisierung ist dann zulässig, wenn die Geltungsanordnung dieses Verfahren für zulässig erklärt. Hier handelt es sich aber um die Geltungsanordnung selbst, die zu präzisieren wäre. Es müßte demnach die Geltungsanordnung die Bestimmung enthalten, daß sie selbst präzisiert werden könne. Damit können wir das Ergebnis für das Grundgesetz übersehen und feststellen, daß eine Präzisierung durch das Grundgesetz nicht gedeckt wäre. Ein anderes Ergebnis wäre auch keine sehr sinnvolle Lösung, denn eine Präzisierung würde bedeuten, daß im Umfang der Präzisierung der Gebundene den Umfang der Bindung bestimmen würde.

Wenn der Ausdruck Recht eine Leerformel ist, so heißt dies nur, daß die Rechtsnormen, die als Recht anzusehen wären, nicht bezeichnet sind. Im übrigen sind alle Rechtsnormen, die aufgrund dieser Leerformel herangezogen werden, den Vorschriften unterworfen, die schlechthin für Rechtsnormen gelten. So sind auch nur diejenigen Rechtsnormen als Recht zugelassen, die Verfassungsnormen, etwa denen der Grundrechte, nicht entgegenstehen. Dies folgt schon aus der Eigenart der Geltungsanordnung einer Verfassung, die dann keine Geltungsanordnung mehr wäre, wenn der, der das Recht anwendet, sich über die Normen der Verfasser hinwegsetzen könnte. Auch wäre eine Verfassung, die eine solche Geltungsanordnung enthielte, keine Verfassung mehr, da es den Organen der Staatsgewalt frei stünde, sich an die Normen der Verfassung zu halten oder von ihr abzuweichen.

Die Auffassung, Gesetz und Recht könnten bei den Gegebenheiten des Grundgesetzes nicht auseinanderklaffen[418], kann schon deshalb nicht richtig sein, weil das, was Recht sein soll, nicht definiert ist. Demnach kann gar nicht festgestellt werden, ob Gesetz und Recht auseinanderklaffen können. Faßt man aber die angeführte Auffassung als Bestimmung dessen auf, was Recht ist, so würde der Satz, Gesetz und Recht dürften nicht auseinanderklaffen, erst die Bedeutung des Begriffes Recht festsetzen. Damit wäre jedoch erforderlich, daß ein solcher Satz seinerseits aus der Verfassung be-

---

[418] MAUNZ-DÜRIG: Grundgesetz, Kommentar, a. a. O., Art. 20 Anm. 72.

gründet werden könnte[419]. Eine entspechende Bestimmung läßt sich jedoch aus dem Grundgesetz nicht ableiten[420].

Verstärkt man die Auffassung von der Unmöglichkeit des Auseinanderklaffens von Gesetz und Recht, indem man sagt, in normalen Zeiten käme in einer freiheitlich-demokratischen Gesetzgebung der Formel von der Bindung der vollziehenden Gewalt und der Rechtsprechung an Gesetz und Recht in der Tat nur tautologische Bedeutung zu[421], so erhält man grundsätzlich die materielle Bindung. Ist das Verhältnis von Gesetz und Recht tautologisch, so heißt dies, daß die Bindung an das Recht schon aufgrund der Sprachregeln allein das Gleiche bedeutet wie die Bindung an die Gesetze. Das bedeutet, daß vollziehende Gewalt und Rechtsprechung nur solche Entscheidungen fällen dürfen, die aus den Gesetzen, die nach dem in der Verfassung festgelegten Verfahren zustande gekommen sind, ableitbar sind.

Wie wir ausführlich dargelegt haben, läßt sich aus Art. 20 Abs. 3 GG nicht die materielle, sondern nur die formelle Bindung entnehmen[422].

Da jedoch die Bindung an das Recht und die Bindung an das Gesetz in dem gleichen Rechtssatz zusammengefaßt sind, ergibt sich die Frage, wie sich die Unbestimmtheit der Bindung an das Recht auf die Bindung an das Gesetz auswirkt. Es ist zunächst davon auszugehen, daß, wie in dieser Bestimmung ausgedrückt, eine Bindung an das Gesetz besteht. Doch kann zu den Prämissen, aus denen die rechtliche Entscheidung abgeleitet wird, eine

---

[419] Die Formulierung bei MAUNZ-DÜRIG, Grundgesetz, Kommentar, a. a. O., Art. 20 Anm. 72, es könne „kaum ein Auseinanderklaffen von ‚Gesetz' und ‚Recht' geben", deutet an, daß sie mehr eine Vermutung ist, die MAUNZ-DÜRIG anführen.

[420] Die weitere Begründung dieser Auffassung bei MAUNZ-DÜRIG führt denn auch nicht über eine Ermittlung des Inhalts von Normen des Grundgesetzes, sondern gelangt in rechtstheoretische Erörterungen hinein:

„Solange der starke Geltungsanspruch (vgl. Art. 1 III, 19 II, 79 III) der materiellen Normen unserer Verfassung erfüllt wird, gibt es keinen Dualismus von ‚Gesetz' und ‚Recht'."

MAUNZ-DÜRIG: Grundgesetz, Kommentar, a. a. O., Art. 20 Anm. 72.

Diese Meinung kann nur unter den Voraussetzungen richtig sein, daß erstens die materiellen Normen des Grundgesetzes nur eine einzige Möglichkeit der Regelung eines jeden Interessenkonfliktes zulassen und daß zweitens der Gesetzgeber alle diese Regelungen gegeben hat. Dies sind aber zwei Voraussetzungen, die nicht nur tatsächlich nicht gegeben sind, sondern mit den vorhandenen Mitteln der Gesetzestechnik gar nicht möglich sind.

[421] MAUNZ-DÜRIG: Grundgesetz, Kommentar, a. a. O., Art. 20 Anm. 72.

[422] Damit braucht nicht auf die Folgen einer solchen These von der materiellen Bindung durch Art. 20 Abs. 3 GG eingegangen zu werden. Bedenkt man, daß alle Rechtssätze, die im Zivilrecht von Rechtslehre und Rechtsprechung weiterentwickelt oder neu geschaffen wurden und nicht aus Gesetzen oder Deduktion allein begründet werden können, verfassungswidrig wären, so ist zu vermuten, daß MAUNZ-DÜRIG diese Konsequenz nicht ganz übersehen haben, zumal sie diese weittragende Folgerung nicht erwähnen.

Rechtsnorm hinzugefügt werden, die als Recht angesprochen wird und zu einem Gesetz in Widerspruch steht, oder dieses Gesetz sogar ausdrücklich von der Anwendung ausschließt. Solche Normen etwa des überpositiven Rechts sind nicht nur denkbar, sondern oft besteht deren Inhalt gerade darin, Rechtsnormen, die unter einem bestimmten Gesichtspunkt als Unrecht angesprochen werden, die Geltung zu versagen.

So bleibt von der Bindung an das Gesetz im Ergebnis an Eindeutigkeit und Strenge nicht sehr viel erhalten. Jede Bindung an das Gesetz kann durch Hinzunahme von Rechtsnormen, die als dem Recht zugehörig betrachtet werden, in seiner Wirkung aufgehoben werden. Das bedeutet, daß die einzelne rechtliche Entscheidung mit dem Begriff der verfassungsmäßigen Geltung nicht eindeutig determiniert ist. Da die Verfassung keine eindeutige Bestimmung enthält, welche Rechtsnormen der Entscheidung zugrunde gelegt werden müssen, ist auch die rechtliche Entscheidung in dem gleichen Ausmaß nicht mehr bestimmbar.

Fragen wir nun, was überhaupt noch von der Bindung an Gesetz und Recht an Vorschriften für die Rechtsprechung und Verwaltung übrigbleibt, so kommen wir zu zwei Verfahrensvorschriften. Erstens fordert Art. 20 Abs. 3 GG einen logisch exakten Begründungszusammenhang. Eine Bindung ist nur dann vorhanden, wenn zwischen rechtlicher Entscheidung und den Rechtsnormen, aus denen die Entscheidung abgeleitet wird, ein bestimmter Zusammenhang besteht. Eine solche Beziehung wird jedoch nur durch die Gesetze der Sprachlogik hergestellt. Diese Regel zwingt denjenigen, der in einem Verfahren eine Entscheidung ableitet, die Rechtsnormen, aus denen er die Entscheidung gewinnt, anzugeben. Dies bedeutet, daß es nicht ausreicht, ein paar Begriffe aneinanderzureihen, sondern daß es erforderlich ist, daß die Lösung des in Frage stehenden Interessenkonfliktes in abstrakter Weise in einem Satz, d. h. in einer Rechtsnorm, formuliert wird.

Dies wird noch bedeutungsvoller in Verbindung mit der zweiten Regel, die besagt, daß Rechtsprechung und Exekutive an das Gesetz gebunden sind. Damit soll gesagt werden, daß bei der Begründung einer rechtlichen Entscheidung die Gesetze, die für diese Entscheidung von Bedeutung sind, angegeben werden müssen. Zwar ist es möglich, daß zu diesen Gesetzen Rechtsnormen, die als Recht betrachtet werden, hinzugenommen werden und daß diese die Gesetze im Ergebnis als Prämisse, aus denen die rechtliche Entscheidung abgeleitet wird, ausschalten. Aber dadurch, daß der Konflikt zwischen Normen des geschriebenen und ungeschriebenen Rechts in der Begründung der rechtlichen Entscheidung erscheint, wird die Negierung von Gesetzen durch Normen überpositiven Rechts in die Ausnahmeposition gedrängt.

Damit erweist sich der Kern des Art. 20 Abs. 3 GG als wirkungsvoll. Die Bindung an Gesetz und Recht bleibt die Regel, eine Abweichung davon muß im einzelnen genau begründet werden. Durch die Bindung durch die

Gesetze der Sprachlogik wird die Bindung an das Gesetz besonders streng und kontrollierbar[423]. Der Richter behält jedoch die Freiheit, von dem Gesetzeswortlaut abzuweichen, zwar nicht, indem er in der Begründung die Denk- und Sprachgesetze verlassen darf, aber indem er die Rechtsnormen angibt, die die Abweichung von dem Gesetz enthalten und indem er die Gründe angibt, weshalb jene Rechtsnormen des ungeschriebenen Rechts den Vorrang verdienen[424].

Das Ergebnis der Freiheit des Richters ist nicht das gleiche, wenn man es aus einer Scheinbegründung oder wenn man es aus dem oben angegebenen Verfahren gewinnt. Läßt man Scheinbegründungen zu, so entläßt man Rechtsprechung und Exekutive aus jeder Bindung an Gesetz und Recht.

Auch in einem solchen Falle kann eine logisch exakte Begründung gegeben werden, und gute Richter werden diese auch geben. Aber wer diese Begründung nicht geben kann oder nicht geben will, kann dazu auch nicht gezwungen werden. Und es steht zu befürchten, daß gerade dort die Scheinbegründung gewählt wird, wo eine problematische Abweichung vom Gesetzeswortlaut vorliegt. Sich mit einer Scheinbegründung zufrieden geben, heißt der Willkür die Tür öffnen. Wer nicht mehr gezwungen ist, die Rechtsnormen, die er seiner Entscheidung zugrunde legt, anzugeben und die Wahl dieser Rechtsnormen gegebenenfalls zu begründen, der ist dann auch nicht gezwungen nachzuprüfen, ob er die rechtliche Entscheidung aus seinen Vorurteilen entnimmt, oder ob er sie auf Überlegungen stützt, die eine allgemeingültige annehmbare Lösung dieses Interessenkonfliktes abgeben.

---

[423] Zur korrekten Anwendung der Regeln der Sprachlogik ist keineswegs erforderlich, daß man sich dieser Regeln bewußt sein muß. Im Normalfall der Verwendung der Sprache weiß auch derjenige, der die Regeln der Sprachlogik nicht kennt, ob er die Sprache logisch korrekt gebraucht oder ob zu Zweifeln Anlaß ist. Will man jedoch Zweifelsfälle entscheiden, ist die Kenntnis der Regeln der Logik erforderlich, jedenfalls dann, wenn die Schwierigkeiten aus dem sprachlichen Medium eines Textes herrühren.

[424] DARMSTÄDTER will Art. 20 Abs. 3 GG darüber hinaus ein Prüfungsrecht entnehmen:

„Aber aus der exakten Auslegung des Art. 20 GG ergibt sich eindeutig, daß seit Inkrafttreten des GG die Rechtsprechung verfassungsmäßig sich nicht mehr mit dieser rationalen und kognitiven Erforschung des Gesetzesinhaltes begnügen darf, um ihrer Bindung und Unterwerfung dem Gesetze gegenüber zu genügen. Vielmehr muß sie, um dieser zu entsprechen, an die rationale und kognitive eine wertende und emotionale Prüfung des Gesetzesinhalts anschließen, ob dieser sich in Hinblick auf den vorliegenden Sachverhalt als gesetztes Recht oder als gesetztes Unrecht erweist."

DARMSTÄDTER: Der Begriff „Recht" in Art. 20 Abs. 3 des Grundgesetzes, a. a. O., S. 770.

Da Art. 20 Abs. 3 GG von der Bindung spricht, kann ein Nachprüfungsrecht hieraus nicht gefolgert werden.

Läßt man Scheinbegründungen zu, so bleibt dem Richter als Bestimmungsgrund für die rechtliche Entscheidung zwar immer noch das Rechtsgefühl. Es soll auch nicht verkannt werden, daß das Rechtsgefühl des aufrichtigen Richters im Laufe der Zeit feiner Nuancierungen fähig ist. Aber die Funktion, die dem Rechtsgefühl zugewiesen wird, darf nicht überlastet werden. Das Rechtsgefühl ist eine unentbehrliche Kontrolle. Eine starke Reaktion des Rechtsgefühls wird in den meisten Fällen den Richter veranlassen zu prüfen, ob er vom Wortlaut eines Gesetzes abgehen soll. Doch ist dieses Rechtsgefühl von subjektiven Wertungen stark durchsetzt, und es ist den Rechtsgenossen nicht zuzumuten, Entscheidungen hinzunehmen, die letztlich auf solchen rein subjektiven Wertungen beruhen. Deshalb ist es erforderlich, daß das Ergebnis, das vom Rechtsgefühl nahegelegt wird, in der vom Grundgesetz vorgeschriebenen Weise begründet wird. Nicht selten entzieht sich eine Wertung, die aus dem Rechtsgefühl entnommen wird, nur deshalb der Formulierung in einer Rechtsnorm, weil dieser Wertung keine Überzeugungskraft innewohnt. Rechtliche Entscheidungen müssen jedoch, sollen sie nicht Ergebnisse der Willkür sein, auf diskutablen Wertungen beruhen.

Das Verfahren, wie es das Grundgesetz vorschreibt, ist am Anfang einer Entwicklung der Rechtsprechung zweifellos aufwendiger und schwieriger als der Weg über die Scheinbegründung. Aber man darf auch nicht davon ausgehen, daß jede Abweichung vom Wortlaut der geschriebenen Gesetze eine völlig neue Herausarbeitung der Rechtsgedanken erfordert, auf denen die Entscheidung nunmehr beruht. Macht man sich das Art. 20 Abs. 3 GG gemäße Verfahren zu eigen, so wird die Gesamtheit der Rechtsprechung diese Aufgabe in Angriff nehmen und damit wird sich die Verfahrenslast verteilen.

Man muß darüber hinaus erwarten, daß der Zwang, logisch exakt zu denken und neu eingeführte Rechtsgedanken in präzisen Rechtsnormen zu formulieren, die Rechtssicherheit erheblich erhöhen und die Rechtsanwendung erheblich erleichtern wird. Da man an die Scheinbegründungen die Forderung stellt, daß sie wenigstens nicht fadenscheinig sind, ist jede Scheinbegründung mehr oder weniger aufwendig. Handelt es sich um einen anderen Interessenkonflikt, so kann aus anderen Scheinbegründungen zwar gelernt werden, das Ergebnis kann jedoch nicht einfach abgeleitet werden. Formuliert man jedoch die Lösungen von Interessenkonflikten in Rechtsnormen, so daß ihnen allgemeine Überzeugungskraft innewohnt, so entwickelt man gleichzeitig eine breite Basis, aus der sich die Lösung auch anderer Konflikte entnehmen läßt.

Damit erweist sich die Regelung, die aus Art. 20 Abs. 3 GG entnommen werden kann, als den Vorstellungen der Rechtslehre nicht fremd[425]. Jeden-

---

[425] So sagt etwa Bartholomeyczik, wenn auch vereinfachend: „Überflüssig werden Wortinterpretationen und logische Deduktion der

falls das Ergebnis dieser Regelung ist mit den Denkgewohnheiten guter juristischer Rechtsanwendungstechnik verträglich. Wenn auch manchen die Genauigkeit überraschen mag, die in dieser Regelung steckt, so kann hieraus nicht die Vermutung abgeleitet werden, eine solche Bestimmung habe der Verfassungsgesetzgeber nicht gewollt. Denn selbst wenn sich der Verfassungsgesetzgeber nicht im klaren gewesen sein sollte, mit welcher Exaktheit seine Vorstellungen von der Geltung der Rechtsnormen in die Rechtswirklichkeit übertragbar sind, so bleibt doch die Tatsache bestehen, daß der Verfassungsgesetzgeber den angeführten Begriff der Geltung gegeben hat und daß aus einer Ungewißheit über den Erfolg der Geltungsanordnung nicht eine Verneinung der Geltungsanordnung entnommen werden kann.

Die Geltungsanordnung im Grundgesetz hat somit den Charakter der formellen Bindung mit der Besonderheit, daß bestimmte Rechtsnormen, die Gesetze, stets in der Begründung erscheinen müssen, daß aber auch andere Rechtsnormen, deren Verwendung jedoch einer besonderen Begründung bedarf, zur Begründung einer Entscheidung herangezogen werden dürfen.

Auch eine Berücksichtigung der Materialien zu Art. 20 Abs. 3 GG unterstreicht noch dieses Ergebnis. Eine Verweisung auf den Wortlaut ist aus der Anmerkung des Vertreters des Redaktionsausschusses zu entnehmen, wenn er sagt, er könne auf eine Begründung verzichten, sie ergebe sich schon aus der Formulierung[426].

Eine Äußerung zur Frage der Bindung an Gesetz und Recht gibt noch SÜSTERHENN in der 2. Sitzung des Parlamentarischen Rates, indem er sagt, der Parlamentarische Rat müsse sich vom Rechtspositivismus abwenden[427]. Wenn SÜSTERHENN auch den Standpunkt eines extremen Naturrechts vertritt[428], der weder der Mehrheit der Mitglieder des Parlamentarischen Rates

---

Rechtsfolge aus Rechtsbegriffen oder logische Subsumtion des Sachverhalts unter den Obersatz des gesetzlichen Tatbestandes nie. Sie bleiben nicht nur Ausgangspunkt, sondern sind in normalen Fällen auch Endpunkt der Rechtsanwendung. Wer seine Entscheidung logisch richtig aus den Rechtsbegriffen des Gesetzes ableitet, hat damit im Regelfall auch den rechtspolitischen Zweck des Gesetzes erfüllt."

BARTHOLOMEYCZIK: Die Kunst der Gesetzesauslegung, a. a. O., S. 37.

[426] Parlamentarischer Rat, Verhandlungen des Hauptausschusses, Bonn 1948/49, 4. Sitzung, S. 46.

[427] „Der Staat darf nicht Selbstzweck sein, sondern muß sich seiner subsidiären Funktion gegenüber dem Einzelmenschen und den verschiedenen innerstaatlichen Gemeinschaften stets bewußt bleiben. Das ist aber nur möglich, wenn wir uns endgültig von dem Geiste des Rechtspositivismus abwenden, wonach der in ordnungsmäßiger Form zustandegekommene staatliche Gesetzesbefehl immer Recht schafft ohne Rücksicht auf seinen sittlichen Inhalt."

Parlamentarischer Rat, Stenographischer Bericht, 2. Sitzung, S. 20.

[428] „Der Staat ist für uns nicht die Quelle allen Rechts, sondern selbst dem Recht unterworfen. Es gibt ... vor- und überstaatliche Rechte, die sich aus der Natur und dem Wesen des Menschen und der verschiedenen menschlichen

zugeschrieben werden kann, noch als Bestandteil der Materialien Bestandteil der Regelung des Grundgesetzes wurde, so kann doch die Abkehr vom Positivismus als Ausgangsbasis der Überlegungen angesehen werden. Für die vorliegende Untersuchung ist hinreichend, daß die Äußerungen im Parlamentarischen Rat mit der Deutung der Vorschrift aus dem Sprachgebrauch übereinstimmen.

Auf die Frage, ob mit dem Ausdruck Recht auf bestimmte Rechtsnormen, nämlich die des Naturrechts, verwiesen sei, braucht hier nicht eingegangen zu werden. Wie bereits an anderer Stelle dargelegt, gibt es eine Kennzeichnung von Rechtsnormen als solche des Naturrechts nicht, so daß auch eine Verweisung hierauf ins Leere ginge.

Diese Geltungsanordnung ist die grundsätzliche Entscheidung des Verfassungsgesetzgebers. Es ist nun noch zu untersuchen, ob sich noch zusätzliche Bestimmungen finden, die diese Geltungsanordnung modifizieren.

3. Artikel 97 Absatz 1

Zur Frage nach dem Inhalt der Geltungsanordnung in Art. 20 Abs. 3 GG gehört auch die Frage nach dem Verhältnis dieser Bestimmung zu Art. 97 Abs. 1 GG.

Die Vorschrift „Die Richter sind unabhängig und nur dem Gesetz unterworfen" (Art. 97 Abs. 1 GG), könnte der Bestimmung Art. 20 Abs. 3 GG, die Rechtsprechung sei an Gesetz und Recht gebunden, widersprechen[429].

Die Vorschrift des Art. 97 Abs. 1 GG widerspricht nur dann der Bestimmung des Art. 20 Abs. 3 GG, wenn darin der Richter in dem Sinne nur dem Gesetz unterworfen sein soll, daß er nur Entscheidungen fällen darf, die aus den Gesetzen ableitbar sind.

In Art. 132 des Berichtes über den Verfassungskonvent auf Herrenchiemsee 1948 heißt es noch: „Die Richter sind unabhängig und nur dem Gesetz und ihrem Gewissen unterworfen." Wenn der Passus „und ihrem Gewissen" schließlich gestrichen wurde, so kann daraus noch nicht auf eine Beschränkung auf die Gesetze geschlossen werden. Zwar wurde damit die Berufung auf das Gewissen durch die Verfassung nicht mehr ermöglicht[430],

---

Lebensgemeinschaften ergeben, die der Staat zu respektieren hat. Jede Staatsgewalt findet ihre Begrenzung an diesen natürlichen, gottgewollten Rechten des Einzelnen, der Familien, der Gemeinden, der Heimatlandschaften und der beruflichen Leistungsgemeinschaften."

Parlamentarischer Rat, Stenographischer Bericht, 2. Sitzung, S. 20 f.

[429] Einen solchen Widerspruch nehmen an:

Wernicke in Bonner Kommentar, a. a. O., Art. 20 Anm. II 3 e, S. 10.

von Mangoldt-Klein: Das Bonner Grundgesetz, a. a. O., Art. 20 Anm. VI 4 f, S. 603.

[430] „Dahinter verbirgt sich das große Problem der Gewissensgebundenheit des Richters. Es würde zu weit führen, das hier erörtern zu wollen. Natürlich wird der Richter gelegentlich in seinem Gewissen mit dem Gesetz in Konflikt kommen.

doch bedeutet die Verneinung einer Begründung auf das Gewissen nicht eine Verneinung der Heranziehung anderer Normen als der Gesetze. Eine Gewissensentscheidung ist eine Einzelwertung ohne das Erfordernis einer allgemeinen Wertentscheidung. Ein solches Verfahren der Rechtsfindung zulassen, hieße über die Freiheit in Art. 20 Abs. 3 GG hinausgehen. Außerdem wäre eine Gewissensentscheidung im Grunde nicht diskutierbar, da sie sich nicht auf eine rationale Begründung, sondern auf die Stellungnahme des eigenen Gewissens stützt.

Damit behält die Ablehnung der Berufung auf das Gewissen eine eigene Bedeutung und muß von der Frage der Ausschließlichkeit der Bindung an die Gesetze getrennt werden.

Bedenkt man, daß der Passus „nur dem Gesetz unterworfen" in dem gleichen Satz hinter der Bestimmung, der Richter sei unabhängig, steht, liegt es nahe, daß sich auch der Passus „nur dem Gesetz unterworfen" auf eine Beschränkung der Bindung des Richters, nicht aber auf eine Verschärfung der Bindung des Art. 20 Abs. 3 GG bezieht. Der Richter kann nur durch Gesetze gebunden werden, nicht aber durch irgendwelche Weisungen. Lediglich in diesem Sinne kann das „nur" verstanden werden. Hätte der Verfassungsgesetzgeber etwas anderes darunter verstanden, hätte es bei der Tragweite der Bestimmung zum Ausdruck kommen müssen[431].

Die Zweifel über die Frage des Inhalts des Art. 97 Abs. 1 GG können jedoch auf andere Art ausgeschaltet werden. Selbst wenn Art. 97 Abs. 1 GG die materielle Bindung des Richters enthielte, würde die Geltungsanordnung in Art. 20 Abs. 3 GG dennoch nicht davon berührt.

Da zwischen Art. 20 Abs. 3 GG und Art. 97 Abs. 1 GG kein Rangunterschied derart festgestellt werden kann, daß die eine Norm der anderen vorginge, käme bei der Auffassung des Art. 97 Abs. 1 GG im Sinne einer materiellen Bindung ein Widerspruch zwischen beiden Bestimmungen zustande. Insoweit der Widerspruch bestünde, würde er beide Bestimmungen aufheben. Bestimmte demnach Art. 97 Abs. 1 GG die materielle Bindung und würde sie von Art. 20 Abs. 3 GG verneint, so fehlte es an einer Festsetzung, die die materielle Bindung enthielte. Da im Bereich der Geltungsanordnung, wie bereits dargelegt, eine Präzisierung nicht möglich ist, könnte die widersprüchliche und damit fehlende Regelung nicht ergänzt werden.

Es liegt vielleicht der Einwand nahe, daß man mit dem gleichen Gedankengang zu einem anderen Ergebnis kommen könne. Wenn die formelle Bindung den Gegensatz zur materiellen Bindung darstelle und Art. 20 Abs.

Aber diesen Konflikt muß er dann in sich austragen und muß notfalls die Konsequenzen tragen."

Dehler in Parlamentarischer Rat, Verhandlungen des Hauptausschusses, a. a. O., 38. Sitzung, S. 481.

[431] Becker, in Parlamentarischer Rat, Verhandlungen des Hauptausschusses, a. a. O., 24. Sitzung, S. 297, bemerkte, daß unter Gesetz nicht ausschließlich der positive Gesetzestext, sondern das Recht als solches zu verstehen sei.

3 GG die formelle Bindung festsetze, Art. 97 Abs. 1 GG sie jedoch negiere, so fehle es auch an der formellen Bindung. Dieser Einwand ist jedoch nicht schlüssig, weil es nicht auf den sprachlichen Gegensatz zwischen formeller und materieller Bindung ankommt, sondern darauf, ob formelle und materielle Bindung kompatibel sind. Da das Bestehen oder Nichtbestehen der materiellen Bindung keine Entscheidung über das Bestehen oder Nichtbestehen der formellen Bindung enthält, wird eine Geltungsanordnung im Sinne einer formellen Bindung durch Art. 97 Abs. 1 GG nicht berührt.

Welche Bedeutung auch immer Art. 97 Abs. 1 GG hat, die Geltungsanordnung von Art. 20 Abs. 3 GG im Sinne der formellen Bindung bleibt bestehen.

4. Artikel 103 Absatz 2 und Artikel 104 Absatz 1 Satz 1

Mit den Bestimmungen der Art. 20 Abs. 3 und Art. 97 Abs. 1 GG wurde die grundsätzliche Geltungsanordnung gegeben. Wie aber bereits bei der Behandlung der Grundfragen der Ausgestaltung der verfassungsmäßigen Geltung ausgeführt wurde, läßt eine differenziertere Ausgestaltung des Geltungsbegriffes eine Spezialregelung für einzelne Bereiche zweckmäßig erscheinen. Von dieser Möglichkeit hat auch das Grundgesetz Gebrauch gemacht.

Art. 103 Abs. 2 GG bestimmt: „Eine Tat kann nur bestraft werden, wenn die Strafbarkeit gesetzlich bestimmt war, bevor die Tat begangen wurde." Darin ist eine Regelung dahingehend enthalten, welche Rechtsnormen für die Begründung eines Strafausspruchs herangezogen werden dürfen. Diese Regelung weicht von der Geltungsanordnung des Art. 20 Abs. 3 GG in der Weise ab, daß zur formellen Bindung die Bestimmung der Rechtsnormen, aus denen alleine die Entscheidung abgeleitet werden darf, hinzutritt.

Von den Problemen der Inhaltsbestimmung und ihren Konsequenzen sollen nur diejenigen hier erörtert werden, die für die Rechtstheorie, speziell die Rechtsgeltung, von Interesse sind.

Zu diesen Fragen gehört das Problem, ob die materielle Bindung in Art. 103 Abs. 2 GG enthalten ist. Die Antwort auf diese Frage hängt davon ab, welcher Inhalt dem Ausdruck „gesetzlich" in Art. 103 Abs. 2 GG zukommt.

Der Bericht über den Verfassungskonvent auf Herrenchiemsee enthält zu Art. 136 Abs. 1, dem Art. 103 Abs. 2 GG entspricht, die Anmerkung, diese Bestimmung entspreche wörtlich Art. 116 der Weimarer Verfassung und habe dieselbe Bedeutung[432]. Diese Deutung wurde auch in den Beratungen des Parlamentarischen Rates nicht verändert. Damit wäre der Ausdruck „gesetzlich" dahingehend zu verstehen, daß hiermit geschriebenes

[432] Bericht über den Verfassungskonvent auf Herrenchiemsee, a. a. O., S. 94.

Recht im Sinne von formellen Gesetzen oder durch solche zugelassene Rechtsverordnungen oder autonome Satzungen gemeint ist[433].

Während die herrschende Meinung dieser Deutung folgt[434], möchte HOLTKOTTEN nur formelle Gesetze zulassen[435]. Eine solche Einschränkung kann jedoch nicht aus Art. 103 Abs. 2 GG, sondern nur aus anderen Vorschriften entnommen werden. Diese Frage braucht hier nicht weiterverfolgt zu werden, weil die Feststellung einer materiellen Bindung von deren Beantwortung nicht abhängt.

Sind die Entscheidungen, die einen Strafausspruch enthalten, aus Rechtsnormen abzuleiten, die durch die Art des Entstehens genau gekennzeichnet sind, so ist eine materielle Bindung für diesen Bereich gegeben. Entscheidend ist, daß Normen des Gewohnheitsrechts, Naturrechts, überpositiven Rechts, Vernunftsrechts und ähnlicher Kennzeichnung als Grundlage rechtlicher Entscheidungen ausgeschlossen sind[436].

---

[433] ANSCHÜTZ, GERHARD: Die Verfassung des Deutschen Reiches, 14. Aufl., Darmstadt 1960, Art. 116 Anm. 4, S. 548.

[434] MAUNZ-DÜRIG: Grundgesetz, Kommentar, a. a. O., Art. 103 Abs. II Anm. 106.

HAMANN, ANDREAS: Das Grundgesetz, 2. Aufl., Neuwied—Berlin 1961, Art. 103 Anm. B 4, S. 423.

SCHÖNKE, ADOLF und HORST SCHRÖDER: Strafgesetzbuch, 11. Aufl., München und Berlin 1963, § 2 Anm. 6, S. 54.

KOHLRAUSCH-LANGE: Strafgesetzbuch, a. a. O., § 2 Anm. V, S. 40.

[435] HOLTKOTTEN in Bonner Kommentar, a. a. O., Art. 103 Anm. II 3 c, S. 5.

SAX in BETTERMANN, KARL AUGUST, HANS CARL NIPPERDEY und ULRICH SCHEUNER, Die Grundrechte, Berlin 1959, 3. Band, 2. Halbband, S. 1001, meint, dieser Streit sei müßig, wenn man den in Art. 103 Abs. 2 verkörperten Freiheitssinn beachte. Es sei sicherlich die ursprüngliche aufklärerische Konzeption gewesen, daß allein ein formelles Gesetz die Sicherung des einzelnen vor obrigkeitlichen Willküreingriffen gewährleiste. Diese Konzeption sei hinfällig, seitdem einerseits die moderne Gesetzesstaatlichkeit mit ihrer klaren, kontrollierbaren Abgrenzung der Gesetzgebungszuständigkeiten die formale Möglichkeit von ungesetzlicher Willkür versperrt habe und andererseits unübersehbar feststehe, daß auch ein formales Gesetz vor unrechtlicher Willkür nicht schütze.

Selbst wenn man unterstellen könnte, die Argumente seien richtig, so muß doch die Zweckmäßigkeit einer Bestimmung der Verfassung von der Frage, ob sie besteht, unterschieden werden.

[436] Für das Gewohnheitsrecht übereinstimmend ablehnend:

ANSCHÜTZ: Die Verfassung des Deutschen Reiches, a. a. O., Art. 116 Anm. 4, S. 548.

HOLTKOTTEN in Bonner Kommentar, a. a. O., Art. 103 Anm. II 3 c, S. 5.

DÜRIG in MAUNZ-DÜRIG, Grundgesetz, Kommentar, a. a. O., Art. 103 Anm. 106 und 112.

HAMANN: Das Grundgesetz, a. a. O., Art. 103 Anm. B 4, S. 423.

SCHÖNKE-SCHRÖDER: Strafgesetzbuch, a. a. O., § 2 Anm. 2, S. 53.

KOHLRAUSCH-LANGE: Strafgesetzbuch, a. a. O., § 2 anm. II, S. 34.

SCHWARZ, OTTO und EDUARD DREHER: Strafgesetzbuch, 26. Aufl., München und Berlin 1964, § 2 Anm. 1 B, S. 28.

Damit ist auch entschieden, daß es im Strafrecht keine Lückenausfüllung gibt. Denn wie bereits an früherer Stelle ausgeführt, bedeutet die Feststellung einer Gesetzeslücke die Auffassung, es fehle eine Vorschrift, die man erwartet. Die „Ausfüllung einer Gesetzeslücke" ist somit die Anwendung einer Rechtsnorm, die nicht Gesetz im Sinne des Art. 103 Abs. 2 GG ist[437].

Rechtstheoretisch bedeutsam ist auch die Frage, wann eine Rechtsnorm dem Merkmal der Bestimmbarkeit des Art. 103 Abs. 2 GG entspricht.

Interpretiert man den Ausdruck „gesetzlich bestimmt" ganz unvoreingenommen, das soll heißen, ohne irgendeine Einstellung zu Methode und Ergebnis, so würde man der Vorschrift des Art. 103 Abs. 2 GG entnehmen, daß der Strafausspruch nur aus dem Gesetz entnommen werden darf. Nur soweit aus dem Gesetz hervorgeht, daß eine Tat strafbar ist, kann eine Strafe verhängt werden. Die Wertentscheidung, ob eine Tat strafbar ist, muß aus einem Gesetz entnommen werden können.

Mit dem Verfahren der modernen Logik kommt man zu dem gleichen Ergebnis. Eine Entscheidung, etwa die der Bestrafung, ist dann in einer Rechtsnorm bestimmt, wenn die Entscheidung aus der Rechtsnorm ableitbar ist. Aus dieser Deutung lassen sich wichtige Folgerungen ziehen. Zunächst bedeutet es für die Formulierung der Strafrechtsnorm, daß sie nur deskriptive Merkmale umfassen darf[438].

Diesem Erfordernis ist nicht schon dann zuwider gehandelt, wenn Begriffe verwendet werden, die hinsichtlich ihres Bedeutungsumfanges Zweifel entstehen lassen. Das Erfordernis der Bestimmtheit verlangt nur, daß die Entscheidungen auch aufgrund dieser Begriffe aus den Rechtsnormen abgeleitet werden können. Und dies ist dann und in dem Maße möglich, wie den Begriffen ein bestimmter Inhalt zukommt[439].

---

[437] Deshalb widerspricht die Auffassung BGH Str. 6, 133 Art. 103 Abs. 2 GG, wenn es heißt:

„Die Bestimmung verbietet nicht die Auslegung eines Strafgesetzes nach den anerkannten Auslegungsregeln, auch wenn das zum Nachteil des Täters wirkt. Dem Strafrichter ist es also gestattet, zur Ausfüllung von Lücken eines Gesetzes neben dem Wortlaut auch dessen Zweck und Sinn zu beachten, für dessen Erforschung die Entstehungsgeschichte und der Zusammenhang der Vorschrift mit anderen bereits bestehenden Bestimmungen von Bedeutung sind."

[438] Dürig sieht darin nur den Idealfall:

„Der Idealfall wäre, daß der Gesetzgeber bei der Formulierung des Tatbestands lediglich deskriptive, eindeutig erfaßbare Tatbestandsmerkmale verwendet und auf ausfüllungsbedürftige Wertbegriffe und Generalklauseln völlig verzichtet."

Dürig in Maunz-Dürig: Grundgesetz, Kommentar, a. a. O., Art. 103 Anm. 107.

[439] „Der Anwendung der erörterten Vorschriften ... steht Art. 103 Abs. 2 GG nicht entgegen. Die dort vorgeschriebene gesetzliche Bestimmtheit eines Tatbestandes wird nicht dadurch aufgehoben, daß er nicht sofort klar übersehbar ist; es genügt vielmehr, daß sein Sinn und Umfang durch Auslegung ermittelt werden kann."

BGH Str. 11, 377.

Unzulässig müssen sogenannte ausfüllungsbedürftige Wertbegriffe und Generalklauseln sein[440]. Denn die Wertausfüllung eines Begriffes ist selbst erst eine Bestimmung des Inhalts einer Rechtsnorm. Wo deshalb eine Wertausfüllung erforderlich ist, fehlt es damit auch insoweit an der Bestimmtheit der Rechtsnorm. Ebenso ist es mit der Generalklausel. Wird eine Generalklausel angewandt, so wird damit nicht ein Ergebnis aus einer bereits gefällten Wertentscheidung des Gesetzgebers abgeleitet, sondern eine eigene Wertentscheidung gefällt.

Eine weitere Folgerung aus dem Erfordernis der gesetzlichen Bestimmtheit betrifft die Auslegung. Für Strafgesetze ist, jedenfalls soweit sie zur Begründung von Strafaussprüchen dienen sollen, nur die Auslegung im engen Sinne zulässig[441]. Weder das Verfahren der Rechtsschöpfung noch das der Präzisierung ist erlaubt[442].

---

[440] Anderer Ansicht DÜRIG:

„Auch mit Hilfe des Art. 103 Abs. 2 GG kann dies rechtlich nicht gefordert werden."

DÜRIG in MAUNZ-DÜRIG: Grundgesetz, Kommentar, a. a. O., Art. 103 Anm. 107.

Zu Unrecht beruft sich DÜRIG auf BVerfGE 4, 352 f. Das Bundesverfassungsgericht sagt dort:

„Auch das Strafrecht kann nicht darauf verzichten, allgemeine Begriffe zu verwenden, die in besonderem Maße einer Deutung durch Richter bedürfen. Ohne derartige Begriffe könnte der Gesetzgeber der Vielgestaltigkeit des Lebens nicht Rechnung tragen."

BVerfGE 4, 358.

Gegen diese allgemeinen Begriffe läßt sich nichts einwenden, jedenfalls nicht solange sich die Deutung im Rahmen der Auslegung hält. Da die Frage die Auslegung des Ausdrucks „im politischen Leben des Volkes stehend" behandelt, zeigt auch der Fall, auf den hinzielend das Bundesverfassungsgericht seine Ausführungen machte, daß die Deutung die Zurückführung eines deskriptiven Begriffes auf Beobachtungen, nicht jedoch die Anwendung eines normativen Begriffes betraf.

[441] SCHÖNKE-SCHRÖDER drücken es so aus:

„Auszugehen ist bei der Auslegung vom Wortlaut der Vorschrift ... Zunächst ist der Wortsinn nach dem gesetzlichen Sprachgebrauch und dem Zusammenhang der gesetzlichen Vorschriften zu ermitteln; man spricht hier von einer grammatischen und logischen Auslegung. Zugleich bildet der Wortlaut aber auch die Grenze der Auslegung."

SCHÖNKE-SCHRÖDER: Strafgesetzbuch, a. a. O., § 2 Anm. 23, S. 58.

Würden SCHÖNKE-SCHRÖDER von der Aufgabenstellung ausgehen und fragen, was mit dieser Methode der Auslegung dem Gesetz entnommen werden kann, bliebe es bei der engen Auslegung. Das Problem der Präzisierung durch Sinn und Zweck der Vorschrift, die SCHÖNKE-SCHRÖDER daneben empfehlen, wäre dann nicht vorhanden. Aber offenbar geht man von der Vorstellung aus, die Frage sei, was sich aus einer Vorschrift herausholen lasse, ohne dem Sprachgebrauch Gewalt anzutun. Dann hat man auch noch den Spielraum, um zu präzisieren. Diese letztere Vorstellung stimmt jedoch deshalb mit Art. 103 Abs. 2 GG und § 2 Abs. 1 StGB nicht mehr überein, weil eine Präzisierung gerade den Bereich der Unbestimmtheit des Gesetzes erfaßt und gestaltet.

Wie bereits in den Kapiteln über Auslegung, Präzisierung und Rechtsschöpfung dargetan, ist nur die Auslegung ein Verfahren, das allein aus den Wertentscheidungen einer Rechtsnorm oder mehrerer Normen die rechtliche Entscheidung entnimmt. Die Präzisierung hat gerade zur Voraussetzung, daß die Entscheidung aus der betreffenden Rechtsnorm alleine nicht abgeleitet werden kann. Die Rechtsschöpfung hat sogar zur Voraussetzung, daß die Gesetze eindeutig eine entsprechende Rechtsfolge nicht zulassen. Dem Erfordernis gesetzlicher Bestimmtheit entspricht demnach nur das Verfahren der Auslegung im engeren Sinne[443].

Auch KOHLRAUSCH-LANGE verstehen unter Auslegung, die zulässig sei, Auslegung im engeren Sinne und Präzisierung:

„Schärfer als in jedem anderen Rechtsgebiet ist daher die Rechtsanwendung auf die Auslegung des Gesetzes beschränkt. Auslegung ist dabei im weitesten Sinne zu verstehen."

KOHLRAUSCH-LANGE: Strafgesetzbuch, a. a. O., § 2 Anm. III, S. 35.

Dies zeigt sich weiter bei den Mitteln der Auslegung, die KOHLRAUSCH-LANGE für zulässig halten. Während die Darstellung des Lebenssprachgebrauchs und des Gesetzessprachgebrauchs allen Gesetzen der Sprachlogik entspricht, gehen die weiterhin angegebenen Auslegungsmethoden über eine Auslegung im strengen Sinne hinaus.

Die Absicht des Gesetzgebers ist entscheidend für die Wahl des Ausdrucks, nicht für den Beweggrund, soweit er in dem Ausdruck nicht enthalten ist. (Dies gilt selbstverständlich nur für die Grenze der Auslegung; zugunsten des Täters ist die Berücksichtigung zulässig.)

Über das Auslegungsmittel des Systemzusammenhangs schreiben KOHLRAUSCH-LANGE:

„Die Auslegung muß daher in die Tiefe des inneren Sinnzusammenhangs gehen, das Gesetz als objektives, im ganzen der Rechtsordnung funktionierendes Sinngebilde erschließen, die immanente Ordnung des Gesetzes u. U. gegen die äußere Legalordnung, das, was das Gesetz vernünftigerweise nur bezwecken kann, u. U. gegen den historischen Willen des Gesetzgebers durchsetzen."

KOHLRAUSCH-LANGE: Strafgesetzbuch, a. a. O., § 2 Anm. III B 4, S. 39.

Diese Grundeinstellung von KOHLRAUSCH-LANGE gibt dem Rechtsgelehrten und Richter die Freiheit und die Aufgabe, auch schöpferisch an der Weiterentwicklung einer Rechtsordnung mitzuarbeiten. Dennoch gibt es Schranken, die die Verfassung einer solchen Präzisierung oder Rechtsschöpfung setzt. Und die besteht darin, daß zuungunsten eines Täters das Recht nur durch Gesetz weiterentwickelt werden darf.

[442] Anderer Ansicht RG Str. 62, 372:

„Bei der Auslegung ist der Richter nicht an den nur für die Beweiswürdigung in Frage kommenden Grundsatz ‚in dubio pro reo' gebunden; er darf und muß vielmehr etwa auftauchende Zweifel, wenn es die Auslegungsregeln erfordern, auch in einem dem Angeklagten ungünstigen Sinne lösen."

Schon die Ausdrucksweise des Reichsgerichts selbst zeigt die Unvereinbarkeit mit Art. 103 Abs. 2 GG. Soweit Zweifel bestehen, ist eine Tat nicht gesetzlich bestimmt.

[443] Eine völlig andere Betrachtungsweise der hier behandelten Fragen liegt der Entscheidung BGH Str. 10, 159 f. zugrunde:

„Kein Gesetz verträgt eine starre Begrenzung seiner Anwendbarkeit auf solche Fälle, die der vom Gesetzgeber ins Auge gefaßten Ausgangslage ent-

Damit ist auch über die Frage der Zulässigkeit der Analogie entschieden. Als Argumentationsfigur hat sie im Rahmen der Auslegung im strengen Sinn keinen Platz, so daß aus diesem Grunde bereits ihre Unzulässigkeit dargetan ist. Wenn auch die Analogie nur ein Teilproblem des Fragenkreises der Bestimmtheit eines Strafgesetzes ausmacht, so bestimmte sie doch bisher eine Grenze dessen, was bei einer Anwendung von Strafgesetzen zuungunsten eines Täters nicht mehr zulässig war[444]. Nimmt man die Geltungsanordnung des Art. 103 Abs. 2 GG genau, so muß man den Grenzverlauf zulässiger Rechtsanwendung weiter korrigieren, was sich in einer Beschränkung der Verfahren der Rechtsfindung auf die Auslegung, unter Ausschluß von Präzisierung und Rechtsschöpfung auswirkt[445].

---

sprechen; denn es ist nicht toter Buchstabe, sondern lebendig sich entwickelnder Geist, der mit den Lebensverhältnissen fortschreiten und ihnen sinnvoll angepaßt weitergelten will, solange dies nicht die Form sprengt, in die er gegossen ist."

Eine solche Ausdrucksweise ist mit den Mitteln der vorliegenden Untersuchung nicht diskutierbar (wie stets bei wissenschaftlichen Ausdrücken so auch diskutierbar, nicht emotional, sondern funktional verstanden).

Sie ist überhaupt nicht mehr nachprüfbar. Damit werden solche Ausführungen noch weniger im Ergebnis als in der Methode gefährlich.

[444] Dürig in Maunz-Dürig: Grundgesetz, a. a. O., Art. 103 Anm. 111.

Holtkotten in Bonner Kommentar, a. a. O., Art. 103 Anm. II 3 c, S. 5.

Hamann: Das Grundgesetz, a. a. O., Art. 103 Anm. B 3, S. 423.

Kohlrausch-Lange: Strafgesetzbuch, a. a. O., § 2 Anm. I, S. 34.

Schönke-Schröder: Strafgesetzbuch, a. a. O., § 2 Anm. 3, S. 54.

[445] Um so erstaunlicher ist das Ergebnis, zu dem Sax in seiner Untersuchung über das strafrechtliche Analogieverbot, die er als methodologische Untersuchung über die Grenze der Auslegung im geltenden deutschen Strafrecht anlegte, gelangt:

„Das Schicksal, das das herkömmliche ‚Analogieverbot' ... erleidet, ist ebenso eindeutig wie einschneidend. Da als Mittel der Erstreckung eines Rechtssatzes und damit auch seiner Rechtsfolgen allein eine rechtliche Analogie ... juristische Bedeutung haben kann, da ein solches Analogieverfahren aber notwendig im Bereiche teleologischer Gesetzesauslegung verläuft und da schließlich auch im Strafrecht der vollen Auswirkung der teleologischen Auslegung nichts entgegensteht, ist Analogie im Strafrecht zulässig, auch soweit sie der strafbegründenden oder strafschärfenden Rechtssatzerstreckung dient; ein ‚Analogieverbot' besteht nicht."

Sax: Das strafrechtliche Analogieverbot, a. a. O., S. 152.

Auch wenn man die Analogie durch eine teleologische Gesetzesauslegung gedeckt betrachtet, scheitert die Analogie an der Tatsache, daß eine teleologische Auslegung gegen die Geltungsanordnung des Art. 103 Abs. 2 GG verstößt. Art. 103 Abs. 2 GG fordert nicht, daß sich die Tat einem Gesetzeszweck unterordnen lasse, sondern daß die Tat gesetzlich bestimmt ist. Sie ist nicht bestimmt, wenn aus Zweckmäßigkeitsgründen eine Tat bestraft wird, die in keinem Tatbestand eines Strafgesetzes beschrieben war.

Ganz allgemein ist zu sagen, daß die Frage, welche Art der Geltungsanordnung in Art. 103 Abs. 2 GG enthalten ist, aus dieser Vorschrift beantwortet werden muß, und daß ein Ergebnis, das nicht aus dieser Rechtsnorm, sondern aus dem Wesen irgendwelcher Begriffe abgeleitet wird, nicht den Inhalt dieser Vor-

Was für Art. 103 Abs. 2 GG ausgeführt wurde, gilt auch für Art. 104 Abs. 1 Satz 1 GG.

Art. 104 Abs. 1 Satz 1 GG lautet: „Die Freiheit der Person kann nur aufgrund eines förmlichen Gesetzes und nur unter Beachtung der darin vorgesehenen Formen beschränkt werden." Wir haben demnach auch hier das Verfahren der materiellen Bindung. Somit ist die Auslegung in dem in der vorliegenden Untersuchung beschränkten Sinne zulässig, Präzisierung und Rechtsschöpfung sind ausgeschlossen.

Wir erhalten demnach das Ergebnis, daß Art. 103 Abs. 2 GG eine Geltungsanordnung im Sinne der materiellen Bindung enthält, wobei die Präzisierung von Rechtsnormen ausgeschlossen ist.

Art. 104 Abs. 1 Satz 1 GG enthält die gleiche Geltungsanordnung im Sinne der materiellen Bindung.

5. Artikel 19 Absatz 1 Satz 1

Die Geltungsanordnung in Art. 20 Abs. 3 GG im Sinne der formellen Bindung könnte nicht nur auf dem Gebiet des Strafrechts, sondern auch auf dem Gebiet des Grundrechtsschutzes verschärft sein. Art. 19 Abs. 1 Satz 1 GG bestimmt: „Soweit nach diesem Grundgesetz ein Grundrecht durch Gesetz oder aufgrund eines Gesetzes eingeschränkt werden kann, muß das Gesetz allgemein und nicht nur für den Einzelfall gelten." Es fragt sich, ob hieraus für die rechtlichen Entscheidungen, die eine Einschränkung von Grundrechten enthalten, die materielle Bindung zu entnehmen ist.

Die materielle Bindung ist nur dann gegeben, wenn Art. 19 Abs. 1 Satz 1 GG die Rechtsnormen, an die solche rechtliche Entscheidungen gebunden sein sollen, genau bezeichnet.

---

schrift wiedergibt. Denn aus Begriffen inhaltliche Regelungen ableiten, ist unzulässige Begriffsjurisprudenz.

Sax ist zuzugeben, daß das Analogieverbot unter Beibehaltung der sogenannten teleologischen Auslegung inkonsequent ist. Doch hätte er die „Flurbereinigung" (Sax: Das strafrechtliche Analogieverbot, a. a. O., S. 153) auf die Beseitigung auch dieses unzulässigen Auslegungsverfahrens richten müssen, statt den Fehler noch zu erweitern.

Daß Sax zu einem falschen Ergebnis gekommen sein muß, läßt sich aus seinen eigenen Ausführungen entnehmen, wenn er sagt:

„Diese hier entwickelte Lösung läßt im Bereiche des Strafrechts zwar nach wie vor ein Abgrenzungsproblem bestehen: das Problem der Abgrenzung von Auslegung und freier Rechtsfindung. Es ist theoretisch nicht lösbar, da die teleologische Auslegung einer kognitiv faßbaren Grenze notwendig entbehren muß."

Sax: Das strafrechtliche Analogieverbot, a. a. O., S. 153.

Wenn teleologische Auslegung von freier Rechtsfindung nicht abgegrenzt werden kann, ist dieser Begriff von vorneherein unbrauchbar.

Es ist demnach festzuhalten, daß Analogie im Strafrecht Art. 103 Abs. 2 GG widerspricht und auch nicht durch irgendwelche Begriffe oder Wesenheiten aus diesem Widerspruch befreit werden kann.

Art. 19 Abs. 1 Satz 1 GG spricht von der Einschränkung durch Gesetz oder aufgrund eines Gesetzes. Dabei erhebt sich die Frage, ob hierunter nur förmliche Gesetze oder auch Rechtsverordnungen verstanden werden können[446].

Diese Frage kann so beantwortet werden, daß Einschränkungen von Grundrechten in den angeführten Fällen aus einem förmlichen Gesetz entnommen werden müssen. Denn auch „aufgrund eines Gesetzes" ist die Einschränkung nur dann vorgenommen, wenn sie sich letztlich, über welche Wege der Rechtsfindung auch immer, auf das Gesetz zurückführen läßt.

Die Frage, ob Gewohnheitsrecht eine Grundlage zur Einschränkung von Grundrechten hergeben kann, ist bereits aus grundsätzlichen Erwägungen zu verneinen.

Wie an anderer Stelle ausgeführt, ist Gewohnheitsrecht eine Formulierung des Gerichtsgebrauchs. Ohne daß Gerichte eine Rechtsnorm anwenden, wird diese nicht zu Gewohnheitsrecht. Wenn nun rechtliche Entscheidungen auf bestehende Rechtsnormen gegründet werden müssen, haben Gerichte gar nicht die Möglichkeit, Entscheidungen von Grundrechtseinschränkungen zu fällen, die durch eine abweichende Rechtsprechung Normen mit dem Charakter von Gewohnheitsrecht erst begründen würden.

Die Geltungsanordnung ist jedoch nur dann vollständig, wenn außer der Angabe der Rechtsnormen, an die die Bindung ausgesprochen wird, auch die Art der Bindung gegeben ist.

Wie bereits dargelegt, ist das einzige Mittel der Bindung die Sprachlogik, da nur sie einen formalen Zusammenhang zwischen sprachlichen Gebilden herstellen kann.

Aber auch durch globale Berufung auf die Gesetze der Sprachlogik ist das Ausmaß der Bindung noch nicht endgültig entschieden. Damit ist nur entschieden, daß Auslegung zulässig und Rechtsschöpfung ausgeschlossen ist. Die Ungenauigkeit der lebenden Sprache wirft jedoch die Frage auf, wie im Falle der Ungenauigkeit einer Rechtsnorm zu entscheiden ist.

Da die Geltungsanordnung aus Art. 19 Abs. 1 Satz 1 GG abgeleitet werden muß und fehlende Regelungen nicht ergänzt werden dürfen, eine Entscheidung dieser Frage in Art. 19 Abs. 1 Satz 1 GG aber nicht enthalten ist, fehlt der Geltungsanordnung eine Bestimmung, die sagt, ob eine Präzisierung von Rechtsnormen zulässig ist.

Geht man davon aus, daß die Geltungsanordnung eine Beschränkung der Organe der Rechtsanwendung ist, so heißt dies, daß es eine Beschränkung der Rechtsanwendung, die die Präzisierung von Rechtsnormen ausschlösse, nicht gibt.

Im Ergebnis ist damit festzuhalten, daß Art. 19 Abs. 1 Satz 1 GG für

---

[446] Nur für förmliche Gesetze und gegen Verordnungen:
Wernicke in Bonner Kommentar, a. a. O., Art. 19 Anm. II 1 b, S. 4.
Hamann, Das Grundgesetz, a. a. O., Art. 19 Anm. B 2 d, S. 195.

den Bereich der Grundrechtsbeschränkung eine materielle Bindung vorschreibt, bei der die Präzisierung von Rechtsnormen zulässig ist.

6. Das Verhältnis der verschiedenen Geltungsanordnungen des Grundgesetzes

Wir hatten als grundsätzliche Geltungsanordnung des Grundgesetzes die formelle Bindung herausgearbeitet. Sie erwies sich als eine Bindung an ein Verfahren der Rechtsfindung, gab jedoch die Auswahl der anzuwendenden Rechtsnormen letztlich frei. Die Regelung ist in den Vorschriften der Art. 20 Abs. 3 und Art. 97 Abs. 1 enthalten.

Als Spezialregelung hierzu erweist sich Art. 103 Abs. 2 GG für das Strafrecht. Für die Rechtsnormen des Strafrechts besteht die materielle Bindung, wobei auch die Präzisierung ausgeschlossen ist. Eine Spezialregelung für die Freiheitsbeschränkung ist Art. 104 Abs. 1 Satz 1 GG. Auch hier liegt die materielle Bindung vor.

Eine weitere Spezialregelung zur Geltungsanordnung enthält Art. 19 Abs. 1 Satz 1 GG. Hiernach besteht bei Grundrechtsbeschränkungen die materielle Bindung, wobei die Präzisierung zulässig ist.

Es bedarf keiner Heranziehung sogenannter allgemeiner Prinzipien für das Verhältnis der verschiedenen Geltungsanordnungen. Es ergibt sich aus dem Inhalt der einzelnen Festsetzungen, welchen Anwendungsbereich jede Geltungsanordnung hat. So bezieht sich die formelle Bindung der Art. 20 Abs. 3, Art. 97 Abs. 1 GG auf jeden Fall der Rechtsanwendung, während in den übrigen Geltungsanordnungen der Anwendungsbereich unmittelbar angegeben ist.

Ein Konflikt zwischen formeller und materieller Bindung ist schon nicht möglich, weil die formelle Bindung in der materiellen Bindung enthalten ist.

Überschneiden sich die Bereiche der Sonderregelungen, so sind in dem Durchschnitt beider Bereiche — das sind jene Fälle, die beiden Bereichen angehören — beide Geltungsanordnungen wirksam mit dem Ergebnis, daß die strengste Geltungsanordnung gilt.

XIII. Soziologische Beziehungen zwischen den Arten der Rechtsgeltung

1. Der Charakter der faktischen Geltung als Wahrheitswert soziologischer Aussagen

Wir hatten den Begriff der faktischen Geltung dadurch erklärt, daß faktische Geltung solchen Rechtsnormen zukomme, die die Tätigkeit des Sanktionsapparates adäquat beschreiben. Auf die nähere Ausgestaltung dieses Begriffes braucht hier nicht eingegangen zu werden, da es bereits an früherer Stelle geschehen ist. In diesem Abschnitt soll nun geklärt werden, welche Beziehungen zwischen der faktischen Geltung und den Sätzen anderer Grenzbereiche der Rechtswissenschaft bestehen.

Sind die Rechtsnormen mit faktischer Geltung diejenigen Rechtsnormen, die die Wirklichkeit beschreiben, oder genauer gesagt, einen Teil der Wirklichkeit beschreiben, so entspricht die faktische Geltung dem Wahrheitswert „wahr" indikativer Aussagen. Damit ist das Verfahren, wie die Frage der faktischen Geltung für die einzelne Rechtsnorm entschieden werden kann, auf die Frage der Verifizierung von Aussagen zurückgeführt.

Für die Rechtswissenschaft ist nicht nur die sprachlogische Besonderheit des Begriffes der faktischen Geltung von Interesse, sondern dadurch, daß Rechtsnormen mit faktischer Geltung die Wirklichkeit beschreiben, kommen sie in enge Berührung mit anderen Fachwissenschaften, die die Erkenntnis der Wirklichkeit zum Gegenstand haben. Auffallend nahe geraten solche Satzsysteme aus Normen mit faktischer Geltung in die Nachbarschaft von Aussagensystemen der Soziologie oder, wie sich herausstellen könnte, gar mitten in den Aufgabenbereich und den Forschungsbereich dieser Wissenschaft hinein[447].

Betrachten wir Systeme von Rechtsnormen, denen faktische Geltung zukommt, vom Standpunkt der Rechtswissenschaft aus, so müssen wir erkennen, daß das Aufsuchen solcher Normensysteme ureigenste Aufgabe der Rechtswissenschaft seit je gewesen ist[448]. Eine Rechtswissenschaft, die sich nicht darum kümmern würde, wie sich die Rechtswirklichkeit darstellt, würde sich schnell in fruchtloser Spekulation verlieren. Ist es auch eine

---

[447] Dieses Hinübergreifen rechtswissenschaftlicher Fragestellung in gesellschaftswissenschaftliche Bereiche hat bereits NUSSBAUM hervorgehoben:

„Was man nicht genügend beherzigt hat, ist nur, daß daneben in die Jurisprudenz und Lehre auch ein bestimmter Komplex von induktiv zu erforschenden Tatsachen hineingehört. Es sind dies, wie wir zunächst ganz allgemein sagen können, diejenigen Tatsachen, deren Kenntnis für ein volles Verständnis und eine sachgemäße Anwendung der Normen erforderlich ist."

NUSSBAUM, ARTHUR: Die Rechtstatsachenforschung, Tübingen 1914, S. 6.

[448] Solche Systeme können zwar auch als Rechtstatsachen im weiteren Sinne angesehen werden, doch erschöpfen sich die Rechtstatsachen jedenfalls nicht in den Tatsachen, die den Rechtsnormen faktischer Geltung entsprechen. Dem Sprachgebrauch wird am nächsten kommen, die Rechtsnormen faktischer Geltung als „Recht" von den Rechtstatsachen abzugrenzen. So erklärt NUSSBAUM den Begriff Rechtstatsachen:

„Nehmen wir noch hinzu, daß die für das Verständnis des Rechts zu berücksichtigenden Tatsachen großenteils rein politischer, gesellschaftlicher und psychologischer Natur sind, so erhellt, daß die übliche Ausdrucksweise, die eine ‚wirtschaftliche' Betrachtung des Rechts fordert, ungenau ist. Die in die Jurisprudenz gehörigen Tatsachen kennzeichnen sich vielmehr durch ihre spezifisch juristische Färbung; will man sie mit einem Schlagwort bezeichnen, so wird dafür vielleicht der Ausdruck ‚Rechtstatsachen' gewählt werden können."

NUSSBAUM: Die Rechtstatsachenforschung, a. a. O., S. 7 f.

völlig unbegründbare und sinnwidrige Selbstbeschränkung der Rechtswissenschaft, ihre alleinige Aufgabe in der Aufzeichnung und Systematisierung des faktisch geltenden Rechts zu sehen, so können wir doch davon ausgehen, daß die Beschreibung des faktisch geltenden Rechts eigene Aufgabe der Rechtswissenschaft seit jeher gewesen ist. Diese Arbeit, das Auffinden der Normen, die die Tätigkeit des Sanktionsapparates beschreiben, ist auch von der Rechtswissenschaft schon immer selbst geleistet worden. Nicht hat man die Rechtsnormen mit faktischer Geltung als Ergebnisse anderer Disziplinen übernommen.

Auf der anderen Seite ist die Tätigkeit des Sanktionsapparates ein gesellschaftliches Phänomen, dessen Erforschung und Beschreibung daher auch eine Aufgabe der Soziologie ist. Und da die Soziologie eine Realwissenschaft ist, dergestalt, daß sie über die Wirklichkeit Aussagen macht, die dann gültig sind, wenn sie verifiziert sind, oder um es anders auszudrücken, nicht falsifiziert sind, zeigen die Rechtsnormen mit faktischer Geltung und die Aussagen der Soziologie die gleiche Struktur. Bezeichnen wir jenen Bereich der Soziologie, der sich mit der Tätigkeit des Sanktionsapparates beschäftigt, als Rechtssoziologie, so zeigt sich, daß sich Rechtswissenschaft und Soziologie auf dem Sektor Rechtssoziologie überschneiden. Diese Überschneidung besteht nicht nur darin, daß sich die Forschungstätigkeit auf das gleiche Phänomen erstreckt, sondern auch die logische Struktur der Aussagen, mit denen die Forschungsergebnisse formuliert werden, ist von gleicher Art.

Da hier Rechtswissenschaft und Soziologie nicht nur einige Berührungspunkte besitzen, sondern eine erhebliche Berührungsfläche haben, entsteht die Frage, wie sich beide Wissenschaften auf diese Tatsache eingestellt haben.

Vorläufig ist das Verhältnis von Rechtswissenschaft und Soziologie noch gespannt. Meines Erachtens beruhen diese Spannungen jedoch, soweit sie heute zu erkennen sind, auf Mißverständnissen auf beiden Seiten über Aufgaben und Methoden des Nachbarfaches. So meint GURVITCH, auf den ersten Blick schienen Soziologie und Jurisprudenz nicht geschaffen, um in Frieden miteinander auszukommen. Die Juristen beschränkten sich auf die Frage des quid juris, die Soziologen interpretierten das quid facti im Sinne einer Reduktion der sozialen Tatsachen auf die Beziehungen der Kräfte. Daher rühre die Unruhe zahlreicher Juristen und Rechtsphilosophen, die sich fragten, ob die Rechtssoziologie nicht die Zerstörung jedes Rechtes als Norm, als Verbesserung der Tatsachen und Wertsetzung, bedeuten würde[449].

Die Auffassung GURVITCHs, die das Unbehagen vieler Rechtswissenschaftler wiedergibt, ist jedoch eine Einstellung, die wissenschaftlich nicht

[449] GURVITCH, GEORGES: Grundzüge der Soziologie des Rechts, Neuwied 1960, S. 23.

haltbar ist. Wie bereits in den vorhergehenden Kapiteln gezeigt wurde, führt die Verquickung der verschiedenen Begriffe der Rechtsgeltung zu erheblichen Fehleinschätzungen, zu denen auch diejenige gehört, daß eine allzuweit getriebene Aufklärung das Gebäude der Rechtsdogmatik erschüttere. Ist diese Einstellung auch mehr bei den praktischen Juristen zu finden, so gibt es doch auch Rechtswissenschaftler, die sie sich aus ihrer praktischen juristischen Ausbildung bewahrt haben. Ist auch zuzugeben, daß bereits diese Einstellung eine soziologisch erhebliche Tatsache ist, so kann dennoch darin kein Kennzeichen erblickt werden, daß wissenschaftlich tiefere Einsicht in die Zusammenhänge der Rechtswirklichkeit dem Juristen versagt und dem Soziologen vorbehalten sei.

Man darf auch nicht verkennen, daß das Unbehagen der Juristen gegen eine allzu unbekümmerte Kritik an den Institutionen des Rechts eine gewisse Berechtigung hat. Von seiner Aufgabenstellung her ist der Jurist immer wieder gezwungen, Entscheidungen zu entwerfen und zu fällen, die nicht eindeutig unter einem großen Rechtsgedanken stehen, sondern die das Ergebnis der Abwägung vieler konkurrierender Rechtsgrundsätze darstellen. Fällt dann ein Soziologe aus der Kenntnis der großen Zusammenhänge — und zumeist aus der Kenntnis nur der großen Zusammenhänge — das Urteil, eine bestimmte Entscheidung trage dem oder jenem nicht Rechnung, so muß das von dem Juristen, der diesen Gedanken für seine Entscheidung durchaus in Betracht gezogen hat, aber vielleicht als zu grobschlächtig verworfen hat, als bitter empfunden werden.

Die Spannung zwischen Rechtswissenschaftlern und Soziologen krankt vorläufig auch noch daran, daß die Juristen den Begriffsapparat der Soziologie nicht kennen und deshalb bei einer Fragestellung durch Soziologen leicht begriffsstutzig werden, auf der anderen Seite daran, daß die Soziologen, glücklich darüber, gewisse große Entwicklungslinien des Rechts zu kennen, meist nicht in der Lage sind, die Interessenverflechtungen eines konkreten Einzelfalles zu entwirren und eine sinnvolle Lösung hierfür zu finden. Ist es auch bedauerlich, daß der Rechtswissenschaftler heute nicht in der Lage ist, in soziologischen Kategorien zu denken, so vergessen doch Soziologen allzuoft, daß die Juristen nicht oder jedenfalls nicht alle durch das Hinstarren auf eine historisch zufällig gewordene Herrschaftsordnung erblindet sind, wie ihnen oft unterschoben wird, sondern aus einer langen Tradition in der Lösung von Interessenkonflikten schöpfen können, die ihnen für die Lösung eines konkreten Interessenkonfliktes — und die bestimmt letzthin immer die Tätigkeit des Juristen — mitunter sehr viel mehr hergibt als die Kenntnis großer soziologischer Zusammenhänge.

Worin meines Ermessens die Bedeutung der Soziologie für den Juristen liegt, ist die Erweiterung des Horizontes[450], die sich zunächst in einer

[450] Dazu FECHNER:
„Darüber hinaus erscheint die Soziologie — und das ist für unseren Zusam-

Klärung des eigenen Standpunktes gegenüber der herrschenden Staatsgewalt auswirkt. Dies ist allerdings auch ein Punkt, in dem der Jurist gerne ausweicht und dann zu einer Argumentation greift, die nicht nur der Soziologe, sondern jeder Wissenschaftler mit Sinn für saubere Methodik ablehnt. Bereits ein Minimum an Kenntnis soziologischer Zusammenhänge hätte viele Rechtsphilosophen davor bewahrt, Fehler zu machen, die die Rechtsgemeinschaft und auch das Ansehen der Rechtswissenschaft so stark in Mitleidenschaft gezogen haben.

Man darf auf der anderen Seite nicht den Eindruck erwecken, daß die Soziologie erst jene Weisheit gebracht habe und jene Offenheit des Geistes wiedererweckt habe, die den Juristen erst aus dem blinden Diener der jeweils herrschenden Staatsgewalt zu einer freien Persönlichkeit im Dienste der Gemeinschaft gemacht hat. Zu allen Zeiten hat die Rechtswissenschaft Forscher hervorgebracht, die ihre Juristenkollegen vor falscher Wertgläubigkeit gewarnt haben, und auch heute noch ist es die Rechtswissenschaft, die den angehenden Juristen die Weite des Geistes zu geben versucht, die durch Repetitorenbetrieb und praktische Juristenausbildung dann allerdings harten Belastungsproben ausgesetzt ist.

2. Das Verhältnis von faktischer Geltung und verfassungsmäßiger Geltung

Im günstigsten Falle ist das Verhältnis von faktischer Geltung und verfassungsmäßiger Geltung der Art, daß alle Rechtsnormen mit verfassungsmäßiger Geltung auch faktische Geltung besitzen und nur solche Rechtsnormen faktische Geltung besitzen, denen auch verfassungsmäßige Geltung zukommt.

Eine Abweichung des Geltungsbereiches der faktischen Geltung von dem der verfassungsmäßigen Geltung besteht nicht nur zu Beginn einer Entwicklung, z. B. wenn ein Verfassungsgesetzgeber eine neue Verfassung mit einem neuen Begriff der verfassungsmäßigen Geltung gibt oder wenn gemäß der Verfassung der Gesetzgeber neue Rechtsnormen setzt, sondern auch nach Einführung dieser Normen kann die Rechtswirklichkeit hinter den Anfor-

menhang nicht unwichtig — infolge ihrer aufreizenden Vieldeutigkeit und der unbekümmerten Art, wie sie bis dahin unangetastete gesellschaftliche Einrichtungen ihrer Analyse unterzieht, dazu angetan, traditionelle Wissenschaftsrichtungen zu schockieren, unkritisch übernommene Meinungen in Zweifel zu ziehen, festgewordene Auffassungen zu lockern, ja infolge einer oft getadelten ‚zersetzenden' Wirkung zu erproben, was vom überlieferten Bestande noch fest und widerstandsfähig, und was wert ist zerstört zu werden, weil es mangels eigener Fruchtbarkeit seine Daseinsberechtigung nicht mehr unter Beweis zu stellen vermag."

Fechner, Erich: Die Bedeutung der Gesellschaftswissenschaft für die Grundfrage des Rechts, in: Naturrecht oder Rechtspositivismus, herausgegeben von Werner Maihofer, Bad Homburg v. d. H. 1962, S. 263.

derungen der verfassungsmäßigen Normen zurückbleiben. Diese Abweichungen des Geltungsbereichs der faktischen Geltung von dem der verfassungsmäßigen Geltung ist nicht ein Ergebnis des Zufalls, sondern das eines sozialen Kräftespiels. Da schon umfangreiche Gesetzmäßigkeiten für den Ablauf dieses sozialen Kräftespiels entdeckt wurden, ist es interessant, diese Aussagen auf das Verhältnis von faktischer Geltung und verfassungsmäßiger Geltung anzuwenden.

Gesetzmäßigkeiten dieser Art zu untersuchen, gehört in den traditionellen Bereich der Soziologie. Damit soll jedoch nicht in den Prestigestreit zwischen Rechtswissenschaft und Soziologie eingegriffen werden. Es ist müßig, darüber zu streiten, ob eine wissenschaftliche Frage in den Bereich der einen oder der anderen Wissenschaft gehört. Die einzelnen wissenschaftlichen Disziplinen sind nicht Hoheitsbereiche, die klar gegeneinander abgegrenzt sind, mit der Folge, daß jede wissenschaftliche Frage eindeutig irgendeiner wissenschaftlichen Disziplin zugeordnet wäre. Ob eine wissenschaftliche Frage zu einer wissenschaftlichen Disziplin gehört und mit welchen Methoden und mit welcher Genauigkeit sie zu beantworten ist, mag diejenige Disziplin entscheiden, die auf die betreffende wissenschaftliche Frage stößt. Angewandt auf den vorliegenden Fall heißt dies, daß wir die Entwicklung rechtstheoretischer Fragestellungen nicht da enden lassen, wo andere Fachgebiete sich zum Ziel gesetzt haben, solche Fragen in ihr wissenschaftliches Gesamtgebäude einzuordnen.

Begibt man sich auf diese Weise in einen Wissensbereich, den bereits eine andere Fachdisziplin bearbeitet, so gehört es jedoch zu den Grundsätzen sauberer wissenschaftlicher Methodik, die Interdependenz der Fragestellungen zu beachten, die sich aus der Systematik der Nachbardisziplin ergibt.

Für das Verhältnis von faktischer Geltung und verfassungsmäßiger Geltung ergeben sich aus soziologischer Sicht verschiedene Fragen. Zunächst ist es für den Rechtswissenschaftler interessant zu wissen, welche Rechtsnormen mit verfassungsmäßiger Geltung überhaupt Aussicht haben, faktische Geltung zu erlangen.

Diese Frage soll weniger unter dem Gesichtspunkt betrachtet werden, daß der Gesetzgeber oder der rechtsschöpfende Richter stets auf den Beifall lauschen soll, den eine Maßnahme findet. Nicht nur, daß es bereits problematisch ist festzustellen, welcher Beifall durch die große Zahl von Zeitungen und Illustrierten geht, wer ihn möglicherweise gesteuert hat, aus welchen Motiven wer sich ihm angeschlossen hat, sondern hier wären die Möglichkeiten zu untersuchen, in welcher Weise sich überhaupt menschliche Gemeinschaften oder eine bestimmte menschliche Gemeinschaft durch eine Rechtsordnung gestalten lassen. Die Frage der Durchsetzbarkeit von Rechtsordnungen oder einzelnen rechtlichen Regelungen dürfte keineswegs so einfach gelagert sein, daß man bereits diese Frage mit ja oder nein beantworten könnte, sondern eine solche Frage wird erst in geeigneter Weise entwickelt werden müssen, um brauchbare und testbare Aussagen zu erreichen. Solchen Untersuchungen wird noch die weitere Schwierigkeit anhaften, daß sich Experimente nicht oder nur selten durchführen lassen. Damit ist man auf historisches Material angewiesen, dessen Beobachtungen meist nicht unter diesem speziellen Blickwinkel angestellt wurden und dessen Aufzeichnungen deshalb an Genauigkeit oft zu wünschen übrig lassen.

Obwohl sich hiermit den Untersuchungen über die Durchsetzbarkeit von Rechtsnormen große Schwierigkeiten in den Weg stellen, ist die Frage sowohl für Gesetzgebung als auch rechtsschöpfende Rechtsprechung von großer Bedeutung. Wird eine rechtliche Regelung in den Rang verfassungsmäßiger Geltung erhoben und ist diese nicht durchsetzbar, d. h. läßt sich ihr nicht faktische Geltung verschaffen, so bleibt diese Regelung nicht nur ein nullum, sondern sie entfaltet Wirkungen, die den Zielsetzungen des Gesetzgebers oder der rechtsschöpfenden Rechtsprechung möglicherweise nicht entsprechen[451]. Rechtsnormen, die nicht durch faktische Geltung einen klaren Bezug zur Rechtswirklichkeit behalten, werden leicht als Leerformeln benutzt und umgedeutet mit dem Ergebnis, rechtlichen Regelungen, denen verfassungsmäßige Geltung nicht zukommt, den Mantel einer solchen Geltung zu verleihen.

Indem man die Frage der Durchsetzbarkeit von Rechtsordnungen und rechtlichen Regelungen dem Fragenkreis des Verhältnisses von faktischer Geltung und verfassungsmäßiger Geltung zuweist, ist damit die Struktur dieses Begriffes klargelegt. Auch von hier aus läßt sich übersehen, daß ein Begriff der Rechtsgeltung mit dem Merkmal der Durchsetzbarkeit nicht formuliert werden kann. Das Merkmal der Durchsetzbarkeit von Rechtsnormen läßt sich selbst nicht einem Geltungsbegriff zuordnen, sondern ist eine Eigenschaft von Rechtsnormen, die eine Relation zwischen zwei Geltungsnormen beschreibt.

Eine weitere Frage zu dem Verhältnis von faktischer Geltung und verfassungsmäßiger Geltung lautet, inwieweit es Rechtsnormen mit zunächst nur faktischer Geltung gelungen ist, verfassungsmäßige Geltung zu erlangen. Man wird hier an die Formel der normativen Kraft des Faktischen denken.

Die hier aufgeworfene Frage ist gewissermaßen die Umkehrung der vorher aufgeworfenen Frage, wenn man sie so formuliert, daß man fragt, inwieweit es den Normen mit faktischer Geltung gelingt, sich im Bereich der verfassungsmäßigen Geltung durchzusetzen.

Die beiden hier aufgeworfenen Fragen haben großen Einfluß auf die Autorität einer Rechtsordnung. Für den Rechtsgenossen mag es mitunter so aussehen, daß hier Rechtsnormen mit faktischer Geltung und solche mit verfassungsmäßiger Geltung miteinander ringen, die Rechtsnormen fakti-

---

[451] Für die Untersuchung dieses Phänomens siehe Klugs Begriff der soziorelativen Geltung.

Klug: Rechtslücke und Rechtsgeltung, a. a. O., S. 90.

scher Geltung mit dem Ziel, auch verfassungsmäßige Geltung zu erlangen, die Rechtsnormen mit verfassungsmäßiger Geltung mit dem Ziel, auch faktische Geltung zu erringen. Dieses Bild gewinnt einen größeren Erklärungswert, wenn man sich die Begriffe von faktischer Geltung und verfassungsmäßiger Geltung durch die sozialen Triebkräfte ersetzt denkt, die diesen Begriffen entsprechen.

Eine weitere zu dem Verhältnis faktischer Geltung und verfassungsmäßiger Geltung den Juristen interessierende Frage ist, ob und inwieweit eine Verfassung den Rechtsnormen mit faktischer Geltung verfassungsmäßige Geltung verleiht. Man mag dies zunächst für eine Tautologie halten. Denn für den Bereich, für den Rechtsnormen faktischer Geltung auch verfassungsmäßige Geltung besitzen, gibt es keinen Gegensatz mehr zwischen diesen beiden Arten der Geltung. Man muß deshalb untersuchen, ob der begrifflichen Unterscheidung von faktischer Geltung und verfassungsmäßiger Geltung auch für diesen Bereich ein Erklärungswert zukommt.

Erlangt eine Rechtsnorm mit faktischer Geltung auf verfassungsmäßige Weise auch verfassungsmäßige Geltung, so unterscheidet sich diese Rechtsnorm von jenen, denen über den Weg der verfassungsmäßigen Geltung durch Durchsetzung auch faktische Geltung zukommt, insoweit nicht, als beiden sowohl faktische als auch verfassungsmäßige Geltung zukommt. Ein Unterschied liegt aber darin, daß die Rechtsnormen mit verfassungsmäßiger Geltung, die im Wege der Durchsetzung auch faktische Geltung erlangt haben, ihre verfassungsmäßige Geltung durch das in der Verfassung niedergelegte Gesetzgebungsverfahren erhalten haben, während jene Normen nur dann verfassungsmäßige Geltung besitzen, wenn sie auch faktische Geltung haben. Zur Feststellung der verfassungsmäßigen Geltung muß demnach die faktische Geltung festgestellt werden. Im anderen Falle ist die verfassungsmäßige Geltung unabhängig von der faktischen Geltung.

Unter diesem Blickwinkel ist es interessant, die Struktur des Gewohnheitsrechts zu untersuchen. Unter Gewohnheitsrecht wird das ungesetzte, durch einen allgemeinen, normalerweise durch Übung manifestierten Rechtsgeltungswillen der Gemeinschaft erzeugte Recht verstanden[452].

Wenn hier Gewohnheitsrecht als ungesetztes Recht angesprochen wird, so ist eine Anmerkung hinzuzufügen. Ungesetztes Recht soll hier heißen, es handelt sich um Rechtsnormen, die nicht in einem bestimmten Wortlaut in einer durch die Verfassung vorgeschriebenen Weise den Charakter verfassungsmäßiger Geltung erlangt haben. Gewohnheitsrecht darf nicht von vornherein als solches Recht bezeichnet werden, das nicht verfassungsmäßige Geltung beanspruchen kann, weil es nicht in verfassungsmäßiger Weise zustande gekommen ist. Denn für den Fall, daß die Verfassung Normen des Gewohnheitsrechts den durch ein formelles Gesetzgebungsverfahren erzeug-

[452] Enneccerus-Nipperdey: Allgemeiner Teil des Bürgerlichen Rechts, a. a. O., S. 261.

ten Normen gleichstellt, ist Gewohnheitsrecht in gleicher Weise wie formell zustande gekommene Gesetze verfassungsmäßig geltendes Recht.

Als erste Voraussetzung des Gewohnheitsrechts nennen ENNECCERUS-NIPPERDEY einen allgemeinen Geltungswillen der Gemeinschaft oder ihrer Organe. Es müsse der Wille vorhanden sein, eine bindende Regel zu verwirklichen, indem man sie durchsetze oder ihr gehorche[453]. Soweit der Wille vorhanden sein muß, eine bindende Regel zu verwirklichen, heißt dies, daß der Willensträger von der Vorstellung ausgehen muß, die Rechtsnorm, deren Charakter als Gewohnheitsrecht hier untersucht werden soll, sei geltendes Recht. Weiterhin muß er sein Verhalten, das von dieser Rechtsnorm erfaßt wird, nach ihr ausrichten. Die Verwirklichung der Rechtsnorm, auf die sich der Wille beziehen muß, hat derart zu erfolgen, daß man entweder sie durchsetzt oder daß man ihr gehorcht. Mit dieser Formulierung erfassen ENNECCERUS-NIPPERDEY die Struktur der Rechtsnorm und legen sie demnach auch für die Analyse des Gewohnheitsrechts zugrunde.

Die Verwirklichung einer Rechtsnorm besteht darin, daß entweder sich die Rechtsgenossen ihr gemäß verhalten oder eine Sanktion gegen sie verhängt wird. Richtig ist, daß sich Gewohnheitsrecht damit von der Gewohnheit unterscheiden läßt.

Würde man den Rechtsgeltungswillen aller Rechtsgenossen und zu jeder Zeit, für die eine gewohnheitsrechtliche Norm gelten soll, fordern, so gäbe es wohl praktisch kein Gewohnheitsrecht. Deshalb versucht man, die Forderung in bezug auf den Umfang des Rechtsgeltungswillens in geeigneter Weise einzuschränken. ENNECCERUS-NIPPERDEY sind der Ansicht, es könne nicht ein Erfordernis des Gewohnheitsrechts sein, daß eine solche Übung von vornherein oder während der ganzen Dauer von einem solchen Rechtsgeltungswillen getragen sei. Der Rechtsgeltungswille könne sich häufig im Dulden, im Nichtwidersprechen gegen die Übung einzelner Kreise äußern[454].

Diese Beschränkung des Umfangs des Geltungswillens auf den einzelner Kreise birgt jedoch die Gefahr, Rechtsnormen zu dem Rang des Gewohnheitsrechts zu verhelfen, obwohl sie das Ergebnis der Ausübung der Machtposition bestimmter Kreise über andere sind. Auf diese Weise ließe sich das Ausnutzen etwa wirtschaftlicher Machtstellung, die hingenommen würde, zu Rechtsansprüchen verdichten.

Dieses Ergebnis ist nicht zufällig, sondern resultiert aus der Notwendigkeit, den Rechtsgeltungswillen nicht von allen Rechtsgenossen zu fordern, da sich ein solches Erfordernis nicht realisieren ließe, sondern ihn auf einen Kreis zu beschränken, ohne daß man allgemeingültig den Kreis im allge-

---

[453] ENNECCERUS-NIPPERDEY: Allgemeiner Teil des Bürgerlichen Rechts, a. a. O., S. 264 f.

[454] ENNECCERUS-NIPPERDEY: Allgemeiner Teil des Bürgerlichen Rechts, a. a. O., S. 265.

meinen bezeichnen könnte. Denn da sich Gewohnheitsrecht in ganz unterschiedlichen Bereichen des Rechts bilden kann, kann man die Kennzeichnung jener Kreise, deren Rechtsgeltungswillen ausschlaggebend sein soll, nicht nach materiellen Merkmalen vornehmen.

Wählt man aber die Beschränkung des Erfordernisses des Rechtsgeltungswillens nach formellen Merkmalen, so läßt sich ein anderes Erfordernis nicht berücksichtigen. Es handelt sich um das Erfordernis, daß das Recht bei Interessengegensätzen die Berücksichtigung und Abwägung aller widerstreitenden Interessen verlangt, um einen dauerhaften Rechtsfrieden zu sichern.

Da dieses Erfordernis hier jedoch nicht berücksichtigt wurde, kann es geschehen, daß solche Kreise einer bestimmten Rechtsnorm Rechtsgeltungswillen zulegen, die gerade ihren und nur ihren Interessen besonders förderlich sind. Und dies wird sogar die Regel sein. Hier sehen wir bereits die erste Schwierigkeit, ein Verfahren zuzulassen, Rechtsnormen den Rang verfassungsmäßiger Geltung zuzuordnen, denen nicht, wie etwa bei dem parlamentarischen System, eine möglichst weitgespannte Berücksichtigung der Interessen der Rechtsgenossen zugrunde liegt.

Diese Schwierigkeiten suchen ENNECCERUS-NIPPERDEY durch weitere Ausgestaltung dieses Erfordernisses zu begegnen. Wenn auch der Rechtsgeltungswille auf einen bestimmten Kreis beschränkt sein darf, so müssen doch alle Rechtsgenossen den Rechtsgeltungswillen haben, die die Regel angeht. Indem man verlangt, daß alle Parteien, deren Interessen im Widerstreit liegen, einer Regelung Rechtsgeltung verliehen wissen wollen, vermeidet man, daß die eine Partei sich über die Interessen der anderen hinwegsetzt.

Als nächstes Erfordernis für die Geltung von Gewohnheitsrecht verlangen ENNECCERUS-NIPPERDEY, daß sich der Rechtsgeltungswille manifestiert habe[455]. Dies geschehe normalerweise (nicht notwendig) durch Übung. Diese Übung kann nur darin bestehen, daß sich die Rechtsgenossen normgemäß verhalten.

Will man hier näher angeben, worin die Übung des Rechtsgeltungswillens bestehen muß, wird man zu folgendem Problem geführt. Verlangt man, daß die Übung darin besteht, daß sich die Rechtsgenossen normgemäß verhalten, dann läßt sich in diesem Fall Gewohnheitsrecht von der Gewohnheit nicht unterscheiden. Denn auch die Gewohnheit der Rechtsgenossen läßt sich damit beschreiben, daß Rechtsgenossen in einer bestimmten Situation ein bestimmtes Verhalten realisieren, anderes Verhalten meiden. Verlangt man aber für die Übung des Rechtsgeltungswillens, daß die Rechtsnorm auch durchgesetzt wird in dem Sinne, daß Verstöße gegen das normgemäße Verhalten mit einer Sanktion geahndet werden, so hat dies zur Folge, daß

---

[455] ENNECCERUS-NIPPERDEY: Allgemeiner Teil des Bürgerlichen Rechts, a. a. O., S. 266.

die Rechtsgenossen Gewohnheitsrecht gar nicht bilden können, sondern hierzu die Mitwirkung der Organe der Rechtspflege erforderlich ist.

Die Bildung von Gewohnheitsrecht ohne Mitwirkung der Organe der Rechtspflege ist dann genau genommen unmöglich. Denn eine Rechtsnorm ist stets ein Satz dergestalt, daß an einen bestimmten Tatbestand eine bestimmte Sanktion geknüpft wird. Da nicht die Rechtsgenossen, sondern nur die Organe der Rechtspflege Sanktionen rechtlicher Art verhängen können, kann Gewohnheitsrecht ohne Mitwirkung dieser nicht entstehen. Mit Recht sagen deshalb ENNECCERUS-NIPPERDEY, das Gewohnheitsrecht entstehe in der Hauptsache durch Gerichtsgebrauch, verlangen jedoch noch die besonderen Voraussetzungen der Gewohnheitsrechtsbildung. Sie vertreten die Meinung, einzelne, den konkreten Fall betreffende Entscheidungen schafften kein objektives Recht, aber auch mehrere gleichartige Fälle entscheidender Urteile offenbarten noch keinen Rechtsgeltungswillen. Es müsse sich um eine sogenannte ständige Rechtsprechung handeln. Als weiteres Merkmal verlangen ENNECCERUS-NIPPERDEY, daß sich der Gerichtsgebrauch allgemein durchgesetzt habe, zumindest durch Nichtwiderspruch, sei es auch widerwillig, allgemeine Anerkennung gefunden habe[456].

Entsteht Gewohnheitsrecht nur durch Gerichtsgebrauch, sei es auch unter Hinzufügung weiterer Erfordernisse, so drohen wir in einen Zirkelschluß zu geraten, der die Verwendung des Begriffs Gewohnheitsrecht sinnlos erscheinen läßt.

Wenn eine Verfassung den Richter verpflichtet, seine Entscheidung aus Rechtsnormen abzuleiten und wenn man diese Rechtsnormen als ein geschlossenes System von Normen, seien sie nun im einzelnen bezeichnet oder nicht, ansieht, so kann Gewohnheitsrecht nur entgegen der Verfassung entstehen. Denn Gewohnheitsrecht entsteht nur dann, wenn die Gerichte von den bisher geltenden Normen abweichen und erst eine neue Übung schaffen. Da dies unter der Voraussetzung, daß eine Verfassung eine Geltungsanordnung ausspricht, nicht möglich ist, ist demnach die Bildung von Gewohnheitsrecht verfassungsmäßig nicht zulässig. Läßt aber die Verfassung den Richter von den Rechtsnormen, denen verfassungsmäßige Geltung zukommt, abweichen, ist es also zulässig, einen neuen Gerichtsgebrauch zu bilden, so hat es wenig Zweck, einen besonders qualifizierten Gerichtsgebrauch als Gewohnheitsrecht zu bezeichnen. Denn dieses Gewohnheitsrecht ist nichts anderes als ein Gerichtsgebrauch, dem noch besondere Eigenschaften, wie etwa Beständigkeit, Unwidersprochenheit, innewohnen. Der Ausdruck Gewohnheitsrecht ist in diesem Falle auch insoweit irreführend, als die Gerichte ja nicht an dieses Gewohnheitsrecht gebunden sind, weil sie in diesem Falle eben überhaupt nicht an bestimmte Rechtsnormen gebunden sind. Wie immer man also die verfassungsmäßige Geltung ausgestaltet, unabhängig

[456] ENNECCERUS-NIPPERDEY: Allgemeiner Teil des Bürgerlichen Rechts, a. a. O., S. 267.

hiervon ist, daß die Verwendung des Begriffs Gewohnheitsrecht keinen Erklärungswert besitzt.

Hieraus folgt weiter, daß eine Spannung zwischen verfassungsmäßig geltendem Recht und faktisch geltendem Recht bei dem Fehlen einer materiellen Bindung nicht möglich ist, soweit eine strenge Bindung des Richters an bestimmte Rechtsnormen nicht ausgesprochen ist. In diesem Falle kann sich der Richter durch Nichtanwendung bestimmter Rechtsnormen oder durch Anwendung von Rechtsnormen, die nicht im formellen Gesetzgebungsverfahren zustande gekommen sind, mit der Verfassung nicht in Gegensatz bringen. Da die faktische Geltung jenen Rechtsnormen zukommt, die die Tätigkeit des Sanktionsapparates beschreiben, diese Tätigkeit aber in einem solchen Falle an bestimmte Rechtsnormen nicht gebunden ist, entsprechen die Rechtsnormen mit faktischer Geltung dann der Verfassung, gehören demnach insoweit zu den Rechtsnormen mit verfassungsmäßiger Geltung[457].

3. Das Verhältnis von ideeller Geltung und verfassungsmäßiger Geltung

Zwischen ideeller Geltung und verfassungsmäßiger Geltung besteht zunächst die Beziehung, daß die Rechtsnormen mit verfassungsmäßiger Geltung im weiteren Sinne auch als solche mit ideeller Geltung angesprochen werden können. Wenn Rechtsnormen mit ideeller Geltung solche sind, die ein Autor als adäquate Lösung eines Interessenkonfliktes vorgeschlagen hat, dann wird diese Vorstellung meist auch auf jene Rechtsnormen zutreffen, denen verfassungsmäßige Geltung zukommt. Der Grund wird schon darin liegen, daß Rechtsnormen, die in verfassungsmäßig vorgeschriebener Weise als Gesetz bestätigt werden, meist vorher zur Diskussion gestellt werden und somit zunächst einen Vorschlag für die Regelung des betreffenden Rechtsbereichs darstellen. Aber auch in den anderen Fällen läßt sich den Rechtsnormen mit verfassungsmäßiger Geltung der Charakter ideeller Geltung nicht absprechen. Dies zeigt sich dann, wenn ein Gesetz außer Kraft getreten ist, oder wenn es sich um ein Gesetz aus einem anderen Geltungsbereich handelt. Auch wenn ihnen die verfassungsmäßige Geltung nunmehr fehlt, haben sie ihre Bedeutung noch nicht verloren, sondern werden in der rechtswissenschaftlichen Diskussion möglicherweise doch eine Rolle spielen. Sie sind dann ein Entwurf, ein Vorschlag, eine bestimmte Materie zu regeln.

[457] Man könnte auch den Sprachgebrauch einführen, Rechtsnormen, an die die Organe des Sanktionsapparates nicht materiell gebunden sind, gehörten nicht zu denen mit verfassungsmäßiger Geltung. Die andere Ausdrucksweise scheint jedoch zweckmäßiger. Da die normale Fragestellung lautet, ob die Anwendung bestimmter Rechtsnormen der Verfassung entspricht, ist die Beantwortung einfacher, wenn man alle Rechtsnormen als solche mit verfassungsmäßiger Geltung erklärt, deren Anwendung von der Verfassung zugelassen ist.

Dies ist aber nichts anderes als eine Rechtsnorm oder ein System von Rechtsnormen, denen ideelle Geltung zukommt.

Außer dem Verhältnis der Geltungsbereiche der Begriffe der ideellen Geltung und der verfassungsmäßigen Geltung läßt sich auch noch eine Entwicklungstendenz zwischen den Rechtsnormen ideeller Geltung und denen verfassungsmäßiger Geltung feststellen. In der Rechtspraxis besteht die Übung, bedeutende Kodifikationen vor ihrer Rechtssetzung in Kommissionen zu diskutieren. In diese Kommissionen werden auch Autoren für Rechtsnormen mit ideeller Geltung berufen. Dadurch wird gesichert, daß die Kenntnis der Möglichkeiten, die Materie zu regeln, soweit wie möglich ausgeschöpft wird.

Werden auch heute größere Kodifikationen nur unter der Mitwirkung der Fachwissenschaftler der betreffenden Sachgebiete vorbereitet, so werden doch noch eine Fülle kleinerer oder größerer Gesetze, die mitunter stark in das bisherige Rechtsgefüge eingreifen, erlassen, ohne daß sie in eine breitere Diskussion unter Fachwissenschaftlern gekommen wären. Das Ergebnis ist oft, daß erst nach Inkrafttreten solcher Gesetze die Problematik unter Rechtswissenschaftlern erörtert wird, tiefsinnige und aufwendige Arbeiten darüber verfaßt werden, wie solche Probleme nun nachträglich gelöst werden könnten, wobei oft festzustellen ist, daß manche Schwierigkeiten leicht hätten behoben werden können, hätte man sie vorher bedacht.

Ein weiterer Nachteil der Situation, daß Unzulänglichkeiten und Widersprüche in Gesetzen erst nach deren Inkrafttreten in die Diskussion von Fachwissenschaftlern gelangen, ist der Umstand, daß die Rechtssprache in dem Bestreben, den mangelhaften Gesetzestext zurechtzubiegen, in ihrer Ausdruckskraft stark beeinträchtigt wird.

So mag die Rechtslehre das Verdienst für sich in Anspruch nehmen, Wertungswidersprüche in unserer Rechtsordnung, die durch neue Gesetze entstehen, zu mildern oder zu beseitigen. Doch in dem Bestreben, insbesondere einem noch jungen Gesetz die Vermutung der Veränderungsbedürftigkeit oder der Unreife zu ersparen, und den Gesetzestext soweit wie möglich beizubehalten, führt der Weg oft über eine Verwässerung der Begriffe und der Verfahrensregeln, die die Brauchbarkeit einer Rechtssprache stark herabsetzen.

Eine andere Frage, betreffend das Verhältnis von ideeller Geltung und verfassungsmäßiger Geltung, ist das Ausmaß, in welchem Rechtsnormen ideeller Geltung für die Schaffung von Rechtsnormen verfassungsmäßiger Geltung aufgrund positiv-rechtlicher Vorschriften von Bedeutung sind. Ein Beispiel, das eine Frage aufwirft, ist Artikel 1 des Schweizerischen Zivilgesetzbuches. Wenn hier dem rechtsschöpfenden Richter vorgeschrieben wird, bewährter Lehre und Überlieferung zu folgen, so ist den Rechtsnormen ideeller Geltung eine bestimmte Rolle zugewiesen, wenn auch diese Verweisung mehr ein Hinweis auf die Beschäftigung mit einschlägiger Lehre als eine, wenn auch noch so schwache Bindung an die Rechtsnormen ideeller Geltung ist.

Ganz allgemein wird man nicht nur ein Fehlen entsprechender Vorschriften, die den Normen ideeller Geltung einen festen Platz im Gefüge der Rechtsordnung einräumen würden, feststellen, sondern muß aus der Eigenart der ideellen Geltung entnehmen, daß eine solche Verknüpfung auch nicht möglich ist.

Die Eigenart der ideellen Geltung ergibt demnach, daß Rechtsnormen ideeller Geltung durch ihre Überzeugungskraft und durch die Autorität ihrer Autoren wirken, und daß sie dann, wenn sie über diese Wirkungsweise auf ideellem Wege hinausgehen, bereits die Eigenschaft der verfassungsmäßigen oder der faktischen Geltung erhalten.

4. Das Verhältnis von ideeller Geltung und faktischer Geltung

Für das Verhältnis von ideeller Geltung und faktischer Geltung sind jene Wirkgesetze von Bedeutung, über die Ideen auf die Wirklichkeit gestaltend einwirken. Die Wirkungsweise solcher Ideen reicht von freier Begeisterung und Faszination bis zu dem Glauben an die Notwendigkeit und Unentrinnbarkeit von Rechtsnormen mit ideeller Geltung.

In der Rechtswirklichkeit finden wir die Begegnung von Rechtsnormen ideeller Geltung und denen faktischer Geltung in der Diskussion von Gerichtsentscheidungen und Maßnahmen der Verwaltungsbehörden, wie sie sich vor allem in Fachzeitschriften, aber auch in der übrigen Publizistik vorfinden. Hier werden die Rechtsnormen faktischer Geltung an den eigenen Vorstellungen einer idealen Rechtsordnung gemessen, und hier wird darum gerungen, empfundene Mängel der Rechtsnormen faktischer Geltung durch für besser gehaltene Rechtsnormen ideeller Geltung zu ersetzen.

So sehr man den Rechtsnormen ideeller Geltung einen gewissen Einfluß auf die Rechtsnormen faktischer Geltung wünscht, sind doch nicht Probleme zu übersehen, die sich aus diesem Wechselverhältnis ergeben, besonders wenn die Diskussion in der breiten Öffentlichkeit geführt wird. Eine Rechtsordnung, oder besser gesagt die Organe der Rechtspflege, können nicht in das Parteigezänk hinabsteigen, ohne an Ansehen zu verlieren und ohne ihre Funktion zu schwächen, einen Rechtsfrieden zwischen den Mitgliedern der Gemeinschaft zu errichten.

Aber die Schwierigkeiten dürfen auch nicht überschätzt werden. Manche Beschwerde von Richtern über Kritik an ihren Entscheidungen ist mehr aus innerer Unsicherheit als aus Sorge um die Würde des Gerichts entstanden. Und gar manche Zurückhaltung in der Kritik richterlicher Entscheidungen mag mehr der Rücksichtnahme auf eigene Interessen als der Sorge um das Ansehen des Gerichts entspringen. Ein Richter, der seine Entscheidungen auf allgemeine Rechtssätze aufbaut, die er in den Tiefen rechtswissenschaftlicher

Erkenntnisse verankert hat, und nicht bei den eigenen Vorurteilen seine Stütze sucht, wird auch unangefochten die Kritik seiner Entscheidungen hinnehmen können, indem er daran lernt, in seinen Grundsätzen aber nicht tangiert wird. Und eine Diskussion richterlicher Entscheidungen, mag sie auch am Anfang als beunruhigend empfunden werden, wird sich, soweit sie in Gezänk ausartet, bald erschöpfen. Je länger und je breiter eine Diskussion geführt wird, je mehr werden die guten Argumente die schlechten fadenscheinig erscheinen lassen und sie zurückdrängen.

Das soziologische Verhältnis von ideeller Geltung und faktischer Geltung ist jedoch nicht in der Wirkung, die Rechtsnormen ideeller Geltung auf die faktische Rechtsordnung ausüben, erschöpft. Die faktische Rechtsordnung selbst wirkt auf die Entfaltung der ideellen Rechtsordnung zurück[458]. Der Mensch entwickelt sich in einer bestimmten Kultur und einer bestimmten Rechtsordnung. Er mag sich die geistige Freiheit aneignen, die Wirkungsweise von Rechtsordnungen zu durchschauen und die historische Zufälligkeit der faktischen Rechtsordnung zu erkennen, die Rechtswirklichkeit übt doch einen starken Einfluß auf die Vorstellungswelt solcher Autoren aus, die selbst durch die Formulierung von Rechtsnormen ideeller Geltung für eine Weiterentwicklung der Rechtsordnung arbeiten.

Auch wird für die Vorstellung bei der Schaffung von Rechtsnormen ideeller Geltung mitwirken, daß solche Rechtsnormen ideeller Geltung besonderen Vorzug verdienen, die bei der Verwirklichung neuer Rechtsideen eine bestehende Rechtsordnung am wenigsten erschüttern. Sollte einem Rechtsautor diese Einsicht fehlen, so wird die Rechtslehre durch eine geeignete Bewertung eines solchen Vorschlags diesen Mangel berücksichtigen.

Eine weitere soziologische Beziehung zwischen ideeller Geltung und faktischer Geltung wird durch den Ausbildungsgang des künftigen Richters hergestellt. Der angehende Jurist beginnt sein Studium der Rechtsmaterie an den Universitäten, an denen die Ausbildung durch Rechtslehrer vermittelt wird, die als die bedeutendste Gruppe von Autoren für die Formulierung von Rechtsnormen ideeller Geltung angesehen werden muß. Sieht man davon ab, daß ein Teil der Studenten das Studium der Rechtswissenschaft nur unter dem Gesichtspunkt materieller Besserstellung und sozialen Aufstiegs betreibt und eine Begeisterung für wissenschaftliche Arbeit für einen Luxus hält, so wird der angehende Jurist zunächst mit den Möglichkeiten der Regelung des menschlichen Zusammenlebens durch Rechtsnormen bekanntgemacht, d. h. er lernt zunächst den Begriff der ideellen Geltung kennen. Mögen auch die Rechtslehrer die Darstellung des faktisch geltenden Rechts in den Mittelpunkt stellen, das methodische Vorgehen, die Regelung

---

[458] "Since obidience is strengthened by custom, every order upheld in fact, including one which in the main depends upon pure force, tends to develp into an order which is ideologically approved."

Ross, Alf: On Law and Justice, a. a. O., S. 57.

des faktisch geltenden Rechts aus der Interessenlage und dem Streben nach adäquater Lösung zu entwickeln, zeigt, daß die Grundlage doch der Begriff der ideellen Geltung bildet. Dies zeigt auch die Überlegung, daß die Rechtslehrer bei der Darstellung des faktisch geltenden Rechts stets dann ihre Ansicht zu einer Regelung vortragen, wenn sie von dem faktisch geltenden Recht abweichen.

Dieses Verfahren bringt große Vorteile. Sie öffnen dem Studenten der Rechtswissenschaft den geistigen Horizont und erschließen ihm die Quellen, in denen sich eine jahrtausendalte juristische Weisheit niedergeschlagen hat. Jeder kann selbst die Erfahrung machen, daß man mit Kommilitonen, die das Repetieren für den Sinn des Studiums halten, sich streng genommen nur Mitteilungen machen kann, während eine echte Diskussion nur mit solchen Kommilitonen möglich ist, bei denen sich ihre Anwesenheit an der Universität auch im geistigen Habitus ausprägt.

Das Verhältnis von ideeller Geltung und faktischer Geltung wird jedoch nicht nur von den Bemühungen, die von einem klaren Unterschied von Rechtsnormen faktischer Geltung und denen ideeller Geltung ausgehen und sich auch über das Wechselverhältnis beider im klaren sind, berührt, sondern der Einfluß auf das faktisch geltende Recht wird oft unter Verkennung des Verhältnisses beider Geltungsarten oder unter bewußter Verschleierung des Verhältnisses beider ausgeübt.

Es müssen nicht unlautere Motive sein, die einen Autor dazu bewegen, seine Vorschläge zur Änderung der Gerichtspraxis als Notwendigkeit erscheinen zu lassen. Es kann durchaus als Kompensation zu einer gewissen Abneigung, die bei dem sogenannten Praktiker gegenüber Überlegungen des sogenannten Theoretikers vorhanden ist, gedacht sein. Der Erfolg mag auf den ersten Anschein diesem Vorgehen recht geben, doch darf der Nachteil dabei nicht übersehen werden. Er entsteht dadurch, daß das Niveau der Rechtssprache weiterhin absinkt und auf lange Sicht gesehen einer Weiterentwicklung des Rechts abträglich ist.

Eine offene Kennzeichnung der Meinung juristischer Autoren als Rechtsnormen ideeller Geltung hätte den weiteren Vorteil, daß die geistige Energie nicht so sehr auf die Suche nach Begründungen, die den Anschein echter Ableitung hervorrufen, sondern auf die Entwicklung sachlicher Gesichtspunkte verwendet würde. Die Absicht von Rechtsautoren, einen unbefriedigenden Gerichtsgebrauch mit dem Mittel der Verquickung verschiedener Rechtsgeltungsbegriffe zu beeinflussen[459], bleibt im Erfolg meist hinter dem Ziel

[459] "Doubtlessly, the intention of legal writers is to state the law as a fact. But only few writers confine their intention to this. In cases where the state of the law is not determined with a high degree of certainty but still open to further development in the future, most jurists will not be content with a calculation as to what result is likely to be the more probable, but will try to affect the results by influencing the judge. By appealing to legal consciousness and practical considerations writers try to establish a certain interpretation of the law in the hope that

des Vorgehens zurück. Da rechtliche Begründungen, die die verschiedenen Ebenen der Rechtsgeltung nicht trennen, im allgemeinen als wenig überzeugend und wenig befriedigend empfunden werden, wird man doch auf das Ergebnis dieser Begründungen, auf die vorgeschlagenen Rechtsnormen, zurückgehen und das Ergebnis nur dann übernehmen, wenn es ohnehin zusagt, und es in der Regel dann ablehnen, wenn es dem eigenen Rechtsgefühl widerstrebt. In einem solchen ablehnenden Falle wird selten der Charakter einer Lehrmeinung als Norm oder System von Normen ideeller Geltung verkannt.

Jene Beziehung zwischen faktischer Geltung und ideeller Geltung, die darin besteht, daß man Rechtsnormen ideeller Geltung als solche faktischer Geltung ausgibt, ist demnach von der Sache her wenig befriedigend und im übrigen mit der Verpflichtung des Rechtswissenschaftlers zur Wahrhaftigkeit schwer zu vereinbaren.

Zusammenfassung

1. Jede Rechtsordnung läßt sich in Rechtsnormen vollständig darstellen; Rechtsnormen sollen Sätze mit der Struktur der Implikation sein, deren Vordersatz die Voraussetzungen, deren Nachsatz die Art der Sanktion angibt.

2. Die Geltung von Rechtsnormen kann als eine Eigenschaft von Rechtsnormen oder eine Mehrzahl von Eigenschaften von Rechtsnormen aufgefaßt werden.

3. Das Phänomen der Rechtsgeltung läßt sich in mindestens drei Begriffen der Geltung von Rechtsnormen erfassen; bei geeigneter Auswahl dieser Begriffe sind sie auch ausreichend, um die in der Literatur gebrauchten Geltungsbegriffe auf sie abzubilden.

4. Die drei Begriffe der Geltung von Rechtsnormen, die faktische Geltung, die verfassungsmäßige Geltung und die ideelle Geltung, sind notwendig und hinreichend, um das Phänomen der Geltung von Rechtsnormen zu beschreiben.

5. Rechtsnormen faktischer Geltung sollen die Rechtsnormen mit der logischen Struktur von empirischen Gesetzen sein. Sie sind also verifizierbar bzw. falsifizierbar. Ihr Inhalt besteht in Beschreibung der Tätigkeit des Sanktionsapparates.

6. Die verfassungsmäßige Geltung soll jene Rechtsnormen kennzeichnen, die gemäß einer bestimmten Verfassung zum Bestandteil der entsprechenden

his pronouncements will influence futural legal decisions. To that extent, therefore, their utterances are not assertions but directives in the form of advice, requests, recommendations to the judge as to how he ought to decide the case in point, directived de sententia ferenda."

Ross: On Law and Justice, a. a. O., S. 46.

Rechtsordnung erklärt sind; die verfassungsmäßige Geltung nimmt stets auf eine bestimmte Verfassung Bezug; unterschiedliche Verfassungen als Basis geben unterschiedliche Ausgestaltungen des Begriffs der verfassungsmäßigen Geltung.

7. Der Begriff der ideellen Geltung soll jene Rechtsnormen kennzeichnen, die von einem Autor als Lösung eines Interessenkonfliktes oder mehrerer Interessenkonflikte vorgeschlagen sind; die ideelle Geltung nimmt stets auf einen bestimmten Autor Bezug; unterschiedliche Autoren geben einen unterschiedlichen Bezugspunkt und damit die Möglichkeit, den Begriff der ideellen Geltung weiter zu differenzieren.

8. Der Begriff der Verbindlichkeit von Rechtsnormen im Sinne des Sprachgebrauchs der Rechtsphilosophie führt zu nicht entscheidbaren Sätzen.

9. Der Begriff der Verbindlichkeit hat in rechtswissenschaftlichen Publikationen oft die Funktion, in einem frühen Stadium der Untersuchung einschlägiger rechtlicher Probleme den Juristen zu einer emotionalen Stellungnahme zu bestimmen und ihn auf eine wissenschaftlich unfruchtbare Problemstellung festzulegen.

10. Die Darlegung der Verbindlichkeit von Rechtsnormen kleidet die Auslösung von Werturteilen unzulässigerweise meist in das Gewand wissenschaftlicher Deduktion.

11. Es gibt für den Rechtswissenschaftler kein absolutes Wertesystem, an dem eine Rechtsordnung gemessen werden kann; jede Bewertung nimmt auf ein bestimmtes Wertesystem Bezug; vom wissenschaftlichen Standpunkt aus können alle Wertesysteme gleichermaßen zum Ausgangspunkt einer Bewertung gemacht werden.

12. Die Einführung apriorischer Geltungsbegriffe ist der Versuch, ein bestimmtes Wertesystem als unangreifbar gültig durchzusetzen.

13. Die Überzeugung von der Verbindlichkeit von Rechtsnormen zusammen mit einer gewissen Wertgläubigkeit kann einer Rechtsordnung in bestimmter Hinsicht Stabilität verleihen; die Stabilität, die von einer Stellungnahme gegenüber dem Inhalt der Rechtsnormen absieht, erstreckt sich dann aber auch auf unmenschliche Rechtsordnungen, möglicherweise auf organisierten Massenmord.

14. Die Befreiung des Rechtswissenschaftlers und Praktikers aus der Manipulierbarkeit durch Festliegen in unwissenschaftlicher Problemstellung und unwissenschaftlicher Methodik gelingt durch eine rational durchgestaltete Rechtstheorie.

15. Die Anwendung der Geltungsbegriffe auf die Rechtswirklichkeit findet in drei Richtungen statt: Rechtsnormen können den Rechtsgenossen als Prognose für die Tätigkeit des Sanktionsapparates dienen, dem entsprechen die Rechtsnormen faktischer Geltung; Rechtsnormen können als Anweisung an die Organe des Staates dienen, dem entsprechen die Rechtsnormen verfassungsmäßiger Geltung; Rechtsnormen können Empfehlungen

zur Lösung von Interessenkonflikten sein, dem entsprechen die Rechtsnormen ideeller Geltung.

16. Mit der Bestimmung der Art der Rechtsgeltung sind die Auslegungsregeln mitbestimmt.

17. Eine Auslegungsmethode, mit der jedes Ergebnis erzielt werden kann, ist als Verfahren der Rechtsanwendung wertlos, da das Ergebnis von einer solchen Auslegungsmethode unabhängig ist.

18. Die Auslegung von Rechtsnormen faktischer Geltung folgt den Auslegungsregeln indikativer Aussagen.

19. Rechtliche Entscheidungen besitzen nur dann verfassungsmäßige Geltung, wenn sie aus Rechtsnormen verfassungsmäßiger Geltung mit Auslegungsverfahren gewonnen wurden, die in der Geltungsanordnung der Verfassung enthalten sind.

20. Enthält eine Geltungsanordnung keine eigenen Auslegungsregeln, so stellen die Regeln der Sprachlogik den Zusammenhang zwischen Rechtsnormen und rechtlichen Entscheidungen dar.

21. Im Rahmen der Auslegung kann die Ermittlung des Inhalts einer Rechtsnorm nur auf Definitionen und den Sprachgebrauch gestützt werden.

22. Aufgabe der Auslegung ist, solche und nur solche Wertentscheidungen aus einer Rechtsnorm zu entnehmen, die der Normenautor durch die Rechtsnorm entschieden hat.

23. Ist eine Rechtsnorm ungenau, so daß aus ihr ein Anspruch weder gegeben noch verneint werden kann, so kann die Geltungsanordnung bestimmen, daß diese Rechtsnorm präzisiert werden darf.

24. Kann aus Rechtsnormen verfassungsmäßiger Geltung eine rechtliche Entscheidung nicht entnommen werden und ist auch nicht ungewiß, ob sie abgeleitet werden kann, so beruht die rechtliche Entscheidung und die Rechtsnorm, aus der sie abgeleitet ist, auf Rechtsschöpfung.

25. Die Gesetzeslücke kann nicht als Grund der Rechtsschöpfung herangezogen werden. Denn methodologisch geht die Rechtsschöpfung der Feststellung einer Gesetzeslücke voraus.

26. Die Vorschriften der Verfassung über die verfassungsmäßige Geltung können eine Bindung an Rechtsnormen durch die materielle oder die formelle Bindung vornehmen. Materielle Bindung soll bedeuten, daß die Rechtsnormen bestimmt sind, aus denen die rechtlichen Entscheidungen abgeleitet werden dürfen und daß das Verfahren festgelegt ist, auf welche Weise aus Rechtsnormen rechtliche Entscheidungen gewonnen werden dürfen. Formelle Bindung soll bedeuten, daß nur das Verfahren, wie rechtliche Entscheidungen gewonnen werden dürfen, festgelegt ist und im übrigen derjenige, der das Recht anwendet, in der Auswahl der Rechtsnormen nicht beschränkt ist.

27. Durch die materielle Bindung kann die Rechtssicherheit am stärksten gewährleistet werden.

28. Bei der materiellen Bindung ist die Gefahr des Einflusses subjektiver Wertvorstellungen auf das Verfahren der Rechtsanwendung am geringsten.

29. Das Fehlen der materiellen Bindung erhöht die Anpassungsfähigkeit der Rechtsanwendung sowohl an sachlichere als auch an unsachlichere Lösungen.

30. Es ist zweckmäßig, für verschiedene Rechtsgebiete verschiedene Geltungsanordnungen in Erwägung zu ziehen.

31. Das Grundgesetz enthält als allgemeine Geltungsanordnung die formelle Geltung.

32. Das Grundgesetz enthält für den Bereich des Strafrechts und der Freiheitsbeschränkung die materielle Bindung, wobei die Präzisierung nicht zulässig ist.

33. Bei der Einschränkung von Grundrechten besteht die materielle Bindung, wobei die Präzisierung zulässig ist.

34. Die faktische Geltung entspricht dem Wahrheitswert soziologischer Aussagen.

35. In der Rechtswirklichkeit streben Rechtsnormen verfassungsmäßiger Geltung nach faktischer Geltung und Rechtsnormen faktischer Geltung nach verfassungsmäßiger Geltung.

36. Es ist auf lange Sicht unzweckmäßig und mit den Grundsätzen wissenschaftlicher Arbeit unvereinbar, den Einfluß der ideellen Geltung auf die faktische Geltung durch Ungenauigkeit in der Zugrundelegung oder Verwendung der Geltungsbegriffe vergrößern zu wollen.

Literatur

Ackermann, Franz: Das Verhältnis von Sein und Sollen als ein Grundproblem des Rechts. Winterthur 1955.

Anschütz, Gerhard: Die Verfassung des Deutschen Reiches vom 11. August 1919. 14. Aufl., Berlin 1933.

Austin, John: Lectures on Jurisprudence. 5. Aufl., London 1929.

Bartholomeyczik, Horst: Die Kunst der Gesetzesauslegung. 2. Aufl., Frankfurt am Main 1960.

Bergbohm, Karl: Jurisprudenz und Rechtsphilosophie. Leipzig 1892.

Bohne, Gotthold: Zur Psychologie der richterlichen Überzeugungsbildung. Köln 1948.

Brecht, Arnold: Politische Theorie, Tübingen 1961.

Brusiin, Otto: Über die Objektivität der Rechtsprechung. Helsinki 1949.

— Über das juristische Denken. Helsingfors 1951.

Buckland, William Warwick: Some Reflections on Jurisprudence. Cambridge 1945.

Cardozo, Benjamin Nathan: The Paradoxes of legal science. New York 1947.

— Lebendiges Recht. München 1949.

Carnap, Rudolf: Testability and Meaning, in Readings in the Philosophy of Science, herausgegeben von Herbert Feigl und Max Brodbeck. New York 1953.

CARNAP, RUDOLF: Symbolische Logik. 2. Aufl., Wien 1960.
— und WOLFGANG STEGMÜLLER: Induktive Logik und Wahrscheinlichkeit. Wien 1959.
COING, HELMUT: Die obersten Grundsätze des Rechts. Ein Versuch zur Neugründung des Naturrechts. Heidelberg 1947.
— Grundzüge der Rechtsphilosophie. Berlin 1950.
— Die juristischen Auslegungsmethoden und die Lehren der allgemeinen Hermeneutik. Köln und Opladen 1959.
— Um die Erneuerung des Naturrechts in: Naturrecht oder Rechtspositivismus?, herausgegeben von WERNER MAIHOFER. Bad Homburg v. d. H. 1962.
DAHM, GEORG: Völkerrecht, Stuttgart 1958.
DARMSTÄDTER, F.: Der Begriff „Recht" in Art. 20 Abs. 3 des Grundgesetzes. In NJW 1957.
DENNEWITZ, B., und K. G. WERNICKE: Kommentar zum Bonner Grundgesetz. Hamburg 1954.
DOELLE, HANS: Vom Stil der Rechtssprache. Tübingen 1949.
GRAF ZU DOHNA, ALEXANDER: Kernprobleme der Rechtsphilosophie. Berlin—Wien 1940.
DRATH, MARTIN: Grund und Grenzen der Verbindlichkeit des Rechts. Tübingen 1963.
EBENSTEIN, WILLIAM: The pure theory of law. Madison 1945.
EMGE, CARL AUGUST: Einführung in die Rechtsphilosophie, Frankfurt—Wien 1955.
— Über das Verhältnis von „normativem Rechtsdenken" zur „Lebenswirklichkeit". Wiesbaden 1956.
ENGISCH, KARL: Die Einheit der Rechtsordnung. Heidelberg 1935.
— Die Idee der Konkretisierung in Recht und Rechtswissenschaft unserer Zeit. Heidelberg 1953.
— Einführung in das juristische Denken, 2. Aufl. Stuttgart 1959.
— Logische Studien zur Gesetzesanwendung, 3. Aufl. Heidelberg 1963.
ENNECCERUS, LUDWIG und HANS CARL NIPPERDEY: Lehrbuch des Bürgerlichen Rechts, Allgemeiner Teil des Bürgerlichen Rechts, 15. Aufl. Tübingen 1959.
— und HEINRICH LEHMANN: Lehrbuch des Bürgerlichen Rechts, Recht der Schuldverhältnisse, 15. Aufl. Tübingen 1958.
ERMAN, WALTER: Handkommentar zum Bürgerlichen Gesetzbuch, 3. Aufl. Münster 1962.
ESSER, JOSEF: Einführung in die Grundbegriffe des Rechtes und Staates. Wien 1949.
— Grundsatz und Norm in der richterlichen Fortbildung des Privatrechts. Tübingen 1956.
— Schuldrecht, 2. Aufl. Karlsruhe 1960.
FECHNER, ERICH: Rechtsphilosophie, 2. Aufl. Tübingen 1962.
— Die Bedeutung der Gesellschaftswissenschaft für die Grundfrage des Rechts in: Naturrecht oder Rechtspositivismus? Herausgegeben von WERNER MAIHOFER. Bad Homburg v. d. H. 1962.
FORSTHOFF, ERNST: Zur Problematik der Rechtserneuerung in: Naturrecht oder Rechtspositivismus? Herausgegeben von WERNER MAIHOFER. Bad Homburg v. d. H. 1962.
FRIEDMANN, WOLFGANG: Legal theory. London 1953.
— Law in a changing society. London 1959.
FUCHS, ALBERT: Die Rechtsgeltung. Leipzig und Wien 1933.

GEIGER, THEODOR: Vorstudien zu einer Soziologie des Rechts. Kopenhagen 1947.
GERMANN, O. A.: Grundlagen der Rechtswissenschaft. Bern 1950.
GURVITCH, GEORGES: Grundzüge der Soziologie des Rechts. Neuwied 1960.
HAMANN, ANDREAS: Das Grundgesetz, 2. Aufl. Neuwied und Berlin 1961.
HART, HERBERT LIONEL ADOLPHUS: The concept of law. Oxford 1961.
HECK, PHILIPP: Gesetzesauslegung und Interessenjurisprudenz. Tübingen 1914.
HELLER, THEODOR: Logik und Axiologie der analogen Rechtsanwendung. Berlin 1961.
HILBERT, D., und W. ACKERMANN: Grundzüge der theoretischen Logik, 4. Aufl. Berlin—Göttingen—Heidelberg 1959.
VON HIPPEL, ERNST: Rechtsgesetz und Naturgesetz, 2. Aufl. Tübingen 1949.
— Mechanisches und moralisches Rechtsdenken. Meisenheim 1959.
VON HIPPEL, FRITZ: Zur Gesetzmäßigkeit juristischer Systembildung. Berlin 1930.
— Die Perversion von Rechtsordnungen. Tübingen 1955.
HIRSCH, ERNST: Was kümmert uns die Rechtssoziologie. In Juristen-Jahrbuch, 3. Band (1962/63). Köln 1962.
HUBMANN, HEINRICH: Naturrecht und Rechtsgefühl in: Naturrecht oder Rechtspositivismus? Herausgegeben von WERNER MAIHOFER. Bad Homburg v. d. H. 1962.
HUSSERL, GERHART: Rechtskraft und Rechtsgeltung. Berlin 1925.
JAHRREISS, HERMANN: Berechenbarkeit und Recht. Leipzig 1927.
— Größe und Not der Gesetzgebung. In WALTER RICHTER: Mensch und Recht. Bremen 1953.
— Mensch und Staat. Köln—Berlin 1957.
JELLINEK, GEORG: Allgemeine Staatslehre, 3. Aufl., 7. Neudruck. Bad Homburg v. d. H. 1960.
JERUSALEM, FRANZ W.: Soziologie des Rechts. Jena 1925.
— Kritik der Rechtswissenschaft. Frankfurt am Main 1948.
VON IHERING, RUDOLF: Der Zweck im Recht, 6.—8. Aufl. Leipzig 1923.
JUHOS, BÉLA: Elemente der neuen Logik. Frankfurt—Wien 1954.
KANTOROWIEZ, HERMANN: The definition of law. Cambridge 1958.
KEGEL, GERHARD: Internationales Privatrecht, 2. Aufl. München—Berlin 1964.
KELSEN, HANS: Über Grenzen zwischen juristischer und soziologischer Methode. Tübingen 1911.
— Vergeltung und Kausalität. Eine soziologische Untersuchung. The Hague 1946.
— General theory of law and state. Cambridge, Mass. 1949.
— Was ist Gerechtigkeit? Wien 1953.
— Reine Rechtslehre, 2. Aufl. Wien 1960.
VON KEMPSKI, JUERGEN: Grundlegung zu einer Strukturtheorie des Rechts. Mainz—Wiesbaden 1961.
KLUG, ULRICH: Juristische Logik, 2. Aufl. Berlin—Göttingen—Heidelberg 1958.
— Bemerkungen zur logischen Analyse einiger rechtstheoretischer Begriffe und Behauptungen. In Logik und Logikkalkül, Festschrift für WILHELM BRITZELMAYR. Herausgegeben von MAX KÄSBAUER und FRANZ VON KUTSCHERA. Freiburg—München 1962.
— Ordnung und Gesellschaft. In Das Problem der Ordnung. Herausgegeben von HELMUT KUHN und FRANZ WIEDEMANN. Meisenheim am Glan 1962.
— Elektronische Datenverarbeitungsmaschinen im Recht. In Festschrift für HERMAN JAHRREISS. Herausgegeben von KARL CARSTENS und HANS PETERS. Köln—Berlin—Bonn—München 1964.
— Rechtslücke und Rechtsgeltung. In Festschrift für HANS CARL NIPPERDEY.

Herausgegeben von HEINZ HÜBNER und ROLF DIETZ. München und Berlin 1965.

KLUG, ULRICH: Die Reine Rechtslehre von HANS KELSEN und die formallogische Rechtfertigung der Kritik an dem Pseudoschluß vom Sein auf das Sollen. In Law, state, and international legal order. Essays in Honor of HANS KELSEN. Edited by SALO ENGEL and R. A. MÉTALL. Knoxville 1964.

KOHLRAUSCH, EDUARD und RICHARD LANGE: Strafgesetzbuch, 43. Aufl. Berlin 1961.

KRONSTEIN, HEINRICH: Rechtsauslegung im wertgebundenen Recht. Karlsruhe 1957.

LAHTINEN, OSVI: Zum Aufbau der rechtlichen Grundlagen. Helsinki 1951.

LANGE, RICHARD: Der Rechtsstaat als Zentralbegriff der neuesten Strafrechtsentwicklung. In Berliner Kundgebung 1952 des Deutschen Juristentages. Tübingen 1952.

— Rechtsidee und Rechtsideologie in West und Ost. In Verhandlungen des zweiundvierzigsten Deutschen Juristentages. Tübingen 1959.

LARENZ, KARL: Das Problem der Rechtsgeltung. Berlin 1929.

— Wegweiser zur richterlicher Rechtsschöpfung. In Festschrift für A. NIKISCH. Tübingen 1958.

— Methodenlehre der Rechtswissenschaft. Berlin—Göttingen—Heidelberg 1960.

— Zur Beurteilung des Naturrechts. In Naturrecht oder Rechtspositivismus? Herausgegeben von WERNER MAIHOFER. Bad Homburg v. d. H. 1962.

LEISNER, WALTER: Grundrechte und Privatrecht. München 1960.

VON MANGOLDT, HERMANN und FRIEDRICH KLEIN: Das Bonner Grundgesetz, 2. Aufl. Berlin und Frankfurt 1957.

MAUNZ, THEODOR und GÜNTER DÜRIG: Grundgesetz, Kommentar. München und Berlin ab 1959.

MAURACH, REINHART: Deutsches Strafrecht, Allgemeiner Teil, 2. Aufl. Karlsruhe 1958.

MESSNER, JOHANNES: Das Naturrecht, 3. Aufl. Innsbruck—Wien—München 1958.

— Moderne Soziologie und scholastisches Naturrecht. Wien 1961.

NAWIASKY, HANS: Allgemeine Rechtslehre als System der rechtlichen Grundbegriffe, 2. Aufl. Einsiedeln—Zürich—Köln 1948.

NELSON, LEONARD: Die Rechtswissenschaft ohne Recht, 2. Aufl. Göttingen—Hamburg 1949.

NEUMANN-DUESBERG, HORST: Sprache im Recht. Münster 1949.

NUSSBAUM, ARTHUR: Die Rechtstatsachenforschung. Tübingen 1914.

PERELMAN, CH.: De la justice. Bruxelles 1945.

PETERS, HANS: Lehrbuch der Verwaltung. Berlin—Göttingen—Heidelberg 1949.

— Entwicklungstendenzen der Demokratie in Deutschland seit 1949. Zürich 1953.

— Die Gewaltentrennung in moderner Sicht. Köln und Opladen 1954.

RADBRUCH, GUSTAV: Rechtsphilosophie, 5. Aufl. Stuttgart 1956.

— Die Natur der Sache als juristische Denkform. Darmstadt 1960.

— Die Erneuerung des Rechts. In Naturrecht oder Rechtspositivismus? Herausgegeben von WERNER MAIHOFER. Bad Homburg v. d. H. 1962.

REHFELDT, BERNHARD: Die Wurzeln des Rechts. Berlin 1951.

— Einführung in die Rechtswissenschaft. Berlin 1962.

REICHENBACH, HANS: The verifiability theory of meaning. In Readings in the philosophy of science. Herausgegeben von HERBERT FEIGL und MAX BRODBECK. New York 1953.

REINACH, ADOLF: Zur Phänomenologie des Rechts. München 1953.

REISDORF, KURT: Die Grundlegung der Rechtswissenschaft. Berlin und Bonn 1930.

RIEZLER, ERWIN: Das Rechtsgefühl. München 1946.
— Der totgesagte Positivismus. In Naturrecht oder Rechtspositivismus? Herausgegeben von WERNER MAIHOFER, Bad Homburg v. d. H. 1962.
ROSS, ALF: Towards a realistic jurisprudence. Copenhagen 1946.
— On law and justice. London 1958.
ROUBIER, PAUL: Theorie générale du droit. Histoire des doctrines juridiques et philosophie des valeurs sociales, 2. Aufl. Paris 1951.
RUSSELL, BERTRAND: Das menschliche Wissen. Darmstadt 1952.
RYFFEL, HANS: Das Problem des Naturrechts in: Naturrecht oder Rechtspositivismus? Herausgegeben von WERNER MAIHOFER. Bad Homburg v. d. H. 1962.
SAX, WALTER: Das strafrechtliche „Analogieverbot". Eine methodologische Untersuchung über die Grenze der Auslegung im geltenden deutschen Strafrecht. Göttingen 1953.
SCHEUERLE, WILHELM A.: Rechtsanwendung. Nürnberg und Düsseldorf 1952.
SCHMIDT, ARNOLD: Mathematische Gesetze der Logik I, Vorlesungen über Aussagenlogik. Berlin—Göttingen—Heidelberg 1960.
SCHMIDT, EBERHARD: Gesetz und Richter. Wert und Unwert des Positivismus. Karlsruhe 1952.
SCHMIDT, RUDOLF: Der Pfandbesitz. In Archiv für die civilistische Praxis, 134. Band.
SCHÖNKE, ADOLF und HORST SCHRÖDER: Strafgesetzbuch, 11. Aufl. München und Berlin 1963.
SCHWARZ, OTTO, und EDUARD DREHER: Strafgesetzbuch, 26. Aufl. München und Berlin 1964.
SIEBERT, WOLFGANG: Die Methode der Gesetzesauslegung. Heidelberg 1958.
SOERGEL, HS. TH. und W. SIEBERT: Bürgerliches Gesetzbuch, 9. Aufl. Stuttgart 1962.
STAMMLER, RUDOLF: Lehrbuch der Rechtsphilosophie, 3. Aufl. Berlin und Leipzig 1928.
VON STAUDINGER, J.: Kommentar zum Bürgerlichen Gesetzbuch, 11. Aufl. Berlin ab 1955.
STRATENWERTH, GUENTER: Das rechtstheoretische Problem der „Natur der Sache". Tübingen 1957.
SÜSTERHENN, ADOLF: Das Naturrecht. In Naturrecht oder Rechtspositivismus? Herausgegeben von WERNER MAIHOFER. Bad Homburg v. d. H. 1962.
TAMMELO, ILMAR: Untersuchungen zum Wesen der Rechtsnorm. Willsbach und Heidelberg 1947.
TOPITSCH, ERNST: Das Problem des Naturrechts. In Naturrecht oder Rechtspositivismus? Herausgegeben von WERNER MAIHOFER. Bad Homburg v. d. H. 1962.
TRIEPEL, HEINRICH: Vom Stil des Rechts. Heidelberg 1947.
VON TUHR, ANDREAS: Der allgemeine Teil des Deutschen Bürgerlichen Rechts, unveränderter Nachdruck der 1. Aufl. Berlin 1957.
UTZ, ARTHUR FRIDOLIN: Naturrecht im Widerstreit zum positiven Gesetz. In Naturrecht oder Rechtspositivismus? Herausgegeben von WERNER MAIHOFER. Bad Homburg v. d. H. 1962.
DEL VECCHIO, GIORGIO: Die Gerechtigkeit. Basel 1950.
— Lehrbuch der Rechtsphilosophie, 2. Aufl. Basel 1951.
— Vom Wesen des Naturrechts. In Naturrecht oder Rechtspositivismus? Herausgegeben von WERNER MAIHOFER. Bad Homburg v. d. H. 1962.
VERDROSS, ALFRED: Was ist Recht? Die Krise des Rechtspositivismus und das

Naturrecht. In Naturrecht oder Rechtspositivismus? Herausgegeben von WERNER MAIHOFER. Bad Homburg v. d. H. 1962.
VIEHWEG, THEODOR: Topik und Jurisprudenz. München 1953.
— Rechtsphilosophie als Grundlagenforschung. In Archiv für Rechts- und Sozialphilosophie. Neuwied—Berlin 1961.
WEBER, MAX: Gesammelte Aufsätze zur Wissenschaftslehre, 2. Aufl. Tübingen 1951.
— Rechtssoziologie. Neuwied 1960.
WELZEL, HANS: Naturrecht und Rechtspositivismus. In Festschrift für HANS NIEDERMEYER. Göttingen 1953.
— Naturrecht und materiale Gerechtigkeit, 3. Aufl. Göttingen 1960.
— Das Deutsche Strafrecht, 7. Aufl. Berlin 1960.
WESTERMANN, HARRY: Sachenrecht, 4. Aufl. Karlsruhe 1960.
WIEACKER, FRANZ: Gesetz und Richterkunst. Karlsruhe 1958.
WOLF, ERIK: Fragwürdigkeit und Notwendigkeit der Rechtswissenschaft. Freiburg i. Br. 1953.
— Das Problem der Naturrechtslehre. Karlsruhe 1955.
WOLFF, KARL: Die Gesetzessprache. Wien 1952.
WOLFF, MARTIN und LUDWIG RAISER: Sachenrecht, 10. Bearb. Tübingen 1957.
VON WRIGHT, GEORG HENRY: Norm and action. London 1963.

Bericht über den Verfassungskonvent auf Herrenchiemsee vom 10. bis 23. August 1948. München 1948.

Entscheidungen des Bundesgerichtshofes. Herausgegeben von den Mitgliedern des Bundesgerichtshofes und der Bundesanwaltschaft, Entscheidungen in Strafsachen. Detmold—Köln—München—Berlin ab 1951 (= BGHStr).

Entscheidungen des Bundesgerichtshofes in Zivilsachen. Herausgegeben von den Mitgliedern des Bundesgerichtshofes. Detmold—Köln—München—Berlin ab 1951 (= BGHZ).

Entscheidungen des Bundesverfassungsgerichts. Herausgegeben von den Mitgliedern des Bundesverfassungsgerichts. Tübingen ab 1951 (= BVerfGE).

Entscheidungen des Reichsgerichts in Strafsachen. Herausgegeben von den Mitgliedern des Gerichtshofes und der Reichsanwaltschaft. Berlin—Leipzig 1880—1944 (= RGZ).

Parlamentarischer Rat. Verhandlungen des Hauptausschusses. Bonn 1948/49.

Parlamentarischer Rat. Stenographischer Bericht.

Herstellung: Konrad Triltsch, Graphischer Betrieb, Würzburg

GPSR Compliance

The European Union's (EU) General Product Safety Regulation (GPSR) is a set of rules that requires consumer products to be safe and our obligations to ensure this.

If you have any concerns about our products, you can contact us on ProductSafety@springernature.com

In case Publisher is established outside the EU, the EU authorized representative is:

Springer Nature Customer Service Center GmbH
Europaplatz 3
69115 Heidelberg, Germany

Batch number: 10844655

Printed by Printforce, the Netherlands